Blue Book on Brand Value
of Chinese Listed
Companies

2022
中国上市公司
品牌价值
蓝|皮|书

赵平 刘学东◎主编

清华大学出版社
北京

内 容 简 介

清华大学经济管理学院中国企业研究中心与每日经济新闻每经品牌价值研究院深度合作，联合开发并发布中国上市公司品牌价值榜，同时每年出版中国上市公司品牌价值蓝皮书。本书收录了2022年品牌价值居前的3 000家中国上市公司的相关数据，进行了品牌价值的总体统计和分析，并按行业和区域的分类，单独进行了统计和分析。本书出版的宗旨是为中国企业更清晰地了解本公司和对标公司的品牌建设成果提供量化标准，为政府和行业协会制定与实施品牌建设规划提供量化参考，为学界开展品牌价值的应用研究提供量化数据。

本书封面贴有清华大学出版社防伪标签，无标签者不得销售。
版权所有，侵权必究。举报：010-62782989，beiqinquan@tup.tsinghua.edu.cn。

图书在版编目(CIP)数据

2022中国上市公司品牌价值蓝皮书/赵平，刘学东主编. —北京：清华大学出版社，2022.10
ISBN 978-7-302-61975-8

Ⅰ. ①2… Ⅱ. ①赵… ②刘… Ⅲ. ①上市公司—品牌战略—研究报告—中国—2022
Ⅳ. ①F279.246

中国版本图书馆CIP数据核字(2022)第181617号

责任编辑：王　青
封面设计：李召霞
责任校对：宋玉莲
责任印制：沈　露

出版发行：清华大学出版社
网　　址：http://www.tup.com.cn，http://www.wqbook.com
地　　址：北京清华大学学研大厦A座　　邮　编：100084
社 总 机：010-83470000　　邮　购：010-62786544
投稿与读者服务：010-62776969，c-service@tup.tsinghua.edu.cn
质量反馈：010-62772015，zhiliang@tup.tsinghua.edu.cn
印 装 者：三河市龙大印装有限公司
经　　销：全国新华书店
开　　本：185mm×260mm　　印　张：22.75　　字　数：491千字
版　　次：2022年11月第1版　　印　次：2022年11月第1次印刷
定　　价：125.00元

产品编号：098640-01

编 委 会

主 编
赵 平　清华大学　　　　　　　　　　刘学东　每日经济新闻

副主编
孙亚程　清华大学　　　　　　　　　　刘林鹏　每日经济新闻

编委会委员（按汉语拼音排序）

蔡国良	湖南师范大学	柴俊武	电子科技大学
常　玉	西北工业大学	陈　明	华南理工大学
陈　曦	中国政法大学	董伊人	南京大学
龚诗阳	对外经济贸易大学	何佳讯	华东师范大学
胡左浩	清华大学	黄合水	厦门大学
黄劲松	北京航空航天大学	黄　静	武汉大学
蒋青云	复旦大学	李纯青	西北大学
李东进	南开大学	刘　蕾	中央财经大学
刘　益	上海交通大学	龙晓枫	华中科技大学
陆　娟	中国农业大学	马宝龙	北京理工大学
马钦海	东北大学	牛永革	四川大学
彭泗清	北京大学	钱　悦	浙江大学
裘晓东	北京交通大学	苏　凇	北京师范大学
童璐琼	北京师范大学	王海忠	中山大学
王丽丽	浙江大学	王　霞	中国人民大学
王兴元	山东大学	王　毅	中央财经大学
杨德峰	暨南大学	姚　卿	北京科技大学
于春玲	清华大学	张　瑾	暨南大学
张圣亮	中国科学技术大学	周　玲	湖南大学
周文辉	中南大学	庄贵军	西安交通大学
邹德强	复旦大学		

编制组成员
刘开宇　清华经管 CBRC　　　　　　　张　平　清华经管 CBRC
付克友　每日经济新闻

前　言

《2022中国上市公司品牌价值蓝皮书》是自2020年起由清华大学经济管理学院中国企业研究中心与每日经济新闻连续第三年编辑出版的蓝皮书,书中包括3 000家中国重要上市公司的品牌价值评估数据及其分析。纵观这三本蓝皮书中的数据,可以全盘了解我国各行业、各地区及各企业的品牌建设成果。我们希望这三本书能够助力中国企业的品牌升级,助力中国经济的高质量发展。

2022年8月5日,国家发展和改革委员会联合其他相关六个部委局,发布了《关于新时代推进品牌建设的指导意见》。该指导意见从中国品牌发展战略的全局出发,明确提出了品牌建设的总体要求:要坚持质量第一,创新引领,开展中国品牌创建行动;要进一步拓展重点领域品牌,持续扩大品牌消费,营造品牌发展的良好环境;要持续推动中国制造向中国创造转变,中国速度向中国质量转变,中国产品向中国品牌转变。同时,该指导意见还明确提出了我国的品牌发展目标:到2025年,基本形成层次分明、优势互补、影响力和创新力显著增强的品牌体系;培育出一批一流品牌企业,形成一批影响力大、带动作用强的产业品牌、区域品牌;中国品牌世界共享要取得明显实效;到2035年,中国品牌综合实力要进入品牌强国前列。

我们认为,为了有效实施中国品牌发展战略,用数据来衡量国内外品牌发展态势,并定量对比企业、行业及国家的品牌发展水平十分必要。因此,从今年开始,我们在蓝皮书中加入了全球上市公司品牌价值百强榜这一内容。通过对今年百强榜的数据分析,可以得出如下基本结论:

第一,中国品牌在世界市场上已经崛起。在2022年全球上市公司品牌价值百强榜中,只有12个国家或地区的公司上榜,其中中国公司①就占据了17个席位,它们是腾讯、阿里巴巴、茅台、中国移动、京东、上汽集团、工商银行、中国平安、建设银行、美的、美团、网易、联想、农业银行、小米、百度和五粮液。中国的上榜公司数量与合计品牌价值均排在世界第二位。第二,中国品牌发展水平显著落后于中国经济发展水平。根据世界银行的数据,到2021年年底,中国GDP与美国GDP的比值已经达到77.1%,而进入百强榜的中国公司数量只占美国的39.5%,进入百强榜的中国公司品牌价值合计只占美国的28.5%。第三,中国品牌发展水平在行业间存在明显差异。在2022年全球上市公司品牌价值百强

---

① 本书中的中国公司、中国上市公司是指中国内地公司,不包括中国香港和澳门特别行政区及台湾地区的公司。

榜中，共有17个行业的公司上榜。在单一互联网行业就有6家中国公司上榜，表现相当强劲。但是在医药、餐饮、食品、日用、服饰和休闲等与消费者日常生活紧密相关的行业中，还没有一家中国公司上榜。这就是中国品牌的基本现状。

中国品牌的发展现状及国内外经济环境现状告诉我们，要有效实施中国品牌发展战略，必须因势利导，才能事半功倍。第一，要充分利用全球技术进步给我国带来的巨大发展机遇，打造几大具有重大创新力的世界领先品牌。对很多行业来说，人们对品牌的认知在很大程度上来源于对品牌所有者技术能力和创新能力的认知。在传统行业中，由于我国起步较晚，技术能力和创新能力与发达国家相比还有一定差距。但随着全球技术进步的加快，我国在若干新技术领域呈现出超速发展态势，如在新能源汽车和5G通信领域，在互联网服务、互联网支付和互联网零售领域，我国已经有能力冲击世界领导者地位。在这些领域打造出几大具有重大创新力的世界领先品牌，将有可能占据全球市场的品牌高地，全面引领对中国品牌的认知。第二，要充分利用我国制造业已经形成的综合优势，打造一批有较大影响力的世界一流品牌。根据WIND数据，2021年我国制造业增加值的全球占比已经达到30%，比排名第二的美国高出近1倍。我国制造业不仅在多种产品的生产数量上全球第一，而且在一些领域的产品质量上也接近或达到世界一流水平。例如，我国在家用电器、工程机械及高速铁路等制造领域已经涌现出许多优秀企业，它们的产品和品牌已经获得了国际市场越来越广泛的认可。这些企业若能持续提高产品质量和技术水准，在不久的将来，一定能形成一批世界一流品牌，成为我国品牌强国的中坚力量。第三，要充分利用我国人口基数大、需求升级快的市场特点，全力提升消费类产品和服务的品牌。2021年，我国全社会消费品零售总额达到44万亿元人民币，按照购买力平价统计，市场规模全球第一。在这样巨大的市场上，对于中国企业如何应对外国公司的竞争、如何满足中国消费者不断提高的物质和精神需求，品牌将发挥重要作用。然而，到目前为止，在快餐、饮料、线下零售、服装、日用品等行业，中国品牌在本土消费市场上还没有占据主导地位。这种情况必须改变。

总之，经过几十年的奋斗，中国已经发展成为一个世界经济大国，这为中国成为品牌强国奠定了坚实的基础。但从经济大国到品牌强国的道路仍然很长，还有很多阻力。我们仍然需要持续努力，砥砺前行，才能真正实现品牌强国的伟大目标。

目　　录

第1篇　评估方法与应用

1.1　清华 CBRC 品牌价值评估方法论 …………………………………… 2
1.2　每经品牌 100 指数 …………………………………………………… 6
1.3　2022 年全球上市公司品牌价值百强榜 ……………………………… 8

第2篇　2022 年中国上市公司品牌价值总榜

2.1　品牌价值总榜榜单 …………………………………………………… 14
2.2　品牌价值总榜分析 …………………………………………………… 86

第3篇　中国上市公司品牌价值行业榜

3.1　金融行业品牌价值榜 ………………………………………………… 94
3.2　零售行业品牌价值榜 ………………………………………………… 99
3.3　互联网行业品牌价值榜 ……………………………………………… 103
3.4　房地产行业品牌价值榜 ……………………………………………… 108
3.5　饮料行业品牌价值榜 ………………………………………………… 114
3.6　装备行业品牌价值榜 ………………………………………………… 117
3.7　汽车行业品牌价值榜 ………………………………………………… 128
3.8　家电行业品牌价值榜 ………………………………………………… 133
3.9　医药行业品牌价值榜 ………………………………………………… 136
3.10　建筑行业品牌价值榜 ……………………………………………… 143
3.11　电子行业品牌价值榜 ……………………………………………… 148
3.12　电信行业品牌价值榜 ……………………………………………… 155

3.13 运输行业品牌价值榜 ………………………………………………… 156
3.14 通信行业品牌价值榜 ………………………………………………… 161
3.15 服饰行业品牌价值榜 ………………………………………………… 164
3.16 石油行业品牌价值榜 ………………………………………………… 167
3.17 贸易行业品牌价值榜 ………………………………………………… 169
3.18 食品行业品牌价值榜 ………………………………………………… 172
3.19 休闲行业品牌价值榜 ………………………………………………… 176
3.20 有色金属行业品牌价值榜 …………………………………………… 179
3.21 钢铁行业品牌价值榜 ………………………………………………… 183
3.22 化工行业品牌价值榜 ………………………………………………… 186
3.23 农业品牌价值榜 ……………………………………………………… 191
3.24 媒体行业品牌价值榜 ………………………………………………… 194
3.25 日用行业品牌价值榜 ………………………………………………… 198
3.26 公用事业行业品牌价值榜 …………………………………………… 201
3.27 煤炭行业品牌价值榜 ………………………………………………… 204
3.28 环保行业品牌价值榜 ………………………………………………… 206
3.29 酒店行业品牌价值榜 ………………………………………………… 209
3.30 教育行业品牌价值榜 ………………………………………………… 210
3.31 纺织行业品牌价值榜 ………………………………………………… 213
3.32 家居行业品牌价值榜 ………………………………………………… 215
3.33 餐饮行业品牌价值榜 ………………………………………………… 217
3.34 保健行业品牌价值榜 ………………………………………………… 218
3.35 造纸行业品牌价值榜 ………………………………………………… 219
3.36 商业服务行业品牌价值榜 …………………………………………… 221
3.37 包装行业品牌价值榜 ………………………………………………… 223

第4篇　中国上市公司品牌价值区域榜

4.1 北京品牌价值榜 ……………………………………………………… 227
4.2 广东品牌价值榜 ……………………………………………………… 237
4.3 浙江品牌价值榜 ……………………………………………………… 251
4.4 上海品牌价值榜 ……………………………………………………… 261
4.5 香港品牌价值榜 ……………………………………………………… 270

4.6 江苏品牌价值榜 275
4.7 山东品牌价值榜 284
4.8 福建品牌价值榜 290
4.9 四川品牌价值榜 294
4.10 贵州品牌价值榜 297
4.11 安徽品牌价值榜 299
4.12 湖北品牌价值榜 304
4.13 天津品牌价值榜 307
4.14 河北品牌价值榜 309
4.15 河南品牌价值榜 312
4.16 湖南品牌价值榜 316
4.17 重庆品牌价值榜 319
4.18 内蒙古品牌价值榜 321
4.19 辽宁品牌价值榜 323
4.20 江西品牌价值榜 326
4.21 山西品牌价值榜 329
4.22 陕西品牌价值榜 331
4.23 新疆品牌价值榜 333
4.24 云南品牌价值榜 335
4.25 吉林品牌价值榜 338
4.26 广西品牌价值榜 340
4.27 黑龙江品牌价值榜 342
4.28 海南品牌价值榜 344
4.29 甘肃品牌价值榜 346
4.30 西藏品牌价值榜 348
4.31 青海品牌价值榜 349
4.32 宁夏品牌价值榜 350

第1篇 评估方法与应用

1.1 清华 CBRC 品牌价值评估方法论

1.1.1 基本概念

中国上市公司品牌价值评估基于如下三个基本概念：

第一个概念是品牌。本书中的品牌是指上市公司所拥有的以及合法使用的所有品牌的集合。这里的品牌既包括产品品牌和服务品牌，也包括公司品牌；既包括主品牌，也包括子品牌，还包括被特许使用的品牌等。

第二个概念是品牌价值。本书中的品牌价值是指上市公司所拥有与合法使用的品牌集合现在和未来能够给公司带来的全部收益。这里的现在是指 2022 年，未来是指从 2023 年开始公司所存续的全部年份。这里的全部收益不仅是指上市公司所创造的净利润的一部分，还包括公司员工的工资和福利、研发费用、固定资产折旧，以及应缴纳的税金等，是公司所创造增加值的一部分。

第三个概念是品牌资产。品牌价值来源于品牌资产，品牌资产是指用户和公众对品牌的全部认知和情感。品牌资产是企业无形资产的重要组成部分，它储存在用户和公众的头脑中，像公司其他有形资产和无形资产一样能够给公司带来收益。所以，品牌价值实际上是指储存在用户和公众头脑中的品牌资产现在和未来能够给公司带来的全部收益。

需要指出的是，品牌资产对公司收益的作用体现在公司经营的各个方面。第一，在产品或服务市场上，品牌资产能够给公司带来更多的营业收入和利润。因为用户或消费者对品牌的认可会促使他们以更高的价格采购公司更多的产品或服务，他们会持续地购买、系列地购买，并通过口碑等传播方式带动其他用户或消费者购买。第二，在资本市场上，品牌资产给公司带来了更高的市盈率、股价或市值。因为广大股民和投资机构对品牌的认可会促使他们以更高的价格购买公司更多的股票，从而推动公司股票价格持续上涨。第三，在人力资源管理上，品牌资产能够更有效地吸引、保留和激励优秀人才为公司努力地工作，从而创造更高的财务业绩。第四，在对外关系上，品牌资产能够为公司带来更顺畅和高效的合作，从而转化成公司的财务业绩，因为银行、供应商、经销商，以及相关政府部门等对公司品牌的认可会促使其更积极地以更优惠的条件与公司开展合作。

以上三个基本概念从品牌价值评估的范围、内容和机理上对中国上市公司品牌价值评估方法做出了诠释。

1.1.2 清华 CBRC 数据库

为了与其他品牌价值评估方法相区别，本书将清华大学经济管理学院中国企业研究中心（China Business Research Center of SEM，Tsinghua University）的品牌价值评估方法简称清华 CBRC 方法，如清华 CBRC 数据库、清华 CBRC 行业分类标准、清华 CBRC 品牌价值评估模型等。

为了确定中国上市公司品牌价值评估的边界，本书界定的中国上市公司是指在 A 股上市的所有公司、在香港上市的所有中资公司，以及在国外股票交易市场公开上市的所有中概股公司。需要特别指出的是，这里不包括在 B 股及新三板上市的公司，不包括未上市或已退市的公司，也不包括香港、澳门和台湾的上市公司。

具体来说，2022 年中国上市公司品牌价值评估所构建的清华 CBRC 数据库包括的公司为：2022 年 1 月 1 日之前在上海证券交易所（简称上交所）和深圳证券交易所（简称深交所）A 股上市的所有公司，在香港联合交易所（HKEX）（简称港交所）上市的所有中资公司，在纽约证券交易所（NYSE）、全美证券交易所（AMEX）、纳斯达克证券市场（NASDAQ）、伦敦证券交易所（LSE），以及新加坡交易所（SGX）等地公开上市交易的所有中概股公司。

2022 年清华 CBRC 数据库中的两类数据采集于 WIND 数据库。第一类数据是上市公司历年年报中的财务数据及相关资讯，主要包括营业收入和营业利润数据，公司主营业务占比及变动数据，公司增发与分拆的信息，以及公司停牌与复牌的信息，等等。这类数据用于评估品牌在产品或服务市场上的表现。第二类数据是上市公司历年在资本市场上实时交易的数据，主要包括公司每一天的股票价格数据、上市地每一天股市大盘指数数据等。这类数据用于评估品牌在资本市场上的表现。

除此之外，2022 年中国上市公司品牌价值评估数据库还有一类信息和数据来自清华大学经济管理学院中国企业研究中心的专家系统，即行业分类标准，以及在各个行业中品牌对公司财务收益平均贡献比率的数据。这类信息和数据用于评估品牌重要性在不同行业之间的差异。

1.1.3 清华 CBRC 行业分类标准

在不同行业中，品牌对公司收益的贡献是不同的。所以对行业进行合理的分类是能否对品牌价值进行科学评估的重要因素。目前在国内广泛应用的行业分类标准有三个：WIND 行业分类标准；申万行业分类标准；证监会行业分类标准。这三个行业分类标准都是基于投资或管理目的开发编制的，方便了人们的投资管理活动。然而，这些行业分类标准对于品牌价值评估有较大的局限性，因为品牌价值评估实际上是在评估品牌资产，而品牌资产对企业的重要性来自品牌对用户及公众的重要性，这对行业分类的要求与投资和管理有很大区别。因此，清华大学经济管理学院中国企业研究中心利用专家系统开发编制了专门用于品牌价值评估的清华 CBRC 行业分类标准，以便区别品牌在不同行业中的重要性。清华 CBRC 行业分类标准分为三个级别：一级行业有 12 个类别；二级行业有 37 个类别；三级行业有 105 个类别。表 1-1 列出了 CBRC 的一级和二级行业分类标准。

表 1-1 清华 CBRC 行业分类标准

一级分类	二级分类	典型企业	一级分类	二级分类	典型企业
01 农业	0101 农业	温氏股份	07 可选消费	0701 汽车	上汽集团
02 能源	0201 石油	中国石油		0702 家居	欧派家居
	0202 煤炭	中国神华		0703 家电	美的集团
03 材料	0301 化工	鲁西化工		0704 日用	恒安国际
	0302 钢铁	宝钢股份		0705 服饰	老凤祥
	0303 有色金属	江西铜业		0706 纺织	天虹纺织
	0304 造纸	晨鸣纸业		0707 酒店	锦江资本
	0305 包装	合兴包装		0708 餐饮	海底捞
04 工业	0402 装备	中国中车		0709 休闲	陌陌
	0403 通信	中兴通讯		0710 教育	中教控股
	0404 电子	联想集团		0711 媒体	分众传媒
	0405 运输	中国国航	08 日常消费	0801 食品	双汇发展
	0406 环保	三聚环保		0802 饮料	五粮液
05 建筑业	0501 房地产	碧桂园	09 医疗保健	0901 保健	美年健康
	0502 建筑	中国建筑		0902 医药	国药控股
06 商业	0601 贸易	中信股份	10 信息服务	1001 互联网	腾讯控股
	0602 零售	京东集团		1002 电信	中国移动
	0603 商业服务	中国光大国际	11 金融	1101 金融	工商银行
			12 公用	1201 公用	华能国际

1.1.4 清华 CBRC 品牌价值评估模型

本书所采用的清华 CBRC 上市公司品牌价值评估模型如下:

$$V = BE \cdot BR \cdot BP$$

其中:V—品牌价值(Brand Value);

BE—当期均衡财务收益(Business Earning);

BR—行业品牌贡献比率(Brand Ratio);

BP—品牌收益强度(Brand Potential)。

清华 CBRC 品牌价值评估模型是基于品牌资产收益理论设计的。由模型可以看出,中国上市公司品牌价值评估包含三个基本模块,它们分别体现了品牌价值的一个重要组成部分,不可或缺。

第一个模块是当期均衡财务收益(BE)。由于品牌资产是公司重要的无形资产,它与公司其他的无形资产和有形资产一起给公司带来收益。所以要评估品牌资产所能创造的收益,必须评估公司当期在产品或服务市场上所能创造的财务收益。此外,由于公司的品牌资产只有通过长期的、持续的努力才能得到有效的增强,所以必须从长期视角评估公司当期均衡的财务收益。清华 CBRC 品牌价值评估模型采用近五年公司的营业收入和营业利润数据来综合预测公司当期的均衡财务收益。这一模块同时考虑了公司的成长性、盈利性和稳定性。

第二个模块是行业品牌贡献比率(BR)。为了将品牌资产对公司财务收益的贡献从公司所创造的全部财务收益中区分出来,需要辨别公司主营业务所在的行业,以及在各个行业中,品牌对财务收益的平均贡献比率。这些数据来自清华大学经济管理学院中国企业研究中心的专家系统。若公司有几项主营业务,则需要依据主营业务的营业收入比重进行加权,计算出公司所在行业的综合品牌贡献比率。这一模块集中考虑了品牌对客户或消费者采购决策的影响程度,以便消除由于行业的差别导致的对品牌资产的误判。把第一个模块当期均衡财务收益(BE)与第二个模块行业品牌贡献比率(BR)相乘,就得到了品牌当期能够给公司创造的财务收益预测值。

第三个模块是品牌收益强度(BP)。在同一行业中,不同公司品牌的强弱是不同的,它们在未来若干年中能够为公司带来的财务收益也是不同的。这种差别从根本上说来自公司的治理结构、发展战略、管理、所在行业的发展趋势等多种因素的差别,这些差别反馈到品牌资产上,又最终归结为人们对品牌态度和行为的差别。基于这种逻辑,考虑到在资本市场上人们用真金白银的实际行动来表达自己对品牌的态度,由此驱动的公司股票价格变动就可以准确和充分地反映人们对品牌的评价。因此,清华 CBRC 品牌价值评估模型通过统计上市公司连续三年每一交易日股价的变动数据和上市地点大盘指数的变动数据,来评估同一行业中不同品牌的强弱及未来前景,并在此基础上计算代表品牌竞争优势和收益多寡的系数——品牌收益强度。将这一模块与前两个模块相乘,即可得到公司具体的品牌价值评估结果。

1.1.5 清华 CBRC 品牌价值评估的质量保证

清华 CBRC 中国上市公司品牌价值评估方法是以清华大学在品牌领域多年的学术研究积累为基础,集理论、数据、智库三位一体开发出来的,但评估结果是否能够获得广泛的认可和应用,关键还要看是否有完善的质量保证体系。清华 CBRC 中国上市公司品牌价值评估重点在如下四个方面提供质量保证。

(1)以多维度科学理论作为支撑。本评估方法的计算原理是基于财务要素的品牌资产收益评估法,即品牌价值是品牌能够为企业带来的当前和未来的全部财务收益。同时,本评估方法也吸取了国际品牌价值研究的最新成果,从多个维度为榜单建设提供了理论支撑,以便保证评估过程和结果的科学性。

(2)以上市公司的真实数据作为评估基础。评估所采用的基础财务数据主要来自 WIND 数据库,公司产品或服务在市场上的财务表现主要采用经过审计的上市公司年报数据,公司在资本市场上的财务表现主要采用公司实时的前复权股票价格数据和相关大盘指数数据,由此来保证评估结果的客观性。

(3)通过中立的第三方研究机构实施评估。本评估是由清华大学经济管理学院中国企业研究中心完成的。在评估过程中不接受任何相关企业的询问、联系和资助,也不对外提供任何有偿服务,以便保证评估过程和结果的公正性。

(4) 借助行业和专业智库提供保障。在 2022 年中国上市公司品牌价值评估过程中,有来自三十多个行业的 300 余位业界专家和来自四十余所高校的知名学者组成的专业品牌智库提供支持,以保证评估结果的专业性。

1.2 每经品牌 100 指数

2022 年 5 月 10 日,即第六个"中国品牌日",中证每经上市公司品牌价值 100 指数(简称"每经品牌 100",代码:931852)正式上线。每经品牌 100 指数是中证指数与财经媒体合作推出的首只跨境指数,指数样本均是在 A 股、港股和美股上市的具有高品牌价值的中国公司,由此来反映中国上市公司中财务状况良好、品牌价值较高的企业在证券市场上的整体表现。每经品牌 100 指数以 2018 年 5 月 10 日为基日,以 1 000 点为基点。

1.2.1 每经品牌 100 指数的样本

每经品牌 100 指数来源于清华大学与每日经济新闻合作评估与发布的中国上市公司品牌价值榜,指数样本由当年入围中国上市公司品牌价值榜 TOP100 的全部上市公司构成(见表 1-2,有特殊问题的公司将被剔除)。而且,指数样本将依据每年新评估的中国上市公司品牌价值榜 TOP100 进行调整,调整实施时间为每年 6 月的第二个星期五的下一交易日。表 1-2 列出了 2022 年每经品牌 100 指数的全部样本企业。

表 1-2 2022 年每经品牌 100 指数成分股

证券简称与证券代码	证券简称与证券代码	证券简称与证券代码
腾讯控股(0700.HK)	阿里巴巴-SW(9988.HK)	贵州茅台(600519.SH)
中国移动(0941.HK)	京东集团-SW(9618.HK)	上汽集团(600104.SH)
工商银行(601398.SH)	中国平安(601318.SH)	建设银行(601939.SH)
美的集团(000333.SZ)	美团(3690.HK)	网易(9999.HK)
联想集团(0992.HK)	农业银行(601288.SH)	小米集团-W(1810.HK)
百度集团-SW(9888.HK)	五粮液(000858.SZ)	中国银行(601988.SH)
中国建筑(601668.SH)	中国电信(601728.SH)	海尔智家(600690.SH)
伊利股份(600887.SH)	中国石化(600028.SH)	碧桂园(2007.HK)
格力电器(000651.SZ)	中国石油(601857.SH)	中国人寿(601628.SH)
国药控股(1099.HK)	蒙牛乳业(2319.HK)	招商银行(600036.SH)
中国联通(600050.SH)	万科 A(000002.SZ)	拼多多(PDD.O)
中国中车(601766.SH)	金龙鱼(300999.SZ)	比亚迪(002594.SZ)
保利发展(600048.SH)	中国中铁(601390.SH)	中远海控(601919.SH)
三一重工(600031.SH)	北京汽车(1958.HK)	华润置地(1109.HK)
中国铁建(601186.SH)	中国海外发展(0688.HK)	中国人保(601319.SH)

续表

证券简称与证券代码	证券简称与证券代码	证券简称与证券代码
邮储银行(601658.SH)	华侨城A(000069.SZ)	长城汽车(601633.SH)
洋河股份(002304.SZ)	顺丰控股(002352.SZ)	龙湖集团(0960.HK)
交通银行(601328.SH)	吉利汽车(0175.HK)	中国太保(601601.SH)
中集集团(000039.SZ)	兴业银行(601166.SH)	中国财险(2328.HK)
绿地控股(600606.SH)	泸州老窖(000568.SZ)	中国中免(601888.SH)
中国交建(601800.SH)	中国重汽(3808.HK)	TCL科技(000100.SZ)
上海医药(601607.SH)	上海电气(601727.SH)	浦发银行(600000.SH)
中信银行(601998.SH)	宝钢股份(600019.SH)	华润啤酒(0291.HK)
潍柴动力(000338.SZ)	农夫山泉(9633.HK)	隆基股份(601012.SH)
山西汾酒(600809.SH)	安踏体育(2020.HK)	中国电建(601669.SH)
中国建材(3323.HK)	高鑫零售(6808.HK)	东风集团股份(0489.HK)
四川长虹(600839.SH)	华润医药(3320.HK)	中国通信服务(0552.HK)
中国中冶(601618.SH)	中国外运(601598.SH)	青岛啤酒(600600.SH)
新城控股(601155.SH)	招商蛇口(001979.SZ)	建发股份(600153.SH)
民生银行(600016.SH)	物产中大(600704.SH)	中兴通讯(000063.SZ)
长安汽车(00625.SZ)	双汇发展(000895.SZ)	腾讯音乐(TME.N)
光大银行(601818.SH)	广汽集团(01238.SH)	广汇汽车(600297.SH)
徐工机械(000425.SZ)		

1.2.2 每经品牌100指数的计算

每经品牌100指数采用自由流通市值加权计算方法,具体计算公式为

$$报告期指数 = 1\,000 \times 报告期样本的调整市值 \div 除数$$

其中,调整市值 = $\sum$(证券价格×调整股本数×权重因子×汇率)。汇率和调整股本数的计算方法与除数修正方法参见另行发布的计算与维护细则。权重因子介于0和1之间,单个样本权重不超过15%,前五大样本合计权重不超过60%。权重因子随样本定期调整而调整,调整时间与指数样本定期调整实施时间相同。在下一个定期调整日前,权重因子一般固定不变。此外,特殊情况下将对指数进行临时调整。当样本退市时,将其从指数样本中剔除。样本公司发生收购、合并、分拆等情形的处理,也参照计算与维护细则。

1.2.3 每经品牌100指数的应用

每经品牌100指数的推出,是中国经济进入高质量发展新阶段的产物。国家关注经济从高速度发展模式向高质量发展模式转型,品牌在新的经济发展模式中将具有更加重要的作用。促进中国企业改进产品和服务质量,加强中国企业技术与管理创新能力,提升中国企业的品牌影响力,是中国经济转型时期的主要趋势。在这种大背景下,推出每经品牌100指数,正是顺应和推动中国经济转型的这一趋势。

每经品牌100指数的发布,将为资本市场提供全新的有特殊意义的投资标的。近年

来,国内指数化投资的发展速度很快,已经成为机构资产配置、居民财富管理的重要投资方式。同时,品牌建设为越来越多的杰出的中国企业所关注,这些企业在持续加大品牌投资力度,这为企业持续创造更高的经济效益和更强的竞争优势奠定了基础。每经品牌100指数的发布,能够从整体上展现品牌价值较高、财务状况较好、符合高质量发展方向的杰出中国上市公司在证券市场上的表现,不仅为个人和机构提供了指数化投资工具,而且契合了对中国上市公司的价值投资理念。

此外,每经品牌100指数的发布,也为媒体加大品牌传播以及学术界开展品牌研究提供了实时信息和全新的视角。每经品牌100指数发布后,将在每日经济新闻官网和App、中证指数有限公司官网,以及各大专业信息平台公开展示。每日相关股市开盘后,指数都会根据资本市场的交易情况实时变动,这不仅以全新的视角为广大媒体提供了更具实效的品牌传播信息,而且以全新的视角为学者们提供了更加贴近市场的详尽的品牌研究数据。

1.3 2022年全球上市公司品牌价值百强榜

我们应用清华CBRC品牌价值评估方法,对全球上市公司的品牌价值进行评估,并将品牌价值居前的100家公司汇总,编制了全球上市公司品牌价值百强榜。2022年全球上市公司品牌价值百强榜共有12个国家或地区的公司上榜,总体品牌价值为88 902亿美元。中国大陆有17家上市公司进入百强榜,分别是腾讯、阿里巴巴、茅台、中国移动、京东、上汽集团、工商银行、中国平安、建设银行、美的、美团、网易、联想、农业银行、小米、百度和五粮液。其中,腾讯和阿里巴巴这两家公司进入了百强榜的前10位。中国大陆17家上榜公司的品牌价值合计13 402亿美元,占TOP100总体品牌价值的15.1%。中国大陆的上榜公司数量与品牌价值合计均居全球第2位(见表1-3)。

表1-3 2022年全球上市公司品牌价值百强榜上榜国家或地区总体数据统计

序号	国家(地区)	上榜公司数量/家	品牌价值合计/亿美元	占比/%	序号	国家(地区)	上榜公司数量/家	品牌价值合计/亿美元	占比/%
1	美国	43	46 980	52.8	7	韩国	3	4 169	4.7
2	中国大陆	17	13 402	15.1	8	荷兰	3	1 875	2.1
3	日本	9	6 072	6.8	9	瑞士	2	1 249	1.4
4	德国	7	6 218	7.0	10	中国台湾	2	1 236	1.4
5	法国	6	3 281	3.7	11	墨西哥	2	736	0.8
6	英国	5	2 514	2.8	12	比利时	1	1 169	1.3

从总体情况分析,如果可以用GDP(国内生产总值)来衡量一国的经济发展水平,用品牌价值来衡量一国的质量发展水平,结论则是:中国大陆的质量发展水平显著落后于

经济发展水平。根据世界银行的数据,2021年中国大陆的GDP为177 272亿美元,美国的GDP为229 935亿美元,日本的GDP为49 347亿美元。中国大陆GDP与美国GDP的比值是77.1%,与日本GDP的比值是3.59倍。而进入品牌价值百强榜的公司数量,中国大陆与美国的比值是17比43,等于39.5%;与日本的比值是17比9,等于1.89倍。用百强榜各国(地区)品牌价值合计比较,中国大陆与美国的比值是13 402亿美元比46 980亿美元,等于28.5%;与日本的比值是13 402亿美元比6 072亿美元,等于2.2倍。从这些数据可以看出,无论是用进入百强榜公司的数量比较,还是用各国(地区)品牌价值合计比较,中国大陆均比按GDP比较有较大的落差。这说明中国大陆的高质量发展任重而道远。

从行业统计数据来看,2022年全球上市公司品牌价值百强榜共有17个行业的公司上榜。综合分析表1-4和表1-5中的数据可以得出如下结论:第一,与发达国家相比,中国大陆线上零售企业表现出色,但实体零售企业表现相对较弱。进入百强榜的16家零售上市公司中,共有4家线上零售公司,其中有3家公司是中国大陆上市公司,分别是阿里巴巴、京东和美团。但在12家实体零售公司中,没有一家中国大陆的公司。第二,在金融行业中,中国大陆银行表现强势。金融行业入榜的9家公司中有4家银行、5家保险公司,中国大陆有3家银行和1家保险公司上榜,分别是工商银行、建设银行和农业银行,以及平安保险。第三,中国大陆在互联网行业也表现上乘。在百强榜中,共有6家互联网服务公司(主营非零售),其中中国大陆有3家公司上榜,分别是腾讯、网易和百度。

表1-4 2022年全球上市公司百强榜行业统计

序号	行业	上榜公司数量/家	品牌价值合计/亿美元	各国或地区公司数量
1	零售	16	16 424	美国9家,中国大陆3家,荷兰、英国、法国和日本各1家
2	电信	11	7 365	美国5家,日本3家,中国大陆、德国和墨西哥各1家
3	汽车	10	9 725	德国3家,日本2家,美国2家,荷兰、中国大陆和韩国各1家
4	金融	9	4 560	中国大陆4家,美国3家,德国和法国各1家
5	饮料	8	5 931	美国2家,中国大陆2家,英国、荷兰、比利时和墨西哥各1家
6	电子	7	3 478	美国4家,中国台湾地区2家,大陆1家
7	互联网	6	15 368	中国大陆3家,美国3家
8	家电	5	3 100	日本2家,中国大陆、德国和韩国各1家
9	医药	4	2 483	美国3家,瑞士1家
10	通信	4	8 415	美国2家,中国大陆和韩国各1家
11	餐饮	4	2 327	美国2家,英国和法国各1家
12	食品	3	1 548	美国、英国和瑞士各1家
13	日用	3	1 862	美国、英国和法国各1家
14	服饰	3	2 073	法国2家,美国1家
15	运输	3	1 717	美国2家,德国1家
16	休闲	2	1 567	美国和日本各1家
17	装备	2	959	美国2家

从弱势行业分析,我国品牌发展主要有如下特点:第一,在饮料行业,除白酒外,其他类饮料的品牌建设还有待提升。饮料行业共有8家公司进入全球上市公司品牌价值百强榜。进入该榜单的中国公司只有两家白酒企业,分别是茅台和五粮液。中国还没有一家啤酒或软饮料公司进入榜单。第二,中国虽然是制造大国,但在电子行业和装备行业的品牌建设上还需奋进。进入全球上市公司品牌价值百强榜的电子行业公司有7家,其中,只有联想这一家中国大陆公司上榜。而美国有4家公司上榜。进入榜单的装备公司有两家,均是美国公司。第三,在很多消费者关注品牌的行业中,我国企业的品牌建设还有巨大的发展空间。像医药、餐饮、食品、日用、服饰和休闲这些与消费者日常生活紧密相关的行业,我国还没有一家公司进入全球上市公司品牌价值百强榜。

总之,通过评估全球上市公司的品牌价值,可以为经济发展和经济转型提供分析工具,也可以为行业的战略制定提供数据支持,还可以为具体上市公司设立品牌建设目标提供标的。表1-5是2022年全球上市公司品牌价值榜的完整榜单。

表1-5 2022年全球上市公司品牌价值百强榜

排名	证券代码	公司简称	国家(地区)	行业	品牌价值/亿美元
1	GOOG.O	谷歌	美国	互联网	4 827
2	AAPL.O	苹果	美国	通信	4 490
3	MSFT.O	微软	美国	互联网	4 075
4	0700.HK	腾讯	中国大陆	互联网	3 252
5	WMT.N	沃尔玛	美国	零售	3 130
6	SMSN.L	三星电子	韩国	通信	2 993
7	AMZN.O	亚马逊	美国	零售	2 626
8	9988.HK	阿里巴巴	中国大陆	零售	2 456
9	META.O	脸书	美国	互联网	2 446
10	TM.N	丰田汽车	日本	汽车	1 650
11	VOW.DF	大众汽车	德国	汽车	1 535
12	0NXX.L	梅赛德斯奔驰	德国	汽车	1 245
13	PEP.O	百事可乐	美国	饮料	1 241
14	DIS.N	迪士尼	美国	休闲	1 192
15	HD.N	家得宝	美国	零售	1 190
16	BUD.N	百威英博	比利时	饮料	1 169
17	T.N	AT&T	美国	电信	1 138
18	CVS.N	西维斯健康	美国	医药	1 107
19	VZ.N	威瑞森	美国	电信	1 062
20	COST.O	COSTCO	美国	零售	952
21	F.N	福特汽车	美国	汽车	945
22	0NPL.L	迪奥	法国	服饰	885
23	9432.T	NTT	日本	电信	880
24	KO.N	可口可乐	美国	饮料	875
25	STLA.N	STELLANTIS	荷兰	汽车	857

续表

排名	证券代码	公司简称	国家(地区)	行业	品牌价值/亿美元
26	600519.SH	贵州茅台	中国大陆	饮料	854
27	PG.N	宝洁	美国	日用	841
28	0941.HK	中国移动	中国大陆	电信	840
29	MCD.N	麦当劳	美国	餐饮	836
30	0O0U.L	宝马汽车	德国	汽车	814
31	SONY.N	索尼	日本	家电	805
32	CMCSA.O	康卡斯特	美国	电信	798
33	0QR4.L	雀巢	瑞士	食品	782
34	GM.N	通用汽车	美国	汽车	777
35	0P6M.L	西门子	德国	家电	773
36	0MPH.L	德国电信	德国	电信	762
37	2317.TW	鸿海	中国台湾	电子	760
38	0HAU.L	路易威登	法国	服饰	738
39	KR.N	克罗格	美国	零售	716
40	TGT.N	塔吉特	美国	零售	712
41	9618.HK	京东	中国大陆	零售	704
42	LOW.N	劳氏	美国	零售	692
43	HMC.N	本田汽车	日本	汽车	687
44	UPS.N	联合包裹	美国	运输	641
45	600104.SH	上汽集团	中国大陆	汽车	627
46	SBUX.O	星巴克	美国	餐饮	611
47	BRK_B.N	伯克希尔	美国	金融	611
48	UL.N	联合利华	英国	日用	595
49	LGLD.L	LG电子	韩国	家电	588
50	HYUD.L	现代汽车	韩国	汽车	588
51	UNH.N	联合健康	美国	金融	588
52	WBA.O	WBA	美国	零售	583
53	DELL.N	戴尔科技	美国	电子	560
54	CSCO.O	思科	美国	通信	555
55	601398.SH	工商银行	中国大陆	金融	551
56	0M6S.L	安联	德国	金融	549
57	JNJ.N	强生制药	美国	医药	542
58	DEO.N	帝亚吉欧	英国	饮料	542
59	0H3Q.L	德国邮政	德国	运输	540
60	FDX.N	联邦快递	美国	运输	536
61	0RI8.L	阿霍德	荷兰	零售	529
62	GE.N	通用电气	美国	装备	509
63	601318.SH	中国平安	中国大陆	金融	509
64	6752.T	松下	日本	家电	503
65	CPG.L	金巴斯	英国	餐饮	497
66	0NBD.L	喜力控股	荷兰	饮料	489
67	JPM.N	摩根大通	美国	金融	487

续表

排名	证券代码	公司简称	国家（地区）	行业	品牌价值/亿美元
68	601939.SH	建设银行	中国大陆	金融	477
69	TSCO.L	特易购	英国	零售	477
70	2330.TW	台积电	中国台湾	电子	476
71	RO.SIX	罗氏控股	瑞士	医药	467
72	NKE.N	耐克	美国	服饰	451
73	CAT.N	卡特彼勒	美国	装备	449
74	IBM.N	IBM	美国	电子	444
75	0NPH.L	家乐福	法国	零售	444
76	INTC.O	英特尔	美国	电子	437
77	000333.SZ	美的	中国大陆	家电	431
78	0NZM.L	欧莱雅	法国	日用	427
79	8267.T	永旺	日本	零售	419
80	HPQ.N	惠普	美国	电子	414
81	3690.HK	美团	中国大陆	零售	413
82	TMUS.O	T-MOBILE US	美国	电信	410
83	9433.T	KDDI	日本	电信	409
84	0HAR.L	安盛	法国	金融	405
85	BTI.N	英美烟草	英国	食品	403
86	9999.HK	网易	中国大陆	互联网	393
87	FMX.N	FEMSA	墨西哥	饮料	389
88	0992.HK	联想	中国大陆	电子	387
89	0J3F.L	索迪斯	法国	餐饮	383
90	601288.SH	农业银行	中国大陆	金融	383
91	ACI.N	艾伯森	美国	零售	382
92	1810.HK	小米	中国大陆	通信	377
93	9888.HK	百度	中国大陆	互联网	376
94	7974.T	任天堂	日本	休闲	375
95	CHTR.O	特许通信	美国	电信	375
96	000858.SZ	五粮液	中国大陆	饮料	371
97	PFE.N	辉瑞制药	美国	医药	366
98	PM.N	菲利普.莫里斯	美国	食品	363
99	AMOV.N	美洲移动	墨西哥	电信	347
100	9984.T	软银	日本	电信	343

第 2 篇

2022年中国上市公司品牌价值总榜

2.1 品牌价值总榜榜单

2022年中国上市公司品牌价值总榜是在对2022年1月1日以前在全球资本市场上市的5 953家中国内地公司进行全面评估的基础上编制的。该榜单汇集了品牌价值居前的3 000家公司的数据,总计品牌价值270 543.59亿元,比2021年增加了24 202.79亿元,增长了9.8%。

序号	证券简称	品牌价值/亿元	增长率/%	行业	地区	上市日期	证券代码
1	腾讯控股	20 731.10	23.5	互联网	广东	2004-06-16	0700.HK
2	阿里巴巴-SW	15 660.47	−11.4	零售	浙江	2019-11-26	9988.HK
3	贵州茅台	5 445.13	13.1	饮料	贵州	2001-08-27	600519.SH
4	中国移动	5 357.94	−1.5	电信	香港	1997-10-23	0941.HK
5	京东集团-SW	4 485.77	−6.4	零售	北京	2020-06-18	9618.HK
6	上汽集团	3 997.18	8.6	汽车	上海	1997-11-25	600104.SH
7	工商银行	3 515.38	5.3	金融	北京	2006-10-27	601398.SH
8	中国平安	3 243.10	−2.0	金融	广东	2007-03-01	601318.SH
9	建设银行	3 043.92	14.0	金融	北京	2007-09-25	601939.SH
10	美的集团	2 748.86	19.0	家电	广东	2013-09-18	000333.SZ
11	美团-W	2 631.62	3.8	零售	北京	2018-09-20	3690.HK
12	网易-S	2 507.52	−4.9	互联网	浙江	2020-06-11	9999.HK
13	联想集团	2 470.31	33.6	电子	北京	1994-02-14	0992.HK
14	农业银行	2 440.49	4.5	金融	北京	2010-07-15	601288.SH
15	小米集团-W	2 404.01	65.1	通信	北京	2018-07-09	1810.HK
16	百度集团-SW	2 398.28	27.9	互联网	北京	2021-03-23	9888.HK
17	五粮液	2 367.55	13.1	饮料	四川	1998-04-27	000858.SZ
18	中国银行	2 181.91	2.5	金融	北京	2006-07-05	601988.SH
19	中国建筑	1 920.44	8.4	建筑	北京	2009-07-29	601668.SH
20	中国电信	1 823.20	−11.1	电信	北京	2021-08-20	601728.SH
21	海尔智家	1 797.79	25.6	家电	山东	1993-11-19	600690.SH
22	伊利股份	1 725.60	11.4	饮料	内蒙古	1996-03-12	600887.SH
23	中国石化	1 705.98	22.3	石油	北京	2001-08-08	600028.SH
24	碧桂园	1 640.00	−1.2	房地产	广东	2007-04-20	2007.HK
25	格力电器	1 633.71	−2.7	家电	广东	1996-11-18	000651.SZ
26	中国石油	1 589.29	38.8	石油	北京	2007-11-05	601857.SH
27	中国人寿	1 459.43	−7.7	金融	北京	2007-01-09	601628.SH
28	国药控股	1 414.07	33.6	医药	上海	2009-09-23	1099.HK
29	蒙牛乳业	1 375.88	15.3	饮料	香港	2004-06-10	2319.HK
30	招商银行	1 332.43	19.5	金融	广东	2002-04-09	600036.SH
31	中国联通	1 308.70	−6.5	电信	北京	2002-10-09	600050.SH
32	万科A	1 307.67	−8.3	房地产	广东	1991-01-29	000002.SZ

续表

序号	证券简称	品牌价值/亿元	增长率/%	行业	地区	上市日期	证券代码
33	拼多多	1 106.86	42.6	零售	上海	2018-07-26	PDD. O
34	中国中车	1 087.61	8.8	装备	北京	2008-08-18	601766. SH
35	金龙鱼	1 085.87	−16.7	食品	上海	2020-10-15	300999. SZ
36	比亚迪	1 079.00	26.8	汽车	广东	2011-06-30	002594. SZ
37	保利发展	1 053.28	23.7	房地产	广东	2006-07-31	600048. SH
38	中国中铁	1 016.14	6.5	建筑	北京	2007-12-03	601390. SH
39	中远海控	998.31	108.6	运输	天津	2007-06-26	601919. SH
40	三一重工	977.49	52.7	装备	北京	2003-07-03	600031. SH
41	北京汽车	968.57	35.5	汽车	北京	2014-12-19	1958. HK
42	华润置地	956.64	30.4	房地产	香港	1996-11-08	1109. HK
43	中国铁建	934.15	−4.1	建筑	北京	2008-03-10	601186. SH
44	中国海外发展	908.81	−6.7	房地产	香港	1992-08-20	0688. HK
45	中国人保	886.93	−2.7	金融	北京	2018-11-16	601319. SH
46	邮储银行	881.47	13.5	金融	北京	2019-12-10	601658. SH
47	华侨城A	878.94	38.6	房地产	广东	1997-09-10	000069. SZ
48	长城汽车	846.55	21.8	汽车	河北	2011-09-28	601633. SH
49	洋河股份	843.21	15.5	饮料	江苏	2009-11-06	002304. SZ
50	顺丰控股	838.10	15.7	运输	广东	2010-02-05	002352. SZ
51	龙湖集团	832.07	14.6	房地产	北京	2009-11-19	0960. HK
52	交通银行	828.49	−3.6	金融	上海	2007-05-15	601328. SH
53	吉利汽车	820.75	47.2	汽车	香港	1973-02-23	0175. HK
54	滴滴出行	816.02	新上榜	互联网	北京	2021-06-30	DIDI. N
55	中国太保	795.09	8.3	金融	上海	2007-12-25	601601. SH
56	ST易购	795.09	−36.2	零售	江苏	2004-07-21	002024. SZ
57	中集集团	784.01	73.8	装备	广东	1994-04-08	000039. SZ
58	兴业银行	777.56	5.2	金融	福建	2007-02-05	601166. SH
59	中国财险	736.68	6.8	金融	北京	2003-11-06	2328. HK
60	绿地控股	721.82	−22.0	房地产	上海	1992-03-27	600606. SH
61	泸州老窖	720.47	33.9	饮料	四川	1994-05-09	000568. SZ
62	中国中免	714.89	42.4	零售	北京	2009-10-15	601888. SH
63	中国交建	697.13	13.0	建筑	北京	2012-03-09	601800. SH
64	中国重汽	680.33	41.7	汽车	山东	2007-11-28	3808. HK
65	TCL科技	677.54	36.1	通信	广东	2004-01-30	000100. SZ
66	上海医药	661.76	23.9	医药	上海	1994-03-24	601607. SH
67	上海电气	635.12	14.2	装备	上海	2008-12-05	601727. SH
68	浦发银行	633.72	−6.5	金融	上海	1999-11-10	600000. SH
69	中信银行	625.48	9.7	金融	北京	2007-04-27	601998. SH
70	宝钢股份	618.87	41.8	钢铁	上海	2000-12-12	600019. SH
71	华润啤酒	616.66	13.5	饮料	香港	1973-11-15	0291. HK
72	潍柴动力	615.00	17.5	汽车	山东	2007-04-30	000338. SZ
73	农夫山泉	597.17	7.7	饮料	浙江	2020-09-08	9633. HK
74	隆基绿能	597.14	80.1	装备	陕西	2012-04-11	601012. SH

续表

序号	证券简称	品牌价值/亿元	增长率/%	行业	地区	上市日期	证券代码
75	山西汾酒	589.49	62.5	饮料	山西	1994-01-06	600809.SH
76	安踏体育	584.95	52.4	服饰	福建	2007-07-10	2020.HK
77	中国电建	568.02	52.0	建筑	北京	2011-10-18	601669.SH
78	中国建材	564.02	40.5	建筑	北京	2006-03-23	3323.HK
79	中信股份	559.54	17.2	金融	北京	1986-02-26	0267.HK
80	高鑫零售	557.06	−28.7	零售	上海	2011-07-27	6808.HK
81	东风集团股份	551.13	13.6	汽车	湖北	2005-12-07	0489.HK
82	四川长虹	551.02	11.1	家电	四川	1994-03-11	600839.SH
83	华润医药	542.76	29.4	医药	北京	2016-10-28	3320.HK
84	中国通信服务	539.99	1.2	通信	北京	2006-12-08	0552.HK
85	中国中冶	536.81	43.1	建筑	北京	2009-09-21	601618.SH
86	中国外运	533.40	53.2	运输	北京	2019-01-18	601598.SH
87	青岛啤酒	522.98	11.9	饮料	山东	1993-08-27	600600.SH
88	新城控股	521.69	53.5	房地产	江苏	2015-12-04	601155.SH
89	招商蛇口	509.46	48.0	房地产	广东	2015-12-30	001979.SZ
90	建发股份	507.47	29.6	贸易	福建	1998-06-16	600153.SH
91	民生银行	490.19	−18.3	金融	北京	2000-12-19	600016.SH
92	物产中大	489.19	22.0	贸易	浙江	1996-06-06	600704.SH
93	中兴通讯	485.33	−11.6	通信	广东	1997-11-18	000063.SZ
94	长安汽车	479.70	−4.7	汽车	重庆	1997-06-10	000625.SZ
95	双汇发展	472.48	−24.2	食品	河南	1998-12-10	000895.SZ
96	腾讯音乐	472.38	16.8	休闲	广东	2018-12-12	TME.N
97	光大银行	466.46	−6.5	金融	北京	2010-08-18	601818.SH
98	广汽集团	465.63	23.4	汽车	广东	2012-03-29	601238.SH
99	广汇汽车	451.91	12.1	汽车	辽宁	2000-11-16	600297.SH
100	徐工机械	451.33	62.5	装备	江苏	1996-08-28	000425.SZ
101	平安银行	451.17	6.9	金融	广东	1991-04-03	000001.SZ
102	海螺水泥	439.77	13.7	建筑	安徽	2002-02-07	600585.SH
103	江西铜业	436.57	14.4	有色金属	江西	2002-01-11	600362.SH
104	海康威视	434.93	50.4	电子	浙江	2010-05-28	002415.SZ
105	中联重科	423.28	56.2	装备	湖南	2000-10-12	000157.SZ
106	京东方A	422.31	61.7	电子	北京	2001-01-12	000725.SZ
107	传音控股	421.31	100.2	通信	广东	2019-09-30	688036.SH
108	三六零	412.68	−5.1	互联网	天津	2012-01-16	601360.SH
109	牧原股份	409.16	41.9	农业	河南	2014-01-28	002714.SZ
110	华域汽车	390.91	7.4	汽车	上海	1996-08-26	600741.SH
111	中国太平	387.22	17.0	金融	香港	2000-06-29	0966.HK
112	理想汽车-W	385.95	新上榜	汽车	北京	2021-08-12	2015.HK
113	厦门象屿	383.87	1.1	贸易	福建	1997-06-04	600057.SH
114	老凤祥	377.14	3.9	服饰	上海	1992-08-14	600612.SH
115	海航科技	374.49	−2.4	贸易	天津	1996-09-09	600751.SH
116	九州通	367.88	16.2	医药	湖北	2010-11-02	600998.SH

续表

序号	证券简称	品牌价值/亿元	增长率/%	行业	地区	上市日期	证券代码
117	海信家电	366.95	36.6	家电	广东	1999-07-13	000921.SZ
118	光明乳业	362.50	−3.8	饮料	上海	2002-08-28	600597.SH
119	中国能建	361.02	29.2	建筑	北京	2021-09-28	601868.SH
120	永辉超市	359.55	−30.4	零售	福建	2010-12-15	601933.SH
121	大秦铁路	353.66	−9.3	运输	山西	2006-08-01	601006.SH
122	新华保险	352.13	2.6	金融	北京	2011-12-16	601336.SH
123	金地集团	347.96	6.4	房地产	广东	2001-04-12	600383.SH
124	厦门国贸	342.21	19.1	贸易	福建	1996-10-03	600755.SH
125	通威股份	342.10	56.1	农业	四川	2004-03-02	600438.SH
126	海天味业	339.80	−4.1	食品	广东	2014-02-11	603288.SH
127	创维集团	334.08	46.1	家电	香港	2000-04-07	0751.HK
128	TCL 电子	332.65	12.3	家电	香港	1999-11-26	1070.HK
129	浪潮信息	327.78	20.2	电子	山东	2000-06-08	000977.SZ
130	南方航空	320.23	−2.1	运输	广东	2003-07-25	600029.SH
131	申洲国际	315.53	24.8	服饰	浙江	2005-11-24	2313.HK
132	绿城中国	314.35	28.2	房地产	浙江	2006-07-13	3900.HK
133	中国铝业	312.46	33.5	有色金属	北京	2007-04-30	601600.SH
134	新希望	308.80	−13.5	农业	四川	1998-03-11	000876.SZ
135	紫金矿业	308.80	17.6	有色金属	福建	2008-04-25	601899.SH
136	紫光股份	304.76	14.8	电子	北京	1999-11-04	000938.SZ
137	豫园股份	298.41	65.9	服饰	上海	1992-09-02	600655.SH
138	古井贡酒	296.82	5.7	饮料	安徽	1996-09-27	000596.SZ
139	中国飞鹤	295.24	20.6	食品	北京	2019-11-13	6186.HK
140	国美零售	292.79	−27.3	零售	北京	1992-04-15	0493.HK
141	金风科技	287.14	44.2	装备	新疆	2007-12-26	002202.SZ
142	宁德时代	287.06	87.9	装备	福建	2018-06-11	300750.SZ
143	中银香港	283.53	5.3	金融	香港	2002-07-25	2388.HK
144	立讯精密	282.94	25.0	电子	广东	2010-09-15	002475.SZ
145	海信视像	281.25	18.7	家电	山东	1997-04-22	600060.SH
146	海底捞	280.52	−38.8	餐饮	北京	2018-09-26	6862.HK
147	汽车之家	277.28	−11.6	互联网	北京	2013-12-11	ATHM.N
148	中国神华	275.06	2.9	煤炭	北京	2007-10-09	601088.SH
149	一汽解放	274.56	27.4	汽车	吉林	1997-06-18	000800.SZ
150	中国海洋石油	272.89	37.4	石油	香港	2001-02-28	0883.HK
151	美的置业	271.15	45.7	房地产	广东	2018-10-11	3990.HK
152	华夏银行	268.77	2.1	金融	北京	2003-09-12	600015.SH
153	中国国航	268.24	−14.7	运输	北京	2006-08-18	601111.SH
154	中国黄金	268.23	新上榜	服饰	北京	2021-02-05	600916.SH
155	福田汽车	265.83	8.1	汽车	北京	1998-06-02	600166.SH
156	中国再保险	265.68	32.4	金融	北京	2015-10-26	1508.HK
157	JS 环球生活	259.21	19.0	家电	香港	2019-12-18	1691.HK
158	旭辉控股集团	259.00	14.5	房地产	上海	2012-11-23	0884.HK

续表

序号	证券简称	品牌价值/亿元	增长率/%	行业	地区	上市日期	证券代码
159	海大集团	258.96	32.7	农业	广东	2009-11-27	002311.SZ
160	上海建工	255.10	6.5	建筑	上海	1998-06-23	600170.SH
161	东方海外国际	253.50	84.9	运输	香港	1992-07-31	0316.HK
162	越秀地产	245.47	16.5	房地产	香港	1992-12-15	0123.HK
163	中国宏桥	244.20	18.8	有色金属	山东	2011-03-24	1378.HK
164	三七互娱	236.51	−17.6	休闲	安徽	2011-03-02	002555.SZ
165	华菱钢铁	235.33	57.2	钢铁	湖南	1999-08-03	000932.SZ
166	复星国际	234.38	48.2	金融	上海	2007-07-16	0656.HK
167	贝壳	233.39	−37.5	零售	北京	2020-08-13	BEKE.N
168	唯品会	232.91	−72.5	零售	广东	2012-03-23	VIPS.N
169	恒安国际	231.93	−6.3	日用	福建	1998-12-08	1044.HK
170	江淮汽车	228.59	−10.0	汽车	安徽	2001-08-24	600418.SH
171	北京银行	226.76	2.1	金融	北京	2007-09-19	601169.SH
172	爱奇艺	225.76	−7.2	休闲	北京	2018-03-29	IQ.O
173	百联股份	225.05	−38.0	零售	上海	1994-02-04	600827.SH
174	天合光能	223.58	76.6	装备	江苏	2020-06-10	688599.SH
175	白云山	223.27	16.3	医药	广东	2001-02-06	600332.SH
176	中通快递-SW	220.63	17.4	运输	上海	2020-09-29	2057.HK
177	东方电气	217.24	37.4	装备	四川	1995-10-10	600875.SH
178	中国东航	216.59	1.3	运输	上海	1997-11-05	600115.SH
179	闻泰科技	216.00	−13.1	通信	湖北	1996-08-28	600745.SH
180	锦江资本	215.50	44.9	酒店	上海	2006-12-15	2006.HK
181	养元饮品	209.76	10.8	饮料	河北	2018-02-12	603156.SH
182	光大环境	205.97	40.9	环保	香港	1997-02-28	0257.HK
183	中信证券	204.14	10.1	金融	广东	2003-01-06	600030.SH
184	晶澳科技	203.14	32.4	装备	河北	2010-08-10	002459.SZ
185	今世缘	199.92	13.4	饮料	江苏	2014-07-03	603369.SH
186	圆通速递	199.75	20.7	运输	辽宁	2000-06-08	600233.SH
187	洛阳钼业	199.64	87.0	有色金属	河南	2012-10-09	603993.SH
188	歌尔股份	198.37	30.9	电子	山东	2008-05-22	002241.SZ
189	鞍钢股份	196.82	67.8	钢铁	辽宁	1997-12-25	000898.SZ
190	恒力石化	196.67	59.2	化工	辽宁	2001-08-20	600346.SH
191	重庆啤酒	195.31	122.1	饮料	重庆	1997-10-30	600132.SH
192	美凯龙	195.26	10.0	零售	上海	2018-01-17	601828.SH
193	上海银行	194.45	5.0	金融	上海	2016-11-16	601229.SH
194	龙光集团	192.74	−42.7	房地产	广东	2013-12-20	3380.HK
195	海澜之家	191.90	18.7	服饰	江苏	2000-12-28	600398.SH
196	雅居乐集团	190.03	−41.6	房地产	广东	2005-12-15	3383.HK
197	万华化学	188.93	70.3	化工	山东	2001-01-05	600309.SH
198	中天科技	188.68	−8.2	通信	江苏	2002-10-24	600522.SH
199	融信中国	188.31	−2.4	房地产	上海	2016-01-13	3301.HK
200	江苏银行	188.18	20.6	金融	江苏	2016-08-02	600919.SH

续表

序号	证券简称	品牌价值/亿元	增长率/%	行业	地区	上市日期	证券代码
201	中梁控股	187.62	−0.1	房地产	上海	2019-07-16	2772.HK
202	合生创展集团	187.01	41.2	房地产	香港	1998-05-27	0754.HK
203	首开股份	185.08	26.4	房地产	北京	2001-03-12	600376.SH
204	李宁	184.88	57.1	服饰	北京	2004-06-28	2331.HK
205	分众传媒	179.15	55.0	媒体	广东	2004-08-04	002027.SZ
206	特变电工	178.36	66.4	装备	新疆	1997-06-18	600089.SH
207	瑞茂通	177.27	10.5	运输	山东	1998-07-03	600180.SH
208	顺鑫农业	176.79	−33.8	饮料	北京	1998-11-04	000860.SZ
209	亨通光电	175.01	10.4	通信	江苏	2003-08-22	600487.SH
210	建发国际集团	174.87	182.9	房地产	香港	2012-12-14	1908.HK
211	复星医药	174.72	23.0	医药	上海	1998-08-07	600196.SH
212	蔚来	174.55	165.1	汽车	上海	2018-09-12	NIO.N
213	锦江酒店	174.30	14.9	酒店	上海	1996-10-11	600754.SH
214	信义光能	171.85	54.1	装备	安徽	2013-12-12	0968.HK
215	浙商银行	171.54	14.1	金融	浙江	2019-11-26	601916.SH
216	协鑫科技	171.12	26.5	装备	香港	2007-11-13	3800.HK
217	冠捷科技	169.28	新上榜	电子	江苏	1997-05-20	000727.SZ
218	韵达股份	169.16	13.2	运输	浙江	2007-03-06	002120.SZ
219	马钢股份	165.95	41.6	钢铁	安徽	1994-01-06	600808.SH
220	中国海外宏洋集团	165.65	12.9	房地产	香港	1984-04-26	0081.HK
221	口子窖	165.02	17.5	饮料	安徽	2015-06-29	603589.SH
222	金辉控股	164.67	31.5	房地产	北京	2020-10-29	9993.HK
223	金科股份	164.55	−27.0	房地产	重庆	1996-11-28	000656.SZ
224	中国化学	163.91	52.9	建筑	北京	2010-01-07	601117.SH
225	正荣地产	162.84	19.3	房地产	上海	2018-01-16	6158.HK
226	国药一致	162.67	−1.5	医药	广东	1993-08-09	000028.SZ
227	宁波银行	161.96	8.2	金融	浙江	2007-07-19	002142.SZ
228	世纪华通	161.50	−3.3	休闲	浙江	2011-07-28	002602.SZ
229	舜宇光学科技	161.31	49.3	电子	浙江	2007-06-15	2382.HK
230	挚文集团	160.91	−25.6	休闲	北京	2014-12-11	MOMO.O
231	环旭电子	160.77	9.7	电子	上海	2012-02-20	601231.SH
232	荣盛发展	160.61	−29.0	房地产	河北	2007-08-08	002146.SZ
233	蓝色光标	160.09	22.0	媒体	北京	2010-02-26	300058.SZ
234	波司登	159.20	57.5	服饰	香港	2007-10-11	3998.HK
235	兆驰股份	158.96	16.0	日用	广东	2010-06-10	002429.SZ
236	恒瑞医药	158.66	0.7	医药	江苏	2000-10-18	600276.SH
237	云南白药	158.53	18.6	医药	云南	1993-12-15	000538.SZ
238	快手-W	157.83	新上榜	休闲	北京	2021-02-05	1024.HK
239	携程网	157.46	−6.5	零售	上海	2003-12-09	TCOM.O
240	荣盛石化	156.38	34.6	化工	浙江	2010-11-02	002493.SZ
241	国电南瑞	156.23	87.7	装备	江苏	2003-10-16	600406.SH

续表

序号	证券简称	品牌价值/亿元	增长率/%	行业	地区	上市日期	证券代码
242	传化智联	156.16	88.5	运输	浙江	2004-06-29	002010.SZ
243	温氏股份	156.09	−43.6	农业	广东	2015-11-02	300498.SZ
244	河钢股份	155.80	9.3	钢铁	河北	1997-04-16	000709.SZ
245	阿特斯太阳能	154.94	11.1	装备	江苏	2006-11-09	CSIQ.O
246	京沪高铁	154.73	−21.5	运输	北京	2020-01-16	601816.SH
247	正泰电器	154.16	60.9	装备	浙江	2010-01-21	601877.SH
248	深康佳A	153.64	−3.5	家电	广东	1992-03-27	000016.SZ
249	天能动力	153.52	23.4	装备	香港	2007-06-11	0819.HK
250	智飞生物	153.09	79.7	医药	重庆	2010-09-28	300122.SZ
251	华发股份	152.93	23.6	房地产	广东	2004-02-25	600325.SH
252	金隅集团	151.44	32.1	建筑	北京	2011-03-01	601992.SH
253	郑煤机	151.13	62.2	装备	河南	2010-08-03	601717.SH
254	中集车辆	151.02	8.4	装备	广东	2021-07-08	301039.SZ
255	石药集团	150.13	34.4	医药	香港	1994-06-21	1093.HK
256	南京银行	150.11	15.9	金融	江苏	2007-07-19	601009.SH
257	太钢不锈	149.97	81.1	钢铁	山西	1998-10-21	000825.SZ
258	迈瑞医疗	149.89	34.4	医药	广东	2018-10-16	300760.SZ
259	国药股份	149.41	2.7	医药	北京	2002-11-27	600511.SH
260	苏泊尔	148.21	−4.3	家电	浙江	2004-08-17	002032.SZ
261	华东医药	147.62	37.6	医药	浙江	2000-01-27	000963.SZ
262	水井坊	147.40	67.8	饮料	四川	1996-12-06	600779.SH
263	扬子江	147.16	11.6	装备	江苏	2007-04-18	BS6.SG
264	ST海航	146.98	23.1	运输	海南	1999-11-25	600221.SH
265	江铃汽车	146.18	11.3	汽车	江西	1993-12-01	000550.SZ
266	保利置业集团	146.11	11.6	房地产	上海	1973-08-30	0119.HK
267	上海实业控股	145.16	7.4	房地产	上海	1996-05-30	0363.HK
268	中国船舶	144.33	25.2	装备	上海	1998-05-20	600150.SH
269	中国恒大	143.97	−93.5	房地产	广东	2009-11-05	3333.HK
270	陆金所控股	143.40	−28.1	金融	上海	2020-10-30	LU.N
271	中国生物制药	142.68	3.8	医药	香港	2000-09-29	1177.HK
272	丘钛科技	142.56	29.3	日用	江苏	2014-12-02	1478.HK
273	晨光股份	141.82	39.7	日用	上海	2015-01-27	603899.SH
274	首钢股份	141.35	30.6	钢铁	北京	1999-12-16	000959.SZ
275	天地科技	140.11	47.8	装备	北京	2002-05-15	600582.SH
276	上海机电	139.23	4.1	装备	上海	1994-02-24	600835.SH
277	中国金茂	138.90	−28.2	房地产	香港	2007-08-17	0817.HK
278	宇通客车	138.57	−12.9	汽车	河南	1997-05-08	600066.SH
279	迎驾贡酒	138.25	27.9	饮料	安徽	2015-05-28	603198.SH
280	燕京啤酒	136.83	−1.4	饮料	北京	1997-07-16	000729.SZ
281	新钢股份	136.79	51.4	钢铁	江西	1996-12-25	600782.SH
282	雅戈尔	136.07	17.7	服饰	浙江	1998-11-19	600177.SH
283	华利集团	136.06	新上榜	服饰	广东	2021-04-26	300979.SZ

续表

序号	证券简称	品牌价值/亿元	增长率/%	行业	地区	上市日期	证券代码
284	公牛集团	135.20	23.7	日用	浙江	2020-02-06	603195.SH
285	包钢股份	135.16	68.2	钢铁	内蒙古	2001-03-09	600010.SH
286	大华股份	135.13	38.4	电子	浙江	2008-05-20	002236.SZ
287	重庆百货	134.48	−29.8	零售	重庆	1996-07-02	600729.SH
288	上港集团	134.21	10.8	运输	上海	2006-10-26	600018.SH
289	电气风电	134.09	新上榜	装备	上海	2021-05-19	688660.SH
290	国机汽车	133.86	15.6	汽车	天津	2001-03-05	600335.SH
291	仁恒置地	133.69	−2.5	房地产	上海	2006-06-22	Z25.SG
292	欢聚	133.46	−40.0	休闲	广东	2012-11-21	YY.O
293	海通证券	133.33	5.1	金融	上海	1994-02-24	600837.SH
294	柳工	133.29	53.9	装备	广西	1993-11-18	000528.SZ
295	雅迪控股	133.14	62.9	汽车	江苏	2016-05-19	1585.HK
296	东航物流	131.87	新上榜	运输	上海	2021-06-09	601156.SH
297	重药控股	131.42	99.4	医药	重庆	1999-09-16	000950.SZ
298	浙商中拓	131.25	48.7	贸易	浙江	1999-07-07	000906.SZ
299	中信特钢	130.29	39.1	钢铁	湖北	1997-03-26	000708.SZ
300	中煤能源	129.61	65.4	煤炭	北京	2008-02-01	601898.SH
301	国泰君安	129.00	2.7	金融	上海	2015-06-26	601211.SH
302	海天国际	128.48	48.5	装备	浙江	2006-12-22	1882.HK
303	海王生物	128.11	5.7	医药	广东	1998-12-18	000078.SZ
304	华能国际	128.00	15.0	公用事业	北京	2001-12-06	600011.SH
305	森马服饰	127.94	22.6	服饰	浙江	2011-03-11	002563.SZ
306	铜陵有色	126.75	1.4	有色金属	安徽	1996-11-20	000630.SZ
307	TCL中环	126.73	71.3	电子	天津	2007-04-20	002129.SZ
308	中航科工	126.19	38.5	装备	北京	2003-10-30	2357.HK
309	昆仑万维	125.99	13.7	休闲	北京	2015-01-21	300418.SZ
310	东鹏饮料	125.75	新上榜	饮料	广东	2021-05-27	605499.SH
311	药明康德	125.01	50.7	医药	江苏	2018-05-08	603259.SH
312	德邦股份	124.95	45.3	运输	上海	2018-01-16	603056.SH
313	中国医药	124.07	5.1	医药	北京	1997-05-15	600056.SH
314	陕西煤业	123.56	46.8	煤炭	陕西	2014-01-28	601225.SH
315	中国铁塔	123.34	−7.6	建筑	北京	2018-08-08	0788.HK
316	苏美达	123.21	18.7	贸易	江苏	1996-07-01	600710.SH
317	均胜电子	122.68	−3.7	汽车	浙江	1993-12-06	600699.SH
318	网龙	122.07	38.7	休闲	香港	2007-11-02	0777.HK
319	山东钢铁	121.81	27.8	钢铁	山东	2004-06-29	600022.SH
320	华住	121.40	27.5	酒店	上海	2010-03-26	HTHT.O
321	新特能源	121.37	57.2	装备	新疆	2015-12-30	1799.HK
322	完美世界	121.34	−32.3	休闲	浙江	2011-10-28	002624.SZ
323	南京医药	120.86	17.2	医药	江苏	1996-07-01	600713.SH
324	滨江集团	120.36	76.4	房地产	浙江	2008-05-29	002244.SZ
325	碧桂园服务	119.55	120.2	房地产	广东	2018-06-19	6098.HK

续表

序号	证券简称	品牌价值/亿元	增长率/%	行业	地区	上市日期	证券代码
326	明阳智能	118.72	51.3	装备	广东	2019-01-23	601615.SH
327	兖矿能源	117.94	13.2	煤炭	山东	1998-07-01	600188.SH
328	360数科	117.43	195.7	金融	上海	2018-12-14	QFIN.O
329	香港置地	116.52	34.9	房地产	香港	1990-10-01	H78.SG
330	中国通号	116.52	13.2	装备	北京	2019-07-22	688009.SH
331	欣旺达	116.15	34.6	电子	广东	2011-04-21	300207.SZ
332	复星旅游文化	116.15	8.8	酒店	上海	2018-12-14	1992.HK
333	蓝思科技	115.74	12.3	电子	湖南	2015-03-18	300433.SZ
334	舍得酒业	114.83	97.1	饮料	四川	1996-05-24	600702.SH
335	恒立液压	114.36	81.8	装备	江苏	2011-10-28	601100.SH
336	微博	114.32	94.5	媒体	北京	2014-04-17	WB.O
337	联华超市	113.80	-25.5	零售	上海	2003-06-27	0980.HK
338	虎牙直播	113.73	45.5	休闲	广东	2018-05-11	HUYA.N
339	中南建设	113.40	-35.1	房地产	江苏	2000-03-01	000961.SZ
340	广发证券	112.96	17.1	金融	广东	1997-06-11	000776.SZ
341	深圳控股	112.19	57.7	房地产	广东	1997-03-07	0604.HK
342	中国铁物	111.82	新上榜	商业服务	天津	1999-07-27	000927.SZ
343	吉比特	111.25	6.4	休闲	福建	2017-01-04	603444.SH
344	正邦科技	111.13	-16.1	农业	江西	2007-08-17	002157.SZ
345	昆仑能源	111.11	19.4	公用事业	香港	1973-03-13	0135.HK
346	华泰证券	110.47	-2.1	金融	江苏	2010-02-26	601688.SH
347	远东宏信	110.34	126.5	金融	上海	2011-03-30	3360.HK
348	中国龙工	109.80	50.7	装备	上海	2005-11-17	3339.HK
349	哈尔滨电气	109.17	-9.3	装备	黑龙江	1994-12-16	1133.HK
350	广宇发展	107.73	70.6	房地产	天津	1993-12-10	000537.SZ
351	玉柴国际	107.55	24.3	装备	广西	1994-12-16	CYD.N
352	振华重工	106.95	13.6	装备	上海	2000-12-21	600320.SH
353	梅花生物	106.29	19.7	农业	西藏	1995-02-17	600873.SH
354	四川路桥	106.13	67.6	建筑	四川	2003-03-25	600039.SH
355	长江电力	106.09	9.4	公用事业	北京	2003-11-18	600900.SH
356	小康股份	106.02	40.9	汽车	重庆	2016-06-15	601127.SH
357	石头科技	105.58	143.7	家电	北京	2020-02-21	688169.SH
358	烽火通信	105.29	-8.6	通信	湖北	2001-08-23	600498.SH
359	阳光城	104.92	-38.6	房地产	福建	1996-12-18	000671.SZ
360	万达电影	104.44	25.2	休闲	北京	2015-01-22	002739.SZ
361	中集安瑞科	104.07	107.4	装备	广东	2005-10-18	3899.HK
362	柳钢股份	103.19	41.3	钢铁	广西	2007-02-27	601003.SH
363	中芯国际	102.97	3.0	电子	上海	2020-07-16	688981.SH
364	南钢股份	102.68	44.0	钢铁	江苏	2000-09-19	600282.SH
365	京东健康	102.33	-24.5	零售	北京	2020-12-08	6618.HK
366	韦尔股份	101.87	105.9	电子	上海	2017-05-04	603501.SH
367	长电科技	101.83	1.6	电子	江苏	2003-06-03	600584.SH

续表

序号	证券简称	品牌价值/亿元	增长率/%	行业	地区	上市日期	证券代码
368	科沃斯	101.18	157.2	家电	江苏	2018-05-28	603486.SH
369	英科医疗	101.17	81.5	医药	山东	2017-07-21	300677.SZ
370	爱玛科技	100.89	新上榜	日用	天津	2021-06-15	603529.SH
371	利欧股份	100.44	16.4	媒体	浙江	2007-04-27	002131.SZ
372	招商证券	100.32	13.6	金融	广东	2009-11-17	600999.SH
373	福耀玻璃	100.19	29.4	汽车	福建	1993-06-10	600660.SH
374	太平鸟	100.10	70.5	服饰	浙江	2017-01-09	603877.SH
375	老板电器	99.00	19.7	家电	浙江	2010-11-23	002508.SZ
376	新宝股份	98.98	−3.8	家电	广东	2014-01-21	002705.SZ
377	安琪酵母	98.98	9.6	食品	湖北	2000-08-18	600298.SH
378	晨鸣纸业	98.84	73.7	造纸	山东	2000-11-20	000488.SZ
379	渝农商行	98.72	−5.0	金融	重庆	2019-10-29	601077.SH
380	徽商银行	98.43	−40.6	金融	安徽	2013-11-12	3698.HK
381	晶科能源	97.23	6.8	装备	江西	2010-05-14	JKS.N
382	国联股份	97.04	183.6	互联网	北京	2019-07-30	603613.SH
383	中国高速传动	96.95	105.9	装备	香港	2007-07-04	0658.HK
384	中泰化学	96.68	49.7	贸易	新疆	2006-12-08	002092.SZ
385	杭州银行	96.59	21.6	金融	浙江	2016-10-27	600926.SH
386	大参林	96.29	−15.0	零售	广东	2017-07-31	603233.SH
387	三元股份	96.15	3.1	饮料	北京	2003-09-15	600429.SH
388	恒逸石化	96.15	26.8	化工	广西	1997-03-28	000703.SZ
389	中国电影	96.03	14.8	休闲	北京	2016-08-09	600977.SH
390	长虹美菱	95.86	6.7	家电	安徽	1993-10-18	000521.SZ
391	美东汽车	95.68	48.1	汽车	广东	2013-12-05	1268.HK
392	庞大集团	95.13	−11.2	汽车	河北	2011-04-28	601258.SH
393	华贸物流	95.09	69.5	运输	上海	2012-05-29	603128.SH
394	欧派家居	94.97	52.8	家居	广东	2017-03-28	603833.SH
395	广汇宝信	94.59	−10.1	汽车	上海	2011-12-14	1293.HK
396	叮咚买菜	94.49	新上榜	零售	上海	2021-06-29	DDL.N
397	招商港口	93.95	52.9	运输	广东	1993-05-05	001872.SZ
398	三钢闽光	93.15	12.9	钢铁	福建	2007-01-26	002110.SZ
399	国电电力	93.13	41.4	公用事业	辽宁	1997-03-18	600795.SH
400	张裕A	92.99	−5.7	饮料	山东	2000-10-26	000869.SZ
401	人福医药	92.70	3.5	医药	湖北	1997-06-06	600079.SH
402	国银租赁	91.69	38.2	金融	广东	2016-07-11	1606.HK
403	中金公司	91.45	52.9	金融	北京	2020-11-02	601995.SH
404	百世集团	91.10	1.0	运输	浙江	2017-09-20	BEST.N
405	际华集团	91.06	−18.7	服饰	北京	2010-08-16	601718.SH
406	特步国际	91.03	59.9	服饰	福建	2008-06-03	1368.HK
407	新乳业	90.55	16.1	饮料	四川	2019-01-25	002946.SZ
408	弘阳地产	90.26	13.4	房地产	江苏	2018-07-12	1996.HK
409	华润水泥控股	89.87	10.5	建筑	香港	2009-10-06	1313.HK

续表

序号	证券简称	品牌价值/亿元	增长率/%	行业	地区	上市日期	证券代码
410	中化化肥	89.78	51.3	化工	北京	1996-09-30	0297.HK
411	神州数码	89.59	−12.0	贸易	广东	1994-05-09	000034.SZ
412	富力地产	89.39	−74.6	房地产	广东	2005-07-14	2777.HK
413	鹏鼎控股	88.98	10.5	电子	广东	2018-09-18	002938.SZ
414	中铁工业	88.95	−37.2	装备	北京	2001-05-28	600528.SH
415	王府井	88.91	−40.0	零售	北京	1994-05-06	600859.SH
416	宝胜股份	87.60	24.7	装备	江苏	2004-08-02	600973.SH
417	华润电力	87.50	37.1	公用事业	广东	2003-11-12	0836.HK
418	本钢板材	87.48	62.0	钢铁	辽宁	1998-01-15	000761.SZ
419	益丰药房	86.81	−9.3	零售	湖南	2015-02-17	603939.SH
420	酒鬼酒	86.75	74.7	饮料	湖南	1997-07-18	000799.SZ
421	中信建投	86.69	−6.0	金融	北京	2018-06-20	601066.SH
422	哔哩哔哩-SW	86.26	−9.6	休闲	上海	2021-03-29	9626.HK
423	航天信息	85.96	−5.0	电子	北京	2003-07-11	600271.SH
424	大北农	85.84	0.9	农业	北京	2010-04-09	002385.SZ
425	新和成	85.77	31.1	医药	浙江	2004-06-25	002001.SZ
426	中教控股	85.71	10.7	教育	香港	2017-12-15	0839.HK
427	国电科环	85.68	121.8	装备	北京	2011-12-30	1296.HK
428	陆家嘴	85.07	−6.7	房地产	上海	1993-06-28	600663.SH
429	中国广核	84.72	30.2	公用事业	广东	2019-08-26	003816.SZ
430	云南铜业	84.55	−15.3	有色金属	云南	1998-06-02	000878.SZ
431	中国建筑国际	84.39	2.7	建筑	香港	2005-07-08	3311.HK
432	佳源国际控股	83.99	18.4	房地产	江苏	2016-03-08	2768.HK
433	绿地香港	83.99	11.3	房地产	上海	2006-10-10	0337.HK
434	新奥能源	83.78	39.9	公用事业	河北	2002-06-03	2688.HK
435	中国一重	83.70	91.3	装备	黑龙江	2010-02-09	601106.SH
436	中国核建	83.43	13.6	建筑	上海	2016-06-06	601611.SH
437	健康元	83.18	2.4	医药	广东	2001-06-08	600380.SH
438	金融街	82.32	−0.9	房地产	北京	1996-06-26	000402.SZ
439	杭叉集团	81.99	22.5	装备	浙江	2016-12-27	603298.SH
440	老百姓	81.91	−15.2	零售	湖南	2015-04-23	603883.SH
441	九阳股份	81.90	−4.3	家电	山东	2008-05-28	002242.SZ
442	中国软件国际	81.44	71.8	互联网	北京	2003-06-20	0354.HK
443	渤海银行	81.28	−36.5	金融	天津	2020-07-16	9668.HK
444	广州农商银行	81.23	−1.8	金融	广东	2017-06-20	1551.HK
445	安道麦A	81.08	63.3	化工	湖北	1993-12-03	000553.SZ
446	中国银河	80.99	12.5	金融	北京	2017-01-23	601881.SH
447	申万宏源	80.93	5.1	金融	新疆	2015-01-26	000166.SZ
448	中国中药	80.82	46.9	医药	广东	1993-04-07	0570.HK
449	中骏集团控股	80.76	−34.7	房地产	上海	2010-02-05	1966.HK
450	禾丰股份	80.68	11.4	农业	辽宁	2014-08-08	603609.SH
451	中油工程	80.58	21.3	石油	新疆	2000-12-25	600339.SH

续表

序号	证券简称	品牌价值/亿元	增长率/%	行业	地区	上市日期	证券代码
452	东风汽车	80.14	1.8	汽车	湖北	1999-07-27	600006.SH
453	上海梅林	80.07	0.1	农业	上海	1997-07-04	600073.SH
454	安徽合力	79.90	20.5	装备	安徽	1996-10-09	600761.SH
455	首旅酒店	79.88	37.8	酒店	北京	2000-06-01	600258.SH
456	凤凰传媒	79.74	9.5	媒体	江苏	2011-11-30	601928.SH
457	远大控股	79.72	14.3	贸易	江苏	1996-11-28	000626.SZ
458	爱尔眼科	79.18	23.8	医药	湖南	2009-10-30	300015.SZ
459	德赛电池	79.13	37.0	电子	广东	1995-03-20	000049.SZ
460	大悦城地产	78.62	55.4	房地产	香港	1973-03-06	0207.HK
461	天能股份	78.44	新上榜	装备	浙江	2021-01-18	688819.SH
462	东方日升	78.14	2.5	装备	浙江	2010-09-02	300118.SZ
463	安井食品	77.94	30.0	食品	福建	2017-02-22	603345.SH
464	珠江啤酒	77.86	−0.1	饮料	广东	2010-08-18	002461.SZ
465	阳光电源	77.69	69.2	装备	安徽	2011-11-02	300274.SZ
466	斗鱼	77.09	−8.8	休闲	湖北	2019-07-17	DOYU.O
467	居然之家	77.07	−8.4	零售	湖北	1997-07-11	000785.SZ
468	中航沈飞	77.04	109.1	装备	山东	1996-10-11	600760.SH
469	华新水泥	77.03	11.7	建筑	湖北	1994-01-03	600801.SH
470	太阳纸业	76.74	39.4	造纸	山东	2006-11-16	002078.SZ
471	欧菲光	76.58	−20.9	电子	广东	2010-08-03	002456.SZ
472	九毛九	76.52	102.8	餐饮	广东	2020-01-15	9922.HK
473	大商股份	76.44	−35.4	零售	辽宁	1993-11-22	600694.SH
474	亿纬锂能	76.36	94.5	电子	广东	2009-10-30	300014.SZ
475	瑞康医药	76.28	−1.0	医药	山东	2011-06-10	002589.SZ
476	一心堂	76.17	−2.5	零售	云南	2014-07-02	002727.SZ
477	世茂股份	76.13	−27.4	房地产	上海	1994-02-04	600823.SH
478	金域医学	75.96	52.4	保健	广东	2017-09-08	603882.SH
479	东方明珠	75.77	−25.0	媒体	上海	1993-03-16	600637.SH
480	耐世特	75.65	59.0	汽车	香港	2013-10-07	1316.HK
481	周大生	75.37	52.9	服饰	广东	2017-04-27	002867.SZ
482	浙江建投	75.27	−20.7	建筑	浙江	2015-06-10	002761.SZ
483	中文传媒	75.07	−4.0	媒体	江西	2002-03-04	600373.SH
484	北辰实业	75.03	51.2	房地产	北京	2006-10-16	601588.SH
485	石化油服	74.80	26.7	石油	北京	1995-04-11	600871.SH
486	稳健医疗	74.44	−27.3	纺织	广东	2020-09-17	300888.SZ
487	天虹纺织	74.44	75.3	纺织	上海	2004-12-09	2678.HK
488	三安光电	74.38	20.2	电子	湖北	1996-05-28	600703.SH
489	爱旭股份	74.27	39.6	装备	上海	1996-08-16	600732.SH
490	陕西建工	74.22	987.5	建筑	陕西	2000-06-22	600248.SH
491	招商局置地	74.14	5.1	房地产	香港	1997-10-16	0978.HK
492	云天化	73.94	23.0	贸易	云南	1997-07-09	600096.SH
493	中油资本	73.91	3.9	金融	新疆	1996-10-22	000617.SZ

续表

序号	证券简称	品牌价值/亿元	增长率/%	行业	地区	上市日期	证券代码
494	大唐发电	73.53	38.7	公用事业	北京	2006-12-20	601991.SH
495	航发动力	73.43	29.4	装备	陕西	1996-04-08	600893.SH
496	华电国际	73.22	14.9	公用事业	山东	2005-02-03	600027.SH
497	家家悦	73.19	−41.6	零售	山东	2016-12-13	603708.SH
498	宁波港	73.04	24.4	运输	浙江	2010-09-28	601018.SH
499	北汽蓝谷	72.90	158.8	汽车	北京	1996-08-16	600733.SH
500	中化国际	72.80	36.0	化工	上海	2000-03-01	600500.SH
501	中远海发	72.72	27.8	运输	上海	2007-12-12	601866.SH
502	步长制药	72.25	−3.2	医药	山东	2016-11-18	603858.SH
503	申通快递	71.80	−22.3	运输	浙江	2010-09-08	002468.SZ
504	联络互动	71.68	新上榜	互联网	浙江	2009-08-21	002280.SZ
505	中航西飞	71.66	8.5	装备	陕西	1997-06-26	000768.SZ
506	顾家家居	71.28	41.1	家居	浙江	2016-10-14	603816.SH
507	中国联塑	71.26	23.5	建筑	广东	2010-06-23	2128.HK
508	同仁堂	71.07	23.7	医药	北京	1997-06-25	600085.SH
509	巨星科技	70.99	23.5	装备	浙江	2010-07-13	002444.SZ
510	中银航空租赁	70.73	3.1	运输	香港	2016-06-01	2588.HK
511	欧普照明	70.50	18.5	家电	上海	2016-08-19	603515.SH
512	BOSS直聘	70.21	新上榜	互联网	北京	2021-06-11	BZ.O
513	老白干酒	69.81	13.4	饮料	河北	2002-10-29	600559.SH
514	中国东方集团	69.78	14.2	钢铁	北京	2004-03-02	0581.HK
515	五矿发展	69.70	11.6	贸易	北京	1997-05-28	600058.SH
516	威高股份	69.62	1.8	医药	山东	2004-02-27	1066.HK
517	中顺洁柔	69.42	9.5	日用	广东	2010-11-25	002511.SZ
518	五矿资源	69.27	110.8	有色金属	香港	1994-12-15	1208.HK
519	中国核电	69.18	52.0	公用事业	北京	2015-06-10	601985.SH
520	隆鑫通用	68.95	20.2	汽车	重庆	2012-08-10	603766.SH
521	华鲁恒升	68.94	87.9	化工	山东	2002-06-20	600426.SH
522	嘉事堂	68.83	27.3	医药	北京	2010-08-18	002462.SZ
523	颐海国际	68.48	−4.5	食品	上海	2016-07-13	1579.HK
524	长春高新	68.46	4.0	医药	吉林	1996-12-18	000661.SZ
525	绝味食品	68.42	7.6	食品	湖南	2017-03-17	603517.SH
526	超威动力	68.40	32.4	装备	浙江	2010-07-07	0951.HK
527	雅生活服务	68.37	63.9	房地产	广东	2018-02-09	3319.HK
528	山鹰国际	68.34	50.0	造纸	安徽	2001-12-18	600567.SH
529	武商集团	68.22	−34.0	零售	湖北	1992-11-20	000501.SZ
530	百润股份	68.22	56.5	饮料	上海	2011-03-25	002568.SZ
531	中国心连心化肥	68.04	105.5	化工	河南	2009-12-08	1866.HK
532	阅文集团	68.03	108.6	媒体	上海	2017-11-08	0772.HK
533	大明国际	68.01	58.8	钢铁	江苏	2010-12-01	1090.HK
534	成都银行	67.93	35.8	金融	四川	2018-01-31	601838.SH
535	沪农商行	67.89	新上榜	金融	上海	2021-08-19	601825.SH

续表

序号	证券简称	品牌价值/亿元	增长率/%	行业	地区	上市日期	证券代码
536	爱施德	67.66	−7.5	贸易	广东	2010-05-28	002416.SZ
537	信达地产	67.54	−3.5	房地产	北京	1993-05-24	600657.SH
538	长沙银行	67.50	20.3	金融	湖南	2018-09-26	601577.SH
539	芒果超媒	67.47	11.3	媒体	湖南	2015-01-21	300413.SZ
540	东山精密	67.47	5.3	电子	江苏	2010-04-09	002384.SZ
541	鄂尔多斯	67.07	68.4	钢铁	内蒙古	2001-04-26	600295.SH
542	酒钢宏兴	66.89	29.5	钢铁	甘肃	2000-12-20	600307.SH
543	中南传媒	66.88	−2.2	媒体	湖南	2010-10-28	601098.SH
544	玲珑轮胎	66.75	23.0	汽车	山东	2016-07-06	601966.SH
545	361度	66.74	56.7	服饰	福建	2009-06-30	1361.HK
546	康哲药业	66.73	66.7	医药	广东	2010-09-28	0867.HK
547	天音控股	66.65	29.9	贸易	江西	1997-12-02	000829.SZ
548	步步高	66.54	−37.0	零售	湖南	2008-06-19	002251.SZ
549	莱克电气	66.22	43.5	家电	江苏	2015-05-13	603355.SH
550	三一国际	65.93	89.4	装备	辽宁	2009-11-25	0631.HK
551	福日电子	65.54	19.3	通信	福建	1999-05-14	600203.SH
552	上海家化	65.32	2.0	日用	上海	2001-03-15	600315.SH
553	陕鼓动力	65.23	77.5	装备	陕西	2010-04-28	601369.SH
554	大全能源	65.07	新上榜	电子	新疆	2021-07-22	688303.SH
555	迪安诊断	64.98	26.0	保健	浙江	2011-07-19	300244.SZ
556	金龙汽车	64.96	5.0	汽车	福建	1993-11-08	600686.SH
557	大悦城	64.92	−8.3	房地产	广东	1993-10-08	000031.SZ
558	龙大美食	64.83	20.2	农业	山东	2014-06-26	002726.SZ
559	山东出版	64.68	25.4	媒体	山东	2017-11-22	601019.SH
560	东方生物	64.65	757.6	医药	浙江	2020-02-05	688298.SH
561	大全新能源	64.49	191.2	电子	上海	2010-10-07	DQ.N
562	深圳国际	64.23	64.9	运输	香港	1972-09-25	0152.HK
563	片仔癀	63.98	48.5	医药	福建	2003-06-16	600436.SH
564	中科曙光	63.88	22.9	电子	天津	2014-11-06	603019.SH
565	东莞农商银行	63.68	新上榜	金融	广东	2021-09-29	9889.HK
566	厦门信达	63.68	10.1	贸易	福建	1997-02-26	000701.SZ
567	丽珠集团	63.45	11.8	医药	广东	1993-10-28	000513.SZ
568	合景泰富集团	63.38	−46.9	房地产	香港	2007-07-03	1813.HK
569	海立股份	63.00	37.9	装备	上海	1992-11-16	600619.SH
570	天顺风能	62.96	48.0	装备	江苏	2010-12-31	002531.SZ
571	安徽建工	62.91	28.9	建筑	安徽	2003-04-15	600502.SH
572	迪马股份	62.62	39.3	房地产	重庆	2002-07-23	600565.SH
573	五菱汽车	62.60	2.5	汽车	香港	1992-11-23	0305.HK
574	怡亚通	62.53	−6.8	贸易	广东	2007-11-13	002183.SZ
575	菜百股份	62.24	新上榜	服饰	北京	2021-09-09	605599.SH
576	中原银行	62.15	17.2	金融	河南	2017-07-19	1216.HK
577	浙江沪杭甬	62.00	47.9	运输	浙江	1997-05-15	0576.HK

续表

序号	证券简称	品牌价值/亿元	增长率/%	行业	地区	上市日期	证券代码
578	冀东水泥	61.75	22.4	建筑	河北	1996-06-14	000401.SZ
579	天山股份	61.64	304.0	建筑	新疆	1999-01-07	000877.SZ
580	天虹股份	61.58	−37.3	零售	广东	2010-06-01	002419.SZ
581	新奥股份	61.45	174.0	公用事业	河北	1994-01-03	600803.SH
582	友发集团	61.40	−5.7	钢铁	天津	2020-12-04	601686.SH
583	东方雨虹	61.25	50.6	建筑	北京	2008-09-10	002271.SZ
584	中石化炼化工程	61.21	29.2	建筑	北京	2013-05-23	2386.HK
585	上海钢联	61.03	−38.3	贸易	上海	2011-06-08	300226.SZ
586	锡业股份	61.01	13.2	有色金属	云南	2000-02-21	000960.SZ
587	海丰国际	61.00	7.1	运输	香港	2010-10-06	1308.HK
588	隧道股份	60.99	8.5	建筑	上海	1994-01-28	600820.SH
589	科大讯飞	60.80	95.6	互联网	安徽	2008-05-12	002230.SZ
590	德信中国	60.79	16.1	房地产	浙江	2019-02-26	2019.HK
591	同方股份	60.73	−13.9	电子	北京	1997-06-27	600100.SH
592	华润三九	60.65	2.1	医药	广东	2000-03-09	000999.SZ
593	深天马A	60.55	16.7	电子	广东	1995-03-15	000050.SZ
594	桐昆股份	60.45	37.1	化工	浙江	2011-05-18	601233.SH
595	国信证券	60.17	−1.4	金融	广东	2014-12-29	002736.SZ
596	木林森	60.11	38.0	电子	广东	2015-02-17	002745.SZ
597	中国动力	60.09	10.9	装备	河北	2004-07-14	600482.SH
598	先导智能	60.05	52.7	装备	江苏	2015-05-18	300450.SZ
599	新湖中宝	59.99	0.3	房地产	浙江	1999-06-23	600208.SH
600	运达股份	59.93	145.9	装备	浙江	2019-04-26	300772.SZ
601	正通汽车	59.80	43.7	汽车	北京	2010-12-10	1728.HK
602	信利国际	59.50	55.5	电子	香港	1991-07-29	0732.HK
603	浙文互联	59.47	5.0	媒体	浙江	2004-04-26	600986.SH
604	汇川技术	59.25	84.9	装备	广东	2010-09-28	300124.SZ
605	科达制造	59.05	128.2	装备	广东	2002-10-10	600499.SH
606	思摩尔国际	58.81	91.8	家电	广东	2020-07-10	6969.HK
607	扬农化工	58.78	31.2	化工	江苏	2002-04-25	600486.SH
608	欧亚集团	58.21	−23.3	零售	吉林	1993-12-06	600697.SH
609	中国航油	58.07	新上榜	石油	陕西	2001-12-06	G92.SG
610	中国长城	58.01	−45.6	电子	广东	1997-06-26	000066.SZ
611	山河智能	57.78	57.8	装备	湖南	2006-12-22	002097.SZ
612	伊力特	57.75	14.2	饮料	新疆	1999-09-16	600197.SH
613	中信国际电讯	57.66	−8.6	电信	香港	2007-04-03	1883.HK
614	安迪苏	57.56	−7.4	农业	北京	2000-04-20	600299.SH
615	海亮股份	57.52	−5.2	有色金属	浙江	2008-01-16	002203.SZ
616	上海石化	57.50	18.6	石油	上海	1993-11-08	600688.SH
617	永安期货	57.47	新上榜	金融	浙江	2021-12-23	600927.SH
618	ST龙净	57.37	12.4	装备	福建	2000-12-29	600388.SH
619	圣农发展	57.26	2.7	农业	福建	2009-10-21	002299.SZ

续表

序号	证券简称	品牌价值/亿元	增长率/%	行业	地区	上市日期	证券代码
620	新华文轩	57.17	14.4	媒体	四川	2016-08-08	601811.SH
621	中储股份	57.11	66.7	贸易	天津	1997-01-21	600787.SH
622	赛轮轮胎	57.03	37.1	汽车	山东	2011-06-30	601058.SH
623	新兴铸管	56.93	－8.7	钢铁	河北	1997-06-06	000778.SZ
624	中海石油化学	56.86	77.3	化工	海南	2006-09-29	3983.HK
625	白银有色	56.86	－25.7	有色金属	甘肃	2017-02-15	601212.SH
626	时代电气	56.84	34.1	装备	湖南	2021-09-07	688187.SH
627	贵阳银行	56.75	6.5	金融	贵州	2016-08-16	601997.SH
628	大族激光	56.38	33.3	电子	广东	2004-06-25	002008.SZ
629	云音乐	56.32	新上榜	休闲	浙江	2021-12-02	9899.HK
630	星网锐捷	56.20	6.4	通信	福建	2010-06-23	002396.SZ
631	创维数字	56.13	－0.6	家电	四川	1998-06-02	000810.SZ
632	香飘飘	56.09	－6.4	饮料	浙江	2017-11-30	603711.SH
633	上机数控	55.99	235.9	装备	江苏	2018-12-28	603185.SH
634	中材科技	55.99	45.3	建筑	江苏	2006-11-20	002080.SZ
635	龙源电力	55.92	49.6	公用事业	北京	2009-12-10	0916.HK
636	安阳钢铁	55.89	65.6	钢铁	河南	2001-08-20	600569.SH
637	科伦药业	55.58	13.6	医药	四川	2010-06-03	002422.SZ
638	领益智造	55.53	28.5	电子	广东	2011-07-15	002600.SZ
639	桃李面包	55.52	－13.3	食品	辽宁	2015-12-22	603866.SH
640	兴业证券	55.48	21.2	金融	福建	2010-10-13	601377.SH
641	信义玻璃	55.18	35.9	化工	香港	2005-02-03	0868.HK
642	纳思达	55.13	－8.7	电子	广东	2007-11-13	002180.SZ
643	金田股份	55.07	－14.5	有色金属	浙江	2020-04-22	601609.SH
644	韶钢松山	54.92	49.2	钢铁	广东	1997-05-08	000717.SZ
645	生益科技	54.82	16.5	电子	广东	1998-10-28	600183.SH
646	铁建重工	54.74	新上榜	装备	湖南	2021-06-22	688425.SH
647	青岛港	54.70	27.1	运输	山东	2019-01-21	601298.SH
648	承德露露	54.57	26.9	饮料	河北	1997-11-13	000848.SZ
649	齐翔腾达	54.42	98.5	化工	山东	2010-05-18	002408.SZ
650	盐湖股份	54.39	新上榜	化工	青海	1997-09-04	000792.SZ
651	京粮控股	54.39	22.8	食品	海南	1992-12-21	000505.SZ
652	中百集团	54.36	－32.5	零售	湖北	1997-05-19	000759.SZ
653	东方证券	54.32	33.5	金融	上海	2015-03-23	600958.SH
654	光明地产	54.25	17.1	房地产	上海	1996-06-06	600708.SH
655	茂业商业	54.05	－6.7	零售	四川	1994-02-24	600828.SH
656	宝信软件	53.98	41.3	互联网	上海	1994-03-11	600845.SH
657	澳柯玛	53.80	6.4	家电	山东	2000-12-29	600336.SH
658	动力新科	53.52	167.0	装备	上海	1994-03-11	600841.SH
659	南京新百	53.24	－22.4	零售	江苏	1993-10-18	600682.SH
660	杭钢股份	53.24	0.9	钢铁	浙江	1998-03-11	600126.SH
661	盈趣科技	53.21	55.3	日用	福建	2018-01-15	002925.SZ

续表

序号	证券简称	品牌价值/亿元	增长率/%	行业	地区	上市日期	证券代码
662	中国重工	53.21	−16.2	装备	北京	2009-12-16	601989.SH
663	山东黄金	53.02	−55.9	有色金属	山东	2003-08-28	600547.SH
664	视源股份	52.87	13.2	电子	广东	2017-01-19	002841.SZ
665	山东高速	52.82	7.2	运输	山东	2002-03-18	600350.SH
666	皖新传媒	52.67	11.8	媒体	安徽	2010-01-18	601801.SH
667	城建发展	52.63	9.1	房地产	北京	1999-02-03	600266.SH
668	华友钴业	52.59	45.8	有色金属	浙江	2015-01-29	603799.SH
669	重庆钢铁	52.57	110.4	钢铁	重庆	2007-02-28	601005.SH
670	柳药集团	52.52	6.9	医药	广西	2014-12-04	603368.SH
671	天茂集团	52.50	5.2	金融	湖北	1996-11-12	000627.SZ
672	华润燃气	52.39	13.8	公用事业	香港	1994-11-07	1193.HK
673	新洋丰	52.11	34.3	化工	湖北	1999-04-08	000902.SZ
674	ATLAS	52.05	新上榜	运输	上海	2005-08-09	ATCO.N
675	长飞光纤	51.64	9.5	通信	湖北	2018-07-20	601869.SH
676	华联综超	51.61	−18.6	零售	北京	2001-11-29	600361.SH
677	巨人网络	51.56	−10.5	休闲	重庆	2011-03-02	002558.SZ
678	国投电力	51.38	4.2	公用事业	北京	1996-01-18	600886.SH
679	中原传媒	51.25	9.2	媒体	河南	1997-03-31	000719.SZ
680	河北建设	51.09	−25.5	建筑	河北	2017-12-15	1727.HK
681	洽洽食品	50.94	−14.8	食品	安徽	2011-03-02	002557.SZ
682	盛屯矿业	50.94	17.6	贸易	福建	1996-05-31	600711.SH
683	新安股份	50.77	140.8	化工	浙江	2001-09-06	600596.SH
684	罗莱生活	50.73	36.4	纺织	江苏	2009-09-10	002293.SZ
685	春秋航空	50.60	10.2	运输	上海	2015-01-21	601021.SH
686	威孚高科	50.51	14.5	汽车	江苏	1998-09-24	000581.SZ
687	北方稀土	50.38	82.5	有色金属	内蒙古	1997-09-24	600111.SH
688	南极电商	50.27	−6.7	零售	江苏	2007-04-18	002127.SZ
689	天士力	50.27	−16.2	医药	天津	2002-08-23	600535.SH
690	光线传媒	50.22	23.4	休闲	北京	2011-08-03	300251.SZ
691	中航产融	50.15	−0.6	金融	黑龙江	1996-05-16	600705.SH
692	华扬联众	50.03	−13.9	媒体	北京	2017-08-02	603825.SH
693	宁沪高速	50.02	8.4	运输	江苏	2001-01-16	600377.SH
694	重庆建工	49.62	−7.2	建筑	重庆	2017-02-21	600939.SH
695	*ST 跨境	49.55	−37.4	零售	山西	2011-12-08	002640.SZ
696	利群股份	49.47	−19.1	零售	山东	2017-04-12	601366.SH
697	一汽富维	49.37	17.4	汽车	吉林	1996-08-26	600742.SH
698	中金黄金	49.36	−22.9	有色金属	北京	2003-08-14	600489.SH
699	云图控股	49.34	68.9	化工	四川	2011-01-18	002539.SZ
700	三全食品	49.31	−24.8	食品	河南	2008-02-20	002216.SZ
701	国药现代	49.30	−5.7	医药	上海	2004-06-16	600420.SH
702	姚记科技	49.25	7.2	休闲	上海	2011-08-05	002605.SZ
703	小鹏汽车-W	49.09	222.9	汽车	广东	2021-07-07	9868.HK

续表

序号	证券简称	品牌价值/亿元	增长率/%	行业	地区	上市日期	证券代码
704	省广集团	49.03	−36.2	媒体	广东	2010-05-06	002400.SZ
705	精达股份	48.93	87.6	装备	安徽	2002-09-11	600577.SH
706	浙版传媒	48.91	新上榜	媒体	浙江	2021-07-23	601921.SH
707	中国有色矿业	48.86	74.4	有色金属	香港	2012-06-29	1258.HK
708	恒大物业	48.72	11.0	房地产	广东	2020-12-02	6666.HK
709	万和电气	48.68	13.1	家电	广东	2011-01-28	002543.SZ
710	华邦健康	48.52	21.3	化工	重庆	2004-06-25	002004.SZ
711	海程邦达	48.39	新上榜	运输	山东	2021-05-26	603836.SH
712	江苏国泰	48.23	−11.6	贸易	江苏	2006-12-08	002091.SZ
713	中炬高新	48.19	−19.7	食品	广东	1995-01-24	600872.SH
714	晶盛机电	48.18	77.3	装备	浙江	2012-05-11	300316.SZ
715	浙能电力	48.03	10.8	公用事业	浙江	2013-12-19	600023.SH
716	信也科技	47.65	191.6	金融	上海	2017-11-10	FINV.N
717	云铝股份	47.56	51.1	有色金属	云南	1998-04-08	000807.SZ
718	西部矿业	47.56	−6.6	有色金属	青海	2007-07-12	601168.SH
719	汤臣倍健	47.36	20.9	保健	广东	2010-12-15	300146.SZ
720	宁波华翔	47.21	7.0	汽车	浙江	2005-06-03	002048.SZ
721	长虹华意	47.20	21.1	装备	江西	1996-06-19	000404.SZ
722	金徽酒	47.16	2.5	饮料	甘肃	2016-03-10	603919.SH
723	中海油服	47.11	42.6	石油	天津	2007-09-28	601808.SH
724	中国大冶有色金属	47.06	13.1	有色金属	香港	1990-11-21	0661.HK
725	天津银行	47.02	−41.2	金融	天津	2016-03-30	1578.HK
726	三只松鼠	46.66	−17.4	食品	安徽	2019-07-12	300783.SZ
727	吉祥航空	46.66	29.2	运输	上海	2015-05-27	603885.SH
728	南山铝业	46.63	17.3	有色金属	山东	1999-12-23	600219.SH
729	天誉置业	46.53	43.5	房地产	广东	1993-11-16	0059.HK
730	1药网	46.41	68.7	零售	上海	2018-09-12	YI.O
731	盛泰集团	46.14	新上榜	服饰	浙江	2021-10-27	605138.SH
732	福然德	46.11	47.0	运输	上海	2020-09-24	605050.SH
733	飞科电器	45.91	8.4	家电	上海	2016-04-18	603868.SH
734	山东路桥	45.71	66.1	建筑	山东	1997-06-09	000498.SZ
735	九江银行	45.70	4.8	金融	江西	2018-07-10	6190.HK
736	荣安地产	45.68	118.9	房地产	浙江	1993-08-06	000517.SZ
737	西子洁能	45.67	82.2	装备	浙江	2011-01-10	002534.SZ
738	广电运通	45.67	−4.2	电子	广东	2007-08-13	002152.SZ
739	中谷物流	45.48	20.7	运输	上海	2020-09-25	603565.SH
740	共进股份	45.47	−2.2	通信	广东	2015-02-25	603118.SH
741	重庆银行	45.46	−7.1	金融	重庆	2021-02-05	601963.SH
742	景瑞控股	45.46	16.2	房地产	上海	2013-10-31	1862.HK
743	海油发展	45.40	34.6	石油	北京	2019-06-26	600968.SH
744	鹭燕医药	45.40	21.1	医药	福建	2016-02-18	002788.SZ

续表

序号	证券简称	品牌价值/亿元	增长率/%	行业	地区	上市日期	证券代码
745	唐人神	45.40	−3.9	农业	湖南	2011-03-25	002567.SZ
746	阳煤化工	45.35	44.8	化工	山西	1993-11-19	600691.SH
747	贵州银行	44.92	3.3	金融	贵州	2019-12-30	6199.HK
748	卓尔智联	44.84	76.3	贸易	湖北	2011-07-13	2098.HK
749	蓝月亮集团	44.80	−6.7	日用	广东	2020-12-16	6993.HK
750	光大证券	44.72	−12.8	金融	上海	2009-08-18	601788.SH
751	索菲亚	44.68	45.3	家居	广东	2011-04-12	002572.SZ
752	用友网络	44.57	25.6	互联网	北京	2001-05-18	600588.SH
753	三花智控	44.49	6.1	家电	浙江	2005-06-07	002050.SZ
754	方大特钢	44.36	31.1	钢铁	江西	2003-09-30	600507.SH
755	八一钢铁	44.35	94.0	钢铁	新疆	2002-08-16	600581.SH
756	泡泡玛特	44.34	117.4	日用	北京	2020-12-11	9992.HK
757	中国巨石	44.10	86.8	建筑	浙江	1999-04-22	600176.SH
758	移远通信	44.07	104.0	通信	上海	2019-07-16	603236.SH
759	良品铺子	44.00	−20.5	食品	湖北	2020-02-24	603719.SH
760	盛京银行	43.95	−38.4	金融	辽宁	2014-12-29	2066.HK
761	中国电力	43.88	55.9	公用事业	香港	2004-10-15	2380.HK
762	郑州银行	43.86	4.9	金融	河南	2018-09-19	002936.SZ
763	九号公司-WD	43.83	37.4	日用	北京	2020-10-29	689009.SH
764	绿城服务	43.82	22.1	房地产	浙江	2016-07-12	2869.HK
765	山水水泥	43.71	36.8	建筑	山东	2008-07-04	0691.HK
766	珀莱雅	43.67	37.2	日用	浙江	2017-11-15	603605.SH
767	天山铝业	43.58	110.2	有色金属	浙江	2010-12-31	002532.SZ
768	杭氧股份	43.30	76.4	装备	浙江	2010-06-10	002430.SZ
769	新凤鸣	43.27	58.1	化工	浙江	2017-04-18	603225.SH
770	美年健康	43.23	40.0	保健	江苏	2005-05-18	002044.SZ
771	魏桥纺织	43.16	31.5	纺织	山东	2003-09-24	2698.HK
772	招商公路	43.13	18.5	运输	天津	2017-12-25	001965.SZ
773	盈峰环境	43.10	22.1	环保	浙江	2000-03-30	000967.SZ
774	上坤地产	42.55	−40.5	房地产	上海	2020-11-17	6900.HK
775	北新建材	42.53	32.6	建筑	北京	1997-06-06	000786.SZ
776	乐普医疗	42.49	6.6	医药	北京	2009-10-30	300003.SZ
777	南方传媒	42.35	8.8	媒体	广东	2016-02-15	601900.SH
778	广深铁路	42.31	−15.5	运输	广东	2006-12-22	601333.SH
779	红旗连锁	42.26	−32.4	零售	四川	2012-09-05	002697.SZ
780	ST奥马	42.20	12.9	家电	广东	2012-04-16	002668.SZ
781	远东股份	42.18	15.9	装备	青海	1995-02-06	600869.SH
782	中航光电	42.09	38.9	电子	河南	2007-11-01	002179.SZ
783	华虹半导体	41.94	22.0	电子	上海	2014-10-15	1347.HK
784	华南城	41.82	2.3	房地产	香港	2009-09-30	1668.HK
785	中交地产	41.67	−13.6	房地产	重庆	1997-04-25	000736.SZ
786	联邦制药	41.54	15.1	医药	香港	2007-06-15	3933.HK

续表

序号	证券简称	品牌价值/亿元	增长率/%	行业	地区	上市日期	证券代码
787	迪信通	41.36	−20.5	零售	北京	2014-07-08	6188.HK
788	齐心集团	41.35	−10.3	日用	广东	2009-10-21	002301.SZ
789	鲁商发展	41.32	5.5	房地产	山东	2000-01-13	600223.SH
790	博汇纸业	41.28	41.7	造纸	山东	2004-06-08	600966.SH
791	中国出版	41.18	28.5	媒体	北京	2017-08-21	601949.SH
792	世茂集团	40.98	−93.6	房地产	香港	2006-07-05	0813.HK
793	阳光照明	40.97	−4.8	家电	浙江	2000-07-20	600261.SH
794	北京控股	40.94	8.7	公用事业	北京	1997-05-29	0392.HK
795	湖北宜化	40.69	68.9	化工	湖北	1996-08-15	000422.SZ
796	海力风电	40.61	新上榜	装备	江苏	2021-11-24	301155.SZ
797	江西银行	40.58	−5.5	金融	江西	2018-06-26	1916.HK
798	金发科技	40.57	−8.0	化工	广东	2004-06-23	600143.SH
799	海南橡胶	40.52	24.6	农业	海南	2011-01-07	601118.SH
800	华润双鹤	40.42	15.5	医药	北京	1997-05-22	600062.SH
801	深高速	40.32	60.1	运输	广东	2001-12-25	600548.SH
802	招商轮船	40.19	−37.7	运输	上海	2006-12-01	601872.SH
803	游族网络	40.14	−44.8	休闲	福建	2007-09-25	002174.SZ
804	海正药业	40.00	2.2	医药	浙江	2000-07-25	600267.SH
805	长江传媒	40.00	−15.1	媒体	湖北	1996-10-03	600757.SH
806	中直股份	39.94	23.1	装备	黑龙江	2000-12-18	600038.SH
807	锦泓集团	39.90	244.2	服饰	江苏	2014-12-03	603518.SH
808	时代中国控股	39.87	−78.3	房地产	广东	2013-12-11	1233.HK
809	蓝帆医疗	39.71	72.6	医药	山东	2010-04-02	002382.SZ
810	天康生物	39.67	12.6	农业	新疆	2006-12-26	002100.SZ
811	太极集团	39.63	11.5	医药	重庆	1997-11-18	600129.SH
812	华天科技	39.62	0.5	电子	甘肃	2007-11-20	002185.SZ
813	迪阿股份	39.57	新上榜	服饰	广东	2021-12-15	301177.SZ
814	中红医疗	39.55	新上榜	医药	河北	2021-04-27	300981.SZ
815	中国天楹	39.40	45.1	环保	江苏	1994-04-08	000035.SZ
816	孩子王	39.31	新上榜	零售	江苏	2021-10-14	301078.SZ
817	江南集团	39.26	41.9	装备	江苏	2012-04-20	1366.HK
818	友谊时光	39.02	1.8	休闲	江苏	2019-10-08	6820.HK
819	新华医疗	39.01	15.3	医药	山东	2002-09-27	600587.SH
820	彩虹股份	38.93	264.2	电子	陕西	1996-05-20	600707.SH
821	上海实业环境	38.88	51.8	环保	香港	2018-03-23	0807.HK
822	京投发展	38.88	77.6	房地产	浙江	1993-10-25	600683.SH
823	碧水源	38.84	28.6	环保	北京	2010-04-21	300070.SZ
824	华宝股份	38.76	−13.8	食品	西藏	2018-03-01	300741.SZ
825	亿联网络	38.74	7.6	通信	福建	2017-03-17	300628.SZ
826	厦门钨业	38.64	43.7	有色金属	福建	2002-11-07	600549.SH
827	春风动力	38.59	62.8	汽车	浙江	2017-08-18	603129.SH
828	深科技	38.52	−10.5	电子	广东	1994-02-02	000021.SZ

续表

序号	证券简称	品牌价值/亿元	增长率/%	行业	地区	上市日期	证券代码
829	合肥百货	38.51	−31.8	零售	安徽	1996-08-12	000417.SZ
830	通富微电	38.37	−0.8	电子	江苏	2007-08-16	002156.SZ
831	名创优品	38.33	新上榜	零售	广东	2020-10-15	MNSO.N
832	卧龙电驱	38.28	5.3	装备	浙江	2002-06-06	600580.SH
833	珠光控股	38.25	140.5	房地产	香港	1996-12-09	1176.HK
834	海螺创业	38.13	39.3	环保	安徽	2013-12-19	0586.HK
835	得邦照明	38.10	14.4	家电	浙江	2017-03-30	603303.SH
836	贵研铂业	37.98	3.2	有色金属	云南	2003-05-16	600459.SH
837	银座股份	37.91	−35.5	零售	山东	1994-05-06	600858.SH
838	浙江永强	37.76	3.4	日用	浙江	2010-10-21	002489.SZ
839	中国西电	37.67	−9.8	装备	陕西	2010-01-28	601179.SH
840	太原重工	37.63	37.1	装备	山西	1998-09-04	600169.SH
841	中国民航信息网络	37.55	4.4	互联网	北京	2001-02-07	0696.HK
842	中华企业	37.55	−11.8	房地产	上海	1993-09-24	600675.SH
843	阿里影业	37.54	20.5	休闲	北京	1994-05-12	1060.HK
844	瀚蓝环境	37.49	23.3	环保	广东	2000-12-25	600323.SH
845	上实城市开发	37.42	18.4	房地产	香港	1993-09-10	0563.HK
846	甬金股份	37.41	43.4	钢铁	浙江	2019-12-24	603995.SH
847	华帝股份	37.39	−1.5	家电	广东	2004-09-01	002035.SZ
848	凌云股份	37.34	22.1	汽车	河北	2003-08-15	600480.SH
849	华润微	37.34	69.2	电子	江苏	2020-02-27	688396.SH
850	普洛药业	37.34	10.2	医药	浙江	1997-05-09	000739.SZ
851	中材国际	37.31	28.5	建筑	江苏	2005-04-12	600970.SH
852	猫眼娱乐	37.29	110.5	休闲	北京	2019-02-04	1896.HK
853	一拖股份	37.28	2.3	装备	河南	2012-08-08	601038.SH
854	同庆楼	37.25	18.7	餐饮	安徽	2020-07-16	605108.SH
855	大唐集团控股	37.15	67.3	房地产	福建	2020-12-11	2117.HK
856	华策影视	37.14	6.7	休闲	浙江	2010-10-26	300133.SZ
857	珠海冠宇	37.13	新上榜	电子	广东	2021-10-15	688772.SH
858	江南布衣	37.09	21.7	服饰	浙江	2016-10-31	3306.HK
859	西王食品	37.07	9.7	食品	山东	1996-11-26	000639.SZ
860	东方财富	37.01	110.1	金融	上海	2010-03-19	300059.SZ
861	北方华创	37.00	78.7	电子	北京	2010-03-16	002371.SZ
862	振德医疗	36.98	−2.8	医药	浙江	2018-04-12	603301.SH
863	中鼎股份	36.94	43.3	汽车	安徽	1998-12-03	000887.SZ
864	立达信	36.86	新上榜	家电	福建	2021-07-20	605365.SH
865	华数传媒	36.76	39.0	媒体	浙江	2000-09-06	000156.SZ
866	神火股份	36.73	45.6	有色金属	河南	1999-08-31	000933.SZ
867	贝泰妮	36.68	新上榜	日用	云南	2021-03-25	300957.SZ
868	新大陆	36.68	10.2	电子	福建	2000-08-07	000997.SZ
869	天龙集团	36.68	−25.3	媒体	广东	2010-03-26	300063.SZ

续表

序号	证券简称	品牌价值/亿元	增长率/%	行业	地区	上市日期	证券代码
870	华谊集团	36.67	32.6	化工	上海	1992-12-04	600623.SH
871	华致酒行	36.58	30.7	零售	云南	2019-01-29	300755.SZ
872	苏垦农发	36.51	19.3	农业	江苏	2017-05-15	601952.SH
873	以岭药业	36.51	−12.4	医药	河北	2011-07-28	002603.SZ
874	京运通	36.49	62.5	装备	北京	2011-09-08	601908.SH
875	大东方	36.49	20.7	汽车	江苏	2002-06-25	600327.SH
876	宝丰能源	36.49	29.2	化工	宁夏	2019-05-16	600989.SH
877	云内动力	36.47	−21.1	装备	云南	1999-04-15	000903.SZ
878	中金岭南	36.40	12.8	有色金属	广东	1997-01-23	000060.SZ
879	南山控股	36.39	68.3	房地产	广东	2009-12-03	002314.SZ
880	天健集团	36.37	0.5	建筑	广东	1999-07-21	000090.SZ
881	济川药业	36.20	24.4	医药	湖北	2001-08-22	600566.SH
882	伊泰煤炭	36.07	33.2	煤炭	内蒙古	2012-07-12	3948.HK
883	三维通信	36.03	49.8	媒体	浙江	2007-02-15	002115.SZ
884	中国宝安	36.03	51.6	金融	广东	1991-06-25	000009.SZ
885	保利文化	36.02	44.2	休闲	北京	2014-03-06	3636.HK
886	达安基因	36.02	84.5	医药	广东	2004-08-09	002030.SZ
887	朗姿股份	35.98	59.0	服饰	北京	2011-08-30	002612.SZ
888	浙江交科	35.91	87.4	建筑	浙江	2006-08-16	002061.SZ
889	康龙化成	35.87	73.0	医药	北京	2019-01-28	300759.SZ
890	立中集团	35.75	77.7	汽车	河北	2015-03-19	300428.SZ
891	华泰股份	35.58	33.8	造纸	山东	2000-09-28	600308.SH
892	汇鸿集团	35.46	−15.9	贸易	江苏	2004-06-30	600981.SH
893	中航机电	35.43	33.8	装备	湖北	2004-07-05	002013.SZ
894	华兰生物	35.28	−5.1	医药	河南	2004-06-25	002007.SZ
895	浙江鼎力	35.27	13.3	装备	浙江	2015-03-25	603338.SH
896	润达医疗	35.24	37.2	医药	上海	2015-05-27	603108.SH
897	庆铃汽车股份	35.02	18.6	汽车	重庆	1994-08-17	1122.HK
898	丽人丽妆	35.00	7.9	零售	上海	2020-09-29	605136.SH
899	长虹佳华	34.92	−6.9	贸易	香港	2000-01-24	3991.HK
900	福莱特	34.91	65.7	装备	浙江	2019-02-15	601865.SH
901	德赛西威	34.90	27.3	互联网	广东	2017-12-26	002920.SZ
902	阳光能源	34.89	46.4	装备	香港	2008-03-31	0757.HK
903	浙农股份	34.89	702.3	贸易	浙江	2015-05-27	002758.SZ
904	中远海能	34.87	−50.9	运输	上海	2002-05-23	600026.SH
905	远大医药	34.85	12.8	医药	香港	1995-12-19	0512.HK
906	国投资本	34.85	80.8	金融	上海	1997-05-19	600061.SH
907	智度股份	34.76	−26.9	媒体	广东	1996-12-24	000676.SZ
908	华北制药	34.74	−7.5	医药	河北	1994-01-14	600812.SH
909	宏发股份	34.73	18.9	装备	湖北	1996-02-05	600885.SH
910	汉马科技	34.72	6.7	装备	安徽	2003-04-01	600375.SH
911	兆易创新	34.59	64.7	电子	北京	2016-08-18	603986.SH

续表

序号	证券简称	品牌价值/亿元	增长率/%	行业	地区	上市日期	证券代码
912	地素时尚	34.58	25.6	服饰	上海	2018-06-22	603587.SH
913	味千(中国)	34.57	−3.5	餐饮	香港	2007-03-30	0538.HK
914	江苏有线	34.49	−13.8	媒体	江苏	2015-04-28	600959.SH
915	金螳螂	34.47	−9.3	建筑	江苏	2006-11-20	002081.SZ
916	旗滨集团	34.45	64.1	建筑	湖南	2011-08-12	601636.SH
917	山推股份	34.43	28.6	装备	山东	1997-01-22	000680.SZ
918	泰格医药	34.24	57.5	医药	浙江	2012-08-17	300347.SZ
919	凌钢股份	34.06	21.7	钢铁	辽宁	2000-05-11	600231.SH
920	银城国际控股	34.01	1.8	房地产	江苏	2019-03-06	1902.HK
921	中国利郎	34.01	20.6	服饰	福建	2009-09-25	1234.HK
922	理士国际	33.94	124.7	装备	广东	2010-11-16	0842.HK
923	中国淀粉	33.89	99.2	农业	香港	2007-09-27	3838.HK
924	周黑鸭	33.87	7.7	食品	湖北	2016-11-11	1458.HK
925	东方盛虹	33.86	47.0	化工	江苏	2000-05-29	000301.SZ
926	飞亚达	33.83	20.2	服饰	广东	1993-06-03	000026.SZ
927	报喜鸟	33.72	79.1	服饰	浙江	2007-08-16	002154.SZ
928	国光电器	33.65	33.3	日用	广东	2005-05-23	002045.SZ
929	知乎	33.58	新上榜	互联网	北京	2021-03-26	ZH.N
930	涪陵榨菜	33.51	3.5	食品	重庆	2010-11-23	002507.SZ
931	起帆电缆	33.41	70.2	装备	上海	2020-07-31	605222.SH
932	奈雪的茶	33.41	新上榜	饮料	广东	2021-06-30	2150.HK
933	五矿地产	33.36	−14.0	房地产	香港	1991-12-20	0230.HK
934	黑牡丹	33.35	−15.3	房地产	江苏	2002-06-18	600510.SH
935	金达威	33.32	−5.1	保健	福建	2011-10-28	002626.SZ
936	航民股份	33.30	30.7	纺织	浙江	2004-08-09	600987.SH
937	广州酒家	33.30	−2.6	食品	广东	2017-06-27	603043.SH
938	宇华教育	33.26	−56.8	教育	河南	2017-02-28	6169.HK
939	慧聪集团	33.24	29.5	互联网	北京	2003-12-17	2280.HK
940	浙江医药	33.23	12.9	医药	浙江	1999-10-21	600216.SH
941	深南电路	33.19	−11.7	电子	广东	2017-12-13	002916.SZ
942	绿叶制药	33.14	18.8	医药	山东	2014-07-09	2186.HK
943	首创环境	33.09	77.2	环保	香港	2006-07-13	3989.HK
944	鱼跃医疗	33.06	−2.8	医药	江苏	2008-04-18	002223.SZ
945	格科微	33.05	新上榜	电子	上海	2021-08-18	688728.SH
946	骆驼股份	33.04	45.6	汽车	湖北	2011-06-02	601311.SH
947	密尔克卫	33.04	67.2	运输	上海	2018-07-13	603713.SH
948	渤海租赁	33.00	−30.9	金融	新疆	1996-07-16	000415.SZ
949	众安在线	32.96	60.5	金融	上海	2017-09-28	6060.HK
950	德业股份	32.92	新上榜	家电	浙江	2021-04-20	605117.SH
951	金山软件	32.92	−0.6	互联网	北京	2007-10-09	3888.HK
952	时代出版	32.92	3.3	媒体	安徽	2002-09-05	600551.SH
953	神州信息	32.89	7.1	互联网	广东	1994-04-08	000555.SZ

续表

序号	证券简称	品牌价值/亿元	增长率/%	行业	地区	上市日期	证券代码
954	华昌化工	32.87	106.8	化工	江苏	2008-09-25	002274.SZ
955	千方科技	32.87	9.9	互联网	北京	2010-03-18	002373.SZ
956	火岩控股	32.85	60.6	休闲	广东	2016-02-18	1909.HK
957	汇景控股	32.74	39.7	房地产	广东	2020-01-16	9968.HK
958	民生教育	32.70	32.3	教育	北京	2017-03-22	1569.HK
959	孚日股份	32.66	−11.1	纺织	山东	2006-11-24	002083.SZ
960	天津港	32.53	1.7	运输	天津	1996-06-14	600717.SH
961	通策医疗	32.49	50.2	保健	浙江	1996-10-30	600763.SH
962	恒邦股份	32.48	−27.6	有色金属	山东	2008-05-20	002237.SZ
963	维维股份	32.46	−4.8	食品	江苏	2000-06-30	600300.SH
964	中国光大水务	32.41	69.3	环保	广东	2019-05-08	1857.HK
965	恒生电子	32.38	40.7	互联网	浙江	2003-12-16	600570.SH
966	天禾股份	32.37	15.7	化工	广东	2020-09-03	002999.SZ
967	惠而浦	32.34	−8.7	家电	安徽	2004-07-27	600983.SH
968	中创物流	32.34	45.3	运输	山东	2019-04-29	603967.SH
969	天津港发展	32.29	5.3	运输	香港	2006-05-24	3382.HK
970	大连重工	32.26	2.2	装备	辽宁	2008-01-16	002204.SZ
971	国机重装	32.25	−5.8	装备	四川	2020-06-08	601399.SH
972	佛山照明	32.20	3.2	家电	广东	1993-11-23	000541.SZ
973	ZEPP HEALTH	32.18	新上榜	电子	安徽	2018-02-08	ZEPP.N
974	明泰铝业	32.13	27.9	有色金属	河南	2011-09-19	601677.SH
975	东华软件	32.00	−14.2	互联网	北京	2006-08-23	002065.SZ
976	达仁堂	31.99	42.3	医药	天津	2001-06-06	600329.SH
977	华润万象生活	31.92	24.6	房地产	广东	2020-12-09	1209.HK
978	星宇股份	31.88	33.6	汽车	江苏	2011-02-01	601799.SH
979	环球医疗	31.74	46.5	金融	北京	2015-07-08	2666.HK
980	云米科技	31.70	23.4	零售	广东	2018-09-25	VIOT.O
981	电科数字	31.66	16.9	互联网	上海	1994-03-24	600850.SH
982	哈尔滨银行	31.66	−46.5	金融	黑龙江	2014-03-31	6138.HK
983	高能环境	31.63	49.5	环保	北京	2014-12-29	603588.SH
984	华能水电	31.61	43.4	公用事业	云南	2017-12-15	600025.SH
985	汇顶科技	31.40	−35.1	电子	广东	2016-10-17	603160.SH
986	杰克股份	31.40	41.2	装备	浙江	2017-01-19	603337.SH
987	安克创新	31.39	9.0	电子	湖南	2020-08-24	300866.SZ
988	宝业集团	31.35	−3.4	建筑	浙江	2003-06-30	2355.HK
989	克劳斯	31.33	23.4	装备	山东	2002-08-09	600579.SH
990	卓胜微	31.31	123.6	电子	江苏	2019-06-18	300782.SZ
991	招商局港口	31.30	20.5	运输	香港	1992-07-15	0144.HK
992	东方嘉盛	31.28	−14.7	运输	广东	2017-07-31	002889.SZ
993	中圣集团	31.21	53.9	装备	湖南	2005-03-16	5GD.SG
994	裕同科技	31.19	21.1	包装	广东	2016-12-16	002831.SZ
995	天润乳业	31.10	4.1	饮料	新疆	2001-06-28	600419.SH

续表

序号	证券简称	品牌价值/亿元	增长率/%	行业	地区	上市日期	证券代码
996	航天电子	31.10	32.9	装备	湖北	1995-11-15	600879.SH
997	厦门港务	30.98	10.3	贸易	福建	2005-12-19	3378.HK
998	苏州高新	30.89	42.6	房地产	江苏	1996-08-15	600736.SH
999	富安娜	30.88	27.7	纺织	广东	2009-12-30	002327.SZ
1000	中国忠旺	30.85	−28.6	有色金属	辽宁	2009-05-08	1333.HK
1001	中信重工	30.85	37.0	装备	河南	2012-07-06	601608.SH
1002	许继电气	30.78	9.9	装备	河南	1997-04-18	000400.SZ
1003	恺英网络	30.72	20.4	休闲	福建	2010-12-07	002517.SZ
1004	华海药业	30.68	0.7	医药	浙江	2003-03-04	600521.SH
1005	淮北矿业	30.60	37.3	煤炭	安徽	2004-04-28	600985.SH
1006	百富环球	30.60	27.2	电子	香港	2010-12-20	0327.HK
1007	大亚圣象	30.43	16.8	家居	江苏	1999-06-30	000910.SZ
1008	小商品城	30.38	−23.7	房地产	浙江	2002-05-09	600415.SH
1009	华远地产	30.38	28.4	房地产	北京	1996-09-09	600743.SH
1010	李子园	30.38	新上榜	饮料	浙江	2021-02-08	605337.SH
1011	三星医疗	30.38	32.3	装备	浙江	2011-06-15	601567.SH
1012	好想你	30.35	−46.7	食品	河南	2011-05-20	002582.SZ
1013	杭州解百	30.33	−6.7	零售	浙江	1994-01-14	600814.SH
1014	恒通股份	30.31	53.7	运输	山东	2015-06-30	603223.SH
1015	龙佰集团	30.27	26.7	化工	河南	2011-07-15	002601.SZ
1016	唐山港	30.25	3.4	运输	河北	2010-07-05	601000.SH
1017	招商积余	30.24	−9.1	房地产	广东	1994-09-28	001914.SZ
1018	圣湘生物	30.21	−0.2	医药	湖南	2020-08-28	688289.SH
1019	平治信息	30.19	13.8	休闲	浙江	2016-12-13	300571.SZ
1020	古越龙山	30.11	−7.9	饮料	浙江	1997-05-16	600059.SH
1021	润丰股份	30.10	新上榜	化工	山东	2021-07-28	301035.SZ
1022	中国春来	30.06	42.5	教育	河南	2018-09-13	1969.HK
1023	经纬纺机	30.02	2.7	装备	北京	1996-12-10	000666.SZ
1024	九牧王	29.93	15.6	服饰	福建	2011-05-30	601566.SH
1025	普天科技	29.87	31.4	通信	广东	2011-01-28	002544.SZ
1026	富奥股份	29.82	−1.6	汽车	吉林	1993-09-29	000030.SZ
1027	永安行	29.80	32.8	日用	江苏	2017-08-17	603776.SH
1028	福星股份	29.73	19.5	房地产	湖北	1999-06-18	000926.SZ
1029	映客	29.72	62.8	媒体	北京	2018-07-12	3700.HK
1030	会稽山	29.70	15.7	饮料	浙江	2014-08-25	601579.SH
1031	潞安环能	29.64	78.1	煤炭	山西	2006-09-22	601699.SH
1032	苏宁环球	29.56	27.4	房地产	吉林	1997-04-08	000718.SZ
1033	东软教育	29.49	21.1	教育	辽宁	2020-09-29	9616.HK
1034	中国旭阳集团	29.46	93.4	煤炭	北京	2019-03-15	1907.HK
1035	华峰化学	29.44	157.9	化工	浙江	2006-08-23	002064.SZ
1036	华光环能	29.44	56.9	装备	江苏	2003-07-21	600475.SH
1037	中国天瑞水泥	29.40	18.7	建筑	河南	2011-12-23	1252.HK

续表

序号	证券简称	品牌价值/亿元	增长率/%	行业	地区	上市日期	证券代码
1038	楚江新材	29.40	9.7	有色金属	安徽	2007-09-21	002171.SZ
1039	厦门港务	29.39	24.5	运输	福建	1999-04-29	000905.SZ
1040	鲁西化工	29.38	88.9	化工	山东	1998-08-07	000830.SZ
1041	保利物业	29.33	16.1	房地产	广东	2019-12-19	6049.HK
1042	伟明环保	29.30	55.1	环保	浙江	2015-05-28	603568.SH
1043	山西焦煤	29.18	49.4	煤炭	山西	2000-07-26	000983.SZ
1044	众信旅游	29.16	−53.1	休闲	北京	2014-01-23	002707.SZ
1045	华阳股份	29.16	43.4	煤炭	山西	2003-08-21	600348.SH
1046	光迅科技	29.09	−4.5	通信	湖北	2009-08-21	002281.SZ
1047	大金重工	28.98	123.5	装备	辽宁	2010-10-15	002487.SZ
1048	海昌海洋公园	28.97	234.0	休闲	上海	2014-03-13	2255.HK
1049	岭南控股	28.91	−16.6	休闲	广东	1993-11-18	000524.SZ
1050	哈药股份	28.89	−21.9	医药	黑龙江	1993-06-29	600664.SH
1051	华大基因	28.87	−14.4	医药	广东	2017-07-14	300676.SZ
1052	华工科技	28.85	32.6	电子	湖北	2000-06-08	000988.SZ
1053	辽宁成大	28.83	−17.8	贸易	辽宁	1996-08-19	600739.SH
1054	中海物业	28.82	18.2	房地产	香港	2015-10-23	2669.HK
1055	北京京客隆	28.81	−31.1	零售	北京	2006-09-25	0814.HK
1056	苏州银行	28.81	8.0	金融	江苏	2019-08-02	002966.SZ
1057	傲农生物	28.77	23.3	农业	福建	2017-09-26	603363.SH
1058	利尔化学	28.60	60.1	化工	四川	2008-07-08	002258.SZ
1059	青岛银行	28.57	−8.0	金融	山东	2019-01-16	002948.SZ
1060	浙江美大	28.54	52.4	家电	浙江	2012-05-25	002677.SZ
1061	妙可蓝多	28.54	51.0	食品	上海	1995-12-06	600882.SH
1062	冠城大通	28.51	25.8	房地产	福建	1997-05-08	600067.SH
1063	小熊电器	28.49	5.3	家电	广东	2019-08-23	002959.SZ
1064	继峰股份	28.47	74.1	汽车	浙江	2015-03-02	603997.SH
1065	中青旅	28.44	−28.4	休闲	北京	1997-12-03	600138.SH
1066	现代投资	28.39	2.8	运输	湖南	1999-01-28	000900.SZ
1067	佳沃食品	28.39	359.9	农业	湖南	2011-09-27	300268.SZ
1068	新高教集团	28.36	−18.3	教育	北京	2017-04-19	2001.HK
1069	喜临门	28.33	89.7	家居	浙江	2012-07-17	603008.SH
1070	中国科培	28.28	−21.5	教育	广东	2019-01-25	1890.HK
1071	信维通信	28.21	−1.9	电子	广东	2010-11-05	300136.SZ
1072	卫星化学	28.15	146.2	化工	浙江	2011-12-28	002648.SZ
1073	力劲科技	28.13	71.0	装备	香港	2006-10-16	0558.HK
1074	嘉友国际	28.11	13.9	运输	北京	2018-02-06	603871.SH
1075	新华百货	28.06	−29.1	零售	宁夏	1997-01-08	600785.SH
1076	香港中旅	28.03	−13.3	休闲	香港	1992-11-11	0308.HK
1077	冰轮环境	27.94	27.2	装备	山东	1998-05-28	000811.SZ
1078	万年青	27.86	17.9	建筑	江西	1997-09-23	000789.SZ
1079	中来股份	27.82	24.3	装备	江苏	2014-09-12	300393.SZ

续表

序号	证券简称	品牌价值/亿元	增长率/%	行业	地区	上市日期	证券代码
1080	紫光国微	27.79	61.9	电子	河北	2005-06-06	002049.SZ
1081	中国卫通	27.78	−7.2	电信	北京	2019-06-28	601698.SH
1082	海格通信	27.76	−4.1	通信	广东	2010-08-31	002465.SZ
1083	太极股份	27.74	22.7	互联网	北京	2010-03-12	002368.SZ
1084	东贝集团	27.62	新上榜	装备	湖北	2020-12-25	601956.SH
1085	当代置业	27.55	−47.7	房地产	北京	2013-07-12	1107.HK
1086	歌力思	27.53	29.3	服饰	广东	2015-04-22	603808.SH
1087	*ST 凯乐	27.53	−57.5	通信	湖北	2000-07-06	600260.SH
1088	好未来	27.52	−93.8	教育	北京	2010-10-20	TAL.N
1089	力帆科技	27.52	新上榜	汽车	重庆	2010-11-25	601777.SH
1090	中铁特货	27.50	新上榜	运输	北京	2021-09-08	001213.SZ
1091	昆药集团	27.45	2.6	医药	云南	2000-12-06	600422.SH
1092	雨润食品	27.45	−26.2	农业	江苏	2005-10-03	1068.HK
1093	中船防务	27.45	−19.8	装备	广东	1993-10-28	600685.SH
1094	华宏科技	27.43	95.4	装备	江苏	2011-12-20	002645.SZ
1095	爱慕股份	27.43	新上榜	服饰	北京	2021-05-31	603511.SH
1096	华孚时尚	27.35	4.5	纺织	安徽	2005-04-27	002042.SZ
1097	浙商证券	27.35	17.9	金融	浙江	2017-06-26	601878.SH
1098	道道全	27.34	−20.5	食品	湖南	2017-03-10	002852.SZ
1099	拓普集团	27.33	17.7	汽车	浙江	2015-03-19	601689.SH
1100	光环新网	27.25	−6.5	互联网	北京	2014-01-29	300383.SZ
1101	唐宫中国	27.25	20.8	餐饮	香港	2011-04-19	1181.HK
1102	万向钱潮	27.23	12.1	汽车	浙江	1994-01-10	000559.SZ
1103	我爱我家	27.21	59.6	房地产	云南	1994-02-02	000560.SZ
1104	美邦服饰	27.13	4.4	服饰	上海	2008-08-28	002269.SZ
1105	大唐环境	27.13	81.5	环保	北京	2016-11-15	1272.HK
1106	沙钢股份	27.10	−11.3	钢铁	江苏	2006-10-25	002075.SZ
1107	浙富控股	27.10	153.4	环保	浙江	2008-08-06	002266.SZ
1108	青农商行	27.07	18.2	金融	山东	2019-03-26	002958.SZ
1109	电投能源	27.06	6.8	有色金属	内蒙古	2007-04-18	002128.SZ
1110	广信股份	27.03	63.0	化工	安徽	2015-05-13	603599.SH
1111	中洲控股	27.02	11.0	房地产	广东	1994-09-21	000042.SZ
1112	ST 大集	26.99	−51.0	零售	陕西	1994-01-10	000564.SZ
1113	潮宏基	26.96	45.5	服饰	广东	2010-01-28	002345.SZ
1114	内蒙一机	26.89	14.8	装备	内蒙古	2004-05-18	600967.SH
1115	水星家纺	26.88	36.6	纺织	上海	2017-11-20	603365.SH
1116	浙江东方	26.84	29.0	金融	浙江	1997-12-01	600120.SH
1117	世联行	26.83	37.2	房地产	广东	2009-08-28	002285.SZ
1118	ST 凯撒	26.81	−59.6	休闲	海南	1997-07-03	000796.SZ
1119	华润医疗	26.76	123.4	保健	北京	2013-11-29	1515.HK
1120	深信服	26.71	38.6	互联网	广东	2018-05-16	300454.SZ
1121	蓝光发展	26.69	−79.1	房地产	四川	2001-02-12	600466.SH

续表

序号	证券简称	品牌价值/亿元	增长率/%	行业	地区	上市日期	证券代码
1122	东方园林	26.66	11.6	环保	北京	2009-11-27	002310.SZ
1123	水羊股份	26.63	67.9	日用	湖南	2018-02-08	300740.SZ
1124	搜狐	26.62	-23.2	媒体	北京	2000-07-12	SOHU.O
1125	五矿资本	26.55	-34.2	金融	湖南	2001-01-15	600390.SH
1126	宝通科技	26.55	-2.8	休闲	江苏	2009-12-25	300031.SZ
1127	合力泰	26.55	-36.7	电子	福建	2008-02-20	002217.SZ
1128	横店影视	26.50	18.2	休闲	浙江	2017-10-12	603103.SH
1129	四环医药	26.49	65.6	医药	北京	2010-10-28	0460.HK
1130	北控水务集团	26.46	-1.2	公用事业	香港	1993-04-19	0371.HK
1131	迈为股份	26.43	99.8	装备	江苏	2018-11-09	300751.SZ
1132	合盛硅业	26.43	128.9	化工	浙江	2017-10-30	603260.SH
1133	平安好医生	26.36	54.6	医药	上海	2018-05-04	1833.HK
1134	紫江企业	26.22	28.6	包装	上海	1999-08-24	600210.SH
1135	人民同泰	26.19	-3.0	医药	黑龙江	1994-02-24	600829.SH
1136	浙江龙盛	26.19	-15.9	化工	浙江	2003-08-01	600352.SH
1137	江山股份	26.16	43.7	化工	江苏	2001-01-10	600389.SH
1138	优矩控股	26.11	新上榜	互联网	北京	2021-11-08	1948.HK
1139	众安集团	26.09	189.4	房地产	浙江	2007-11-13	0672.HK
1140	上实发展	26.02	-12.2	房地产	上海	1996-09-25	600748.SH
1141	南京高科	26.00	-5.5	房地产	江苏	1997-05-06	600064.SH
1142	七匹狼	25.98	23.2	服饰	福建	2004-08-06	002029.SZ
1143	利亚德	25.97	17.8	电子	北京	2012-03-15	300296.SZ
1144	君正集团	25.92	-2.8	化工	内蒙古	2011-02-22	601216.SH
1145	安正时尚	25.88	23.4	服饰	浙江	2017-02-14	603839.SH
1146	中国信达	25.88	-6.2	金融	北京	2013-12-12	1359.HK
1147	湘电股份	25.86	新上榜	装备	湖南	2002-07-18	600416.SH
1148	宝尊电商-SW	25.85	-11.9	互联网	上海	2020-09-29	9991.HK
1149	越秀金控	25.85	1.4	金融	广东	2000-07-18	000987.SZ
1150	三友化工	25.81	43.1	化工	河北	2003-06-18	600409.SH
1151	天坛生物	25.80	-5.6	医药	北京	1998-06-16	600161.SH
1152	翠微股份	25.79	1.0	零售	北京	2012-05-03	603123.SH
1153	艾迪精密	25.75	39.8	装备	山东	2017-01-20	603638.SH
1154	宋城演艺	25.67	-60.0	休闲	浙江	2010-12-09	300144.SZ
1155	奥瑞金	25.67	12.8	包装	北京	2012-10-11	002701.SZ
1156	中国国贸	25.57	23.8	房地产	北京	1999-03-12	600007.SH
1157	健之佳	25.55	-5.2	零售	云南	2020-12-01	605266.SH
1158	奥佳华	25.55	49.1	医药	福建	2011-09-09	002614.SZ
1159	海普瑞	25.54	14.7	医药	广东	2010-05-06	002399.SZ
1160	东阳光	25.53	-2.9	有色金属	广东	1993-09-17	600673.SH
1161	申能股份	25.50	11.7	公用事业	上海	1993-04-16	600642.SH
1162	同仁堂科技	25.50	21.4	医药	北京	2000-10-31	1666.HK
1163	驰宏锌锗	25.49	6.1	有色金属	云南	2004-04-20	600497.SH

续表

序号	证券简称	品牌价值/亿元	增长率/%	行业	地区	上市日期	证券代码
1164	西部建设	25.49	17.9	建筑	新疆	2009-11-03	002302.SZ
1165	富途控股	25.47	335.3	金融	广东	2019-03-08	FUTU.O
1166	东富龙	25.44	53.9	装备	上海	2011-02-01	300171.SZ
1167	今创集团	25.37	13.9	装备	江苏	2018-02-27	603680.SH
1168	三角轮胎	25.37	4.7	汽车	山东	2016-09-09	601163.SH
1169	粤海投资	25.34	1.5	公用事业	香港	1993-01-08	0270.HK
1170	中烟香港	25.34	0.6	食品	香港	2019-06-12	6055.HK
1171	南侨食品	25.31	新上榜	食品	上海	2021-05-18	605339.SH
1172	新东方-S	25.26	−94.7	教育	北京	2020-11-09	9901.HK
1173	东华能源	25.22	10.0	石油	江苏	2008-03-06	002221.SZ
1174	比音勒芬	25.17	38.2	服饰	广东	2016-12-23	002832.SZ
1175	飞马国际	25.16	新上榜	运输	广东	2008-01-30	002210.SZ
1176	豫光金铅	25.15	−4.2	有色金属	河南	2002-07-30	600531.SH
1177	城投控股	25.12	53.1	房地产	上海	1993-05-18	600649.SH
1178	广州港	25.11	14.8	运输	广东	2017-03-29	601228.SH
1179	云南旅游	25.04	28.4	休闲	云南	2006-08-10	002059.SZ
1180	齐鲁银行	25.01	新上榜	金融	山东	2021-06-18	601665.SH
1181	常山北明	24.98	−4.4	互联网	河北	2000-07-24	000158.SZ
1182	重庆机电	24.96	17.7	装备	重庆	2008-06-13	2722.HK
1183	万丰奥威	24.93	−3.1	汽车	浙江	2006-11-28	002085.SZ
1184	金一文化	24.93	−27.7	服饰	北京	2014-01-27	002721.SZ
1185	亿帆医药	24.92	−20.5	医药	浙江	2004-07-13	002019.SZ
1186	浙数文化	24.90	−16.5	媒体	浙江	1993-03-04	600633.SH
1187	中国软件	24.88	46.4	互联网	北京	2002-05-17	600536.SH
1188	乐信	24.87	40.9	金融	广东	2017-12-21	LX.O
1189	合富辉煌	24.84	71.2	房地产	广东	2004-07-15	0733.HK
1190	漱玉平民	24.82	新上榜	零售	山东	2021-07-05	301017.SZ
1191	中国波顿	24.80	93.2	日用	香港	2005-12-09	3318.HK
1192	中泰证券	24.73	−21.7	金融	山东	2020-06-03	600918.SH
1193	均瑶健康	24.69	−9.5	饮料	湖北	2020-08-18	605388.SH
1194	藏格矿业	24.67	新上榜	化工	青海	1996-06-28	000408.SZ
1195	兴发集团	24.62	37.0	化工	湖北	1999-06-16	600141.SH
1196	中粮糖业	24.62	−8.2	贸易	新疆	1996-07-31	600737.SH
1197	健友股份	24.61	30.0	医药	江苏	2017-07-19	603707.SH
1198	东方电缆	24.61	82.4	装备	浙江	2014-10-15	603606.SH
1199	天邦食品	24.49	−14.8	农业	浙江	2007-04-03	002124.SZ
1200	汇森家居	24.47	34.4	家居	江西	2020-12-29	2127.HK
1201	太极实业	24.47	3.9	建筑	江苏	1993-07-28	600667.SH
1202	顺丰同城	24.41	新上榜	运输	浙江	2021-12-14	9699.HK
1203	捷佳伟创	24.29	47.0	电子	广东	2018-08-10	300724.SZ
1204	达达集团	24.27	−26.3	零售	上海	2020-06-05	DADA.O
1205	大名城	24.26	−46.1	房地产	上海	1997-07-03	600094.SH

续表

序号	证券简称	品牌价值/亿元	增长率/%	行业	地区	上市日期	证券代码
1206	中铝国际	24.19	−14.3	建筑	北京	2018-08-31	601068.SH
1207	深圳能源	24.17	52.2	公用事业	广东	1993-09-03	000027.SZ
1208	凯莱英	24.17	31.9	医药	天津	2016-11-18	002821.SZ
1209	罗欣药业	24.16	−8.5	医药	浙江	2016-04-15	002793.SZ
1210	希望教育	24.12	−57.6	教育	四川	2018-08-03	1765.HK
1211	亚泰集团	24.10	35.2	建筑	吉林	1995-11-15	600881.SH
1212	兰花科创	24.09	−0.9	煤炭	山西	1998-12-17	600123.SH
1213	万国数据-SW	24.06	26.7	互联网	上海	2020-11-02	9698.HK
1214	港龙中国地产	24.01	99.5	房地产	上海	2020-07-15	6968.HK
1215	卓郎智能	23.98	−20.7	装备	新疆	2003-12-03	600545.SH
1216	ST金正	23.94	新上榜	化工	山东	2010-09-08	002470.SZ
1217	诺力股份	23.90	25.0	装备	浙江	2015-01-28	603611.SH
1218	鸿路钢构	23.89	25.2	建筑	安徽	2011-01-18	002541.SZ
1219	格林美	23.83	21.3	有色金属	广东	2010-01-22	002340.SZ
1220	三巽集团	23.83	新上榜	房地产	上海	2021-07-19	6611.HK
1221	百宏实业	23.80	16.0	纺织	福建	2011-05-18	2299.HK
1222	润建股份	23.78	50.9	通信	广西	2018-03-01	002929.SZ
1223	康力电梯	23.72	−6.0	装备	江苏	2010-03-12	002367.SZ
1224	拉卡拉	23.70	15.0	互联网	北京	2019-04-25	300773.SZ
1225	中天金融	23.66	−44.1	房地产	贵州	1994-02-02	000540.SZ
1226	世茂服务	23.66	58.2	房地产	上海	2020-10-30	0873.HK
1227	上海机场	23.64	−42.7	运输	上海	1998-02-18	600009.SH
1228	华锦股份	23.61	37.1	石油	辽宁	1997-01-30	000059.SZ
1229	电广传媒	23.59	−25.3	媒体	湖南	1999-03-25	000917.SZ
1230	上海电力	23.59	27.5	公用事业	上海	2003-10-29	600021.SH
1231	方大炭素	23.58	15.3	有色金属	甘肃	2002-08-30	600516.SH
1232	兴达国际	23.57	34.3	汽车	上海	2006-12-21	1899.HK
1233	长城科技	23.56	151.5	装备	浙江	2018-04-10	603897.SH
1234	梦百合	23.49	12.8	家居	江苏	2016-10-13	603313.SH
1235	创世纪	23.48	−4.1	装备	广东	2010-05-20	300083.SZ
1236	文峰股份	23.48	−30.6	零售	江苏	2011-06-03	601010.SH
1237	克明食品	23.46	−24.3	食品	湖南	2012-03-16	002661.SZ
1238	电魂网络	23.45	0.3	休闲	浙江	2016-10-26	603258.SH
1239	思源电气	23.45	17.9	装备	上海	2004-08-05	002028.SZ
1240	嘉宏教育	23.44	4.4	教育	浙江	2019-06-18	1935.HK
1241	阳光纸业	23.38	93.6	包装	山东	2007-12-12	2002.HK
1242	景旺电子	23.37	12.4	电子	广东	2017-01-06	603228.SH
1243	北大荒	23.37	−6.2	农业	黑龙江	2002-03-29	600598.SH
1244	先声药业	23.28	4.6	医药	江苏	2020-10-27	2096.HK
1245	华熙生物	23.28	58.5	医药	山东	2019-11-06	688363.SH
1246	秦川机床	23.28	新上榜	装备	陕西	1998-09-28	000837.SZ
1247	天原股份	23.27	15.5	贸易	四川	2010-04-09	002386.SZ

续表

序号	证券简称	品牌价值/亿元	增长率/%	行业	地区	上市日期	证券代码
1248	佳云科技	23.27	−8.5	媒体	广东	2011-07-12	300242.SZ
1249	西安银行	23.26	4.2	金融	陕西	2019-03-01	600928.SH
1250	平高电气	23.21	−3.0	装备	河南	2001-02-21	600312.SH
1251	上峰水泥	23.19	21.6	建筑	甘肃	1996-12-18	000672.SZ
1252	现代牧业	23.14	41.0	农业	安徽	2010-11-26	1117.HK
1253	黑芝麻	23.09	0.8	食品	广西	1997-04-18	000716.SZ
1254	岳阳林纸	23.09	97.3	造纸	湖南	2004-05-25	600963.SH
1255	三峰环境	23.06	20.1	环保	重庆	2020-06-05	601827.SH
1256	金圆股份	23.05	53.2	环保	吉林	1993-12-15	000546.SZ
1257	格林酒店	22.97	19.3	酒店	上海	2018-03-27	GHG.N
1258	广州发展	22.90	14.2	公用事业	广东	1997-07-18	600098.SH
1259	华统股份	22.89	7.9	农业	浙江	2017-01-10	002840.SZ
1260	粤高速A	22.87	85.3	运输	广东	1998-02-20	000429.SZ
1261	四川成渝	22.85	20.8	运输	四川	2009-07-27	601107.SH
1262	合兴包装	22.81	31.4	包装	福建	2008-05-08	002228.SZ
1263	华显光电	22.80	18.4	电子	香港	1997-06-18	0334.HK
1264	联泰控股	22.76	−16.1	服饰	香港	2004-07-15	0311.HK
1265	仙坛股份	22.66	−25.5	食品	山东	2015-02-16	002746.SZ
1266	仁和药业	22.65	16.6	医药	江西	1996-12-10	000650.SZ
1267	广汇能源	22.64	159.4	石油	新疆	2000-05-26	600256.SH
1268	*ST科华	22.62	48.0	医药	上海	2004-07-21	002022.SZ
1269	德昌股份	22.62	新上榜	家电	浙江	2021-10-21	605555.SH
1270	中国同辐	22.59	17.5	医药	北京	2018-07-06	1763.HK
1271	吉林敖东	22.57	−11.4	医药	吉林	1996-10-28	000623.SZ
1272	沪电股份	22.53	0.9	电子	江苏	2010-08-18	002463.SZ
1273	志高控股	22.53	−46.6	家电	广东	2009-07-13	0449.HK
1274	广汇物流	22.52	62.2	房地产	四川	1992-01-13	600603.SH
1275	上海环境	22.51	36.6	环保	上海	2017-03-31	601200.SH
1276	汇洁股份	22.50	31.3	服饰	广东	2015-06-10	002763.SZ
1277	兴发铝业	22.47	12.1	有色金属	广东	2008-03-31	0098.HK
1278	海能达	22.45	−3.4	通信	广东	2011-05-27	002583.SZ
1279	江河集团	22.45	5.9	建筑	北京	2011-08-18	601886.SH
1280	东软集团	22.43	−7.1	互联网	辽宁	1996-06-18	600718.SH
1281	伊之密	22.34	71.5	装备	广东	2015-01-23	300415.SZ
1282	金杯电工	22.32	74.7	装备	湖南	2010-12-31	002533.SZ
1283	久祺股份	22.32	新上榜	日用	浙江	2021-08-12	300994.SZ
1284	交运股份	22.29	−11.7	汽车	上海	1993-09-28	600676.SH
1285	引力传媒	22.23	23.3	媒体	北京	2015-05-27	603598.SH
1286	盾安环境	22.22	57.2	装备	浙江	2004-07-05	002011.SZ
1287	友阿股份	22.21	−46.3	零售	湖南	2009-07-17	002277.SZ
1288	常熟银行	22.20	2.4	金融	江苏	2016-09-30	601128.SH
1289	热景生物	22.19	新上榜	医药	北京	2019-09-30	688068.SH

续表

序号	证券简称	品牌价值/亿元	增长率/%	行业	地区	上市日期	证券代码
1290	粤电力A	22.19	10.2	公用事业	广东	1993-11-26	000539.SZ
1291	万泰生物	22.19	128.5	医药	北京	2020-04-29	603392.SH
1292	恒顺醋业	22.14	−12.1	食品	江苏	2001-02-06	600305.SH
1293	同兴达	22.11	45.5	电子	广东	2017-01-25	002845.SZ
1294	黄山旅游	22.09	−13.5	休闲	安徽	1997-05-06	600054.SH
1295	元祖股份	22.09	12.0	食品	上海	2016-12-28	603886.SH
1296	东方创业	22.04	−25.8	贸易	上海	2000-07-12	600278.SH
1297	长盈精密	22.00	−5.3	电子	广东	2010-09-02	300115.SZ
1298	ST中利	21.99	3.9	装备	江苏	2009-11-27	002309.SZ
1299	高鸿股份	21.98	−1.7	互联网	贵州	1998-06-09	000851.SZ
1300	龙元建设	21.93	−17.6	建筑	浙江	2004-05-24	600491.SH
1301	国茂股份	21.89	60.8	装备	江苏	2019-06-14	603915.SH
1302	万马股份	21.82	11.4	装备	浙江	2009-07-10	002276.SZ
1303	南玻A	21.82	30.4	建筑	广东	1992-02-28	000012.SZ
1304	逸仙电商	21.79	−14.2	零售	广东	2020-11-19	YSG.N
1305	特发信息	21.73	−7.8	通信	广东	2000-05-11	000070.SZ
1306	士兰微	21.70	106.7	电子	浙江	2003-03-11	600460.SH
1307	新华制药	21.70	4.6	医药	山东	1997-08-06	000756.SZ
1308	京信通信	21.67	−26.0	通信	香港	2003-07-15	2342.HK
1309	汉钟精机	21.67	55.2	装备	上海	2007-08-17	002158.SZ
1310	拓邦股份	21.64	92.4	电子	广东	2007-06-29	002139.SZ
1311	华夏幸福	21.63	−93.4	房地产	河北	2003-12-30	600340.SH
1312	华建集团	21.63	11.9	商业服务	上海	1993-02-09	600629.SH
1313	日出东方	21.61	−1.5	家电	江苏	2012-05-21	603366.SH
1314	海伦司	21.58	新上榜	酒店	广东	2021-09-10	9869.HK
1315	嘉欣丝绸	21.57	8.8	服饰	浙江	2010-05-11	002404.SZ
1316	东阿阿胶	21.54	−4.5	医药	山东	1996-07-29	000423.SZ
1317	亚普股份	21.53	28.4	汽车	江苏	2018-05-09	603013.SH
1318	钱江摩托	21.53	7.7	汽车	浙江	1999-05-14	000913.SZ
1319	人人乐	21.52	−29.2	零售	广东	2010-01-13	002336.SZ
1320	建业地产	21.48	−78.0	房地产	河南	2008-06-06	0832.HK
1321	大唐新能源	21.41	69.6	公用事业	北京	2010-12-17	1798.HK
1322	新日股份	21.41	−3.3	汽车	江苏	2017-04-27	603787.SH
1323	同花顺	21.39	7.2	互联网	浙江	2009-12-25	300033.SZ
1324	广和通	21.37	49.0	通信	广东	2017-04-13	300638.SZ
1325	长江证券	21.35	−10.7	金融	湖北	1997-07-31	000783.SZ
1326	东岳集团	21.30	46.3	化工	山东	2007-12-10	0189.HK
1327	长久物流	21.25	−5.7	运输	北京	2016-08-10	603569.SH
1328	新华都	21.23	−2.5	零售	福建	2008-07-31	002264.SZ
1329	东北制药	21.19	7.9	医药	辽宁	1996-05-23	000597.SZ
1330	康泰生物	21.19	41.4	医药	广东	2017-02-07	300601.SZ
1331	石四药集团	21.19	15.6	医药	香港	2005-12-20	2005.HK

续表

序号	证券简称	品牌价值/亿元	增长率/%	行业	地区	上市日期	证券代码
1332	海新能科	21.18	−11.0	环保	北京	2010-04-27	300072.SZ
1333	立华股份	21.15	−3.1	农业	江苏	2019-02-18	300761.SZ
1334	通化东宝	21.13	20.0	医药	吉林	1994-08-24	600867.SH
1335	旭辉永升服务	21.09	89.4	房地产	上海	2018-12-17	1995.HK
1336	新城悦服务	21.07	77.4	房地产	上海	2018-11-06	1755.HK
1337	义翘神州	21.06	新上榜	医药	北京	2021-08-16	301047.SZ
1338	东方精工	21.04	43.9	装备	广东	2011-08-30	002611.SZ
1339	杭可科技	21.02	71.1	装备	浙江	2019-07-22	688006.SH
1340	绿景中国地产	21.00	−53.7	房地产	江苏	2005-12-02	0095.HK
1341	山煤国际	20.99	−42.4	煤炭	山西	2003-07-31	600546.SH
1342	赣锋锂业	20.98	29.5	有色金属	江西	2010-08-10	002460.SZ
1343	三环集团	20.97	19.2	电子	广东	2014-12-03	300408.SZ
1344	财通证券	20.95	4.6	金融	浙江	2017-10-24	601108.SH
1345	风语筑	20.93	75.3	媒体	上海	2017-10-20	603466.SH
1346	SOHO中国	20.90	−3.0	房地产	北京	2007-10-08	0410.HK
1347	广联达	20.89	20.0	互联网	北京	2010-05-25	002410.SZ
1348	中航电子	20.88	10.9	装备	北京	2001-07-06	600372.SH
1349	杉杉股份	20.87	110.6	化工	浙江	1996-01-30	600884.SH
1350	ST基础	20.86	−43.3	房地产	海南	2002-08-06	600515.SH
1351	广百股份	20.83	−45.1	零售	广东	2007-11-22	002187.SZ
1352	华设集团	20.73	23.5	商业服务	江苏	2014-10-13	603018.SH
1353	威海银行	20.73	−18.1	金融	山东	2020-10-12	9677.HK
1354	佳禾食品	20.72	新上榜	食品	江苏	2021-04-30	605300.SH
1355	天奇股份	20.72	52.7	装备	江苏	2004-06-29	002009.SZ
1356	宁波建工	20.68	−11.6	建筑	浙江	2011-08-16	601789.SH
1357	志邦家居	20.66	62.4	家居	安徽	2017-06-30	603801.SH
1358	欣贺股份	20.66	23.9	服饰	福建	2020-10-26	003016.SZ
1359	全柴动力	20.66	13.2	装备	安徽	1998-12-03	600218.SH
1360	深圳华强	20.65	4.6	贸易	广东	1997-01-30	000062.SZ
1361	京基智农	20.65	72.3	房地产	广东	1994-11-01	000048.SZ
1362	中牧股份	20.63	−3.8	农业	北京	1999-01-07	600195.SH
1363	立高食品	20.62	新上榜	食品	广东	2021-04-15	300973.SZ
1364	劲嘉股份	20.61	7.3	商业服务	广东	2007-12-05	002191.SZ
1365	每日优鲜	20.58	新上榜	零售	山东	2021-06-25	MF.O
1366	新国脉	20.52	14.2	媒体	上海	1993-04-07	600640.SH
1367	ST鹏博士	20.50	−23.0	电信	四川	1994-01-03	600804.SH
1368	华夏航空	20.49	24.0	运输	贵州	2018-03-02	002928.SZ
1369	豪迈科技	20.45	9.3	装备	山东	2011-06-28	002595.SZ
1370	蔚蓝锂芯	20.45	5.1	运输	江苏	2008-06-05	002245.SZ
1371	甘李药业	20.43	−10.7	医药	北京	2020-06-29	603087.SH
1372	中粮包装	20.41	47.2	包装	浙江	2009-11-16	0906.HK
1373	天能重工	20.38	18.2	装备	山东	2016-11-25	300569.SZ

续表

序号	证券简称	品牌价值/亿元	增长率/%	行业	地区	上市日期	证券代码
1374	中远海特	20.37	−10.1	运输	广东	2002-04-18	600428.SH
1375	弘亚数控	20.37	60.5	装备	广东	2016-12-28	002833.SZ
1376	中远海运港口	20.37	15.9	运输	香港	1994-12-19	1199.HK
1377	楚天科技	20.36	140.9	装备	湖南	2014-01-21	300358.SZ
1378	永泰能源	20.35	52.2	公用事业	山西	1998-05-13	600157.SH
1379	英特集团	20.32	−32.1	贸易	浙江	1996-07-16	000411.SZ
1380	三峡能源	20.31	新上榜	公用事业	北京	2021-06-10	600905.SH
1381	中央商场	20.30	新上榜	零售	江苏	2000-09-26	600280.SH
1382	中钢国际	20.28	45.5	建筑	吉林	1999-03-12	000928.SZ
1383	大洋电机	20.26	50.4	装备	广东	2008-06-19	002249.SZ
1384	中新集团	20.23	−14.8	房地产	江苏	2019-12-20	601512.SH
1385	信邦制药	20.23	34.0	医药	贵州	2010-04-16	002390.SZ
1386	浦林成山	20.22	22.5	汽车	山东	2018-10-09	1809.HK
1387	沃森生物	20.18	157.6	医药	云南	2010-11-12	300142.SZ
1388	雅士利国际	20.17	87.1	食品	广东	2010-11-01	1230.HK
1389	国轩高科	20.11	−2.7	装备	安徽	2006-10-18	002074.SZ
1390	浦东金桥	20.10	−1.0	房地产	上海	1993-03-26	600639.SH
1391	福龙马	20.09	11.2	环保	福建	2015-01-26	603686.SH
1392	长信科技	20.08	−22.7	电子	安徽	2010-05-26	300088.SZ
1393	申达股份	20.04	−16.2	汽车	上海	1993-01-07	600626.SH
1394	上海临港	19.98	−14.2	房地产	上海	1994-03-24	600848.SH
1395	都市丽人	19.97	131.2	服饰	广东	2014-06-26	2298.HK
1396	双良节能	19.93	57.4	装备	江苏	2003-04-22	600481.SH
1397	中国东方教育	19.92	−76.1	教育	安徽	2019-06-12	0667.HK
1398	京能清洁能源	19.91	新上榜	公用事业	北京	2011-12-22	0579.HK
1399	安图生物	19.88	−7.5	医药	河南	2016-09-01	603658.SH
1400	百隆东方	19.88	36.9	纺织	浙江	2012-06-12	601339.SH
1401	*ST必康	19.88	7.4	医药	陕西	2010-05-25	002411.SZ
1402	鼎胜新材	19.88	37.4	有色金属	江苏	2018-04-18	603876.SH
1403	中航重机	19.85	45.5	装备	贵州	1996-11-06	600765.SH
1404	威海广泰	19.85	33.1	装备	山东	2007-01-26	002111.SZ
1405	香江控股	19.84	49.5	房地产	广东	1998-06-09	600162.SH
1406	红日药业	19.80	−21.4	医药	天津	2009-10-30	300026.SZ
1407	悦康药业	19.79	20.8	医药	北京	2020-12-24	688658.SH
1408	彩生活	19.79	16.3	房地产	广东	2014-06-30	1778.HK
1409	迈克生物	19.78	−3.3	医药	四川	2015-05-28	300463.SZ
1410	奥康国际	19.78	12.5	服饰	浙江	2012-04-26	603001.SH
1411	甘肃银行	19.78	42.8	金融	甘肃	2018-01-18	2139.HK
1412	爱康科技	19.76	17.2	装备	江苏	2011-08-15	002610.SZ
1413	西王特钢	19.74	40.7	钢铁	山东	2012-02-23	1266.HK
1414	国际医学	19.73	15.8	保健	陕西	1993-08-09	000516.SZ
1415	美克家居	19.73	10.6	家居	江西	2000-11-27	600337.SH

续表

序号	证券简称	品牌价值/亿元	增长率/%	行业	地区	上市日期	证券代码
1416	越秀交通基建	19.68	36.7	运输	香港	1997-01-30	1052.HK
1417	方正证券	19.67	−23.9	金融	湖南	2011-08-10	601901.SH
1418	西部水泥	19.65	40.5	建筑	陕西	2010-08-23	2233.HK
1419	物产环能	19.64	新上榜	煤炭	浙江	2021-12-16	603071.SH
1420	润东汽车	19.64	−0.3	汽车	上海	2014-08-12	1365.HK
1421	四川九洲	19.64	−6.8	日用	四川	1998-05-06	000801.SZ
1422	平煤股份	19.59	28.6	煤炭	河南	2006-11-23	601666.SH
1423	英唐智控	19.58	−30.4	电子	广东	2010-10-19	300131.SZ
1424	信立泰	19.57	−13.8	医药	广东	2009-09-10	002294.SZ
1425	东百集团	19.56	−12.7	零售	福建	1993-11-22	600693.SH
1426	史丹利	19.55	−0.5	化工	山东	2011-06-10	002588.SZ
1427	红蜻蜓	19.55	−2.8	服饰	浙江	2015-06-29	603116.SH
1428	恩华药业	19.55	18.5	医药	江苏	2008-07-23	002262.SZ
1429	联创电子	19.53	14.3	电子	江西	2004-09-03	002036.SZ
1430	煌上煌	19.52	−5.1	食品	江西	2012-09-05	002695.SZ
1431	尚品宅配	19.47	14.8	家居	广东	2017-03-07	300616.SZ
1432	双塔食品	19.46	−6.7	食品	山东	2010-09-21	002481.SZ
1433	红豆股份	19.41	−5.4	服饰	江苏	2001-01-08	600400.SH
1434	东吴证券	19.41	−2.8	金融	江苏	2011-12-12	601555.SH
1435	博众精工	19.30	新上榜	装备	江苏	2021-05-12	688097.SH
1436	巨化股份	19.29	22.3	化工	浙江	1998-06-26	600160.SH
1437	天通股份	19.23	43.4	装备	浙江	2001-01-18	600330.SH
1438	振华科技	19.19	11.8	电子	贵州	1997-07-03	000733.SZ
1439	天地源	19.17	43.8	房地产	陕西	1993-07-09	600665.SH
1440	中恒集团	19.17	−8.2	医药	广西	2000-11-30	600252.SH
1441	胜利精密	19.16	新上榜	电子	江苏	2010-06-08	002426.SZ
1442	新天绿能	19.12	63.9	公用事业	河北	2020-06-29	600956.SH
1443	宗申动力	19.12	9.4	汽车	重庆	1997-03-06	001696.SZ
1444	贵州轮胎	19.11	40.3	汽车	贵州	1996-03-08	000589.SZ
1445	湖北能源	19.10	32.2	公用事业	湖北	1998-05-19	000883.SZ
1446	南京熊猫	19.08	−10.3	通信	江苏	1996-11-18	600775.SH
1447	国金证券	19.08	−16.6	金融	四川	1997-08-07	600109.SH
1448	朗诗地产	19.03	−38.7	房地产	香港	1986-03-24	0106.HK
1449	王力安防	19.02	新上榜	日用	浙江	2021-02-24	605268.SH
1450	景津装备	18.96	64.5	环保	山东	2019-07-29	603279.SH
1451	ST众泰	18.93	新上榜	汽车	浙江	2000-06-16	000980.SZ
1452	咸亨国际	18.92	新上榜	日用	浙江	2021-07-20	605056.SH
1453	泰达股份	18.92	−38.4	贸易	天津	1996-11-28	000652.SZ
1454	日月股份	18.87	18.6	装备	浙江	2016-12-28	603218.SH
1455	太阳电缆	18.84	37.5	装备	福建	2009-10-21	002300.SZ
1456	葵花药业	18.84	24.1	医药	黑龙江	2014-12-30	002737.SZ
1457	爱仕达	18.83	0.2	日用	浙江	2010-05-11	002403.SZ

续表

序号	证券简称	品牌价值/亿元	增长率/%	行业	地区	上市日期	证券代码
1458	高德红外	18.80	47.4	电子	湖北	2010-07-16	002414.SZ
1459	皖通高速	18.80	40.9	运输	安徽	2003-01-07	600012.SH
1460	火星人	18.80	55.7	家电	浙江	2020-12-31	300894.SZ
1461	俊知集团	18.76	−12.0	通信	江苏	2012-03-19	1300.HK
1462	中宠股份	18.75	18.3	食品	山东	2017-08-21	002891.SZ
1463	晋商银行	18.75	18.2	金融	山西	2019-07-18	2558.HK
1464	来伊份	18.73	−25.9	零售	上海	2016-10-12	603777.SH
1465	富佳股份	18.73	新上榜	家电	浙江	2021-11-22	603219.SH
1466	齐合环保	18.71	34.7	有色金属	香港	2010-07-12	0976.HK
1467	汉缆股份	18.68	−1.2	装备	山东	2010-11-09	002498.SZ
1468	洲明科技	18.66	20.5	电子	广东	2011-06-22	300232.SZ
1469	龙头股份	18.65	−21.6	纺织	上海	1993-02-09	600630.SH
1470	美亚光电	18.62	9.8	装备	安徽	2012-07-31	002690.SZ
1471	辉隆股份	18.58	−15.3	贸易	安徽	2011-03-02	002556.SZ
1472	青岛金王	18.56	5.9	日用	山东	2006-12-15	002094.SZ
1473	顺风清洁能源	18.54	−5.3	装备	江苏	2011-07-13	1165.HK
1474	珍宝岛	18.54	25.8	医药	黑龙江	2015-04-24	603567.SH
1475	金山办公	18.53	83.0	互联网	北京	2019-11-18	688111.SH
1476	卓然股份	18.50	新上榜	装备	上海	2021-09-06	688121.SH
1477	海油工程	18.48	1.5	石油	天津	2002-02-05	600583.SH
1478	中国奥园	18.48	−92.7	房地产	广东	2007-10-09	3883.HK
1479	中国飞机租赁	18.44	−11.2	运输	天津	2014-07-11	1848.HK
1480	风华高科	18.41	31.0	电子	广东	1996-11-29	000636.SZ
1481	三江购物	18.39	−27.3	零售	浙江	2011-03-02	601116.SH
1482	华荣股份	18.32	33.8	装备	上海	2017-05-24	603855.SH
1483	火炬电子	18.31	64.9	电子	福建	2015-01-26	603678.SH
1484	桂东电力	18.30	−32.8	贸易	广西	2001-02-28	600310.SH
1485	千禾味业	18.30	−12.9	食品	四川	2016-03-07	603027.SH
1486	歌华有线	18.23	−17.1	媒体	北京	2001-02-08	600037.SH
1487	湖南黄金	18.23	−6.8	有色金属	湖南	2007-08-16	002155.SZ
1488	仙琚制药	18.20	4.7	医药	浙江	2010-01-12	002332.SZ
1489	东风科技	18.17	13.5	汽车	上海	1997-07-03	600081.SH
1490	华南职业教育	18.17	新上榜	教育	广东	2021-07-13	6913.HK
1491	中国食品	18.16	−19.2	贸易	香港	1988-10-07	0506.HK
1492	中际旭创	18.14	30.7	装备	山东	2012-04-10	300308.SZ
1493	诺唯赞	18.12	新上榜	医药	江苏	2021-11-15	688105.SH
1494	秦港股份	18.10	10.4	运输	河北	2017-08-16	601326.SH
1495	H&H国际控股	18.07	−1.8	贸易	香港	2010-12-17	1112.HK
1496	恒林股份	18.06	28.3	家居	浙江	2017-11-21	603661.SH
1497	通达集团	18.04	−7.8	电子	香港	2000-12-22	0698.HK
1498	厦门银行	18.01	2.0	金融	福建	2020-10-27	601187.SH
1499	奋达科技	17.98	新上榜	日用	广东	2012-06-05	002681.SZ

续表

序号	证券简称	品牌价值/亿元	增长率/%	行业	地区	上市日期	证券代码
1500	华测检测	17.97	22.2	商业服务	广东	2009-10-30	300012.SZ
1501	三房巷	17.95	87.0	纺织	江苏	2003-03-06	600370.SH
1502	长江健康	17.93	34.6	医药	江苏	2010-06-18	002435.SZ
1503	小牛电动	17.92	63.9	汽车	北京	2018-10-19	NIU.O
1504	塔牌集团	17.87	19.5	建筑	广东	2008-05-16	002233.SZ
1505	九台农商银行	17.86	−16.1	金融	吉林	2017-01-12	6122.HK
1506	成大生物	17.80	新上榜	医药	辽宁	2021-10-28	688739.SH
1507	广日股份	17.80	3.2	装备	广东	1996-03-28	600894.SH
1508	启明星辰	17.80	60.4	互联网	北京	2010-06-23	002439.SZ
1509	盐津铺子	17.78	2.0	食品	湖南	2017-02-08	002847.SZ
1510	雷士国际	17.77	−17.2	家电	广东	2010-05-20	2222.HK
1511	北京首都机场股份	17.76	−28.5	运输	北京	2000-02-01	0694.HK
1512	康恩贝	17.75	−24.2	医药	浙江	2004-04-12	600572.SH
1513	有道	17.75	−37.9	教育	浙江	2019-10-25	DAO.N
1514	协鑫集成	17.74	−18.3	电子	上海	2010-11-18	002506.SZ
1515	司尔特	17.74	90.4	化工	安徽	2011-01-18	002538.SZ
1516	泰胜风能	17.73	13.3	装备	上海	2010-10-19	300129.SZ
1517	胜宏科技	17.69	38.4	电子	广东	2015-06-11	300476.SZ
1518	航天控股	17.68	47.2	电子	香港	1981-08-25	0031.HK
1519	三雄极光	17.66	12.3	家电	广东	2017-03-17	300625.SZ
1520	攀钢钒钛	17.66	32.2	有色金属	四川	1996-11-15	000629.SZ
1521	万里扬	17.62	19.2	汽车	浙江	2010-06-18	002434.SZ
1522	辽港股份	17.60	−7.7	运输	辽宁	2010-12-06	601880.SH
1523	江苏租赁	17.57	25.9	金融	江苏	2018-03-01	600901.SH
1524	森麒麟	17.55	21.1	汽车	山东	2020-09-11	002984.SZ
1525	丸美股份	17.52	−10.2	日用	广东	2019-07-25	603983.SH
1526	中国科传	17.50	7.0	媒体	北京	2017-01-18	601858.SH
1527	冀中能源	17.46	35.0	煤炭	河北	1999-09-09	000937.SZ
1528	金山云	17.41	4.2	互联网	北京	2020-05-08	KC.O
1529	六国化工	17.41	新上榜	化工	安徽	2004-03-05	600470.SH
1530	中通客车	17.41	−41.1	汽车	山东	2000-01-13	000957.SZ
1531	之江生物	17.39	新上榜	医药	上海	2021-01-18	688317.SH
1532	天味食品	17.33	−33.8	食品	四川	2019-04-16	603317.SH
1533	山东药玻	17.33	−4.8	医药	山东	2002-06-03	600529.SH
1534	乐居	17.32	−1.9	媒体	北京	2014-04-17	LEJU.N
1535	吉宏股份	17.31	9.6	包装	福建	2016-07-12	002803.SZ
1536	沃尔核材	17.29	51.2	电子	广东	2007-04-20	002130.SZ
1537	申华控股	17.25	−9.3	汽车	辽宁	1990-12-19	600653.SH
1538	海马汽车	17.24	−21.0	汽车	海南	1994-08-08	000572.SZ
1539	飞力达	17.21	34.2	运输	江苏	2011-07-06	300240.SZ
1540	卡宾	17.21	2.1	服饰	广东	2013-10-28	2030.HK

续表

序号	证券简称	品牌价值/亿元	增长率/%	行业	地区	上市日期	证券代码
1541	仙鹤股份	17.19	54.5	造纸	浙江	2018-04-20	603733.SH
1542	神州控股	17.11	新上榜	贸易	香港	2001-06-01	0861.HK
1543	宋都股份	17.09	−2.3	房地产	浙江	1997-05-20	600077.SH
1544	奥赛康	17.09	−4.0	医药	北京	2015-05-15	002755.SZ
1545	南都电源	17.06	−1.2	装备	浙江	2010-04-21	300068.SZ
1546	世纪互联	17.04	17.7	互联网	北京	2011-04-21	VNET.O
1547	云集	17.00	−65.1	零售	浙江	2019-05-03	YJ.O
1548	海通恒信	16.98	7.9	金融	上海	2019-06-03	1905.HK
1549	金证股份	16.96	−3.3	互联网	广东	2003-12-24	600446.SH
1550	欢乐家	16.94	新上榜	饮料	广东	2021-06-02	300997.SZ
1551	前程无忧	16.90	5.3	商业服务	上海	2004-09-29	JOBS.O
1552	杰瑞股份	16.87	36.7	石油	山东	2010-02-05	002353.SZ
1553	淮河能源	16.79	18.3	贸易	安徽	2003-03-28	600575.SH
1554	漫步者	16.79	17.5	日用	广东	2010-02-05	002351.SZ
1555	晶晨股份	16.77	97.1	电子	上海	2019-08-08	688099.SH
1556	明牌珠宝	16.76	−9.6	服饰	浙江	2011-04-22	002574.SZ
1557	银都股份	16.76	42.3	装备	浙江	2017-09-11	603277.SH
1558	江苏国信	16.75	−2.3	公用事业	江苏	2011-08-10	002608.SZ
1559	汇宇制药-W	16.75	新上榜	医药	四川	2021-10-26	688553.SH
1560	中原高速	16.74	−14.6	运输	河南	2003-08-08	600020.SH
1561	科华数据	16.71	46.4	装备	福建	2010-01-13	002335.SZ
1562	辰欣药业	16.68	20.0	医药	山东	2017-09-29	603367.SH
1563	百奥家庭互动	16.67	24.5	休闲	广东	2014-04-10	2100.HK
1564	佳都科技	16.65	14.3	互联网	广东	1996-07-16	600728.SH
1565	建溢集团	16.65	92.1	日用	香港	1997-05-01	0638.HK
1566	威胜控股	16.64	32.3	电子	香港	2005-12-19	3393.HK
1567	软控股份	16.64	75.1	装备	山东	2006-10-18	002073.SZ
1568	九洲药业	16.62	37.0	医药	浙江	2014-10-10	603456.SH
1569	京东方精电	16.61	88.1	电子	香港	1991-07-01	0710.HK
1570	华联控股	16.61	−21.6	房地产	广东	1994-06-17	000036.SZ
1571	中盐化工	16.60	104.9	化工	内蒙古	2000-12-22	600328.SH
1572	万业企业	16.56	−3.5	房地产	上海	1993-04-07	600641.SH
1573	海思科	16.51	2.9	医药	西藏	2012-01-17	002653.SZ
1574	豪悦护理	16.51	−31.5	日用	浙江	2020-09-11	605009.SH
1575	中兵红箭	16.51	33.6	装备	湖南	1993-10-08	000519.SZ
1576	亿晶光电	16.50	−14.4	装备	浙江	2003-01-23	600537.SH
1577	曲美家居	16.50	41.7	家居	北京	2015-04-22	603818.SH
1578	红塔证券	16.48	47.9	金融	云南	2019-07-05	601236.SH
1579	天沃科技	16.47	47.0	建筑	江苏	2011-03-10	002564.SZ
1580	健帆生物	16.47	10.1	医药	广东	2016-08-02	300529.SZ
1581	海容冷链	16.44	27.3	装备	山东	2018-11-29	603187.SH
1582	中国新华教育	16.37	0.5	教育	安徽	2018-03-26	2779.HK

续表

序号	证券简称	品牌价值/亿元	增长率/%	行业	地区	上市日期	证券代码
1583	大众交通	16.35	-13.9	运输	上海	1992-08-07	600611.SH
1584	远兴能源	16.35	105.7	化工	内蒙古	1997-01-31	000683.SZ
1585	国网英大	16.34	8.9	装备	上海	2003-10-10	600517.SH
1586	首创环保	16.33	75.6	公用事业	北京	2000-04-27	600008.SH
1587	天润工业	16.33	38.2	汽车	山东	2009-08-21	002283.SZ
1588	传智教育	16.32	新上榜	教育	江苏	2021-01-12	003032.SZ
1589	莱宝高科	16.31	21.4	电子	广东	2007-01-12	002106.SZ
1590	海利尔	16.27	32.1	化工	山东	2017-01-12	603639.SH
1591	泸天化	16.24	37.2	化工	四川	1999-06-03	000912.SZ
1592	银轮股份	16.22	6.8	汽车	浙江	2007-04-18	002126.SZ
1593	雪天盐业	16.20	56.3	食品	湖南	2018-03-26	600929.SH
1594	硕世生物	16.19	91.0	医药	江苏	2019-12-05	688399.SH
1595	华西证券	16.18	0.3	金融	四川	2018-02-05	002926.SZ
1596	东北证券	16.16	-10.4	金融	吉林	1997-02-27	000686.SZ
1597	中国圣牧	16.14	-16.5	农业	内蒙古	2014-07-15	1432.HK
1598	宁波东力	16.14	47.0	装备	浙江	2007-08-23	002164.SZ
1599	佳兆业集团	16.13	-92.0	房地产	广东	2009-12-09	1638.HK
1600	博彦科技	16.10	31.9	互联网	北京	2012-01-06	002649.SZ
1601	铁龙物流	16.09	-10.6	贸易	辽宁	1998-05-11	600125.SH
1602	东诚药业	16.09	6.6	医药	山东	2012-05-25	002675.SZ
1603	凤凰卫视	16.08	54.3	媒体	香港	2000-06-30	2008.HK
1604	飞乐音响	16.08	新上榜	家电	上海	1990-12-19	600651.SH
1605	璞泰来	16.05	24.0	有色金属	上海	2017-11-03	603659.SH
1606	株冶集团	16.04	-7.0	有色金属	湖南	2004-08-30	600961.SH
1607	中国卫星	16.03	-14.6	装备	北京	1997-09-08	600118.SH
1608	博实股份	16.03	28.0	装备	黑龙江	2012-09-11	002698.SZ
1609	丽尚国潮	16.03	9.0	零售	甘肃	1996-08-02	600738.SH
1610	江山欧派	16.03	30.3	家居	浙江	2017-02-10	603208.SH
1611	开山股份	16.03	17.4	装备	上海	2011-08-19	300257.SZ
1612	航天晨光	16.02	18.5	装备	江苏	2001-06-15	600501.SH
1613	祁连山	15.95	-1.4	建筑	甘肃	1996-07-16	600720.SH
1614	阜丰集团	15.93	-8.3	化工	山东	2007-02-08	0546.HK
1615	百洋医药	15.92	新上榜	医药	山东	2021-06-30	301015.SZ
1616	深桑达 A	15.91	157.6	贸易	广东	1993-10-28	000032.SZ
1617	科锐国际	15.89	51.3	商业服务	北京	2017-06-08	300662.SZ
1618	深圳燃气	15.89	40.0	公用事业	广东	2009-12-25	601139.SH
1619	财信发展	15.87	66.9	房地产	重庆	1997-06-26	000838.SZ
1620	东兴证券	15.84	-5.5	金融	北京	2015-02-26	601198.SH
1621	一鸣食品	15.84	-3.7	食品	浙江	2020-12-28	605179.SH
1622	东方时尚	15.81	-41.2	教育	北京	2016-02-05	603377.SH
1623	航天机电	15.77	13.8	装备	上海	1998-06-05	600151.SH
1624	建霖家居	15.77	6.6	家居	福建	2020-07-30	603408.SH

续表

序号	证券简称	品牌价值/亿元	增长率/%	行业	地区	上市日期	证券代码
1625	坚朗五金	15.76	49.7	建筑	广东	2016-03-29	002791.SZ
1626	北部湾港	15.75	11.7	运输	广西	1995-11-02	000582.SZ
1627	中粮科技	15.73	54.7	化工	安徽	1999-07-12	000930.SZ
1628	赣粤高速	15.70	13.3	运输	江西	2000-05-18	600269.SH
1629	青鸟消防	15.69	42.5	电子	河北	2019-08-09	002960.SZ
1630	华谊兄弟	15.68	−12.3	休闲	浙江	2009-10-30	300027.SZ
1631	澳洋健康	15.68	22.4	保健	江苏	2007-09-21	002172.SZ
1632	福斯特	15.64	25.8	化工	浙江	2014-09-05	603806.SH
1633	云赛智联	15.64	−8.7	互联网	上海	1990-12-19	600602.SH
1634	盛和资源	15.62	90.6	有色金属	四川	2003-05-29	600392.SH
1635	启迪环境	15.61	−39.0	环保	湖北	1998-02-25	000826.SZ
1636	朗新科技	15.59	115.3	互联网	江苏	2017-08-01	300682.SZ
1637	拓斯达	15.58	−4.8	装备	广东	2017-02-09	300607.SZ
1638	天下秀	15.58	−19.4	互联网	广西	2001-08-07	600556.SH
1639	横店东磁	15.56	−5.9	有色金属	浙江	2006-08-02	002056.SZ
1640	海天精工	15.56	118.9	装备	浙江	2016-11-07	601882.SH
1641	帝尔激光	15.52	124.8	装备	湖北	2019-05-17	300776.SZ
1642	千金药业	15.52	18.8	医药	湖南	2004-03-12	600479.SH
1643	扬杰科技	15.51	47.0	电子	江苏	2014-01-23	300373.SZ
1644	鹏辉能源	15.51	34.6	电子	广东	2015-04-24	300438.SZ
1645	北巴传媒	15.48	6.1	汽车	北京	2001-02-16	600386.SH
1646	普路通	15.46	−21.4	运输	广东	2015-06-29	002769.SZ
1647	同济科技	15.45	1.2	房地产	上海	1994-03-11	600846.SH
1648	拓维信息	15.37	−17.6	教育	湖南	2008-07-23	002261.SZ
1649	和而泰	15.36	49.6	电子	广东	2010-05-11	002402.SZ
1650	中控技术	15.36	40.1	互联网	浙江	2020-11-24	688777.SH
1651	凯赛生物	15.35	49.4	医药	上海	2020-08-12	688065.SH
1652	澜起科技	15.31	2.0	电子	上海	2019-07-22	688008.SH
1653	中国汽研	15.31	20.7	汽车	重庆	2012-06-11	601965.SH
1654	安通控股	15.30	新上榜	运输	黑龙江	1998-11-04	600179.SH
1655	全聚德	15.29	−19.5	餐饮	北京	2007-11-20	002186.SZ
1656	双环传动	15.29	135.1	装备	浙江	2010-09-10	002472.SZ
1657	中金环境	15.27	−22.6	装备	浙江	2010-12-09	300145.SZ
1658	冠农股份	15.27	57.1	农业	新疆	2003-06-09	600251.SH
1659	中粮家佳康	15.27	−4.5	贸易	北京	2016-11-01	1610.HK
1660	泰豪科技	15.26	44.0	装备	江西	2002-07-03	600590.SH
1661	仙乐健康	15.26	−2.3	保健	广东	2019-09-25	300791.SZ
1662	无锡银行	15.26	20.5	金融	江苏	2016-09-23	600908.SH
1663	药易购	15.25	新上榜	零售	四川	2021-01-27	300937.SZ
1664	凌霄泵业	15.25	35.1	装备	广东	2017-07-11	002884.SZ
1665	景业名邦集团	15.22	28.2	房地产	广东	2019-12-05	2231.HK
1666	振东制药	15.22	24.0	医药	山西	2011-01-07	300158.SZ

续表

序号	证券简称	品牌价值/亿元	增长率/%	行业	地区	上市日期	证券代码
1667	建桥教育	15.21	-5.4	教育	上海	2020-01-16	1525.HK
1668	时计宝	15.20	-24.4	服饰	香港	2013-02-05	2033.HK
1669	*ST方科	15.19	-11.6	电子	上海	1990-12-19	600601.SH
1670	春雪食品	15.15	新上榜	食品	山东	2021-10-13	605567.SH
1671	东方集团	15.14	-22.4	贸易	黑龙江	1994-01-06	600811.SH
1672	粤水电	15.13	32.9	建筑	广东	2006-08-10	002060.SZ
1673	苏交科	15.13	-16.2	商业服务	江苏	2012-01-10	300284.SZ
1674	出版传媒	15.12	14.5	媒体	辽宁	2007-12-21	601999.SH
1675	日照港	15.11	8.3	运输	山东	2006-10-17	600017.SH
1676	中科创达	15.10	53.6	互联网	北京	2015-12-10	300496.SZ
1677	得利斯	15.10	-1.6	食品	山东	2010-01-06	002330.SZ
1678	中钨高新	15.09	38.0	有色金属	海南	1996-12-05	000657.SZ
1679	隆平高科	15.04	60.0	农业	湖南	2000-12-11	000998.SZ
1680	中电光谷	15.02	30.2	房地产	湖北	2014-03-28	0798.HK
1681	外服控股	15.01	-4.7	运输	上海	1993-06-14	600662.SH
1682	深物业A	15.00	-15.0	房地产	广东	1992-03-30	000011.SZ
1683	有研新材	15.00	3.0	有色金属	北京	1999-03-19	600206.SH
1684	东风股份	15.00	0.4	商业服务	广东	2012-02-16	601515.SH
1685	新泉股份	14.99	34.4	汽车	江苏	2017-03-17	603179.SH
1686	神威药业	14.99	47.0	医药	河北	2004-12-02	2877.HK
1687	北元集团	14.98	0.7	化工	陕西	2020-10-20	601568.SH
1688	航天电器	14.97	22.3	电子	贵州	2004-07-26	002025.SZ
1689	国新文化	14.97	-4.1	教育	上海	1993-03-16	600636.SH
1690	上工申贝	14.96	-5.5	装备	上海	1994-03-11	600843.SH
1691	通程控股	14.94	-30.2	零售	湖南	1996-08-16	000419.SZ
1692	金杯汽车	14.89	-2.4	汽车	辽宁	1992-07-24	600609.SH
1693	格力地产	14.89	-52.4	房地产	广东	1999-06-11	600185.SH
1694	舒华体育	14.88	22.6	日用	福建	2020-12-15	605299.SH
1695	匠心家居	14.86	新上榜	日用	江苏	2021-09-13	301061.SZ
1696	马应龙	14.86	25.8	医药	湖北	2004-05-17	600993.SH
1697	万孚生物	14.85	-11.9	医药	广东	2015-06-30	300482.SZ
1698	四方股份	14.85	48.6	装备	北京	2010-12-31	601126.SH
1699	城市传媒	14.84	-0.5	媒体	山东	2000-03-09	600229.SH
1700	康希诺	14.83	新上榜	医药	天津	2020-08-13	688185.SH
1701	东旭光电	14.81	-15.1	电子	河北	1996-09-25	000413.SZ
1702	岱美股份	14.80	-5.4	汽车	上海	2017-07-28	603730.SH
1703	珠江钢琴	14.79	7.3	日用	广东	2012-05-30	002678.SZ
1704	长城证券	14.79	13.5	金融	广东	2018-10-26	002939.SZ
1705	安旭生物	14.78	新上榜	医药	浙江	2021-11-18	688075.SH
1706	凤祥股份	14.78	-7.6	农业	山东	2020-07-16	9977.HK
1707	祖龙娱乐	14.78	-28.3	休闲	北京	2020-07-15	9990.HK
1708	锐科激光	14.78	83.9	电子	湖北	2018-06-25	300747.SZ

续表

序号	证券简称	品牌价值/亿元	增长率/%	行业	地区	上市日期	证券代码
1709	易华录	14.76	9.9	互联网	北京	2011-05-05	300212.SZ
1710	金蝶国际	14.75	31.3	互联网	广东	2001-02-15	0268.HK
1711	江苏阳光	14.74	-7.3	纺织	江苏	1999-09-27	600220.SH
1712	中国电研	14.74	56.5	装备	广东	2019-11-05	688128.SH
1713	行动教育	14.74	新上榜	教育	上海	2021-04-21	605098.SH
1714	创力集团	14.74	24.2	装备	上海	2015-03-20	603012.SH
1715	京新药业	14.73	14.9	医药	浙江	2004-07-15	002020.SZ
1716	晨光生物	14.73	19.6	农业	河北	2010-11-05	300138.SZ
1717	永创智能	14.70	47.8	装备	浙江	2015-05-29	603901.SH
1718	特锐德	14.69	-1.2	装备	山东	2009-10-30	300001.SZ
1719	川仪股份	14.69	50.6	装备	重庆	2014-08-05	603100.SH
1720	潍柴重机	14.68	28.3	装备	山东	1998-04-02	000880.SZ
1721	惠达卫浴	14.67	9.0	家居	河北	2017-04-05	603385.SH
1722	中科软	14.67	21.9	互联网	北京	2019-09-09	603927.SH
1723	超声电子	14.67	-2.3	电子	广东	1997-10-08	000823.SZ
1724	广弘控股	14.64	10.1	媒体	广东	1993-11-18	000529.SZ
1725	汇嘉时代	14.64	-15.5	零售	新疆	2016-05-06	603101.SH
1726	九芝堂	14.62	-6.7	医药	湖南	2000-06-28	000989.SZ
1727	京山轻机	14.61	87.3	装备	湖北	1998-06-26	000821.SZ
1728	白云机场	14.61	-31.4	运输	广东	2003-04-28	600004.SH
1729	江中药业	14.59	17.7	医药	江西	1996-09-23	600750.SH
1730	利民股份	14.58	1.7	化工	江苏	2015-01-27	002734.SZ
1731	新易盛	14.58	9.2	通信	四川	2016-03-03	300502.SZ
1732	趣头条	14.56	32.8	媒体	上海	2018-09-14	QTT.O
1733	ST康美	14.55	-52.2	医药	广东	2001-03-19	600518.SH
1734	楚天高速	14.54	22.1	运输	湖北	2004-03-10	600035.SH
1735	新濠影汇	14.54	-36.7	休闲	香港	2018-10-18	MSC.N
1736	汇量科技	14.53	8.3	互联网	广东	2018-12-12	1860.HK
1737	朝云集团	14.53	新上榜	日用	广东	2021-03-10	6601.HK
1738	兰亭集势	14.53	6.9	零售	北京	2013-06-06	LITB.N
1739	万润科技	14.52	33.3	媒体	广东	2012-02-17	002654.SZ
1740	金安国纪	14.52	69.1	电子	上海	2011-11-25	002636.SZ
1741	国邦医药	14.50	新上榜	医药	浙江	2021-08-02	605507.SH
1742	金陵饭店	14.50	17.8	酒店	江苏	2007-04-06	601007.SH
1743	视觉中国	14.50	-5.7	休闲	江苏	1997-01-21	000681.SZ
1744	外高桥	14.49	-41.6	贸易	上海	1993-05-04	600648.SH
1745	北方国际	14.49	17.6	建筑	北京	1998-06-05	000065.SZ
1746	泉阳泉	14.49	92.2	饮料	吉林	1998-10-07	600189.SH
1747	顺钠股份	14.48	1.1	装备	广东	1994-01-03	000533.SZ
1748	新华联	14.47	-39.7	房地产	北京	1996-10-29	000620.SZ
1749	卧龙地产	14.47	65.7	房地产	浙江	1999-04-15	600173.SH
1750	上海莱士	14.42	-17.0	医药	上海	2008-06-23	002252.SZ

续表

序号	证券简称	品牌价值/亿元	增长率/%	行业	地区	上市日期	证券代码
1751	国泰君安国际	14.42	73.5	金融	香港	2010-07-08	1788.HK
1752	香山股份	14.41	128.0	家电	广东	2017-05-15	002870.SZ
1753	睿创微纳	14.38	53.7	电子	山东	2019-07-22	688002.SH
1754	南兴股份	14.36	33.0	装备	广东	2015-05-27	002757.SZ
1755	加加食品	14.34	−18.1	食品	湖南	2012-01-06	002650.SZ
1756	卫士通	14.34	80.5	电子	四川	2008-08-11	002268.SZ
1757	中国金属利用	14.34	新上榜	有色金属	四川	2014-02-21	1636.HK
1758	奥美医疗	14.32	−7.3	医药	湖北	2019-03-11	002950.SZ
1759	好太太	14.31	33.0	日用	广东	2017-12-01	603848.SH
1760	南华期货	14.30	21.0	金融	浙江	2019-08-30	603093.SH
1761	萃华珠宝	14.29	10.2	服饰	辽宁	2014-11-04	002731.SZ
1762	金科服务	14.25	−70.5	房地产	重庆	2020-11-17	9666.HK
1763	三人行	14.24	9.2	媒体	陕西	2020-05-28	605168.SH
1764	精工钢构	14.24	4.4	建筑	安徽	2002-06-05	600496.SH
1765	林洋能源	14.24	22.3	装备	江苏	2011-08-08	601222.SH
1766	永鼎股份	14.23	−17.0	通信	江苏	1997-09-29	600105.SH
1767	粤运交通	14.23	−19.5	运输	广东	2005-10-26	3399.HK
1768	内蒙华电	14.22	24.5	公用事业	内蒙古	1994-05-20	600863.SH
1769	粤港湾控股	14.22	67.8	房地产	广东	2013-10-31	1396.HK
1770	航天科技	14.21	−5.1	电子	黑龙江	1999-04-01	000901.SZ
1771	康缘药业	14.17	−12.2	医药	江苏	2002-09-18	600557.SH
1772	龙建股份	14.17	2.0	建筑	黑龙江	1994-04-04	600853.SH
1773	大丰实业	14.16	12.3	装备	浙江	2017-04-20	603081.SH
1774	捷成股份	14.14	12.1	媒体	北京	2011-02-22	300182.SZ
1775	开滦股份	14.14	14.7	煤炭	河北	2004-06-02	600997.SH
1776	华达科技	14.13	31.5	汽车	江苏	2017-01-25	603358.SH
1777	鹏都农牧	14.12	−8.3	贸易	湖南	2010-11-18	002505.SZ
1778	广东鸿图	14.10	34.2	汽车	广东	2006-12-29	002101.SZ
1779	长园集团	14.10	−2.0	装备	广东	2002-12-02	600525.SH
1780	桂冠电力	14.08	5.9	公用事业	广西	2000-03-23	600236.SH
1781	华胜天成	14.07	−13.4	互联网	北京	2004-04-27	600410.SH
1782	鲁抗医药	14.07	7.1	医药	山东	1997-02-26	600789.SH
1783	灿谷	14.06	111.8	互联网	上海	2018-07-26	CANG.N
1784	兖煤澳大利亚	14.01	新上榜	煤炭	香港	2018-12-06	3668.HK
1785	亿利洁能	13.98	12.8	化工	内蒙古	2000-07-25	600277.SH
1786	富森美	13.97	13.2	房地产	四川	2016-11-09	002818.SZ
1787	凯盛科技	13.95	28.8	电子	安徽	2002-11-08	600552.SH
1788	百济神州-U	13.93	137.2	医药	北京	2021-12-15	688235.SH
1789	国电南自	13.92	14.2	装备	江苏	1999-11-18	600268.SH
1790	龙腾光电	13.91	13.3	电子	江苏	2020-08-17	688055.SH
1791	张江高科	13.91	23.8	房地产	上海	1996-04-22	600895.SH
1792	健民集团	13.89	63.7	医药	湖北	2004-04-19	600976.SH

续表

序号	证券简称	品牌价值/亿元	增长率/%	行业	地区	上市日期	证券代码
1793	中国三江化工	13.86	29.7	化工	浙江	2010-09-16	2198.HK
1794	新产业	13.86	−17.6	医药	广东	2020-05-12	300832.SZ
1795	英维克	13.86	41.9	装备	广东	2016-12-29	002837.SZ
1796	掌阅科技	13.83	17.1	媒体	北京	2017-09-21	603533.SH
1797	祥生控股集团	13.82	−92.4	房地产	上海	2020-11-18	2599.HK
1798	凯撒文化	13.82	−20.0	休闲	广东	2010-06-08	002425.SZ
1799	奥普家居	13.81	−9.1	日用	浙江	2020-01-15	603551.SH
1800	金晶科技	13.81	91.9	建筑	山东	2002-08-15	600586.SH
1801	东湖高新	13.80	16.0	建筑	湖北	1998-02-12	600133.SH
1802	福田实业	13.80	5.8	纺织	香港	1988-04-20	0420.HK
1803	远达环保	13.78	24.9	环保	重庆	2000-11-01	600292.SH
1804	梦洁股份	13.77	−5.9	纺织	湖南	2010-04-29	002397.SZ
1805	润邦股份	13.77	8.0	装备	江苏	2010-09-29	002483.SZ
1806	华夏视听教育	13.77	−20.5	休闲	北京	2020-07-15	1981.HK
1807	顺络电子	13.71	31.9	电子	广东	2007-06-13	002138.SZ
1808	四川美丰	13.71	86.3	化工	四川	1997-06-17	000731.SZ
1809	恒盛地产	13.70	124.6	房地产	上海	2009-10-02	0845.HK
1810	法拉电子	13.70	43.5	电子	福建	2002-12-10	600563.SH
1811	星辉娱乐	13.66	−54.2	休闲	广东	2010-01-20	300043.SZ
1812	思美传媒	13.65	−1.8	媒体	浙江	2014-01-23	002712.SZ
1813	三峡新材	13.64	34.4	建筑	湖北	2000-09-19	600293.SH
1814	掌趣科技	13.64	−23.3	休闲	北京	2012-05-11	300315.SZ
1815	上海贝岭	13.64	168.2	电子	上海	1998-09-24	600171.SH
1816	城建设计	13.62	27.9	建筑	北京	2014-07-08	1599.HK
1817	锦州港	13.59	10.2	运输	辽宁	1999-06-09	600190.SH
1818	佳禾智能	13.59	18.0	日用	广东	2019-10-18	300793.SZ
1819	诺普信	13.57	7.5	化工	广东	2008-02-18	002215.SZ
1820	福能股份	13.57	65.2	公用事业	福建	2004-05-31	600483.SH
1821	人民网	13.56	7.6	媒体	北京	2012-04-27	603000.SH
1822	爱建集团	13.55	11.8	金融	上海	1993-04-26	600643.SH
1823	世荣兆业	13.55	11.5	房地产	广东	2004-07-08	002016.SZ
1824	天娱数科	13.55	新上榜	休闲	辽宁	2010-02-09	002354.SZ
1825	天源迪科	13.54	22.5	互联网	广东	2010-01-20	300047.SZ
1826	得润电子	13.54	−0.5	电子	广东	2006-07-25	002055.SZ
1827	晋控煤业	13.52	54.2	煤炭	山西	2006-06-23	601001.SH
1828	国星光电	13.46	−0.3	电子	广东	2010-07-16	002449.SZ
1829	网宿科技	13.46	−33.2	互联网	上海	2009-10-30	300017.SZ
1830	博拓生物	13.42	新上榜	医药	浙江	2021-09-08	688767.SH
1831	宝钢包装	13.41	14.2	包装	上海	2015-06-11	601968.SH
1832	中国黄金国际	13.39	119.2	有色金属	香港	2010-12-01	2099.HK
1833	杭电股份	13.36	19.1	装备	浙江	2015-02-17	603618.SH
1834	亿嘉和	13.35	78.1	装备	江苏	2018-06-12	603666.SH

续表

序号	证券简称	品牌价值/亿元	增长率/%	行业	地区	上市日期	证券代码
1835	福建高速	13.33	14.5	运输	福建	2001-02-09	600033.SH
1836	康德莱	13.31	16.2	医药	上海	2016-11-21	603987.SH
1837	赛腾股份	13.31	46.1	装备	江苏	2017-12-25	603283.SH
1838	中微公司	13.29	79.3	电子	上海	2019-07-22	688012.SH
1839	光大嘉宝	13.29	−24.4	房地产	上海	1992-12-03	600622.SH
1840	科瑞技术	13.27	6.1	装备	广东	2019-07-26	002957.SZ
1841	河钢资源	13.26	48.6	有色金属	河北	1999-07-14	000923.SZ
1842	极米科技	13.26	新上榜	电子	四川	2021-03-03	688696.SH
1843	航天发展	13.25	3.3	装备	福建	1993-11-30	000547.SZ
1844	崇达技术	13.23	4.2	电子	广东	2016-10-12	002815.SZ
1845	中国船舶租赁	13.20	12.7	金融	上海	2019-06-17	3877.HK
1846	日发精机	13.20	37.8	装备	浙江	2010-12-10	002520.SZ
1847	兴森科技	13.17	2.9	电子	广东	2010-06-18	002436.SZ
1848	燕塘乳业	13.17	18.3	食品	广东	2014-12-05	002732.SZ
1849	聚光科技	13.15	33.2	电子	浙江	2011-04-15	300203.SZ
1850	伟星新材	13.14	35.4	建筑	浙江	2010-03-18	002372.SZ
1851	中再资环	13.14	27.2	环保	陕西	1999-12-16	600217.SH
1852	清新环境	13.13	31.7	环保	北京	2011-04-22	002573.SZ
1853	昂立教育	13.12	−40.8	教育	上海	1993-06-14	600661.SH
1854	安凯客车	13.12	21.6	汽车	安徽	1997-07-25	000868.SZ
1855	海兴电力	13.12	−8.5	电子	浙江	2016-11-10	603556.SH
1856	永艺股份	13.11	14.8	家居	浙江	2015-01-23	603600.SH
1857	协鑫新能源	13.10	93.9	公用事业	香港	1992-03-25	0451.HK
1858	爱婴室	13.08	−5.3	零售	上海	2018-03-30	603214.SH
1859	深振业A	13.08	−16.8	房地产	广东	1992-04-27	000006.SZ
1860	联创光电	13.07	8.7	电子	江西	2001-03-29	600363.SH
1861	奇安信-U	13.06	68.1	互联网	北京	2020-07-22	688561.SH
1862	尖峰集团	13.05	4.3	医药	浙江	1993-07-28	600668.SH
1863	京能电力	13.05	−5.2	公用事业	北京	2002-05-10	600578.SH
1864	国元证券	13.04	−15.0	金融	安徽	1997-06-16	000728.SZ
1865	紫金银行	12.99	3.7	金融	江苏	2019-01-03	601860.SH
1866	天宇股份	12.97	−8.9	医药	浙江	2017-09-19	300702.SZ
1867	宇通重工	12.97	新上榜	装备	河南	1994-01-28	600817.SH
1868	英利汽车	12.96	新上榜	汽车	吉林	2021-04-15	601279.SH
1869	景兴纸业	12.96	39.4	造纸	浙江	2006-09-15	002067.SZ
1870	生物股份	12.96	−4.7	医药	内蒙古	1999-01-15	600201.SH
1871	开润股份	12.96	−2.3	服饰	安徽	2016-12-21	300577.SZ
1872	合肥城建	12.96	−15.5	房地产	安徽	2008-01-28	002208.SZ
1873	昊海生科	12.95	46.7	医药	上海	2019-10-30	688366.SH
1874	海尔生物	12.95	85.6	医药	山东	2019-10-25	688139.SH
1875	*ST日海	12.95	−13.2	通信	广东	2009-12-03	002313.SZ
1876	齐鲁高速	12.93	118.2	运输	山东	2018-07-19	1576.HK

续表

序号	证券简称	品牌价值/亿元	增长率/%	行业	地区	上市日期	证券代码
1877	叶氏化工集团	12.93	32.1	化工	香港	1991-08-22	0408.HK
1878	雍禾医疗	12.93	新上榜	保健	北京	2021-12-13	2279.HK
1879	伯特利	12.92	29.5	汽车	安徽	2018-04-27	603596.SH
1880	梦天家居	12.92	新上榜	日用	浙江	2021-12-15	603216.SH
1881	隆华科技	12.91	31.7	装备	河南	2011-09-16	300263.SZ
1882	BRILLIANCE CHI	12.89	−19.5	汽车	香港	1999-10-22	1114.HK
1883	安泰集团	12.89	49.5	煤炭	山西	2003-02-12	600408.SH
1884	嘉士利集团	12.88	7.2	食品	广东	2014-09-25	1285.HK
1885	城发环境	12.87	96.3	运输	河南	1999-03-19	000885.SZ
1886	有友食品	12.86	6.6	食品	重庆	2019-05-08	603697.SH
1887	中广核新能源	12.86	28.6	公用事业	香港	2014-10-03	1811.HK
1888	赢合科技	12.85	−24.4	装备	广东	2015-05-14	300457.SZ
1889	节能国祯	12.84	32.8	环保	安徽	2014-08-01	300388.SZ
1890	皇氏集团	12.84	−16.7	食品	广西	2010-01-06	002329.SZ
1891	鲁泰 A	12.84	−18.2	纺织	山东	2000-12-25	000726.SZ
1892	奥特维	12.83	新上榜	装备	江苏	2020-05-21	688516.SH
1893	电声股份	12.80	−11.9	媒体	广东	2019-11-21	300805.SZ
1894	大博医疗	12.78	5.0	医药	福建	2017-09-22	002901.SZ
1895	中国全通	12.76	22.9	电信	香港	2009-09-16	0633.HK
1896	友好集团	12.75	−44.9	零售	新疆	1996-12-03	600778.SH
1897	康臣药业	12.75	44.3	医药	广东	2013-12-19	1681.HK
1898	勘设股份	12.72	60.8	商业服务	贵州	2017-08-09	603458.SH
1899	ST 曙光	12.69	18.6	汽车	辽宁	2000-12-26	600303.SH
1900	恒康医疗	12.68	新上榜	保健	甘肃	2008-03-06	002219.SZ
1901	迅雷	12.67	92.9	休闲	广东	2014-06-24	XNET.O
1902	新北洋	12.67	9.4	电子	山东	2010-03-23	002376.SZ
1903	麒盛科技	12.67	47.5	家居	浙江	2019-10-29	603610.SH
1904	众合科技	12.66	49.7	装备	浙江	1999-06-11	000925.SZ
1905	青瓷游戏	12.65	新上榜	互联网	福建	2021-12-16	6633.HK
1906	瑞芯微	12.65	89.7	电子	福建	2020-02-07	603893.SH
1907	中科微至	12.63	新上榜	装备	江苏	2021-10-26	688211.SH
1908	金鹰重工	12.58	新上榜	装备	湖北	2021-08-18	301048.SZ
1909	天融信	12.58	−13.4	装备	广东	2008-02-01	002212.SZ
1910	模塑科技	12.56	−19.7	汽车	江苏	1997-02-28	000700.SZ
1911	震裕科技	12.55	新上榜	装备	浙江	2021-03-18	300953.SZ
1912	新柴股份	12.52	新上榜	装备	浙江	2021-07-22	301032.SZ
1913	南天信息	12.49	29.0	互联网	云南	1999-10-14	000948.SZ
1914	永兴材料	12.44	21.1	钢铁	浙江	2015-05-15	002756.SZ
1915	税友股份	12.43	新上榜	电信	浙江	2021-06-30	603171.SH
1916	新点软件	12.43	新上榜	互联网	江苏	2021-11-17	688232.SH
1917	华铁应急	12.41	70.1	商业服务	浙江	2015-05-29	603300.SH

续表

序号	证券简称	品牌价值/亿元	增长率/%	行业	地区	上市日期	证券代码
1918	金川国际	12.40	78.0	有色金属	香港	2001-07-09	2362.HK
1919	兰石重装	12.40	29.6	装备	甘肃	2014-10-09	603169.SH
1920	研祥智能	12.39	31.7	电子	广东	2003-10-10	2308.HK
1921	神农集团	12.39	新上榜	农业	云南	2021-05-28	605296.SH
1922	中公教育	12.38	−94.7	教育	安徽	2011-08-10	002607.SZ
1923	国光连锁	12.37	−28.1	零售	江西	2020-07-28	605188.SH
1924	明德生物	12.37	195.2	医药	湖北	2018-07-10	002932.SZ
1925	东江环保	12.37	12.3	环保	广东	2012-04-26	002672.SZ
1926	广博股份	12.37	33.1	媒体	浙江	2007-01-10	002103.SZ
1927	新能泰山	12.35	100.1	房地产	山东	1997-05-09	000720.SZ
1928	恒达集团控股	12.35	63.8	房地产	河南	2018-11-12	3616.HK
1929	利元亨	12.35	新上榜	装备	广东	2021-07-01	688499.SH
1930	易成新能	12.33	10.8	装备	河南	2010-06-25	300080.SZ
1931	银泰黄金	12.32	−17.6	有色金属	内蒙古	2000-06-08	000975.SZ
1932	中原建业	12.32	新上榜	房地产	河南	2021-05-31	9982.HK
1933	奥飞娱乐	12.31	−13.7	日用	广东	2009-09-10	002292.SZ
1934	瑞贝卡	12.30	7.5	日用	河南	2003-07-10	600439.SH
1935	建业新生活	12.29	16.1	房地产	河南	2020-05-15	9983.HK
1936	金牌厨柜	12.27	60.7	家居	福建	2017-05-12	603180.SH
1937	天佑德酒	12.26	−28.4	饮料	青海	2011-12-22	002646.SZ
1938	国际脐带血库	12.26	50.3	保健	北京	2009-11-19	CO.N
1939	百亚股份	12.25	22.6	日用	重庆	2020-09-21	003006.SZ
1940	羚锐制药	12.20	14.1	医药	河南	2000-10-18	600285.SH
1941	亚厦股份	12.20	−22.1	建筑	浙江	2010-03-23	002375.SZ
1942	天马科技	12.18	41.2	农业	福建	2017-01-17	603668.SH
1943	金健米业	12.17	7.2	农业	湖南	1998-05-06	600127.SH
1944	鼎丰集团控股	12.16	137.4	金融	福建	2013-12-09	6878.HK
1945	西藏水资源	12.12	−2.0	饮料	香港	2011-06-30	1115.HK
1946	寺库	12.11	−44.1	零售	北京	2017-09-22	SECO.O
1947	绿色动力	12.10	48.1	环保	广东	2018-06-11	601330.SH
1948	科顺股份	12.09	42.4	建筑	广东	2018-01-25	300737.SZ
1949	威胜信息	12.08	27.6	通信	湖南	2020-01-21	688100.SH
1950	英飞拓	12.08	17.3	电子	广东	2010-12-24	002528.SZ
1951	华安证券	12.08	−6.4	金融	安徽	2016-12-06	600909.SH
1952	海翔药业	12.07	−16.4	医药	浙江	2006-12-26	002099.SZ
1953	ST冠福	12.07	49.4	贸易	福建	2006-12-29	002102.SZ
1954	西宁特钢	12.07	14.3	钢铁	青海	1997-10-15	600117.SH
1955	益佰制药	12.06	15.8	医药	贵州	2004-03-23	600594.SH
1956	石基信息	12.05	−17.3	互联网	北京	2007-08-13	002153.SZ
1957	通裕重工	12.03	−19.4	装备	山东	2011-03-08	300185.SZ
1958	瑞丰银行	12.02	新上榜	金融	浙江	2021-06-25	601528.SH
1959	锐信控股	12.02	−13.1	电子	福建	2006-12-21	1399.HK

续表

序号	证券简称	品牌价值/亿元	增长率/%	行业	地区	上市日期	证券代码
1960	易事特	12.02	−21.6	装备	广东	2014-01-27	300376.SZ
1961	鸿合科技	12.00	6.0	电子	北京	2019-05-23	002955.SZ
1962	玉禾田	12.00	−20.5	环保	安徽	2020-01-23	300815.SZ
1963	巴比食品	11.98	34.9	食品	上海	2020-10-12	605338.SH
1964	东鹏控股	11.98	1.0	建筑	广东	2020-10-19	003012.SZ
1965	兔宝宝	11.98	60.4	建筑	浙江	2005-05-10	002043.SZ
1966	同力日升	11.96	新上榜	装备	江苏	2021-03-22	605286.SH
1967	金逸影视	11.96	−13.9	休闲	广东	2017-10-16	002905.SZ
1968	上海小南国	11.96	−17.8	餐饮	上海	2012-07-04	3666.HK
1969	长青股份	11.95	−1.1	化工	江苏	2010-04-16	002391.SZ
1970	ST 德豪	11.95	−13.8	家电	安徽	2004-06-25	002005.SZ
1971	中超控股	11.95	8.0	装备	江苏	2010-09-10	002471.SZ
1972	新野纺织	11.95	−1.0	纺织	河南	2006-11-30	002087.SZ
1973	康盛股份	11.92	新上榜	家电	浙江	2010-06-01	002418.SZ
1974	重庆港	11.87	12.8	运输	重庆	2000-07-31	600279.SH
1975	杭萧钢构	11.86	10.9	建筑	浙江	2003-11-10	600477.SH
1976	创美药业	11.82	7.6	医药	广东	2015-12-14	2289.HK
1977	卓越商企服务	11.80	24.0	房地产	广东	2020-10-19	6989.HK
1978	天工国际	11.80	−3.9	钢铁	江苏	2007-07-26	0826.HK
1979	中伟股份	11.77	101.1	化工	贵州	2020-12-23	300919.SZ
1980	航天工程	11.77	72.0	装备	北京	2015-01-28	603698.SH
1981	中航高科	11.77	9.5	装备	江苏	1994-05-20	600862.SH
1982	爱柯迪	11.73	19.5	汽车	浙江	2017-11-17	600933.SH
1983	好莱客	11.69	33.9	家居	广东	2015-02-17	603898.SH
1984	光峰科技	11.68	78.5	电子	广东	2019-07-22	688007.SH
1985	紫天科技	11.65	86.7	媒体	江苏	2011-12-29	300280.SZ
1986	中材节能	11.65	97.0	环保	天津	2014-07-31	603126.SH
1987	金种子酒	11.65	17.9	饮料	安徽	1998-08-12	600199.SH
1988	招金矿业	11.64	−38.9	有色金属	山东	2006-12-08	1818.HK
1989	道通科技	11.64	69.4	电子	广东	2020-02-13	688208.SH
1990	中国动向	11.63	1.2	服饰	北京	2007-10-10	3818.HK
1991	华特达因	11.62	5.1	医药	山东	1999-06-09	000915.SZ
1992	贵广网络	11.62	−39.1	媒体	贵州	2016-12-26	600996.SH
1993	鸿远电子	11.61	97.3	电子	北京	2019-05-15	603267.SH
1994	中孚实业	11.61	新上榜	有色金属	河南	2002-06-26	600595.SH
1995	西藏天路	11.58	12.8	建筑	西藏	2001-01-16	600326.SH
1996	博雅生物	11.56	−10.7	医药	江西	2012-03-08	300294.SZ
1997	天华超净	11.56	103.2	电子	江苏	2014-07-31	300390.SZ
1998	天山发展控股	11.56	−35.0	房地产	河北	2010-07-15	2118.HK
1999	华阳集团	11.56	49.8	汽车	广东	2017-10-13	002906.SZ
2000	宏润建设	11.55	−18.7	建筑	浙江	2006-08-16	002062.SZ
2001	东阳光药	11.54	−61.5	医药	湖北	2015-12-29	1558.HK

续表

序号	证券简称	品牌价值/亿元	增长率/%	行业	地区	上市日期	证券代码
2002	广州浪奇	11.53	−77.6	日用	广东	1993-11-08	000523.SZ
2003	兑吧	11.51	61.6	媒体	浙江	2019-05-07	1753.HK
2004	贝因美	11.50	−23.9	食品	浙江	2011-04-12	002570.SZ
2005	东南网架	11.49	1.5	建筑	浙江	2007-05-30	002135.SZ
2006	风神股份	11.47	−16.3	汽车	河南	2003-10-21	600469.SH
2007	科士达	11.47	35.4	装备	广东	2010-12-07	002518.SZ
2008	卫宁健康	11.47	9.8	互联网	上海	2011-08-18	300253.SZ
2009	怡球资源	11.46	31.6	有色金属	江苏	2012-04-23	601388.SH
2010	太安堂	11.45	13.9	医药	广东	2010-06-18	002433.SZ
2011	锦浪科技	11.45	89.4	装备	浙江	2019-03-19	300763.SZ
2012	科博达	11.43	16.9	汽车	上海	2019-10-15	603786.SH
2013	大同机械	11.41	新上榜	装备	香港	1988-12-12	0118.HK
2014	灿勤科技	11.39	新上榜	通信	江苏	2021-11-16	688182.SH
2015	*ST拉夏	11.38	新上榜	服饰	新疆	2017-09-25	603157.SH
2016	新华锦	11.37	7.2	服饰	山东	1996-07-26	600735.SH
2017	博威合金	11.37	−4.7	有色金属	浙江	2011-01-27	601137.SH
2018	洪都航空	11.37	26.7	装备	江西	2000-12-15	600316.SH
2019	良信股份	11.37	21.8	装备	上海	2014-01-21	002706.SZ
2020	中国三迪	11.35	104.1	金融	香港	1998-12-01	0910.HK
2021	天药股份	11.34	16.2	医药	天津	2001-06-18	600488.SH
2022	宁波联合	11.33	−31.9	贸易	浙江	1997-04-10	600051.SH
2023	辰林教育	11.32	22.5	教育	江西	2019-12-13	1593.HK
2024	奥尼电子	11.28	新上榜	日用	广东	2021-12-28	301189.SZ
2025	浙大网新	11.28	−10.4	互联网	浙江	1997-04-18	600797.SH
2026	千百度	11.27	138.4	服饰	香港	2011-09-23	1028.HK
2027	趣店	11.26	−34.5	金融	福建	2017-10-18	QD.N
2028	ST红太阳	11.26	7.7	化工	江苏	1993-10-28	000525.SZ
2029	家乡互动	11.25	31.2	互联网	福建	2019-07-04	3798.HK
2030	神马股份	11.25	8.1	化工	河南	1994-01-06	600810.SH
2031	滨化股份	11.25	50.3	化工	山东	2010-02-23	601678.SH
2032	莱绅通灵	11.23	6.3	服饰	江苏	2016-11-23	603900.SH
2033	锦州银行	11.23	−56.2	金融	辽宁	2015-12-07	0416.HK
2034	欧普康视	11.21	46.9	医药	安徽	2017-01-17	300595.SZ
2035	三和管桩	11.21	新上榜	建筑	广东	2021-02-04	003037.SZ
2036	亚宝药业	11.19	24.5	医药	山西	2002-09-26	600351.SH
2037	广电网络	11.18	−14.2	媒体	陕西	1994-02-24	600831.SH
2038	康耐特光学	11.14	新上榜	服饰	上海	2021-12-16	2276.HK
2039	ST宏图	11.14	新上榜	零售	江苏	1998-04-20	600122.SH
2040	丰原药业	11.14	0.9	医药	安徽	2000-09-20	000153.SZ
2041	华宇软件	11.12	2.3	互联网	北京	2011-10-26	300271.SZ
2042	剑桥科技	11.11	−20.4	通信	上海	2017-11-10	603083.SH
2043	联发股份	11.08	−3.7	纺织	江苏	2010-04-23	002394.SZ

续表

序号	证券简称	品牌价值/亿元	增长率/%	行业	地区	上市日期	证券代码
2044	莲花健康	11.08	−1.8	食品	河南	1998-08-25	600186.SH
2045	西部证券	11.07	−9.4	金融	陕西	2012-05-03	002673.SZ
2046	大豪科技	11.07	79.8	电子	北京	2015-04-22	603025.SH
2047	广晟有色	11.03	32.5	有色金属	海南	2000-05-25	600259.SH
2048	诺亚财富	11.03	51.5	金融	上海	2010-11-10	NOAH.N
2049	苏农银行	11.03	13.5	金融	江苏	2016-11-29	603323.SH
2050	恩捷股份	11.03	96.5	化工	云南	2016-09-14	002812.SZ
2051	美锦能源	11.02	15.6	煤炭	山西	1997-05-15	000723.SZ
2052	中国通才教育	11.01	新上榜	教育	山西	2021-07-16	2175.HK
2053	万达酒店发展	11.01	62.9	酒店	香港	2002-06-04	0169.HK
2054	帅丰电器	11.00	43.4	家电	浙江	2020-10-19	605336.SH
2055	哈尔斯	11.00	11.2	日用	浙江	2011-09-09	002615.SZ
2056	天津发展	10.99	10.2	医药	香港	1997-12-10	0882.HK
2057	新世界	10.99	−36.0	零售	上海	1993-01-19	600628.SH
2058	亚威股份	10.99	24.4	装备	江苏	2011-03-03	002559.SZ
2059	巨一科技	10.98	新上榜	装备	安徽	2021-11-10	688162.SH
2060	国创高新	10.98	38.9	房地产	湖北	2010-03-23	002377.SZ
2061	贵州百灵	10.95	−7.9	医药	贵州	2010-06-03	002424.SZ
2062	奥泰生物	10.95	新上榜	医药	浙江	2021-03-25	688606.SH
2063	乔治白	10.93	42.4	服饰	浙江	2012-07-13	002687.SZ
2064	三棵树	10.93	36.4	化工	福建	2016-06-03	603737.SH
2065	威高骨科	10.92	新上榜	医药	山东	2021-06-30	688161.SH
2066	中粮资本	10.92	新上榜	金融	河南	2010-06-03	002423.SZ
2067	新华网	10.92	8.7	媒体	北京	2016-10-28	603888.SH
2068	江海股份	10.92	50.3	电子	江苏	2010-09-29	002484.SZ
2069	天地在线	10.90	22.3	互联网	北京	2020-08-05	002995.SZ
2070	水晶光电	10.90	7.2	电子	浙江	2008-09-19	002273.SZ
2071	爱美客	10.89	106.9	医药	北京	2020-09-28	300896.SZ
2072	艾为电子	10.88	新上榜	通信	上海	2021-08-16	688798.SH
2073	华软科技	10.87	99.7	互联网	江苏	2010-07-20	002453.SZ
2074	华瑞服装	10.87	16.7	服饰	江苏	2008-07-16	EVK.O
2075	锦江在线	10.85	4.5	运输	上海	1993-06-07	600650.SH
2076	宁夏建材	10.84	9.9	建筑	宁夏	2003-08-29	600449.SH
2077	渤海汽车	10.84	42.7	汽车	山东	2004-04-07	600960.SH
2078	公元股份	10.83	1.5	建筑	浙江	2011-12-08	002641.SZ
2079	海联金汇	10.83	28.4	汽车	山东	2011-01-10	002537.SZ
2080	抚顺特钢	10.82	−5.1	钢铁	辽宁	2000-12-29	600399.SH
2081	创元科技	10.82	2.8	环保	江苏	1994-01-06	000551.SZ
2082	博腾股份	10.81	10.9	医药	重庆	2014-01-29	300363.SZ
2083	亿和控股	10.80	87.5	装备	香港	2005-05-11	0838.HK
2084	天创时尚	10.79	−33.2	服饰	广东	2016-02-18	603608.SH
2085	甘咨询	10.79	59.2	商业服务	甘肃	1997-05-28	000779.SZ

续表

序号	证券简称	品牌价值/亿元	增长率/%	行业	地区	上市日期	证券代码
2086	可孚医疗	10.78	新上榜	医药	湖南	2021-10-25	301087.SZ
2087	秦淮数据	10.78	121.9	互联网	北京	2020-09-30	CD.O
2088	龙版传媒	10.77	新上榜	媒体	黑龙江	2021-08-24	605577.SH
2089	同仁堂国药	10.75	15.9	医药	香港	2013-05-07	3613.HK
2090	保隆科技	10.74	27.7	汽车	上海	2017-05-19	603197.SH
2091	苏常柴A	10.74	5.0	装备	江苏	1994-07-01	000570.SZ
2092	大元泵业	10.73	17.7	装备	浙江	2017-07-11	603757.SH
2093	时代新材	10.72	2.0	化工	湖南	2002-12-19	600458.SH
2094	索通发展	10.72	47.8	有色金属	山东	2017-07-18	603612.SH
2095	星期六	10.70	−17.2	服饰	广东	2009-09-03	002291.SZ
2096	万邦德	10.68	−54.8	有色金属	浙江	2006-11-20	002082.SZ
2097	金钼股份	10.67	−28.7	有色金属	陕西	2008-04-17	601958.SH
2098	奥园美谷	10.65	48.2	房地产	湖北	1996-10-16	000615.SZ
2099	荣泰健康	10.65	29.1	医药	上海	2017-01-11	603579.SH
2100	ST云城	10.63	−51.9	房地产	云南	1999-12-02	600239.SH
2101	张家港行	10.63	20.7	金融	江苏	2017-01-24	002839.SZ
2102	冠城钟表珠宝	10.63	−18.2	服饰	香港	1991-12-10	0256.HK
2103	信邦控股	10.63	90.2	汽车	广东	2017-06-28	1571.HK
2104	纽威股份	10.63	7.4	装备	江苏	2014-01-17	603699.SH
2105	众业达	10.63	−12.4	贸易	广东	2010-07-06	002441.SZ
2106	北控清洁能源集团	10.62	新上榜	公用事业	广东	2013-07-05	1250.HK
2107	东莞控股	10.62	−6.7	运输	广东	1997-06-17	000828.SZ
2108	科达利	10.61	54.9	装备	广东	2017-03-02	002850.SZ
2109	滨海泰达物流	10.61	8.7	运输	天津	2008-04-30	8348.HK
2110	北京君正	10.59	新上榜	电子	北京	2011-05-31	300223.SZ
2111	协鑫能科	10.59	49.8	公用事业	江苏	2004-07-08	002015.SZ
2112	文投控股	10.54	18.4	休闲	辽宁	1996-07-01	600715.SH
2113	和邦生物	10.49	87.1	化工	四川	2012-07-31	603077.SH
2114	南山智尚	10.48	−25.3	纺织	山东	2020-12-22	300918.SZ
2115	宇信科技	10.47	23.6	互联网	北京	2018-11-07	300674.SZ
2116	松芝股份	10.46	21.3	汽车	上海	2010-07-20	002454.SZ
2117	健盛集团	10.46	−11.6	服饰	浙江	2015-01-27	603558.SH
2118	东方通信	10.45	−22.0	通信	浙江	1996-11-26	600776.SH
2119	新朋股份	10.43	−2.6	汽车	上海	2009-12-30	002328.SZ
2120	安莉芳控股	10.42	−7.7	服饰	香港	2006-12-18	1388.HK
2121	麦格米特	10.41	19.8	装备	广东	2017-03-06	002851.SZ
2122	祖名股份	10.40	新上榜	食品	浙江	2021-01-06	003030.SZ
2123	上海凤凰	10.38	20.4	日用	上海	1993-10-08	600679.SH
2124	新集能源	10.36	27.7	煤炭	安徽	2007-12-19	601918.SH
2125	云海金属	10.35	−0.4	有色金属	江苏	2007-11-13	002182.SZ
2126	新媒股份	10.34	5.8	媒体	广东	2019-04-19	300770.SZ
2127	哈三联	10.34	86.7	医药	黑龙江	2017-09-22	002900.SZ

续表

序号	证券简称	品牌价值/亿元	增长率/%	行业	地区	上市日期	证券代码
2128	旺能环境	10.33	68.6	环保	浙江	2004-08-26	002034.SZ
2129	浙江震元	10.32	3.9	医药	浙江	1997-04-10	000705.SZ
2130	恒玄科技	10.32	82.4	通信	上海	2020-12-16	688608.SH
2131	艾华集团	10.31	24.0	电子	湖南	2015-05-15	603989.SH
2132	浦东建设	10.31	11.8	建筑	上海	2004-03-16	600284.SH
2133	八方股份	10.27	83.2	装备	江苏	2019-11-11	603489.SH
2134	国芳集团	10.26	−5.0	零售	甘肃	2017-09-29	601086.SH
2135	奥士康	10.26	34.3	电子	湖南	2017-12-01	002913.SZ
2136	金龙羽	10.26	34.7	装备	广东	2017-07-17	002882.SZ
2137	安孚科技	10.25	−27.8	零售	安徽	2016-08-22	603031.SH
2138	中电兴发	10.25	−2.8	互联网	安徽	2009-09-29	002298.SZ
2139	柏楚电子	10.24	83.9	电子	上海	2019-08-08	688188.SH
2140	晶丰明源	10.24	新上榜	电子	上海	2019-10-14	688368.SH
2141	久立特材	10.23	16.3	钢铁	浙江	2009-12-11	002318.SZ
2142	龙宇燃油	10.21	−43.1	有色金属	上海	2012-08-17	603003.SH
2143	金辰股份	10.21	53.9	装备	辽宁	2017-10-18	603396.SH
2144	山东矿机	10.18	25.8	装备	山东	2010-12-17	002526.SZ
2145	皖能电力	10.18	3.7	公用事业	安徽	1993-12-20	000543.SZ
2146	华检医疗	10.17	57.2	医药	上海	2019-07-12	1931.HK
2147	海洋王	10.17	63.5	电子	广东	2014-11-04	002724.SZ
2148	中信出版	10.16	10.4	媒体	北京	2019-07-05	300788.SZ
2149	ST开元	10.15	8.3	教育	湖南	2012-07-26	300338.SZ
2150	北新路桥	10.13	3.5	建筑	新疆	2009-11-11	002307.SZ
2151	ST泰禾	10.12	−67.7	房地产	福建	1997-07-04	000732.SZ
2152	内蒙新华	10.11	新上榜	媒体	内蒙古	2021-12-24	603230.SH
2153	博世科	10.09	21.5	环保	广西	2015-02-17	300422.SZ
2154	鲍斯股份	10.08	24.0	装备	浙江	2015-04-23	300441.SZ
2155	亿田智能	10.03	69.5	家电	浙江	2020-12-03	300911.SZ
2156	成都高速	10.02	106.5	运输	四川	2019-01-15	1785.HK
2157	峨眉山A	10.01	−17.0	休闲	四川	1997-10-21	000888.SZ
2158	亚太卫星	10.01	−15.0	电信	香港	1996-12-18	1045.HK
2159	开创国际	9.99	27.6	农业	上海	1997-06-19	600097.SH
2160	再鼎医药	9.96	新上榜	医药	上海	2017-09-20	ZLAB.O
2161	东方电子	9.96	29.2	装备	山东	1997-01-21	000682.SZ
2162	南微医学	9.96	63.3	医药	江苏	2019-07-22	688029.SH
2163	益生股份	9.96	−10.9	农业	山东	2010-08-10	002458.SZ
2164	山西证券	9.95	−13.9	金融	山西	2010-11-15	002500.SZ
2165	伟星股份	9.95	31.8	服饰	浙江	2004-06-25	002003.SZ
2166	西南证券	9.90	−21.8	金融	重庆	2001-01-09	600369.SH
2167	申菱环境	9.89	新上榜	装备	广东	2021-07-07	301018.SZ
2168	松霖科技	9.88	28.7	家居	福建	2019-08-26	603992.SH
2169	丽江股份	9.86	−26.7	休闲	云南	2004-08-25	002033.SZ

续表

序号	证券简称	品牌价值/亿元	增长率/%	行业	地区	上市日期	证券代码
2170	中国职业教育	9.86	－62.9	教育	广东	2019-11-25	1756.HK
2171	交银国际	9.86	87.3	金融	香港	2017-05-19	3329.HK
2172	陕西黑猫	9.84	新上榜	煤炭	陕西	2014-11-05	601015.SH
2173	冠豪高新	9.84	107.2	造纸	广东	2003-06-19	600433.SH
2174	粤海置地	9.84	33.8	房地产	香港	1997-08-08	0124.HK
2175	宝新金融	9.83	25.2	贸易	香港	2010-12-15	1282.HK
2176	精测电子	9.82	30.3	电子	湖北	2016-11-22	300567.SZ
2177	开能健康	9.81	29.6	家电	上海	2011-11-02	300272.SZ
2178	锌业股份	9.80	4.9	有色金属	辽宁	1997-06-26	000751.SZ
2179	瑞普生物	9.78	33.1	医药	天津	2010-09-17	300119.SZ
2180	曲江文旅	9.78	－15.3	休闲	陕西	1996-05-16	600706.SH
2181	新强联	9.77	120.4	装备	河南	2020-07-13	300850.SZ
2182	宏达电子	9.76	110.9	电子	湖南	2017-11-21	300726.SZ
2183	华强科技	9.75	新上榜	装备	湖北	2021-12-06	688151.SH
2184	维尔利	9.75	27.3	环保	江苏	2011-03-16	300190.SZ
2185	东光化工	9.75	35.5	化工	河北	2017-07-11	1702.HK
2186	三湘印象	9.73	24.5	房地产	上海	1997-09-25	000863.SZ
2187	捷昌驱动	9.72	29.4	装备	浙江	2018-09-21	603583.SH
2188	达实智能	9.72	7.1	互联网	广东	2010-06-03	002421.SZ
2189	大恒科技	9.72	4.2	电子	北京	2000-11-29	600288.SH
2190	超盈国际控股	9.70	47.3	纺织	广东	2014-05-23	2111.HK
2191	立昂微	9.70	64.7	电子	浙江	2020-09-11	605358.SH
2192	吉视传媒	9.70	－19.6	媒体	吉林	2012-02-23	601929.SH
2193	合景悠活	9.68	59.6	房地产	广东	2020-10-30	3913.HK
2194	中油燃气	9.65	73.5	公用事业	香港	1993-05-28	0603.HK
2195	洁雅股份	9.64	新上榜	日用	安徽	2021-12-03	301108.SZ
2196	恒润股份	9.64	48.6	装备	江苏	2017-05-05	603985.SH
2197	万通发展	9.63	－9.9	房地产	北京	2000-09-22	600246.SH
2198	金枫酒业	9.63	－27.6	饮料	上海	1992-09-29	600616.SH
2199	上声电子	9.62	新上榜	日用	江苏	2021-04-19	688533.SH
2200	大中矿业	9.60	新上榜	有色金属	内蒙古	2021-05-10	001203.SZ
2201	天邑股份	9.59	7.7	通信	四川	2018-03-30	300504.SZ
2202	美亚柏科	9.57	35.4	互联网	福建	2011-03-16	300188.SZ
2203	中国物流资产	9.56	37.1	房地产	上海	2016-07-15	1589.HK
2204	奇正藏药	9.56	11.9	医药	西藏	2009-08-28	002287.SZ
2205	千味央厨	9.55	新上榜	食品	河南	2021-09-06	001215.SZ
2206	珠江股份	9.55	－14.7	房地产	广东	1993-10-28	600684.SH
2207	西藏药业	9.54	14.7	医药	西藏	1999-07-21	600211.SH
2208	彩虹集团	9.53	12.8	家电	四川	2020-12-11	003023.SZ
2209	甘源食品	9.53	－5.6	食品	江西	2020-07-31	002991.SZ
2210	天威视讯	9.53	－15.3	媒体	广东	2008-05-26	002238.SZ
2211	招商南油	9.52	－42.9	运输	江苏	2019-01-08	601975.SH

续表

序号	证券简称	品牌价值/亿元	增长率/%	行业	地区	上市日期	证券代码
2212	嘉诚国际	9.51	15.2	运输	广东	2017-08-08	603535.SH
2213	春秋电子	9.49	21.0	电子	江苏	2017-12-12	603890.SH
2214	凯普生物	9.48	74.0	医药	广东	2017-04-12	300639.SZ
2215	蒙娜丽莎	9.48	14.8	建筑	广东	2017-12-19	002918.SZ
2216	聚飞光电	9.47	−11.8	电子	广东	2012-03-19	300303.SZ
2217	华鼎控股	9.47	−1.6	服饰	香港	2005-12-15	3398.HK
2218	通鼎互联	9.47	−31.9	通信	江苏	2010-10-21	002491.SZ
2219	康华医疗	9.45	50.3	保健	广东	2016-11-08	3689.HK
2220	先进数通	9.45	45.0	互联网	北京	2016-09-13	300541.SZ
2221	华通线缆	9.45	新上榜	装备	河北	2021-05-11	605196.SH
2222	南宁糖业	9.44	−11.1	农业	广西	1999-05-27	000911.SZ
2223	昭衍新药	9.43	95.7	医药	北京	2017-08-25	603127.SH
2224	珠海港	9.43	102.4	运输	广东	1993-03-26	000507.SZ
2225	中体产业	9.43	−0.2	休闲	天津	1998-03-27	600158.SH
2226	栖霞建设	9.42	−5.3	房地产	江苏	2002-03-28	600533.SH
2227	金斯瑞生物科技	9.42	98.7	医药	江苏	2015-12-30	1548.HK
2228	贝达药业	9.42	−17.2	医药	浙江	2016-11-07	300558.SZ
2229	川投能源	9.42	9.6	公用事业	四川	1993-09-24	600674.SH
2230	新疆众和	9.42	11.2	有色金属	新疆	1996-02-15	600888.SH
2231	长鹰信质	9.40	24.5	汽车	浙江	2012-03-16	002664.SZ
2232	拉芳家化	9.40	9.9	日用	广东	2017-03-13	603630.SH
2233	设计总院	9.39	30.3	商业服务	安徽	2017-08-01	603357.SH
2234	厦工股份	9.38	新上榜	装备	福建	1994-01-28	600815.SH
2235	四方科技	9.35	30.0	装备	江苏	2016-05-19	603339.SH
2236	华宝国际	9.35	−12.2	化工	香港	1992-01-22	0336.HK
2237	南方锰业	9.29	27.3	有色金属	广西	2010-11-18	1091.HK
2238	江阴银行	9.28	11.3	金融	江苏	2016-09-02	002807.SZ
2239	和利时自动化	9.27	−1.5	电子	北京	2008-08-01	HOLI.O
2240	至纯科技	9.25	45.3	电子	上海	2017-01-13	603690.SH
2241	天齐锂业	9.24	−4.8	有色金属	四川	2010-08-31	002466.SZ
2242	戎美股份	9.24	新上榜	服饰	江苏	2021-10-28	301088.SZ
2243	延长石油国际	9.24	45.7	石油	香港	2001-04-19	0346.HK
2244	中远海运国际	9.24	−1.2	运输	香港	1992-02-11	0517.HK
2245	湖北广电	9.24	−28.9	媒体	湖北	1996-12-10	000665.SZ
2246	安科生物	9.23	31.2	医药	安徽	2009-10-30	300009.SZ
2247	维远股份	9.22	新上榜	化工	山东	2021-09-15	600955.SH
2248	航天长峰	9.21	22.0	互联网	北京	1994-04-25	600855.SH
2249	桂林三金	9.20	−5.6	医药	广西	2009-07-10	002275.SZ
2250	*ST银亿	9.19	新上榜	汽车	甘肃	2000-06-22	000981.SZ
2251	三诺生物	9.19	−6.3	医药	湖南	2012-03-19	300298.SZ
2252	彩虹新能源	9.18	56.3	装备	陕西	2004-12-20	0438.HK
2253	东方国信	9.18	6.0	互联网	北京	2011-01-25	300166.SZ

续表

序号	证券简称	品牌价值/亿元	增长率/%	行业	地区	上市日期	证券代码
2254	华达新材	9.16	−0.3	钢铁	浙江	2020-08-05	605158.SH
2255	鹏欣资源	9.16	85.5	贸易	上海	2003-06-26	600490.SH
2256	高途集团	9.15	新上榜	教育	北京	2019-06-06	GOTU.N
2257	指尖悦动	9.14	34.8	休闲	广东	2018-07-12	6860.HK
2258	山东章鼓	9.14	75.7	装备	山东	2011-07-07	002598.SZ
2259	长安民生物流	9.12	15.1	运输	重庆	2006-02-23	1292.HK
2260	联泓新科	9.12	47.9	化工	山东	2020-12-08	003022.SZ
2261	常山药业	9.12	20.4	医药	河北	2011-08-19	300255.SZ
2262	菲达环保	9.11	12.3	环保	浙江	2002-07-22	600526.SH
2263	可靠股份	9.10	新上榜	日用	浙江	2021-06-17	301009.SZ
2264	ST美盛	9.10	−23.5	休闲	浙江	2012-09-11	002699.SZ
2265	中国光大绿色环保	9.10	48.9	公用事业	香港	2017-05-08	1257.HK
2266	巨匠建设	9.09	−0.6	建筑	浙江	2016-01-12	1459.HK
2267	博杰股份	9.08	−5.8	装备	广东	2020-02-05	002975.SZ
2268	幸福蓝海	9.08	22.1	休闲	江苏	2016-08-08	300528.SZ
2269	航发控制	9.07	22.1	装备	江苏	1997-06-26	000738.SZ
2270	*ST易见	9.07	−69.4	运输	云南	1997-06-26	600093.SH
2271	固德威	9.05	94.7	电子	江苏	2020-09-04	688390.SH
2272	中国天保集团	9.05	9.2	建筑	河北	2019-11-11	1427.HK
2273	世运电路	9.05	2.6	电子	广东	2017-04-26	603920.SH
2274	金陵药业	9.05	−12.2	医药	江苏	1999-11-18	000919.SZ
2275	誉衡药业	9.05	−14.7	医药	黑龙江	2010-06-23	002437.SZ
2276	金新农	9.04	−10.7	农业	广东	2011-02-18	002548.SZ
2277	科大智能	9.04	35.1	装备	上海	2011-05-25	300222.SZ
2278	万顺新材	9.04	27.7	包装	广东	2010-02-26	300057.SZ
2279	康弘药业	9.02	−50.0	医药	四川	2015-06-26	002773.SZ
2280	华电重工	9.02	19.6	建筑	北京	2014-12-11	601226.SH
2281	佳士科技	9.01	26.9	装备	广东	2011-03-22	300193.SZ
2282	西麦食品	9.01	−3.0	食品	广西	2019-06-19	002956.SZ
2283	苏州固锝	9.00	14.8	电子	江苏	2006-11-16	002079.SZ
2284	依顿电子	9.00	−18.4	电子	广东	2014-07-01	603328.SH
2285	重庆水务	9.00	25.0	公用事业	重庆	2010-03-29	601158.SH
2286	美兰空港	8.99	−11.9	运输	海南	2002-11-18	0357.HK
2287	漳州发展	8.98	4.9	汽车	福建	1997-06-26	000753.SZ
2288	七一二	8.98	−24.7	装备	天津	2018-02-26	603712.SH
2289	联赢激光	8.97	100.7	装备	广东	2020-06-22	688518.SH
2290	宁波海运	8.96	−0.4	运输	浙江	1997-04-23	600798.SH
2291	新疆天业	8.96	36.7	化工	新疆	1997-06-17	600075.SH
2292	新时达	8.96	35.1	装备	上海	2010-12-24	002527.SZ
2293	旗天科技	8.96	9.0	零售	上海	2010-03-19	300061.SZ
2294	品渥食品	8.96	−18.1	食品	上海	2020-09-24	300892.SZ

续表

序号	证券简称	品牌价值/亿元	增长率/%	行业	地区	上市日期	证券代码
2295	华灿光电	8.96	57.8	电子	湖北	2012-06-01	300323.SZ
2296	天目湖	8.95	−1.1	休闲	江苏	2017-09-27	603136.SH
2297	万集科技	8.95	−21.3	电子	北京	2016-10-21	300552.SZ
2298	皖维高新	8.94	42.7	化工	安徽	1997-05-28	600063.SH
2299	法兰泰克	8.92	34.7	装备	江苏	2017-01-25	603966.SH
2300	依依股份	8.92	新上榜	日用	天津	2021-05-18	001206.SZ
2301	吉电股份	8.90	66.2	公用事业	吉林	2002-09-26	000875.SZ
2302	厦钨新能	8.89	新上榜	化工	福建	2021-08-05	688778.SH
2303	南亚新材	8.89	89.3	电子	上海	2020-08-18	688519.SH
2304	浙江自然	8.89	新上榜	日用	浙江	2021-05-06	605080.SH
2305	深粮控股	8.88	32.7	贸易	广东	1992-10-12	000019.SZ
2306	氯碱化工	8.88	29.7	化工	上海	1992-11-13	600618.SH
2307	南京公用	8.88	−48.5	公用事业	江苏	1996-08-06	000421.SZ
2308	中国鹏飞集团	8.86	12.3	装备	江苏	2019-11-15	3348.HK
2309	吉峰科技	8.84	−43.5	零售	四川	2009-10-30	300022.SZ
2310	泸州银行	8.82	−0.8	金融	四川	2018-12-17	1983.HK
2311	顺发恒业	8.82	−3.5	房地产	吉林	1996-11-22	000631.SZ
2312	沈阳化工	8.80	−6.7	化工	辽宁	1997-02-20	000698.SZ
2313	诚志股份	8.80	31.7	化工	江西	2000-07-06	000990.SZ
2314	中贝通信	8.80	21.7	电信	湖北	2018-11-15	603220.SH
2315	苏利股份	8.79	2.7	化工	江苏	2016-12-14	603585.SH
2316	圣邦股份	8.79	44.3	电子	北京	2017-06-06	300661.SZ
2317	机器人	8.77	−38.3	装备	辽宁	2009-10-30	300024.SZ
2318	双鹭药业	8.77	12.1	医药	北京	2004-09-09	002038.SZ
2319	法本信息	8.77	61.0	互联网	广东	2020-12-30	300925.SZ
2320	亨鑫科技	8.76	3.0	通信	江苏	2010-12-23	1085.HK
2321	润和软件	8.76	75.9	互联网	江苏	2012-07-18	300339.SZ
2322	嘉化能源	8.75	−4.9	化工	浙江	2003-06-27	600273.SH
2323	利君股份	8.74	44.1	装备	四川	2012-01-06	002651.SZ
2324	海欣食品	8.74	−0.2	食品	福建	2012-10-11	002702.SZ
2325	建投能源	8.74	−11.1	公用事业	河北	1996-06-06	000600.SH
2326	探路者	8.73	−3.8	服饰	北京	2009-10-30	300005.SZ
2327	益民集团	8.73	−28.8	零售	上海	1994-02-04	600824.SH
2328	瑞斯康达	8.73	−28.7	通信	北京	2017-04-20	603803.SH
2329	鼎信通讯	8.73	−20.6	通信	山东	2016-10-11	603421.SH
2330	环球印务	8.72	83.6	媒体	陕西	2016-06-08	002799.SZ
2331	搜于特	8.72	−44.3	贸易	广东	2010-11-17	002503.SZ
2332	中国恒天立信国际	8.71	12.3	装备	香港	1990-10-12	0641.HK
2333	梦网科技	8.71	−9.6	互联网	辽宁	2007-03-28	002123.SZ
2334	中银证券	8.68	−29.5	金融	上海	2020-02-26	601696.SH
2335	电子城	8.67	−34.1	房地产	北京	1993-05-24	600658.SH

续表

序号	证券简称	品牌价值/亿元	增长率/%	行业	地区	上市日期	证券代码
2336	圣泉集团	8.67	新上榜	化工	山东	2021-08-10	605589.SH
2337	北京控股环境集团	8.67	新上榜	环保	北京	1980-04-29	0154.HK
2338	冰山冷热	8.66	−5.6	装备	辽宁	1993-12-08	000530.SZ
2339	摩贝	8.65	−55.2	互联网	上海	2019-12-30	MKD.O
2340	神州高铁	8.63	−28.9	装备	北京	1992-05-07	000008.SZ
2341	上海电影	8.61	−16.0	休闲	上海	2016-08-17	601595.SH
2342	海晨股份	8.60	25.8	运输	江苏	2020-08-24	300873.SZ
2343	华兴源创	8.59	9.3	电子	江苏	2019-07-22	688001.SH
2344	腾达建设	8.59	29.4	建筑	浙江	2002-12-26	600512.SH
2345	毅昌科技	8.58	9.2	家电	广东	2010-06-01	002420.SZ
2346	基蛋生物	8.55	24.0	医药	江苏	2017-07-17	603387.SH
2347	金信诺	8.55	−20.0	通信	广东	2011-08-18	300252.SZ
2348	国检集团	8.54	47.8	商业服务	北京	2016-11-09	603060.SH
2349	中国海防	8.53	82.0	装备	北京	1996-11-04	600764.SH
2350	新智认知	8.50	22.4	互联网	广西	2015-03-26	603869.SH
2351	电投产融	8.48	5.8	公用事业	河北	1999-12-23	000958.SZ
2352	中色股份	8.47	−48.4	有色金属	北京	1997-04-16	000758.SZ
2353	中信博	8.47	46.9	装备	江苏	2020-08-28	688408.SH
2354	原生态牧业	8.46	−13.3	农业	黑龙江	2013-11-26	1431.HK
2355	立方制药	8.46	30.5	医药	安徽	2020-12-15	003020.SZ
2356	天际股份	8.46	新上榜	家电	广东	2015-05-28	002759.SZ
2357	中工国际	8.45	−33.0	建筑	北京	2006-06-19	002051.SZ
2358	智光电气	8.44	36.6	装备	广东	2007-09-19	002169.SZ
2359	康宁医院	8.44	104.2	保健	浙江	2015-11-20	2120.HK
2360	光弘科技	8.44	−16.1	电子	广东	2017-12-29	300735.SZ
2361	ST泛微	8.43	48.5	互联网	上海	2017-01-13	603039.SH
2362	侨银股份	8.43	−9.0	环保	广东	2020-01-06	002973.SZ
2363	ST华英	8.42	−6.2	农业	河南	2009-12-16	002321.SZ
2364	南京证券	8.41	−9.9	金融	江苏	2018-06-13	601990.SH
2365	瑞慈医疗	8.40	61.6	保健	上海	2016-10-06	1526.HK
2366	中国武夷	8.38	73.6	建筑	福建	1997-07-15	000797.SZ
2367	惠泉啤酒	8.37	−1.3	饮料	福建	2003-02-26	600573.SH
2368	四创电子	8.36	59.5	装备	安徽	2004-05-10	600990.SH
2369	惠发食品	8.36	−2.5	食品	山东	2017-06-13	603536.SH
2370	金洲管道	8.36	7.3	钢铁	浙江	2010-07-06	002443.SZ
2371	捷捷微电	8.34	27.8	电子	江苏	2017-03-14	300623.SZ
2372	电连技术	8.33	24.0	电子	广东	2017-07-31	300679.SZ
2373	亚盛集团	8.32	6.9	农业	甘肃	1997-08-18	600108.SH
2374	美康生物	8.32	4.1	医药	浙江	2015-04-22	300439.SZ
2375	普利制药	8.31	33.1	医药	海南	2017-03-28	300630.SZ
2376	G.A.控股	8.31	29.7	汽车	香港	2002-06-17	8126.HK

续表

序号	证券简称	品牌价值/亿元	增长率/%	行业	地区	上市日期	证券代码
2377	天赐材料	8.31	37.8	化工	广东	2014-01-23	002709.SZ
2378	晋亿实业	8.31	29.9	装备	浙江	2007-01-26	601002.SH
2379	冀东装备	8.31	6.1	装备	河北	1998-08-13	000856.SZ
2380	宏华数科	8.30	新上榜	装备	浙江	2021-07-08	688789.SH
2381	国海证券	8.29	−31.6	金融	广西	1997-07-09	000750.SZ
2382	轻纺城	8.29	0.3	房地产	浙江	1997-02-28	600790.SH
2383	*ST 中安	8.28	9.1	互联网	湖北	1990-12-19	600654.SH
2384	易鑫集团	8.27	60.8	金融	上海	2017-11-16	2858.HK
2385	赞宇科技	8.25	5.2	化工	浙江	2011-11-25	002637.SZ
2386	金卡智能	8.25	2.0	电子	浙江	2012-08-17	300349.SZ
2387	徐家汇	8.24	−32.0	零售	上海	2011-03-03	002561.SZ
2388	奥海科技	8.23	13.6	电子	广东	2020-08-17	002993.SZ
2389	顺博合金	8.23	17.0	有色金属	重庆	2020-08-28	002996.SZ
2390	龙洲股份	8.21	22.8	运输	福建	2012-06-12	002682.SZ
2391	华润材料	8.20	新上榜	化工	江苏	2021-10-26	301090.SZ
2392	海陆重工	8.19	新上榜	装备	江苏	2008-06-25	002255.SZ
2393	深圳机场	8.19	−16.8	运输	广东	1998-04-20	000089.SZ
2394	财达证券	8.19	新上榜	金融	河北	2021-05-07	600906.SH
2395	ST 中嘉	8.18	−7.6	电信	河北	1997-12-18	000889.SZ
2396	苏州科达	8.18	19.7	电子	江苏	2016-12-01	603660.SH
2397	*ST 新光	8.17	新上榜	房地产	安徽	2007-08-08	002147.SZ
2398	吴通控股	8.17	−1.0	互联网	江苏	2012-02-29	300292.SZ
2399	鸿利智汇	8.16	59.3	电子	广东	2011-05-18	300219.SZ
2400	汤姆猫	8.16	35.8	媒体	浙江	2015-05-15	300459.SZ
2401	南国置业	8.15	−12.4	房地产	湖北	2009-11-06	002305.SZ
2402	江苏雷利	8.15	30.9	装备	江苏	2017-06-02	300660.SZ
2403	全志科技	8.13	43.0	电子	广东	2015-05-15	300458.SZ
2404	怡合达	8.11	新上榜	电子	广东	2021-07-23	301029.SZ
2405	苏试试验	8.10	30.8	装备	江苏	2015-01-22	300416.SZ
2406	佳电股份	8.08	63.8	装备	黑龙江	1999-06-18	000922.SZ
2407	赛晶科技	8.08	6.1	电子	北京	2010-10-13	0580.HK
2408	智慧农业	8.08	18.7	装备	江苏	1997-08-18	000816.SZ
2409	宝钛股份	8.07	6.6	有色金属	陕西	2002-04-12	600456.SH
2410	丰乐种业	8.07	26.9	农业	安徽	1997-04-22	000713.SZ
2411	新经典	8.07	2.0	媒体	天津	2017-04-25	603096.SH
2412	中兴商业	8.06	−36.3	零售	辽宁	1997-05-08	000715.SZ
2413	CEC INT'L HOLD	8.04	−29.8	零售	香港	1999-11-15	0759.HK
2414	容百科技	8.04	新上榜	化工	浙江	2019-07-22	688005.SH
2415	金迪克	8.04	新上榜	医药	江苏	2021-08-02	688670.SH
2416	盛剑环境	8.03	新上榜	装备	上海	2021-04-07	603324.SH
2417	万物新生	8.02	新上榜	零售	上海	2021-06-18	RERE.N

续表

序号	证券简称	品牌价值/亿元	增长率/%	行业	地区	上市日期	证券代码
2418	生益电子	8.02	新上榜	电子	广东	2021-02-25	688183.SH
2419	人瑞人才	8.01	33.3	商业服务	四川	2019-12-13	6919.HK
2420	飞龙股份	8.00	35.7	汽车	河南	2011-01-11	002536.SZ
2421	伊戈尔	8.00	新上榜	电子	广东	2017-12-29	002922.SZ
2422	精功科技	8.00	新上榜	装备	浙江	2004-06-25	002006.SZ
2423	曼卡龙	8.00	新上榜	服饰	浙江	2021-02-10	300945.SZ
2424	天风证券	7.99	-22.5	金融	湖北	2018-10-19	601162.SH
2425	快克股份	7.98	41.5	装备	江苏	2016-11-08	603203.SH
2426	华闻集团	7.98	-45.2	媒体	海南	1997-07-29	000793.SZ
2427	文灿股份	7.98	84.3	汽车	广东	2018-04-26	603348.SH
2428	广西广电	7.98	-27.3	媒体	广西	2016-08-15	600936.SH
2429	庄臣控股	7.97	43.4	商业服务	香港	2019-10-16	1955.HK
2430	复旦微电	7.97	44.1	电子	上海	2021-08-04	688385.SH
2431	迪普科技	7.97	53.1	通信	浙江	2019-04-12	300768.SZ
2432	东华科技	7.97	85.7	建筑	安徽	2007-07-12	002140.SZ
2433	新国都	7.96	0.4	电子	广东	2010-10-19	300130.SZ
2434	中际联合	7.96	新上榜	装备	北京	2021-05-06	605305.SH
2435	雷赛智能	7.95	31.3	装备	广东	2020-04-08	002979.SZ
2436	ST广田	7.95	-38.6	建筑	广东	2010-09-29	002482.SZ
2437	司太立	7.94	5.5	医药	浙江	2016-03-09	603520.SH
2438	金盘科技	7.94	新上榜	装备	海南	2021-03-09	688676.SH
2439	ST国安	7.93	-58.0	媒体	北京	1997-10-31	000839.SZ
2440	星雅集团	7.93	-54.6	休闲	江苏	2004-02-20	S85.SG
2441	科力远	7.93	新上榜	日用	湖南	2003-09-18	600478.SH
2442	天房发展	7.92	-30.1	房地产	天津	2001-09-10	600322.SH
2443	西藏城投	7.91	65.0	房地产	西藏	1996-11-08	600773.SH
2444	九华旅游	7.90	2.9	休闲	安徽	2015-03-26	603199.SH
2445	天伦燃气	7.90	28.4	公用事业	河南	2010-11-10	1600.HK
2446	新澳股份	7.89	55.0	纺织	浙江	2014-12-31	603889.SH
2447	药石科技	7.89	82.6	医药	江苏	2017-11-10	300725.SZ
2448	上海沪工	7.89	27.7	装备	上海	2016-06-07	603131.SH
2449	广电计量	7.89	68.2	商业服务	广东	2019-11-08	002967.SZ
2450	石大胜华	7.89	41.9	化工	山东	2015-05-29	603026.SH
2451	金融壹账通	7.88	-20.7	互联网	广东	2019-12-13	OCFT.N
2452	万咖壹联	7.88	37.0	媒体	北京	2018-12-21	1762.HK
2453	南威软件	7.88	82.5	互联网	福建	2014-12-30	603636.SH
2454	华伍股份	7.86	16.6	装备	江西	2010-07-28	300095.SZ
2455	国盛智科	7.86	64.4	装备	江苏	2020-06-30	688558.SH
2456	高测股份	7.86	新上榜	装备	山东	2020-08-07	688556.SH
2457	红黄蓝	7.86	新上榜	教育	北京	2017-09-27	RYB.N
2458	东瑞制药	7.86	42.0	医药	香港	2003-07-11	2348.HK
2459	汉威科技	7.83	20.9	电子	河南	2009-10-30	300007.SZ

续表

序号	证券简称	品牌价值/亿元	增长率/%	行业	地区	上市日期	证券代码
2460	香雪制药	7.83	−24.9	医药	广东	2010-12-15	300147.SZ
2461	鹏鹞环保	7.82	33.3	环保	江苏	2018-01-05	300664.SZ
2462	ST爱迪尔	7.82	5.1	服饰	福建	2015-01-22	002740.SZ
2463	*ST雪发	7.81	−12.6	服饰	山东	2010-10-15	002485.SZ
2464	云南水务	7.80	57.2	公用事业	云南	2015-05-27	6839.HK
2465	中奥到家	7.80	14.3	房地产	广东	2015-11-25	1538.HK
2466	禾望电气	7.79	34.2	装备	广东	2017-07-28	603063.SH
2467	洪兴股份	7.78	新上榜	服饰	广东	2021-07-23	001209.SZ
2468	乐歌股份	7.78	30.9	家居	浙江	2017-12-01	300729.SZ
2469	海升果汁	7.78	16.2	饮料	陕西	2005-11-04	0359.HK
2470	超图软件	7.77	38.2	互联网	北京	2009-12-25	300036.SZ
2471	晶方科技	7.77	42.3	电子	江苏	2014-02-10	603005.SH
2472	东望时代	7.76	−20.5	休闲	浙江	1997-04-15	600052.SH
2473	宜人金科	7.75	43.8	金融	北京	2015-12-18	YRD.N
2474	埃斯顿	7.75	66.4	装备	江苏	2015-03-20	002747.SZ
2475	富瑞特装	7.75	35.7	装备	江苏	2011-06-08	300228.SZ
2476	奥克股份	7.74	19.5	化工	辽宁	2010-05-20	300082.SZ
2477	*ST金洲	7.74	新上榜	服饰	黑龙江	1996-04-25	000587.SZ
2478	航天彩虹	7.74	9.3	装备	浙江	2010-04-13	002389.SZ
2479	万达信息	7.73	22.7	互联网	上海	2011-01-25	300168.SZ
2480	京北方	7.73	7.1	互联网	北京	2020-05-07	002987.SZ
2481	博敏电子	7.73	22.3	电子	广东	2015-12-09	603936.SH
2482	优信	7.72	新上榜	零售	北京	2018-06-27	UXIN.O
2483	东安动力	7.71	26.3	汽车	黑龙江	1998-10-14	600178.SH
2484	宜通世纪	7.70	0.7	电信	广东	2012-04-25	300310.SZ
2485	优点互动	7.70	新上榜	媒体	北京	2012-05-30	IDEX.O
2486	亚太股份	7.69	21.0	汽车	浙江	2009-08-28	002284.SZ
2487	太阳能	7.69	42.3	公用事业	重庆	1996-02-08	000591.SZ
2488	理邦仪器	7.68	−25.7	医药	广东	2011-04-21	300206.SZ
2489	西藏珠峰	7.68	45.4	有色金属	西藏	2000-12-27	600338.SH
2490	圣元环保	7.67	47.0	环保	福建	2020-08-24	300867.SZ
2491	浪潮国际	7.67	26.1	互联网	香港	2004-04-29	0596.HK
2492	我乐家居	7.67	24.7	家居	江苏	2017-06-16	603326.SH
2493	九丰能源	7.66	新上榜	公用事业	江西	2021-05-25	605090.SH
2494	中闽百汇	7.66	−6.8	零售	福建	2011-01-20	5SR.SG
2495	太平洋网络	7.65	0.0	媒体	广东	2007-12-18	0543.HK
2496	常熟汽饰	7.64	14.3	汽车	江苏	2017-01-05	603035.SH
2497	旭升股份	7.64	23.5	汽车	浙江	2017-07-10	603305.SH
2498	绿盟科技	7.63	22.2	互联网	北京	2014-01-29	300369.SZ
2499	丰盛控股	7.62	新上榜	公用事业	香港	2002-12-18	0607.HK
2500	浙江富润	7.62	−16.2	互联网	浙江	1997-06-04	600070.SH
2501	时代邻里	7.62	25.5	房地产	广东	2019-12-19	9928.HK

续表

序号	证券简称	品牌价值/亿元	增长率/%	行业	地区	上市日期	证券代码
2502	第一创业	7.62	−2.4	金融	广东	2016-05-11	002797.SZ
2503	大成生化科技	7.61	−23.9	农业	香港	2001-03-16	0809.HK
2504	远光软件	7.61	17.7	互联网	广东	2006-08-23	002063.SZ
2505	山东威达	7.59	49.8	装备	山东	2004-07-27	002026.SZ
2506	科前生物	7.58	12.9	医药	湖北	2020-09-22	688526.SH
2507	宁水集团	7.58	13.8	电子	浙江	2019-01-22	603700.SH
2508	一品红	7.58	19.0	医药	广东	2017-11-16	300723.SZ
2509	晋控电力	7.58	34.9	公用事业	山西	1997-06-09	000767.SZ
2510	保变电气	7.57	−5.8	装备	河北	2001-02-28	600550.SH
2511	金禾实业	7.56	15.5	化工	安徽	2011-07-07	002597.SZ
2512	家联科技	7.56	新上榜	日用	浙江	2021-12-09	301193.SZ
2513	协创数据	7.55	26.3	电子	广东	2020-07-27	300857.SZ
2514	神冠控股	7.55	42.0	保健	广西	2009-10-13	0829.HK
2515	柯力传感	7.54	41.4	装备	浙江	2019-08-06	603662.SH
2516	金能科技	7.52	21.2	煤炭	山东	2017-05-11	603113.SH
2517	华银电力	7.51	70.6	公用事业	湖南	1996-09-05	600744.SH
2518	昇辉科技	7.51	19.7	装备	山东	2015-02-17	300423.SZ
2519	金城医药	7.50	−35.0	医药	山东	2011-06-22	300233.SZ
2520	中国有赞	7.50	62.8	互联网	香港	2000-04-14	8083.HK
2521	通用股份	7.49	2.3	汽车	江苏	2016-09-19	601500.SH
2522	华茂股份	7.49	11.9	纺织	安徽	1998-10-07	000850.SZ
2523	华铁股份	7.49	45.4	装备	广东	2000-06-01	000976.SZ
2524	斯莱克	7.49	26.3	装备	江苏	2014-01-29	300382.SZ
2525	星湖科技	7.49	33.4	食品	广东	1994-08-18	600866.SH
2526	畅联股份	7.48	5.7	运输	上海	2017-09-13	603648.SH
2527	越剑智能	7.48	28.5	装备	浙江	2020-04-15	603095.SH
2528	华翔股份	7.48	42.1	装备	山西	2020-09-17	603112.SH
2529	非凡中国	7.47	新上榜	休闲	香港	2000-04-06	8032.HK
2530	宝新置地	7.46	14.0	贸易	香港	2004-04-30	0299.HK
2531	中光学	7.46	31.5	电子	河南	2007-12-03	002189.SZ
2532	科森科技	7.45	12.9	电子	江苏	2017-02-09	603626.SH
2533	兴业合金	7.45	4.2	有色金属	浙江	2007-12-27	0505.HK
2534	铁建装备	7.45	−16.5	装备	云南	2015-12-16	1786.HK
2535	塞力医疗	7.45	30.1	医药	湖北	2016-10-31	603716.SH
2536	东杰智能	7.45	新上榜	装备	山西	2015-06-30	300486.SZ
2537	疯狂体育	7.45	−21.4	媒体	北京	1991-10-25	0082.HK
2538	美盈森	7.44	0.9	包装	广东	2009-11-03	002303.SZ
2539	京威股份	7.44	−11.2	汽车	北京	2012-03-09	002662.SZ
2540	长龄液压	7.44	新上榜	装备	江苏	2021-03-22	605389.SH
2541	辰兴发展	7.43	38.9	房地产	山西	2015-07-03	2286.HK
2542	福安药业	7.41	−6.6	医药	重庆	2011-03-22	300194.SZ
2543	慈文传媒	7.40	−22.5	休闲	浙江	2010-01-26	002343.SZ

续表

序号	证券简称	品牌价值/亿元	增长率/%	行业	地区	上市日期	证券代码
2544	中核钛白	7.40	65.1	化工	甘肃	2007-08-03	002145.SZ
2545	天正电气	7.39	15.9	装备	浙江	2020-08-07	605066.SH
2546	众生药业	7.39	−39.9	医药	广东	2009-12-11	002317.SZ
2547	鸣志电器	7.39	26.0	装备	上海	2017-05-09	603728.SH
2548	金诚信	7.39	23.7	建筑	北京	2015-06-30	603979.SH
2549	劲仔食品	7.39	−4.5	食品	湖南	2020-09-14	003000.SZ
2550	欧陆通	7.39	19.4	电子	广东	2020-08-24	300870.SZ
2551	双星新材	7.36	53.1	化工	江苏	2011-06-02	002585.SZ
2552	致远新能	7.35	新上榜	装备	吉林	2021-04-29	300985.SZ
2553	英洛华	7.34	17.8	有色金属	浙江	1997-08-08	000795.SZ
2554	科思科技	7.33	21.6	通信	广东	2020-10-22	688788.SH
2555	优趣汇控股	7.32	新上榜	互联网	上海	2021-07-12	2177.HK
2556	北方股份	7.32	56.3	装备	内蒙古	2000-06-30	600262.SH
2557	中旗股份	7.30	5.4	化工	江苏	2016-12-20	300575.SZ
2558	荣联科技	7.30	39.1	互联网	北京	2011-12-20	002642.SZ
2559	S*ST佳通	7.30	0.2	汽车	黑龙江	1999-05-07	600182.SH
2560	五洲交通	7.27	18.6	运输	广西	2000-12-21	600368.SH
2561	海目星	7.27	新上榜	电子	广东	2020-09-09	688559.SH
2562	巨星农牧	7.27	新上榜	农业	四川	2017-12-18	603477.SH
2563	九联科技	7.25	新上榜	电子	广东	2021-03-23	688609.SH
2564	意华股份	7.25	23.9	电子	浙江	2017-09-07	002897.SZ
2565	城地香江	7.24	−8.2	建筑	上海	2016-10-10	603887.SH
2566	中农立华	7.24	15.8	贸易	北京	2017-11-16	603970.SH
2567	倍加洁	7.23	7.2	日用	江苏	2018-03-02	603059.SH
2568	奥特佳	7.22	−36.9	汽车	江苏	2008-05-22	002239.SZ
2569	康辰药业	7.21	11.8	医药	北京	2018-08-27	603590.SH
2570	国联水产	7.19	1.0	农业	广东	2010-07-08	300094.SZ
2571	盛诺集团	7.19	新上榜	家居	香港	2014-07-10	1418.HK
2572	越秀服务	7.19	新上榜	房地产	广东	2021-06-28	6626.HK
2573	味知香	7.19	新上榜	食品	江苏	2021-04-27	605089.SH
2574	航天动力	7.19	1.6	装备	陕西	2003-04-08	600343.SH
2575	尔康制药	7.18	−36.5	医药	湖南	2011-09-27	300267.SZ
2576	通宇通讯	7.17	−23.9	通信	广东	2016-03-28	002792.SZ
2577	新黄浦	7.17	42.9	房地产	上海	1993-03-26	600638.SH
2578	五洲特纸	7.17	14.9	造纸	浙江	2020-11-10	605007.SH
2579	东旭蓝天	7.17	28.2	公用事业	广东	1994-08-08	000040.SZ
2580	江特电机	7.17	新上榜	装备	江西	2007-10-12	002176.SZ
2581	华峰铝业	7.17	13.4	有色金属	上海	2020-09-07	601702.SH
2582	华仁药业	7.16	新上榜	医药	山东	2010-08-25	300110.SZ
2583	小崧股份	7.16	23.5	家电	广东	2014-01-29	002723.SZ
2584	明微电子	7.15	新上榜	电子	广东	2020-12-18	688699.SH
2585	先达股份	7.15	1.9	化工	山东	2017-05-11	603086.SH

续表

序号	证券简称	品牌价值/亿元	增长率/%	行业	地区	上市日期	证券代码
2586	芭田股份	7.13	12.9	化工	广东	2007-09-19	002170.SZ
2587	北京利尔	7.13	20.3	建筑	北京	2010-04-23	002392.SZ
2588	威派格	7.13	42.1	装备	上海	2019-02-22	603956.SH
2589	深深房A	7.12	−29.0	房地产	广东	1993-09-15	000029.SZ
2590	露笑科技	7.12	28.9	装备	浙江	2011-09-20	002617.SZ
2591	广东宏大	7.12	−6.8	化工	广东	2012-06-12	002683.SZ
2592	华众车载	7.10	新上榜	汽车	浙江	2012-01-12	6830.HK
2593	五洋停车	7.10	−0.9	装备	江苏	2015-02-17	300420.SZ
2594	诺禾致源	7.10	新上榜	医药	北京	2021-04-13	688315.SH
2595	创业慧康	7.09	−2.3	互联网	浙江	2015-05-14	300451.SZ
2596	久其软件	7.08	14.4	互联网	北京	2009-08-11	002279.SZ
2597	华正新材	7.07	23.7	电子	浙江	2017-01-03	603186.SH
2598	朗科科技	7.07	14.6	电子	广东	2010-01-08	300042.SZ
2599	值得买	7.07	54.2	媒体	北京	2019-07-15	300785.SZ
2600	新天科技	7.07	19.6	电子	河南	2011-08-31	300259.SZ
2601	中衡设计	7.07	12.6	商业服务	江苏	2014-12-31	603017.SH
2602	武汉凡谷	7.06	−17.2	通信	湖北	2007-12-07	002194.SZ
2603	海宁皮城	7.06	−15.2	房地产	浙江	2010-01-26	002344.SZ
2604	齐峰新材	7.05	18.0	造纸	山东	2010-12-10	002521.SZ
2605	兆龙互连	7.04	17.0	通信	浙江	2020-12-07	300913.SZ
2606	长源电力	7.03	57.8	公用事业	湖北	2000-03-16	000966.SZ
2607	双林股份	7.03	−2.8	汽车	浙江	2010-08-06	300100.SZ
2608	水发兴业能源	7.03	68.3	建筑	香港	2009-01-13	0750.HK
2609	中视金桥	7.03	25.3	媒体	上海	2008-07-08	0623.HK
2610	全通教育	7.02	−17.7	教育	广东	2014-01-21	300359.SZ
2611	第一医药	7.02	−29.2	零售	上海	1994-02-24	600833.SH
2612	神州泰岳	7.02	−2.3	互联网	北京	2009-10-30	300002.SZ
2613	世纪联合控股	7.02	17.4	汽车	广东	2019-10-18	1959.HK
2614	白云电器	7.01	43.3	装备	广东	2016-03-22	603861.SH
2615	民和股份	7.01	−25.3	农业	山东	2008-05-16	002234.SZ
2616	中颖电子	7.01	42.1	电子	上海	2012-06-13	300327.SZ
2617	烽火电子	7.01	17.4	通信	陕西	1994-05-09	000561.SZ
2618	雪迪龙	7.00	55.1	电子	北京	2012-03-09	002658.SZ
2619	中国建筑兴业	7.00	48.7	建筑	香港	2010-03-30	0830.HK
2620	海蓝控股	7.00	15.8	房地产	海南	2016-07-15	2278.HK
2621	盛美上海	6.99	新上榜	电子	上海	2021-11-18	688082.SH
2622	天准科技	6.99	新上榜	装备	江苏	2019-07-22	688003.SH
2623	东方铁塔	6.97	−25.2	建筑	山东	2011-02-11	002545.SZ
2624	慈星股份	6.97	28.6	装备	浙江	2012-03-29	300307.SZ
2625	皮阿诺	6.97	42.9	家居	广东	2017-03-10	002853.SZ
2626	小赢科技	6.97	新上榜	金融	广东	2018-09-19	XYF.N
2627	滨江服务	6.96	54.4	房地产	浙江	2019-03-15	3316.HK

续表

序号	证券简称	品牌价值/亿元	增长率/%	行业	地区	上市日期	证券代码
2628	中粮工科	6.96	新上榜	商业服务	江苏	2021-09-09	301058.SZ
2629	卓翼科技	6.95	−16.1	电子	广东	2010-03-16	002369.SZ
2630	爱康医疗	6.95	−2.7	医药	北京	2017-12-20	1789.HK
2631	达力普控股	6.94	59.7	石油	河北	2019-11-08	1921.HK
2632	德尔股份	6.94	12.9	汽车	辽宁	2015-06-12	300473.SZ
2633	＊ST亚联	6.94	−24.9	互联网	广东	2009-12-09	002316.SZ
2634	昊华科技	6.92	新上榜	化工	四川	2001-01-11	600378.SH
2635	富满微	6.92	新上榜	电子	广东	2017-07-05	300671.SZ
2636	贵航股份	6.91	−9.4	汽车	贵州	2001-12-27	600523.SH
2637	昌红科技	6.90	3.5	装备	广东	2010-12-22	300151.SZ
2638	贵人鸟	6.90	新上榜	服饰	福建	2014-01-24	603555.SH
2639	山西焦化	6.89	新上榜	煤炭	山西	1996-08-08	600740.SH
2640	银信科技	6.89	12.3	互联网	北京	2011-06-15	300231.SZ
2641	百大集团	6.88	1.0	零售	浙江	1994-08-09	600865.SH
2642	中国地利	6.87	−5.8	房地产	北京	2008-10-22	1387.HK
2643	设研院	6.87	53.9	商业服务	河南	2017-12-12	300732.SZ
2644	中智药业	6.87	29.0	医药	广东	2015-07-13	3737.HK
2645	鸿达兴业	6.87	−11.1	化工	江苏	2004-06-25	002002.SZ
2646	金雷股份	6.85	28.2	装备	山东	2015-04-22	300443.SZ
2647	森特股份	6.85	54.2	建筑	北京	2016-12-16	603098.SH
2648	永新股份	6.84	1.2	包装	安徽	2004-07-08	002014.SZ
2649	华立科技	6.83	新上榜	休闲	广东	2021-06-17	301011.SZ
2650	佛燃能源	6.83	新上榜	公用事业	广东	2017-11-22	002911.SZ
2651	易德龙	6.82	41.1	电子	江苏	2017-06-22	603380.SH
2652	联创股份	6.82	新上榜	媒体	山东	2012-08-01	300343.SZ
2653	创源股份	6.81	0.0	日用	浙江	2017-09-19	300703.SZ
2654	华康股份	6.81	新上榜	农业	浙江	2021-02-09	605077.SH
2655	百洋股份	6.81	9.3	农业	广西	2012-09-05	002696.SZ
2656	广誉远	6.81	新上榜	医药	山西	1996-11-05	600771.SH
2657	华微电子	6.80	5.6	电子	吉林	2001-03-16	600360.SH
2658	洛阳玻璃	6.80	新上榜	建筑	河南	1995-10-31	600876.SH
2659	赛意信息	6.80	48.1	互联网	广东	2017-08-03	300687.SZ
2660	旋极信息	6.76	−31.8	互联网	北京	2012-06-08	300324.SZ
2661	富祥药业	6.76	−21.1	医药	江西	2015-12-22	300497.SZ
2662	荃银高科	6.76	39.7	农业	安徽	2010-05-26	300087.SZ
2663	南都物业	6.75	28.5	房地产	浙江	2018-02-01	603506.SH
2664	保龄宝	6.75	−15.5	农业	山东	2009-08-28	002286.SZ
2665	帝欧家居	6.74	13.9	建筑	四川	2016-05-25	002798.SZ
2666	美图公司	6.73	新上榜	互联网	福建	2016-12-15	1357.HK
2667	蓝英装备	6.72	−15.7	装备	辽宁	2012-03-08	300293.SZ
2668	青岛双星	6.72	−14.6	汽车	山东	1996-04-30	000599.SZ
2669	亚太科技	6.72	4.4	有色金属	江苏	2011-01-18	002540.SZ

续表

序号	证券简称	品牌价值/亿元	增长率/%	行业	地区	上市日期	证券代码
2670	美格智能	6.71	45.9	通信	广东	2017-06-22	002881.SZ
2671	金马能源	6.71	5.9	煤炭	河南	2017-10-10	6885.HK
2672	九强生物	6.70	14.8	医药	北京	2014-10-30	300406.SZ
2673	嘉楠科技	6.69	新上榜	电子	浙江	2019-11-21	CAN.O
2674	力源信息	6.69	−29.3	贸易	湖北	2011-02-22	300184.SZ
2675	灵康药业	6.69	−8.7	医药	西藏	2015-05-28	603669.SH
2676	海融科技	6.67	32.0	食品	上海	2020-12-02	300915.SZ
2677	新疆交建	6.67	35.1	建筑	新疆	2018-11-28	002941.SZ
2678	东睦股份	6.66	−7.5	有色金属	浙江	2004-05-11	600114.SH
2679	焦作万方	6.65	−12.6	有色金属	河南	1996-09-26	000612.SZ
2680	远东传动	6.64	10.7	汽车	河南	2010-05-18	002406.SZ
2681	金溢科技	6.64	−36.8	电子	广东	2017-05-15	002869.SZ
2682	新洁能	6.64	新上榜	电子	江苏	2020-09-28	605111.SH
2683	国投中鲁	6.63	9.3	食品	北京	2004-06-22	600962.SH
2684	中环海陆	6.62	新上榜	装备	江苏	2021-08-03	301040.SZ
2685	ST联建	6.62	−4.3	媒体	广东	2011-10-12	300269.SZ
2686	君实生物-U	6.62	新上榜	医药	上海	2020-07-15	688180.SH
2687	永利股份	6.62	−22.2	装备	上海	2011-06-15	300230.SZ
2688	鲁阳节能	6.62	新上榜	建筑	山东	2006-11-30	002088.SZ
2689	金河生物	6.62	−8.1	农业	内蒙古	2012-07-13	002688.SZ
2690	石化机械	6.61	27.2	石油	湖北	1998-11-26	000852.SZ
2691	闰土股份	6.61	−17.2	化工	浙江	2010-07-06	002440.SZ
2692	正荣服务	6.60	49.0	房地产	上海	2020-07-10	6958.HK
2693	纽威数控	6.60	新上榜	装备	江苏	2021-09-17	688697.SH
2694	快意电梯	6.59	新上榜	装备	广东	2017-03-24	002774.SZ
2695	华阳国际	6.59	59.1	商业服务	广东	2019-02-26	002949.SZ
2696	国恩股份	6.58	−9.9	化工	山东	2015-06-30	002768.SZ
2697	兴蓉环境	6.57	22.7	公用事业	四川	1996-05-29	000598.SZ
2698	同方泰德	6.57	53.3	商业服务	香港	2011-10-27	1206.HK
2699	哈工智能	6.56	15.4	装备	江苏	1995-11-28	000584.SZ
2700	中信海直	6.55	17.1	运输	广东	2000-07-31	000099.SZ
2701	禹洲集团	6.54	−95.1	房地产	福建	2009-11-02	1628.HK
2702	黑猫股份	6.53	新上榜	化工	江西	2006-09-15	002068.SZ
2703	星徽股份	6.53	1.4	装备	广东	2015-06-10	300464.SZ
2704	北方导航	6.52	54.1	装备	北京	2003-07-04	600435.SH
2705	四维图新	6.52	−13.5	互联网	北京	2010-05-18	002405.SZ
2706	荣晟环保	6.52	38.4	造纸	浙江	2017-01-17	603165.SH
2707	尚荣医疗	6.52	−24.8	医药	广东	2011-02-25	002551.SZ
2708	华塑股份	6.52	新上榜	化工	安徽	2021-11-26	600935.SH
2709	新五丰	6.52	−14.7	农业	湖南	2004-06-09	600975.SH
2710	济丰包装	6.52	27.8	包装	上海	2018-12-21	1820.HK
2711	三峡旅游	6.51	−8.9	运输	湖北	2011-11-03	002627.SZ

续表

序号	证券简称	品牌价值/亿元	增长率/%	行业	地区	上市日期	证券代码
2712	锐明技术	6.50	27.2	电子	广东	2019-12-17	002970.SZ
2713	中科三环	6.49	−11.4	有色金属	北京	2000-04-20	000970.SZ
2714	威龙股份	6.49	−8.5	饮料	山东	2016-05-16	603779.SH
2715	川能动力	6.49	57.0	公用事业	四川	2000-09-26	000155.SZ
2716	大富科技	6.48	−23.9	通信	安徽	2010-10-26	300134.SZ
2717	盘江股份	6.48	7.9	煤炭	贵州	2001-05-31	600395.SH
2718	谱尼测试	6.48	42.6	商业服务	北京	2020-09-16	300887.SZ
2719	三木集团	6.47	−10.3	贸易	福建	1996-11-21	000632.SZ
2720	名臣健康	6.47	49.0	日用	广东	2017-12-18	002919.SZ
2721	荣万家	6.46	新上榜	房地产	河北	2021-01-15	2146.HK
2722	春立医疗	6.46	17.3	医药	北京	2021-12-30	688236.SH
2723	亿利达	6.45	38.9	装备	浙江	2012-07-03	002686.SZ
2724	汉得信息	6.45	−14.3	互联网	上海	2011-02-01	300170.SZ
2725	青山纸业	6.45	38.0	造纸	福建	1997-07-03	600103.SH
2726	银江技术	6.44	3.0	互联网	浙江	2009-10-30	300020.SZ
2727	亿胜生物科技	6.43	56.1	医药	广东	2001-06-27	1061.HK
2728	中京电子	6.42	24.4	电子	广东	2011-05-06	002579.SZ
2729	康尼机电	6.42	8.3	装备	江苏	2014-08-01	603111.SH
2730	赤峰黄金	6.42	−32.1	有色金属	内蒙古	2004-04-14	600988.SH
2731	中国绿色农业	6.42	新上榜	化工	陕西	2009-03-09	CGA.N
2732	拱东医疗	6.41	新上榜	医药	浙江	2020-09-16	605369.SH
2733	安奈儿	6.40	−9.6	服饰	广东	2017-06-01	002875.SZ
2734	亚星客车	6.39	−39.5	汽车	江苏	1999-08-31	600213.SH
2735	永太科技	6.39	32.9	化工	浙江	2009-12-22	002326.SZ
2736	博雅互动	6.38	0.5	休闲	广东	2013-11-12	0434.HK
2737	北大医药	6.38	3.6	医药	重庆	1997-06-16	000788.SZ
2738	川发龙蟒	6.38	新上榜	化工	四川	2009-12-03	002312.SZ
2739	天桥起重	6.37	1.5	装备	湖南	2010-12-10	002523.SZ
2740	贝瑞基因	6.36	−20.3	医药	四川	1997-04-22	000710.SZ
2741	振华新材	6.35	新上榜	装备	贵州	2021-09-14	688707.SH
2742	建设机械	6.35	−11.4	建筑	陕西	2004-07-07	600984.SH
2743	东亚机械	6.35	新上榜	装备	福建	2021-07-20	301028.SZ
2744	中国白银集团	6.34	−17.7	有色金属	广东	2012-12-28	0815.HK
2745	二三四五	6.33	−52.5	互联网	上海	2007-12-12	002195.SZ
2746	*ST 星星	6.32	−49.2	电子	江西	2011-08-19	300256.SZ
2747	光明沃得	6.32	39.7	装备	江苏	2006-04-27	B49.SG
2748	仲景食品	6.31	−5.9	食品	河南	2020-11-23	300908.SZ
2749	凤凰新媒体	6.31	33.4	媒体	北京	2011-05-12	FENG.N
2750	新诺威	6.30	−1.0	医药	河北	2019-03-22	300765.SZ
2751	聚好商城	6.29	新上榜	零售	上海	2021-03-17	JWEL.O
2752	北斗星通	6.29	4.0	装备	北京	2007-08-13	002151.SZ
2753	茶花股份	6.29	0.9	日用	福建	2017-02-13	603615.SH

续表

序号	证券简称	品牌价值/亿元	增长率/%	行业	地区	上市日期	证券代码
2754	*ST华源	6.29	15.8	公用事业	黑龙江	1996-07-01	600726.SH
2755	华明装备	6.27	33.7	装备	山东	2008-09-05	002270.SZ
2756	安宁股份	6.27	11.5	有色金属	四川	2020-04-17	002978.SZ
2757	中汽系统	6.26	17.5	汽车	湖北	2004-08-24	CAAS.O
2758	中新赛克	6.26	-21.9	通信	广东	2017-11-21	002912.SZ
2759	泰瑞机器	6.26	28.6	装备	浙江	2017-10-31	603289.SH
2760	京城股份	6.26	新上榜	装备	北京	1994-05-06	600860.SH
2761	牧高笛	6.26	26.2	服饰	浙江	2017-03-07	603908.SH
2762	沪硅产业-U	6.25	35.7	电子	上海	2020-04-20	688126.SH
2763	科德教育	6.25	-66.3	教育	江苏	2011-03-22	300192.SZ
2764	森林包装	6.24	30.7	造纸	浙江	2020-12-22	605500.SH
2765	人人网	6.24	0.1	媒体	北京	2011-05-04	RENN.N
2766	百龙创园	6.24	新上榜	食品	山东	2021-04-21	605016.SH
2767	万东医疗	6.24	25.2	医药	北京	1997-05-19	600055.SH
2768	洪城环境	6.24	36.1	公用事业	江西	2004-06-01	600461.SH
2769	北京城乡	6.24	-55.5	零售	北京	1994-05-20	600861.SH
2770	乐凯胶片	6.23	5.4	化工	河北	1998-01-22	600135.SH
2771	派林生物	6.22	24.1	医药	山西	1996-06-28	000403.SZ
2772	应流股份	6.22	18.9	装备	安徽	2014-01-22	603308.SH
2773	杉杉品牌	6.21	新上榜	服饰	浙江	2018-06-27	1749.HK
2774	启明信息	6.21	19.8	互联网	吉林	2008-05-09	002232.SZ
2775	渤海轮渡	6.21	-32.7	运输	山东	2012-09-06	603167.SH
2776	今飞凯达	6.20	26.0	汽车	浙江	2017-04-18	002863.SZ
2777	新大正	6.19	47.5	房地产	重庆	2019-12-03	002968.SZ
2778	西安饮食	6.18	5.9	餐饮	陕西	1997-04-30	000721.SZ
2779	津滨发展	6.18	新上榜	房地产	天津	1999-04-22	000897.SZ
2780	安洁科技	6.17	6.7	电子	江苏	2011-11-25	002635.SZ
2781	蓝城兄弟	6.17	-39.7	休闲	北京	2020-07-08	BLCT.O
2782	科陆电子	6.16	新上榜	装备	广东	2007-03-06	002121.SZ
2783	华纺股份	6.16	-8.6	纺织	山东	2001-09-03	600448.SH
2784	首都信息	6.15	新上榜	互联网	北京	2001-12-21	1075.HK
2785	豫能控股	6.15	13.8	公用事业	河南	1998-01-22	001896.SZ
2786	华东重机	6.15	-38.6	贸易	江苏	2012-06-12	002685.SZ
2787	金马游乐	6.15	1.8	休闲	广东	2018-12-28	300756.SZ
2788	海印股份	6.15	-36.6	房地产	广东	1998-10-28	000861.SZ
2789	振江股份	6.15	48.6	装备	江苏	2017-11-06	603507.SH
2790	金通灵	6.15	-12.5	装备	江苏	2010-06-25	300091.SZ
2791	盛讯达	6.15	新上榜	休闲	广东	2016-06-24	300518.SZ
2792	嘉银金科	6.15	新上榜	金融	上海	2019-05-10	JFIN.O
2793	三特索道	6.14	1.7	休闲	湖北	2007-08-17	002159.SZ
2794	雪榕生物	6.14	-21.5	农业	上海	2016-05-04	300511.SZ
2795	我武生物	6.14	7.6	医药	浙江	2014-01-21	300357.SZ

续表

序号	证券简称	品牌价值/亿元	增长率/%	行业	地区	上市日期	证券代码
2796	中原内配	6.14	33.8	汽车	河南	2010-07-16	002448.SZ
2797	常青股份	6.13	15.6	汽车	安徽	2017-03-24	603768.SH
2798	中恒电气	6.13	−4.1	装备	浙江	2010-03-05	002364.SZ
2799	耀皮玻璃	6.13	23.4	建筑	上海	1994-01-28	600819.SH
2800	华媒控股	6.13	−34.0	媒体	浙江	1996-08-30	000607.SZ
2801	美好置业	6.12	−54.3	房地产	云南	1996-12-05	000667.SZ
2802	寒锐钴业	6.12	新上榜	有色金属	江苏	2017-03-06	300618.SZ
2803	酷派集团	6.11	−56.1	通信	广东	2004-12-09	2369.HK
2804	川润股份	6.11	48.7	装备	四川	2008-09-19	002272.SZ
2805	华峰测控	6.10	新上榜	电子	北京	2020-02-18	688200.SH
2806	中国光大控股	6.10	新上榜	金融	香港	1973-02-26	0165.HK
2807	中南文化	6.09	新上榜	休闲	江苏	2010-07-13	002445.SZ
2808	德展健康	6.09	−34.1	医药	新疆	1998-05-19	000813.SZ
2809	全筑股份	6.08	−18.4	建筑	上海	2015-03-20	603030.SH
2810	盛通股份	6.08	35.5	商业服务	北京	2011-07-15	002599.SZ
2811	*ST海伦	6.07	4.9	装备	江苏	2011-04-07	300201.SZ
2812	经纬辉开	6.07	−19.3	电子	天津	2010-09-17	300120.SZ
2813	宝新能源	6.07	16.7	公用事业	广东	1997-01-28	000690.SZ
2814	安泰科技	6.06	−10.5	有色金属	北京	2000-05-29	000969.SZ
2815	国新能源	6.05	17.2	公用事业	山西	1992-10-13	600617.SH
2816	天鸽互动	6.03	11.5	休闲	浙江	2014-07-09	1980.HK
2817	招商局中国基金	6.03	新上榜	金融	香港	1993-07-22	0133.HK
2818	乐享集团	6.02	10.3	媒体	北京	2020-09-23	6988.HK
2819	鸥玛软件	6.02	新上榜	教育	山东	2021-11-19	301185.SZ
2820	聚力文化	6.02	新上榜	媒体	浙江	2008-06-12	002247.SZ
2821	日播时尚	6.02	2.9	服饰	上海	2017-05-31	603196.SH
2822	福建水泥	6.02	35.9	建筑	福建	1994-01-03	600802.SH
2823	华天酒店	6.01	−10.6	酒店	湖南	1996-08-08	000428.SZ
2824	启迪设计	6.01	新上榜	商业服务	江苏	2016-02-04	300500.SZ
2825	英派斯	6.01	27.7	日用	山东	2017-09-15	002899.SZ
2826	长亮科技	6.01	31.4	互联网	广东	2012-08-17	300348.SZ
2827	华旺科技	6.01	新上榜	造纸	浙江	2020-12-28	605377.SH
2828	五洲新春	6.00	新上榜	装备	浙江	2016-10-25	603667.SH
2829	北京科锐	6.00	34.7	装备	北京	2010-02-03	002350.SZ
2830	国科微	5.99	新上榜	电子	湖南	2017-07-12	300672.SZ
2831	飞荣达	5.98	−17.2	电子	广东	2017-01-26	300602.SZ
2832	英威腾	5.97	43.2	装备	广东	2010-01-13	002334.SZ
2833	超讯通信	5.96	4.1	电信	广东	2016-07-28	603322.SH
2834	新乡化纤	5.96	新上榜	化工	河南	1999-10-21	000949.SZ
2835	中持股份	5.96	新上榜	环保	北京	2017-03-14	603903.SH
2836	雅化集团	5.95	新上榜	化工	四川	2010-11-09	002497.SZ
2837	洁美科技	5.95	26.7	电子	浙江	2017-04-07	002859.SZ

续表

序号	证券简称	品牌价值/亿元	增长率/%	行业	地区	上市日期	证券代码
2838	旷达科技	5.95	10.4	汽车	江苏	2010-12-07	002516.SZ
2839	华昌达	5.95	−9.4	装备	湖北	2011-12-16	300278.SZ
2840	万事利	5.94	新上榜	服饰	浙江	2021-09-22	301066.SZ
2841	壹网壹创	5.94	3.9	互联网	浙江	2019-09-27	300792.SZ
2842	元隆雅图	5.92	−3.0	商业服务	北京	2017-06-06	002878.SZ
2843	大生农业金融	5.92	新上榜	化工	上海	2005-07-13	1103.HK
2844	新宙邦	5.92	32.1	化工	广东	2010-01-08	300037.SZ
2845	金达莱	5.91	1.4	环保	江西	2020-11-11	688057.SH
2846	中广核技	5.91	25.0	化工	辽宁	1998-09-02	000881.SZ
2847	二六三	5.91	−10.9	电信	北京	2010-09-08	002467.SZ
2848	山东墨龙	5.90	新上榜	石油	山东	2010-10-21	002490.SZ
2849	海得控制	5.90	42.3	装备	上海	2007-11-16	002184.SZ
2850	中国罕王	5.89	−8.6	钢铁	辽宁	2011-09-30	3788.HK
2851	江苏神通	5.89	新上榜	装备	江苏	2010-06-23	002438.SZ
2852	富临精工	5.88	新上榜	汽车	四川	2015-03-19	300432.SZ
2853	中远海科	5.87	17.2	互联网	上海	2010-05-06	002401.SZ
2854	长远锂科	5.86	新上榜	有色金属	湖南	2021-08-11	688779.SH
2855	浩物股份	5.86	新上榜	汽车	四川	1997-06-27	000757.SZ
2856	华侨城(亚洲)	5.85	−41.4	房地产	香港	2005-11-02	3366.HK
2857	赛升药业	5.84	−19.9	医药	北京	2015-06-26	300485.SZ
2858	美诺华	5.84	−3.4	医药	浙江	2017-04-07	603538.SH
2859	21世纪教育	5.83	8.3	教育	河北	2018-05-29	1598.HK
2860	固生堂	5.82	新上榜	保健	广东	2021-12-10	2273.HK
2861	乐惠国际	5.81	5.4	装备	浙江	2017-11-13	603076.SH
2862	大立科技	5.81	14.8	电子	浙江	2008-02-18	002214.SZ
2863	罗牛山	5.81	−2.9	农业	海南	1997-06-11	000735.SZ
2864	捷顺科技	5.80	15.6	电子	广东	2011-08-15	002609.SZ
2865	和辉光电-U	5.80	新上榜	电子	上海	2021-05-28	688538.SH
2866	溢多利	5.80	−19.2	医药	广东	2014-01-28	300381.SZ
2867	雪人股份	5.80	18.4	装备	福建	2011-12-05	002639.SZ
2868	巨涛海洋石油服务	5.79	新上榜	石油	广东	2006-09-21	3303.HK
2869	海南海药	5.79	−23.3	医药	海南	1994-05-25	000566.SZ
2870	重庆燃气	5.78	31.4	公用事业	重庆	2014-09-30	600917.SH
2871	宏力达	5.78	新上榜	装备	上海	2020-10-15	688330.SH
2872	中骏商管	5.77	新上榜	房地产	上海	2021-07-02	0606.HK
2873	联美控股	5.77	−5.6	公用事业	辽宁	1999-01-28	600167.SH
2874	航发科技	5.76	19.0	装备	四川	2001-12-12	600391.SH
2875	豪森股份	5.76	−6.1	装备	辽宁	2020-11-09	688529.SH
2876	多氟多	5.76	新上榜	化工	河南	2010-05-18	002407.SZ
2877	中装建设	5.76	−14.2	建筑	广东	2016-11-29	002822.SZ
2878	千红制药	5.76	−17.1	医药	江苏	2011-02-18	002550.SZ
2879	东方电热	5.75	12.5	家电	江苏	2011-05-18	300217.SZ

续表

序号	证券简称	品牌价值/亿元	增长率/%	行业	地区	上市日期	证券代码
2880	三利谱	5.75	新上榜	电子	广东	2017-05-25	002876.SZ
2881	东瑞股份	5.74	新上榜	农业	广东	2021-04-28	001201.SZ
2882	众兴菌业	5.73	19.8	农业	甘肃	2015-06-26	002772.SZ
2883	哈森股份	5.73	−1.9	服饰	江苏	2016-06-29	603958.SH
2884	圣济堂	5.73	10.7	化工	贵州	2000-02-21	600227.SH
2885	华懋科技	5.72	26.8	汽车	福建	2014-09-26	603306.SH
2886	正业国际	5.71	30.6	包装	广东	2011-06-03	3363.HK
2887	陕国投A	5.71	−5.9	金融	陕西	1994-01-10	000563.SZ
2888	派能科技	5.70	新上榜	装备	上海	2020-12-30	688063.SH
2889	新晨动力	5.70	10.7	汽车	四川	2013-03-13	1148.HK
2890	福达股份	5.69	34.9	汽车	广西	2014-11-27	603166.SH
2891	熊猫乳品	5.68	1.9	食品	浙江	2020-10-16	300898.SZ
2892	美畅股份	5.68	5.1	有色金属	陕西	2020-08-24	300861.SZ
2893	国联证券	5.68	−20.5	金融	江苏	2020-07-31	601456.SH
2894	同道猎聘	5.68	新上榜	商业服务	北京	2018-06-29	6100.HK
2895	鼎捷软件	5.68	7.9	互联网	上海	2014-01-27	300378.SZ
2896	方大集团	5.67	−12.4	建筑	广东	1996-04-15	000055.SZ
2897	惠程科技	5.67	−60.5	休闲	广东	2007-09-19	002168.SZ
2898	顺网科技	5.66	−28.0	互联网	浙江	2010-08-27	300113.SZ
2899	恒源煤电	5.65	29.1	煤炭	安徽	2004-08-17	600971.SH
2900	*ST辅仁	5.65	新上榜	医药	河南	1996-12-18	600781.SH
2901	晨丰科技	5.65	34.2	电子	浙江	2017-11-27	603685.SH
2902	三羊马	5.65	新上榜	运输	重庆	2021-11-30	001317.SZ
2903	联环药业	5.65	−4.2	医药	江苏	2003-03-19	600513.SH
2904	弘信电子	5.64	0.7	电子	福建	2017-05-23	300657.SZ
2905	岭南股份	5.64	−23.6	建筑	广东	2014-02-19	002717.SZ
2906	中辰股份	5.64	新上榜	装备	江苏	2021-01-22	300933.SZ
2907	乐鑫科技	5.64	新上榜	电子	上海	2019-07-22	688018.SH
2908	花样年控股	5.64	−93.4	房地产	广东	2009-11-25	1777.HK
2909	晨讯科技	5.64	−27.6	通信	香港	2005-06-30	2000.HK
2910	物产金轮	5.63	35.1	装备	江苏	2014-01-28	002722.SZ
2911	洋葱	5.63	新上榜	零售	广东	2021-05-07	OG.N
2912	濮耐股份	5.63	21.2	建筑	河南	2008-04-25	002225.SZ
2913	拓尔思	5.63	26.1	互联网	北京	2011-06-15	300229.SZ
2914	富瀚微	5.62	新上榜	电子	上海	2017-02-20	300613.SZ
2915	联德股份	5.62	新上榜	装备	浙江	2021-03-01	605060.SH
2916	思瑞浦	5.62	新上榜	电子	江苏	2020-09-21	688536.SH
2917	陕天然气	5.62	0.9	石油	陕西	2008-08-13	002267.SZ
2918	青松建化	5.61	新上榜	建筑	新疆	2003-07-24	600425.SH
2919	爱点击	5.61	新上榜	互联网	北京	2017-12-22	ICLK.O
2920	九典制药	5.59	新上榜	医药	湖南	2017-10-10	300705.SZ
2921	香农芯创	5.59	新上榜	家电	安徽	2015-06-10	300475.SZ

续表

序号	证券简称	品牌价值/亿元	增长率/%	行业	地区	上市日期	证券代码
2922	*ST 沈机	5.59	新上榜	装备	辽宁	1996-07-18	000410.SZ
2923	广宇集团	5.58	−14.7	贸易	浙江	2007-04-27	002133.SZ
2924	丰山集团	5.57	5.3	化工	江苏	2018-09-17	603810.SH
2925	美迪西	5.57	新上榜	医药	上海	2019-11-05	688202.SH
2926	兆威机电	5.57	21.7	装备	广东	2020-12-04	003021.SZ
2927	中农联合	5.56	新上榜	化工	山东	2021-04-06	003042.SZ
2928	深赛格	5.56	−5.0	房地产	广东	1996-12-26	000058.SZ
2929	信濠光电	5.56	新上榜	电子	广东	2021-08-27	301051.SZ
2930	福石控股	5.56	−26.3	媒体	北京	2010-04-21	300071.SZ
2931	伟业控股	5.55	新上榜	房地产	广东	2016-04-06	1570.HK
2932	百纳千成	5.55	21.9	休闲	北京	2012-02-09	300291.SZ
2933	高伟达	5.55	2.1	互联网	北京	2015-05-28	300465.SZ
2934	昊华能源	5.55	新上榜	煤炭	北京	2010-03-31	601101.SH
2935	国光股份	5.54	−3.4	化工	四川	2015-03-20	002749.SZ
2936	振邦智能	5.54	新上榜	电子	广东	2020-12-28	003028.SZ
2937	煜盛文化	5.54	−59.3	休闲	北京	2020-03-13	1859.HK
2938	百克生物	5.53	新上榜	医药	吉林	2021-06-25	688276.SH
2939	海南发展	5.52	−21.2	建筑	广东	2007-08-23	002163.SZ
2940	众源新材	5.52	16.3	有色金属	安徽	2017-09-07	603527.SH
2941	先健科技	5.52	31.6	医药	广东	2011-11-10	1302.HK
2942	山东海化	5.51	新上榜	化工	山东	1998-07-03	000822.SZ
2943	迦南科技	5.51	31.8	装备	浙江	2014-12-31	300412.SZ
2944	卡森国际	5.51	−16.2	家居	浙江	2005-10-20	0496.HK
2945	交控科技	5.51	33.1	装备	北京	2019-07-22	688015.SH
2946	雄韬股份	5.51	−10.0	装备	广东	2014-12-03	002733.SZ
2947	百利电气	5.50	28.9	装备	天津	2001-06-15	600468.SH
2948	康华生物	5.50	−14.7	医药	四川	2020-06-16	300841.SZ
2949	厦门空港	5.49	−10.5	运输	福建	1996-05-31	600897.SH
2950	华夏文化科技	5.49	−13.5	休闲	广东	2015-03-12	1566.HK
2951	博士眼镜	5.49	17.8	零售	广东	2017-03-15	300622.SZ
2952	银河电子	5.49	−6.4	通信	江苏	2010-12-07	002519.SZ
2953	中关村	5.48	−15.8	医药	北京	1999-07-12	000931.SZ
2954	富通信息	5.48	−17.4	通信	天津	1997-09-29	000836.SZ
2955	读者传媒	5.48	12.0	媒体	甘肃	2015-12-10	603999.SH
2956	中航电测	5.47	11.3	电子	陕西	2010-08-27	300114.SZ
2957	中原证券	5.47	−11.6	金融	河南	2017-01-03	601375.SH
2958	信捷电气	5.47	17.6	装备	江苏	2016-12-21	603416.SH
2959	焦点科技	5.46	−0.5	互联网	江苏	2009-12-09	002315.SZ
2960	信隆健康	5.46	28.7	日用	广东	2007-01-12	002105.SZ
2961	建发物业	5.45	新上榜	房地产	福建	2020-12-31	2156.HK
2962	巨轮智能	5.45	1.6	装备	广东	2004-08-16	002031.SZ
2963	汉王科技	5.44	新上榜	互联网	北京	2010-03-03	002362.SZ

续表

序号	证券简称	品牌价值/亿元	增长率/%	行业	地区	上市日期	证券代码
2964	德尔未来	5.44	−6.8	家居	江苏	2011-11-11	002631.SZ
2965	ST海越	5.44	−4.5	石油	浙江	2004-02-18	600387.SH
2966	骏亚科技	5.43	新上榜	电子	广东	2017-09-12	603386.SH
2967	海利得	5.43	新上榜	化工	浙江	2008-01-23	002206.SZ
2968	华菱线缆	5.42	新上榜	装备	湖南	2021-06-24	001208.SZ
2969	瑞泰科技	5.41	新上榜	建筑	北京	2006-08-23	002066.SZ
2970	久融控股	5.41	新上榜	家电	香港	2004-07-15	2358.HK
2971	首钢资源	5.40	15.1	煤炭	山西	1990-10-02	0639.HK
2972	江西长运	5.40	−9.9	运输	江西	2002-07-16	600561.SH
2973	云南建投混凝土	5.39	−4.7	建筑	云南	2019-10-31	1847.HK
2974	好当家	5.39	−1.5	农业	山东	2004-04-05	600467.SH
2975	昇兴股份	5.39	新上榜	包装	福建	2015-04-22	002752.SZ
2976	华中数控	5.38	24.2	装备	湖北	2011-01-13	300161.SZ
2977	润都股份	5.38	23.2	医药	广东	2018-01-05	002923.SZ
2978	先河环保	5.38	17.6	电子	河北	2010-11-05	300137.SZ
2979	春兴精工	5.37	−50.4	电子	江苏	2011-02-18	002547.SZ
2980	风范股份	5.37	−3.5	装备	江苏	2011-01-18	601700.SH
2981	吉鑫科技	5.36	26.5	装备	江苏	2011-05-06	601218.SH
2982	昂利康	5.36	2.9	医药	浙江	2018-10-23	002940.SZ
2983	东岳硅材	5.35	新上榜	化工	山东	2020-03-12	300821.SZ
2984	*ST宜康	5.35	−10.1	保健	广东	2000-08-07	000150.SZ
2985	炬华科技	5.34	−10.7	电子	浙江	2014-01-21	300360.SZ
2986	东威科技	5.34	新上榜	装备	江苏	2021-06-15	688700.SH
2987	达华智能	5.33	−13.3	电子	福建	2010-12-03	002512.SZ
2988	科兴制药	5.33	−8.2	医药	山东	2020-12-14	688136.SH
2989	佳讯飞鸿	5.33	−14.1	通信	北京	2011-05-05	300213.SZ
2990	碧生源	5.33	新上榜	保健	北京	2010-09-29	0926.HK
2991	常宝股份	5.32	−26.9	钢铁	江苏	2010-09-21	002478.SZ
2992	捷荣技术	5.32	7.0	电子	广东	2017-03-21	002855.SZ
2993	创意信息	5.32	16.9	互联网	四川	2014-01-27	300366.SZ
2994	冰川网络	5.32	−45.2	休闲	广东	2016-08-18	300533.SZ
2995	豪能股份	5.31	新上榜	汽车	四川	2017-11-28	603809.SH
2996	*ST数知	5.31	−61.0	互联网	北京	2010-01-08	300038.SZ
2997	永安药业	5.31	新上榜	医药	湖北	2010-03-05	002365.SZ
2998	湘佳股份	5.30	−30.7	农业	湖南	2020-04-24	002982.SZ
2999	CAPITALAND CHINA TRUST	5.30	−11.0	金融	上海	2006-12-08	AU8U.SG
3000	心脉医疗	5.30	新上榜	医药	上海	2019-07-22	688016.SH

2.2 品牌价值总榜分析

2.2.1 2022年中国上市公司品牌价值总榜的集中度分析

在2022年中国上市公司品牌价值总榜中：排在前10位的公司品牌价值合计68 228.85亿元，占榜单总计品牌价值的25.2%，比上一年下降了1.2个百分点；排在前100位的公司品牌价值合计157 475.93亿元，占榜单总计品牌价值的58.2%，比上一年下降了1.3个百分点；排在前1 000位的公司品牌价值合计243 697.19亿元，占榜单总计品牌价值的90.1%，比上一年下降了0.8个百分点(参见图2-1)。

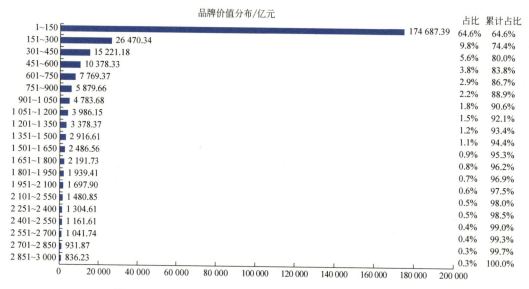

图2-1 2022年中国上市公司品牌价值总榜的品牌价值分布

2.2.2 2022年中国上市公司品牌价值总榜的行业分析

在2022年中国上市公司品牌价值总榜中，共有37个行业的公司上榜。其中，金融行业以32 768.53亿元的品牌价值排在第一位。品牌价值高于10 000亿元的行业有10个，分别是金融、零售、互联网、房地产、饮料、装备、汽车、家电、医药和建筑行业，品牌价值合计192 500.73亿元，占榜单总计品牌价值的71.1%。品牌价值在5 000亿~9 999亿元区间的行业有4个，分别是电子、电信、运输和通信行业，品牌价值合计32 295.5亿元，占榜单总计品牌价值的11.9%。品牌价值在1 000亿~4 999亿元区间的行业有13个，分别是服饰、石油、贸易、食品、休闲、有色金属、钢铁、化工、农业、媒体、日用、公用事业和煤炭，品牌价值合计40 184.63亿元，占榜单总计品牌价值的14.9%。品牌价值低于1 000亿元的行业有10个，分别是环保、酒店、教育、纺织、家居、餐饮、保健、造纸、商业服务和包装，品牌价值合计 5 562.74 亿元，占榜单总计品牌价值的 2.1%（参见图 2-2）。

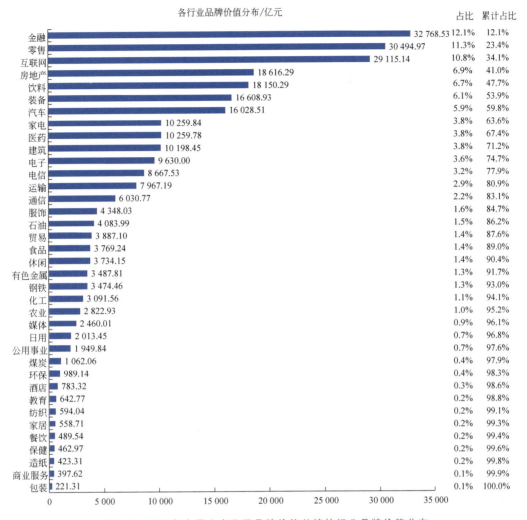

图 2-2　2022 年中国上市公司品牌价值总榜的行业品牌价值分布

在 2022 年中国上市公司品牌价值总榜中，各行业的上榜公司数量是不同的。其中，装备行业以 373 家上榜公司列在第一位。上榜公司数量大于 100 家的行业有 10 个，分别是装备、医药、电子、房地产、金融、汽车、互联网、化工、建筑和运输，上榜公司数量合计 1 783 家，占榜单公司总数的 59.4%。上榜公司数量为 50~100 家的行业有 12 个，分别是零售、有色金属、媒体、休闲、服饰、公用事业、食品、日用、农业、贸易、家电和通信，上榜公司数量合计 848 家，占榜单公司总数的 28.3%。上榜公司数量小于 50 家的行业有 15 个，分别是饮料、钢铁、环保、教育、煤炭、商业服务、家居、纺织、石油、保健、造纸、电信、包装、酒店和餐饮，上榜公司数量合计 369 家，占榜单公司总数的 12.3%（参见图 2-3）。

与 2021 年相比，在 2022 年中国上市公司品牌价值总榜中，各行业的品牌价值增长率有较大差异。商业服务行业以 63.9% 的品牌价值增长率排在第一位。品牌价值增长率

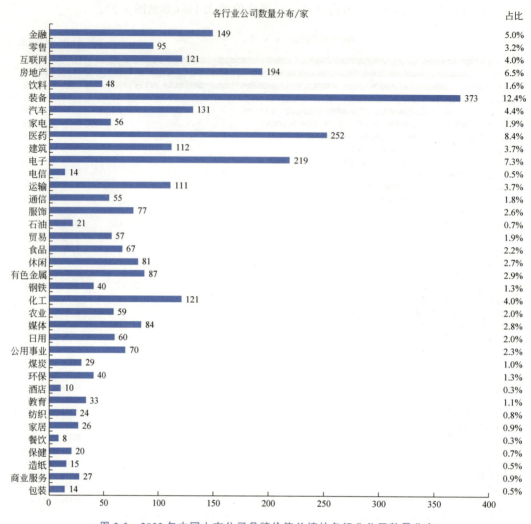

图 2-3　2022 年中国上市公司品牌价值总榜的各行业公司数量分布

高于 30% 的行业有 11 个,分别是商业服务、服饰、造纸、化工、装备、保健、钢铁、环保、家居、石油和电子。品牌价值增长率在 10%～30% 区间的行业有 15 个,分别是公用事业、日用、酒店、煤炭、通信、运输、包装、互联网、医药、汽车、家电、饮料、建筑、有色金属和媒体。品牌价值有增长但增长率低于 10% 的行业有 4 个,分别是贸易、农业、金融和纺织。品牌价值增长率为负的行业有 7 个,分别是休闲、电信、食品、零售、房地产、餐饮和教育(参见图 2-4)。

2.2.3　2022 年中国上市公司品牌价值总榜的区域分析

在 2022 年中国上市公司品牌价值总榜中,3 000 家公司来自 32 个地区。其中,北京地区以 67 310.05 亿元的品牌价值排在第一位。品牌价值高于 10 000 元的地区有 6 个,分别是北京、广东、浙江、上海、香港和江苏,品牌价值合计 208 380.46 亿元,占榜单总计

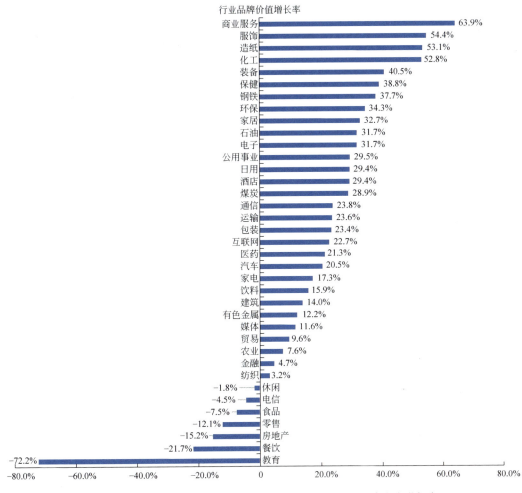

图 2-4　2022 年中国上市公司品牌价值总榜的各行业品牌价值增长率

品牌价值的 77%。品牌价值在 5 000 亿～9 999 亿元区间的地区有 4 个，分别是山东、福建、四川和贵州，品牌价值合计 27 143.4 亿元，占榜单总计品牌价值的 10%。品牌价值在 1 000 亿～4 999 亿元区间的地区有 13 个，分别是安徽、湖北、天津、河北、河南、湖南、重庆、内蒙古、辽宁、江西、山西、陕西和新疆，品牌价值合计 30 711.72 亿元，占榜单总计品牌价值的 11.4%。品牌价值低于 1 000 亿元的地区有 9 个，分别是云南、吉林、广西、黑龙江、海南、甘肃、西藏、青海和宁夏，品牌价值合计 4 308.01 亿元，占榜单总计品牌价值的 1.6%（参见图 2-5）。

在 2022 年中国上市公司品牌价值总榜中，各地区上榜公司的数量是不同的。其中，广东以 473 家公司上榜列在第一位。上榜公司数量多于 100 家的地区有 8 个，分别是广东、北京、浙江、上海、江苏、山东、香港和福建，上榜公司数量合计 2 133 家，占榜单公司总数的 71.1%。上榜公司数量在 50～100 家区间的地区有 6 个，分别是安徽、湖北、四川、湖南、河南和河北，上榜公司数量合计 418 家，占榜单公司总数的 13.9%。上榜公司数量少

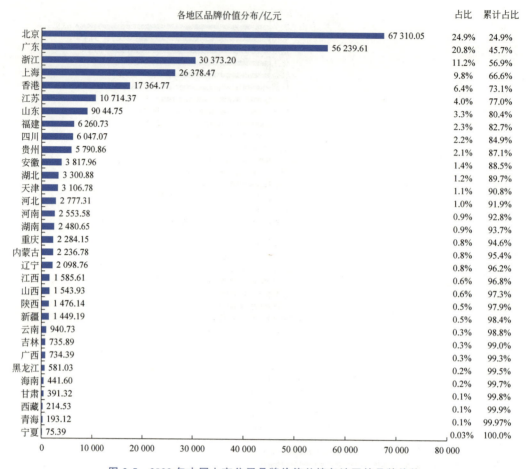

图 2-5　2022 年中国上市公司品牌价值总榜各地区的品牌价值

于 50 家的地区有 18 个,分别是辽宁、重庆、天津、江西、陕西、山西、新疆、云南、广西、黑龙江、吉林、贵州、内蒙古、甘肃、海南、西藏、青海和宁夏,上榜公司数量合计 449 家,占榜单公司总数的 15%(参见图 2-6)。

与 2021 年中国上市公司品牌价值总榜相比,在 2022 年中国上市公司品牌价值总榜中,各地区的品牌价值增长率有较大的差异。品牌价值增长最快的地区是青海,增长了 60.4%。品牌价值增长率高于 30% 的地区共计 4 个,分别是青海、陕西、天津和新疆。品牌价值增长率在 10%~30% 区间的地区共计 16 个,分别是山西、山东、香港、湖南、海南、江苏、广西、江西、辽宁、吉林、四川、贵州、云南、甘肃、北京和重庆。品牌价值增长率在 0~10% 区间的地区有 10 个,分别是福建、上海、广东、河南、西藏、黑龙江、安徽、湖北、浙江和河北。品牌价值负增长的地区有 2 个,分别是宁夏和内蒙古(参见图 2-7)

2.2.4　2022 年中国上市公司品牌价值榜的上市板块分析

在 2022 年中国上市公司品牌价值总榜中:在上交所主板上市的公司有 1 082 家,品

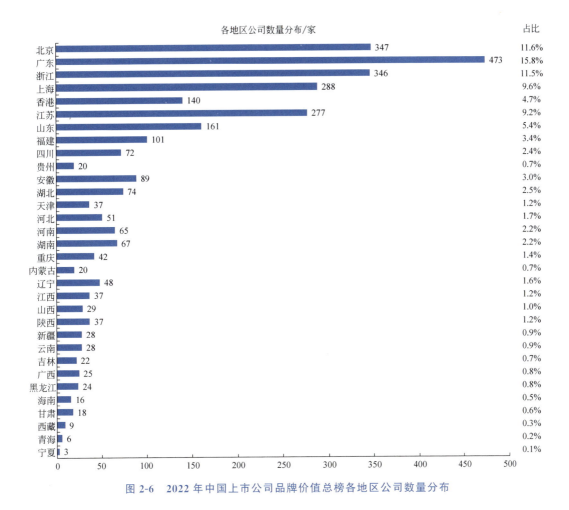

图 2-6　2022 年中国上市公司品牌价值总榜各地区公司数量分布

牌价值合计 109 001.19 亿元,占榜单总计品牌价值的 40.3%,排在第一位;在港交所上市的中资公司有 503 家,品牌价值合计 97 256.55 亿元,占榜单总计品牌价值的 35.9%,排在第二位;在深交所主板上市的公司有 895 家,品牌价值合计 47 432.11 亿元,占榜单总计品牌价值的 17.5%,排在第三位。此外,在深交所创业板上市的公司有 329 家,品牌价值合计 7 537.93 亿元,占榜单总计品牌价值的 2.8%;在国外上市的中概股公司有 87 家,品牌价值合计 6 760.86 亿元,占榜单总计品牌价值的 2.5%;在上交所科创板上市的公司有 104 家,品牌价值合计 2 554.97 亿元,占榜单总计品牌价值的 0.9%。

2.2.5　2022 年中国上市公司品牌价值榜的上市时间分析

在 2022 年中国上市公司品牌价值总榜中:2017—2021 年上市的公司有 807 家,品牌价值合计 61 439.66 亿元,占榜单总计品牌价值的 22.7%,排在第一位;2006—2011 年上市的公司有 653 家,品牌价值合计 56 468.16 亿元,占榜单总计品牌价值的 20.9%,排在第二位;2002—2006 年上市的公司有 319 家,品牌价值合计 51 034.52 亿元,占榜单总计

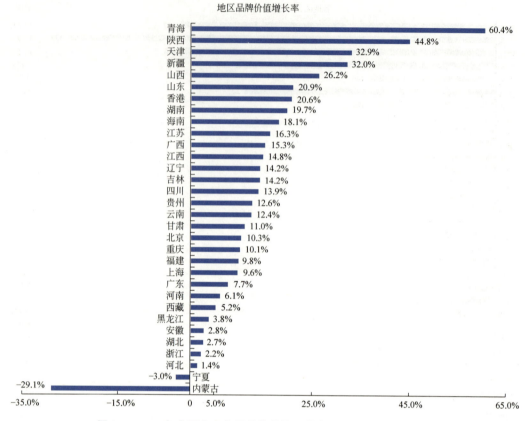

图 2-7 2022 年中国上市公司品牌价值总榜各地区品牌价值增长率

品牌价值的 18.9%,排在第三位。此外,1997—2001 年上市的公司有 432 家,品牌价值合计 45 689.61 亿元,占榜单总计品牌价值的 16.9%;1996 年及以前上市的公司有 345 家,品牌价值合计 34 214.42 亿元,占榜单总计品牌价值的 12.6%;2012—2016 年上市的公司有 444 家,品牌价值合计 21 697.23 亿元,占榜单总计品牌价值的 8%。

第3篇 中国上市公司品牌价值行业榜

3.1 金融行业品牌价值榜

在 2022 年中国上市公司品牌价值总榜的 3 000 家企业中：金融行业的企业共计 149 家，与 2021 年持平；品牌价值总计 32 768.53 亿元，比 2021 年增长了 4.7%。

3.1.1 2022 年中国金融行业上市公司品牌价值榜单

序号	证券简称	品牌价值/亿元	增长率/%	地区	上市日期	证券代码
1	工商银行	3 515.38	5.3	北京	2006-10-27	601398.SH
2	中国平安	3 243.10	−2.0	广东	2007-03-01	601318.SH
3	建设银行	3 043.92	14.0	北京	2007-09-25	601939.SH
4	农业银行	2 440.49	4.5	北京	2010-07-15	601288.SH
5	中国银行	2 181.91	2.5	北京	2006-07-05	601988.SH
6	中国人寿	1 459.43	−7.7	北京	2007-01-09	601628.SH
7	招商银行	1 332.43	19.5	广东	2002-04-09	600036.SH
8	中国人保	886.93	−2.7	北京	2018-11-16	601319.SH
9	邮储银行	881.47	13.5	北京	2019-12-10	601658.SH
10	交通银行	828.49	−3.6	上海	2007-05-15	601328.SH
11	中国太保	795.09	8.3	上海	2007-12-25	601601.SH
12	兴业银行	777.56	5.2	福建	2007-02-05	601166.SH
13	中国财险	736.68	6.8	北京	2003-11-06	2328.HK
14	浦发银行	633.72	−6.5	上海	1999-11-10	600000.SH
15	中信银行	625.48	9.7	北京	2007-04-27	601998.SH
16	中信股份	559.54	17.2	北京	1986-02-26	0267.HK
17	民生银行	490.19	−18.3	北京	2000-12-19	600016.SH
18	光大银行	466.46	−6.5	北京	2010-08-18	601818.SH
19	平安银行	451.17	6.9	广东	1991-04-03	000001.SZ
20	中国太平	387.22	17.0	香港	2000-06-29	0966.HK
21	新华保险	352.13	2.6	北京	2011-12-16	601336.SH
22	中银香港	283.53	5.3	香港	2002-07-25	2388.HK
23	华夏银行	268.77	2.1	北京	2003-09-12	600015.SH
24	中国再保险	265.68	32.4	北京	2015-10-26	1508.HK
25	复星国际	234.38	48.2	上海	2007-07-16	0656.HK
26	北京银行	226.76	2.1	北京	2007-09-19	601169.SH
27	中信证券	204.14	10.1	广东	2003-01-06	600030.SH
28	上海银行	194.45	5.0	上海	2016-11-16	601229.SH
29	江苏银行	188.18	20.6	江苏	2016-08-02	600919.SH
30	浙商银行	171.54	14.1	浙江	2019-11-26	601916.SH
31	宁波银行	161.96	8.2	浙江	2007-07-19	002142.SZ
32	南京银行	150.11	15.9	江苏	2007-07-19	601009.SH
33	陆金所控股	143.40	−28.1	上海	2020-10-30	LU.N

续表

序号	证券简称	品牌价值/亿元	增长率/%	地区	上市日期	证券代码
34	海通证券	133.33	5.1	上海	1994-02-24	600837.SH
35	国泰君安	129.00	2.7	上海	2015-06-26	601211.SH
36	360数科	117.43	195.7	上海	2018-12-14	QFIN.O
37	广发证券	112.96	17.1	广东	1997-06-11	000776.SZ
38	华泰证券	110.47	−2.1	江苏	2010-02-26	601688.SH
39	远东宏信	110.34	126.5	上海	2011-03-30	3360.HK
40	招商证券	100.32	13.6	广东	2009-11-17	600999.SH
41	渝农商行	98.72	−5.0	重庆	2019-10-29	601077.SH
42	徽商银行	98.43	−40.6	安徽	2013-11-12	3698.HK
43	杭州银行	96.59	21.6	浙江	2016-10-27	600926.SH
44	国银租赁	91.69	38.2	广东	2016-07-11	1606.HK
45	中金公司	91.45	52.9	北京	2020-11-02	601995.SH
46	中信建投	86.69	−6.0	北京	2018-06-20	601066.SH
47	渤海银行	81.28	−36.5	天津	2020-07-16	9668.HK
48	广州农商银行	81.23	−1.8	广东	2017-06-20	1551.HK
49	中国银河	80.99	12.5	北京	2017-01-23	601881.SH
50	申万宏源	80.93	5.1	新疆	2015-01-26	000166.SZ
51	中油资本	73.91	3.9	新疆	1996-10-22	000617.SZ
52	成都银行	67.93	35.8	四川	2018-01-31	601838.SH
53	沪农商行	67.89	新上榜	上海	2021-08-19	601825.SH
54	长沙银行	67.50	20.3	湖南	2018-09-26	601577.SH
55	东莞农商银行	63.68	新上榜	广东	2021-09-29	9889.HK
56	中原银行	62.15	17.2	河南	2017-07-19	1216.HK
57	国信证券	60.17	−1.4	广东	2014-12-29	002736.SZ
58	永安期货	57.47	新上榜	浙江	2021-12-23	600927.SH
59	贵阳银行	56.75	6.5	贵州	2016-08-16	601997.SH
60	兴业证券	55.48	21.2	福建	2010-10-13	601377.SH
61	东方证券	54.32	33.5	上海	2015-03-23	600958.SH
62	天茂集团	52.50	5.2	湖北	1996-11-12	000627.SZ
63	中航产融	50.15	−0.6	黑龙江	1996-05-16	600705.SH
64	信也科技	47.65	191.6	上海	2017-11-10	FINV.N
65	天津银行	47.02	−41.2	天津	2016-03-30	1578.HK
66	九江银行	45.70	4.8	江西	2018-07-10	6190.HK
67	重庆银行	45.46	−7.1	重庆	2021-02-05	601963.SH
68	贵州银行	44.92	3.3	贵州	2019-12-30	6199.HK
69	光大证券	44.72	−12.8	上海	2009-08-18	601788.SH
70	盛京银行	43.95	−38.4	辽宁	2014-12-29	2066.HK
71	郑州银行	43.86	4.9	河南	2018-09-19	002936.SZ
72	江西银行	40.58	−5.5	江西	2018-06-26	1916.HK
73	东方财富	37.01	110.1	上海	2010-03-19	300059.SZ
74	中国宝安	36.03	51.6	广东	1991-06-25	000009.SZ
75	国投资本	34.85	80.8	上海	1997-05-19	600061.SH

续表

序号	证券简称	品牌价值/亿元	增长率/%	地区	上市日期	证券代码
76	渤海租赁	33.00	−30.9	新疆	1996-07-16	000415.SZ
77	众安在线	32.96	60.5	上海	2017-09-28	6060.HK
78	环球医疗	31.74	46.5	北京	2015-07-08	2666.HK
79	哈尔滨银行	31.66	−46.5	黑龙江	2014-03-31	6138.HK
80	苏州银行	28.81	8.0	江苏	2019-08-02	002966.SZ
81	青岛银行	28.57	−8.0	山东	2019-01-16	002948.SZ
82	浙商证券	27.35	17.9	浙江	2017-06-26	601878.SH
83	青农商行	27.07	18.2	山东	2019-03-26	002958.SZ
84	浙江东方	26.84	29.0	浙江	1997-12-01	600120.SH
85	五矿资本	26.55	−34.2	湖南	2001-01-15	600390.SH
86	中国信达	25.88	−6.2	北京	2013-12-12	1359.HK
87	越秀金控	25.85	1.4	广东	2000-07-18	000987.SZ
88	富途控股	25.47	335.3	广东	2019-03-08	FUTU.O
89	齐鲁银行	25.01	新上榜	山东	2021-06-18	601665.SH
90	乐信	24.87	40.9	广东	2017-12-21	LX.O
91	中泰证券	24.73	−21.7	山东	2020-06-03	600918.SH
92	西安银行	23.26	4.2	陕西	2019-03-01	600928.SH
93	常熟银行	22.20	2.4	江苏	2016-09-30	601128.SH
94	长江证券	21.35	−10.7	湖北	1997-07-31	000783.SZ
95	财通证券	20.95	4.6	浙江	2017-10-24	601108.SH
96	威海银行	20.73	−18.1	山东	2020-10-12	9677.HK
97	甘肃银行	19.78	42.8	甘肃	2018-01-18	2139.HK
98	方正证券	19.67	−23.9	湖南	2011-08-10	601901.SH
99	东吴证券	19.41	−2.8	江苏	2011-12-12	601555.SH
100	国金证券	19.08	−16.6	四川	1997-08-07	600109.SH
101	晋商银行	18.75	18.2	山西	2019-07-18	2558.HK
102	厦门银行	18.01	2.0	福建	2020-10-27	601187.SH
103	九台农商银行	17.86	−16.1	吉林	2017-01-12	6122.HK
104	江苏租赁	17.57	25.9	江苏	2018-03-01	600901.SH
105	海通恒信	16.98	7.9	上海	2019-06-03	1905.HK
106	红塔证券	16.48	47.9	云南	2019-07-05	601236.SH
107	华西证券	16.18	0.3	四川	2018-02-05	002926.SZ
108	东北证券	16.16	−10.4	吉林	1997-02-27	000686.SZ
109	东兴证券	15.84	−5.5	北京	2015-02-26	601198.SH
110	无锡银行	15.26	20.5	江苏	2016-09-23	600908.SH
111	长城证券	14.79	13.5	广东	2018-10-26	002939.SZ
112	国泰君安国际	14.42	73.5	香港	2010-07-08	1788.HK
113	南华期货	14.30	21.0	浙江	2019-08-30	603093.SH
114	爱建集团	13.55	11.8	上海	1993-04-26	600643.SH
115	中国船舶租赁	13.20	12.7	上海	2019-06-17	3877.HK
116	国元证券	13.04	−15.0	安徽	1997-06-16	000728.SZ
117	紫金银行	12.99	3.7	江苏	2019-01-03	601860.SH

续表

序号	证券简称	品牌价值/亿元	增长率/%	地区	上市日期	证券代码
118	鼎丰集团控股	12.16	137.4	福建	2013-12-09	6878.HK
119	华安证券	12.08	－6.4	安徽	2016-12-06	600909.SH
120	瑞丰银行	12.02	新上榜	浙江	2021-06-25	601528.SH
121	中国三迪	11.35	104.1	香港	1998-12-01	0910.HK
122	趣店	11.26	－34.5	福建	2017-10-18	QD.N
123	锦州银行	11.23	－56.2	辽宁	2015-12-07	0416.HK
124	西部证券	11.07	－9.4	陕西	2012-05-03	002673.SZ
125	诺亚财富	11.03	51.5	上海	2010-11-10	NOAH.N
126	苏农银行	11.03	13.5	江苏	2016-11-29	603323.SH
127	中粮资本	10.92	新上榜	河南	2010-06-03	002423.SZ
128	张家港行	10.63	20.7	江苏	2017-01-24	002839.SZ
129	山西证券	9.95	－13.9	山西	2010-11-15	002500.SZ
130	西南证券	9.90	－21.8	重庆	2001-01-09	600369.SH
131	交银国际	9.86	87.3	香港	2017-05-19	3329.HK
132	江阴银行	9.28	11.3	江苏	2016-09-02	002807.SZ
133	泸州银行	8.82	－0.8	四川	2018-12-17	1983.HK
134	中银证券	8.68	－29.5	上海	2020-02-26	601696.SH
135	南京证券	8.41	－9.9	江苏	2018-06-13	601990.SH
136	国海证券	8.29	－31.6	广西	1997-07-09	000750.SZ
137	易鑫集团	8.27	60.8	上海	2017-11-16	2858.HK
138	财达证券	8.19	新上榜	河北	2021-05-07	600906.SH
139	天风证券	7.99	－22.5	湖北	2018-10-19	601162.SH
140	宜人金科	7.75	43.8	北京	2015-12-18	YRD.N
141	第一创业	7.62	－2.4	广东	2016-05-11	002797.SZ
142	小赢科技	6.97	新上榜	广东	2018-09-19	XYF.N
143	嘉银金科	6.15	新上榜	上海	2019-05-10	JFIN.O
144	中国光大控股	6.10	新上榜	香港	1973-02-26	0165.HK
145	招商局中国基金	6.03	新上榜	香港	1993-07-22	0133.HK
146	陕国投A	5.71	－5.9	陕西	1994-01-10	000563.SZ
147	国联证券	5.68	－20.5	江苏	2020-07-31	601456.SH
148	中原证券	5.47	－11.6	河南	2017-01-03	601375.SH
149	CAPITALAND CHINA TRUST	5.30	－11.0	上海	2006-12-08	AU8U.SG

3.1.2　2022年中国金融行业上市公司品牌价值榜分析

【行业集中度】　在2022年中国金融行业上市公司品牌价值榜中：排在前5位的公司品牌价值合计14 424.8亿元，占行业榜单总计品牌价值的44％；排在前10位的公司品牌价值合计19 813.56亿元，占行业榜单总计品牌价值的60.5％；排在前20位的公司品牌价值合计25 736.67亿元，占行业榜单总计品牌价值的78.5％。

【所在区域】　在2022年中国金融行业上市公司品牌价值榜中，149家公司来自27个地区。其中,来自北京、广东和上海的公司共计 65 家,品牌价值合计 28 346.21 亿元,占行业榜单总计品牌价值的 86.5%,处于主导地位。其他地区企业的构成情况见图 3-1 和图 3-2。

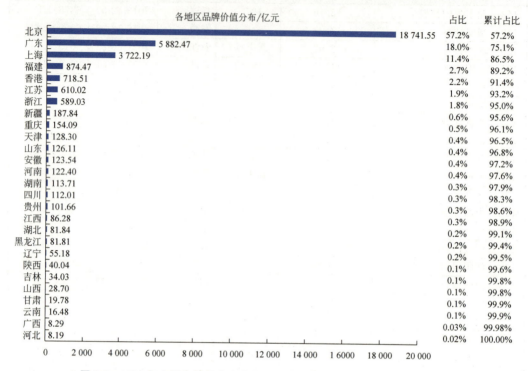

图 3-1 2022 年中国金融行业上市公司品牌价值榜所在区域品牌价值分布

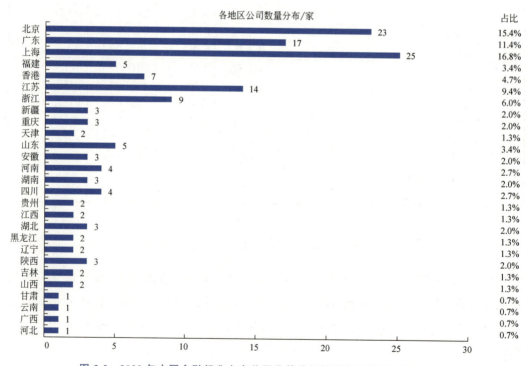

图 3-2 2022 年中国金融行业上市公司品牌价值榜所在区域公司数量分布

【上市板块】 在2022年中国金融行业上市公司品牌价值榜中：在上交所主板上市的公司有73家，品牌价值合计27 356.72亿元，占行业榜单总计品牌价值的83.5%，排在第一位；在港交所上市的中资股公司有37家，品牌价值合计3 595.79亿元，占行业榜单总计品牌价值的11%，排在第二位；在深交所主板上市的公司有27家，品牌价值合计1 371.74亿元，占行业总计品牌价值的4.2%，排在第三位。此外，在国外上市的中概股公司有11家，品牌价值合计407.27亿元；在深交所创业板上市的公司有1家，品牌价值37.01亿元。

【上市时间】 在2022年中国金融行业上市公司品牌价值榜中：2007—2011年上市的公司有26家，品牌价值合计15 349.1亿元，占行业榜单总计品牌价值的46.8%，排在第一位；2002—2006年上市的公司有8家，品牌价值合计8 528.13亿元，占行业榜单总计品牌价值的26%，排在第二位；2017—2021年上市的公司有61家，品牌价值合计4 000.98亿元，占行业榜单总计品牌价值的12.2%，排在第三位。此外，1997—2001年上市的公司有15家，品牌价值合计1 837.33亿元；2012—2016年上市的公司有27家，品牌价值合计1 631.96亿元；1996年及以前上市的公司有12家，品牌价值合计1 421.02亿元。

3.2 零售行业品牌价值榜

在2022年中国上市公司品牌价值总榜的3 000家企业中：零售行业的企业共计95家，比2021年增加了3家；品牌价值总计30 494.97亿元，比2021年下降了12.1%。

3.2.1 2022年中国零售行业上市公司品牌价值榜单

序号	证券简称	品牌价值/亿元	增长率/%	地区	上市日期	证券代码
1	阿里巴巴-SW	15 660.47	-11.4	浙江	2019-11-26	9988.HK
2	京东集团-SW	4 485.77	-6.4	北京	2020-06-18	9618.HK
3	美团-W	2 631.62	3.8	北京	2018-09-20	3690.HK
4	拼多多	1 106.86	42.6	上海	2018-07-26	PDD.O
5	ST易购	795.09	-36.2	江苏	2004-07-21	002024.SZ
6	中国中免	714.89	42.4	北京	2009-10-15	601888.SH
7	高鑫零售	557.06	-28.7	上海	2011-07-27	6808.HK
8	永辉超市	359.55	-30.4	福建	2010-12-15	601933.SH
9	国美零售	292.79	-27.3	北京	1992-04-15	0493.HK
10	贝壳	233.39	-37.5	北京	2020-08-13	BEKE.N
11	唯品会	232.91	-72.5	广东	2012-03-23	VIPS.N
12	百联股份	225.05	-38.0	上海	1994-02-04	600827.SH
13	美凯龙	195.26	10.0	上海	2018-01-17	601828.SH
14	携程网	157.46	-6.5	上海	2003-12-09	TCOM.O
15	重庆百货	134.48	-29.8	重庆	1996-07-02	600729.SH
16	联华超市	113.80	-25.5	上海	2003-06-27	0980.HK

续表

序号	证券简称	品牌价值/亿元	增长率/%	地区	上市日期	证券代码
17	京东健康	102.33	−24.5	北京	2020-12-08	6618.HK
18	大参林	96.29	−15.0	广东	2017-07-31	603233.SH
19	叮咚买菜	94.49	新上榜	上海	2021-06-29	DDL.N
20	王府井	88.91	−40.0	北京	1994-05-06	600859.SH
21	益丰药房	86.81	−9.3	湖南	2015-02-17	603939.SH
22	老百姓	81.91	−15.2	湖南	2015-04-23	603883.SH
23	居然之家	77.07	−8.4	湖北	1997-07-11	000785.SZ
24	大商股份	76.44	−35.4	辽宁	1993-11-22	600694.SH
25	一心堂	76.17	−2.5	云南	2014-07-02	002727.SZ
26	家家悦	73.19	−41.6	山东	2016-12-13	603708.SH
27	武商集团	68.22	−34.0	湖北	1992-11-20	000501.SZ
28	步步高	66.54	−37.0	湖南	2008-06-19	002251.SZ
29	天虹股份	61.58	−37.3	广东	2010-06-01	002419.SZ
30	欧亚集团	58.21	−23.3	吉林	1993-12-06	600697.SH
31	中百集团	54.36	−32.5	湖北	1997-05-19	000759.SZ
32	茂业商业	54.05	−6.7	四川	1994-02-24	600828.SH
33	南京新百	53.24	−22.4	江苏	1993-10-18	600682.SH
34	华联综超	51.61	−18.6	北京	2001-11-29	600361.SH
35	南极电商	50.27	−6.7	江苏	2007-04-18	002127.SZ
36	*ST 跨境	49.55	−37.4	山西	2011-12-08	002640.SZ
37	利群股份	49.47	−19.1	山东	2017-04-12	601366.SH
38	1药网	46.41	68.7	上海	2018-09-12	YI.O
39	红旗连锁	42.26	−32.4	四川	2012-09-05	002697.SZ
40	迪信通	41.36	−20.5	北京	2014-07-08	6188.HK
41	孩子王	39.31	新上榜	江苏	2021-10-14	301078.SZ
42	合肥百货	38.51	−31.8	安徽	1996-08-12	000417.SZ
43	名创优品	38.33	新上榜	广东	2020-10-15	MNSO.N
44	银座股份	37.91	−35.5	山东	1994-05-06	600858.SH
45	华致酒行	36.58	30.7	云南	2019-01-29	300755.SZ
46	丽人丽妆	35.00	7.9	上海	2020-09-29	605136.SH
47	云米科技	31.70	23.4	广东	2018-09-25	VIOT.O
48	杭州解百	30.33	−6.7	浙江	1994-01-14	600814.SH
49	北京京客隆	28.81	−31.1	北京	2006-09-25	0814.HK
50	新华百货	28.06	−29.1	宁夏	1997-01-08	600785.SH
51	ST 大集	26.99	−51.0	陕西	1994-01-10	000564.SZ
52	翠微股份	25.79	1.0	北京	2012-05-03	603123.SH
53	健之佳	25.55	−5.2	云南	2020-12-01	605266.SH
54	漱玉平民	24.82	新上榜	山东	2021-07-05	301017.SZ
55	达达集团	24.27	−26.3	上海	2020-06-05	DADA.O
56	文峰股份	23.48	−30.6	江苏	2011-06-03	601010.SH
57	友阿股份	22.21	−46.3	湖南	2009-07-17	002277.SZ
58	逸仙电商	21.79	−14.2	广东	2020-11-19	YSG.N
59	人人乐	21.52	−29.2	广东	2010-01-13	002336.SZ
60	新华都	21.23	−2.5	福建	2008-07-31	002264.SZ

续表

序号	证券简称	品牌价值/亿元	增长率/%	地区	上市日期	证券代码
61	广百股份	20.83	−45.1	广东	2007-11-22	002187.SZ
62	每日优鲜	20.58	新上榜	山东	2021-06-25	MF.O
63	中央商场	20.30	新上榜	江苏	2000-09-26	600280.SH
64	东百集团	19.56	−12.7	福建	1993-11-22	600693.SH
65	来伊份	18.73	−25.9	上海	2016-10-12	603777.SH
66	三江购物	18.39	−27.3	浙江	2011-03-02	601116.SH
67	云集	17.00	−65.1	浙江	2019-05-03	YJ.O
68	丽尚国潮	16.03	9.0	甘肃	1996-08-02	600738.SH
69	药易购	15.25	新上榜	四川	2021-01-27	300937.SZ
70	通程控股	14.94	−30.2	湖南	1996-08-16	000419.SZ
71	汇嘉时代	14.64	−15.5	新疆	2016-05-06	603101.SH
72	兰亭集势	14.53	6.9	北京	2013-06-06	LITB.N
73	爱婴室	13.08	−5.3	上海	2018-03-30	603214.SH
74	友好集团	12.75	−44.9	新疆	1996-12-03	600778.SH
75	国光连锁	12.37	−28.1	江西	2020-07-28	605188.SH
76	寺库	12.11	−44.1	北京	2017-09-22	SECO.O
77	ST宏图	11.14	新上榜	江苏	1998-04-20	600122.SH
78	新世界	10.99	−36.0	上海	1993-01-19	600628.SH
79	国芳集团	10.26	−5.0	甘肃	2017-09-29	601086.SH
80	安孚科技	10.25	−27.8	安徽	2016-08-22	603031.SH
81	旗天科技	8.96	9.0	上海	2010-03-19	300061.SZ
82	吉峰科技	8.84	−43.5	四川	2009-10-30	300022.SZ
83	益民集团	8.73	−28.8	上海	1994-02-04	600824.SH
84	徐家汇	8.24	−32.0	上海	2011-03-03	002561.SZ
85	中兴商业	8.06	−36.3	辽宁	1997-05-08	000715.SZ
86	CEC INT'L HOLD	8.04	−29.8	香港	1999-11-15	0759.HK
87	万物新生	8.02	新上榜	上海	2021-06-18	RERE.N
88	优信	7.72	新上榜	北京	2018-06-27	UXIN.O
89	中闽百汇	7.66	−6.8	福建	2011-01-20	5SR.SG
90	第一医药	7.02	−29.2	上海	1994-02-24	600833.SH
91	百大集团	6.88	1.0	浙江	1994-08-09	600865.SH
92	聚好商城	6.29	新上榜	上海	2021-03-17	JWEL.O
93	北京城乡	6.24	−55.5	北京	1994-05-20	600861.SH
94	洋葱	5.63	新上榜	广东	2021-05-07	OG.N
95	博士眼镜	5.49	17.8	广东	2017-03-15	300622.SZ

3.2.2 2022年中国零售行业上市公司品牌价值榜分析

【行业集中度】 在2022年中国零售行业上市公司品牌价值榜中：排在第1位的公司是阿里巴巴，品牌价值15 660.47亿元，占行业榜单总计品牌价值的51.4%；排在前3位的公司品牌价值合计22 777.87亿元，占行业榜单总计品牌价值的74.7%；排在前10位的公司品牌价值合计26 837.49亿元，占行业榜单总计品牌价值的88%。

【所在区域】 在 2022 年中国零售行业上市公司品牌价值榜中,95 家公司来自 22 个地区。其中,来自浙江和北京的公司共计 20 家,品牌价值合计 24 470.94 亿元,占行业榜单总计品牌价值的 80.2%,处于主导地位。其他地区企业的构成情况见图 3-3 和图 3-4。

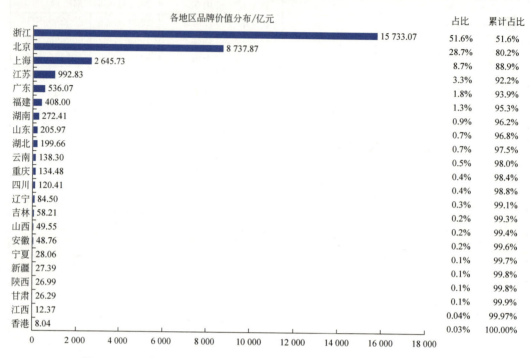

图 3-3　2022 年中国零售行业上市公司品牌价值榜所在区域品牌价值分布

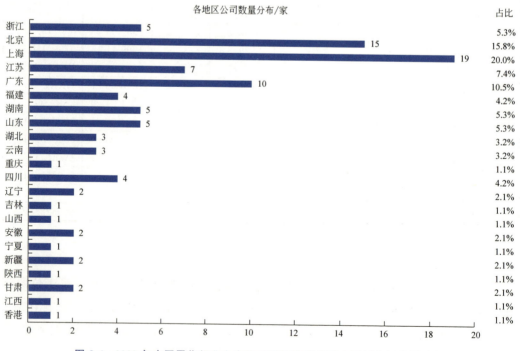

图 3-4　2022 年中国零售行业上市公司品牌价值榜所在区域公司数量分布

【上市板块】 在 2022 年中国零售行业上市公司品牌价值榜中:在港交所上市的中资股公司有 10 家,品牌价值合计 23 922.07 亿元,占行业总计品牌价值的 78.4%,排在第一位;在上交所主板上市的公司有 40 家,品牌价值合计 2 822.86 亿元,占行业榜单总计品牌价值的 9.3%,排在第二位;在国外上市的中概股公司有 19 家,品牌价值合计 2 087.14 亿元,占行业榜单总计品牌价值的 6.8%,排在第三位。此外,在深交所主板上市的公司有 19 家,品牌价值合计 1 523.65 亿元;在深交所创业板上市的公司有 7 家,品牌价值合计 139.25 亿元。

【上市时间】 在 2022 年中国零售行业上市公司品牌价值榜中:2017—2021 年上市的公司有 32 家,品牌价值合计 25 113.52 亿元,占行业榜单总计品牌价值的 82.4%,排在第一位;2007—2011 年上市的公司有 17 家,品牌价值合计 2 020.8 亿元,占行业榜单总计品牌价值的 6.6%,排在第二位;1996 年及以前上市的公司有 22 家,品牌价值合计 1 288.29 亿元,占行业榜单总计品牌价值的 4.2%,排在第三位。此外,2002—2006 年上市的公司有 4 家,品牌价值合计 1 095.17 亿元;2012—2016 年上市的公司有 12 家,品牌价值合计 718.56 亿元;1997—2001 年上市的公司有 8 家,品牌价值合计 258.64 亿元。

3.3 互联网行业品牌价值榜

在 2022 年中国上市公司品牌价值总榜的 3 000 家企业中:互联网行业的企业共计 121 家,比 2021 年减少了 14 家;品牌价值总计 29 115.14 亿元,比 2021 年增长了 22.7%。

3.3.1 2022 年中国互联网行业上市公司品牌价值榜单

序号	证券简称	品牌价值/亿元	增长率/%	地区	上市日期	证券代码
1	腾讯控股	20 731.10	23.5	广东	2004-06-16	0700.HK
2	网易-S	2 507.52	-4.9	浙江	2020-06-11	9999.HK
3	百度集团-SW	2 398.28	27.9	北京	2021-03-23	9888.HK
4	滴滴出行	816.02	新上榜	北京	2021-06-30	DIDI.N
5	三六零	412.68	-5.1	天津	2012-01-16	601360.SH
6	汽车之家	277.28	-11.6	北京	2013-12-11	ATHM.N
7	国联股份	97.04	183.6	北京	2019-07-30	603613.SH
8	中国软件国际	81.44	71.8	北京	2003-06-20	0354.HK
9	联络互动	71.68	新上榜	浙江	2009-08-21	002280.SZ
10	BOSS直聘	70.21	新上榜	北京	2021-06-11	BZ.O
11	科大讯飞	60.80	95.6	安徽	2008-05-12	002230.SZ
12	宝信软件	53.98	41.3	上海	1994-03-11	600845.SH
13	用友网络	44.57	25.6	北京	2001-05-18	600588.SH
14	中国民航信息网络	37.55	4.4	北京	2001-02-07	0696.HK

续表

互联网行业榜单

序号	证券简称	品牌价值/亿元	增长率/%	地区	上市日期	证券代码
15	德赛西威	34.90	27.3	广东	2017-12-26	002920.SZ
16	知乎	33.58	新上榜	北京	2021-03-26	ZH.N
17	慧聪集团	33.24	29.5	北京	2003-12-17	2280.HK
18	金山软件	32.92	−0.6	北京	2007-10-09	3888.HK
19	神州信息	32.89	7.1	广东	1994-04-08	000555.SZ
20	千方科技	32.87	9.9	北京	2010-03-18	002373.SZ
21	恒生电子	32.38	40.7	浙江	2003-12-16	600570.SH
22	东华软件	32.00	−14.2	北京	2006-08-23	002065.SZ
23	电科数字	31.66	16.9	上海	1994-03-24	600850.SH
24	太极股份	27.74	22.7	北京	2010-03-12	002368.SZ
25	光环新网	27.25	−6.5	北京	2014-01-29	300383.SZ
26	深信服	26.71	38.6	广东	2018-05-16	300454.SZ
27	优矩控股	26.11	新上榜	北京	2021-11-08	1948.HK
28	宝尊电商-SW	25.85	−11.9	上海	2020-09-29	9991.HK
29	常山北明	24.98	−4.4	河北	2000-07-24	000158.SZ
30	中国软件	24.88	46.4	北京	2002-05-17	600536.SH
31	万国数据-SW	24.06	26.7	上海	2020-11-02	9698.HK
32	拉卡拉	23.70	15.0	北京	2019-04-25	300773.SZ
33	东软集团	22.43	−7.1	辽宁	1996-06-18	600718.SH
34	高鸿股份	21.98	−1.7	贵州	1998-06-09	000851.SZ
35	同花顺	21.39	7.2	浙江	2009-12-25	300033.SZ
36	广联达	20.89	20.0	北京	2010-05-25	002410.SZ
37	金山办公	18.53	83.0	北京	2019-11-18	688111.SH
38	启明星辰	17.80	60.4	北京	2010-06-23	002439.SZ
39	金山云	17.41	4.2	北京	2020-05-08	KC.O
40	世纪互联	17.04	17.7	北京	2011-04-21	VNET.O
41	金证股份	16.96	−3.3	广东	2003-12-24	600446.SH
42	佳都科技	16.65	14.3	广东	1996-07-16	600728.SH
43	博彦科技	16.10	31.9	北京	2012-01-06	002649.SZ
44	云赛智联	15.64	−8.7	上海	1990-12-19	600602.SH
45	朗新科技	15.59	115.3	江苏	2017-08-01	300682.SZ
46	天下秀	15.58	−19.4	广西	2001-08-07	600556.SH
47	中控技术	15.36	40.1	浙江	2020-11-24	688777.SH
48	中科创达	15.10	53.6	北京	2015-12-10	300496.SZ
49	易华录	14.76	9.9	北京	2011-05-05	300212.SZ
50	金蝶国际	14.75	31.3	广东	2001-02-15	0268.HK
51	中科软	14.67	21.9	北京	2019-09-09	603927.SH
52	汇量科技	14.53	8.3	广东	2018-12-12	1860.HK
53	华胜天成	14.07	−13.4	北京	2004-04-27	600410.SH
54	灿谷	14.06	111.8	上海	2018-07-26	CANG.N
55	天源迪科	13.54	22.5	广东	2010-01-20	300047.SZ
56	网宿科技	13.46	−33.2	上海	2009-10-30	300017.SZ

续表

序号	证券简称	品牌价值/亿元	增长率/%	地区	上市日期	证券代码
57	奇安信-U	13.06	68.1	北京	2020-07-22	688561.SH
58	青瓷游戏	12.65	新上榜	福建	2021-12-16	6633.HK
59	南天信息	12.49	29.0	云南	1999-10-14	000948.SZ
60	新点软件	12.43	新上榜	江苏	2021-11-17	688232.SH
61	石基信息	12.05	−17.3	北京	2007-08-13	002153.SZ
62	卫宁健康	11.47	9.8	上海	2011-08-18	300253.SZ
63	浙大网新	11.28	−10.4	浙江	1997-04-18	600797.SH
64	家乡互动	11.25	31.2	福建	2019-07-04	3798.HK
65	华宇软件	11.12	2.3	北京	2011-10-26	300271.SZ
66	天地在线	10.90	22.3	北京	2020-08-05	002995.SZ
67	华软科技	10.87	99.7	江苏	2010-07-20	002453.SZ
68	秦淮数据	10.78	121.9	北京	2020-09-30	CD.O
69	宇信科技	10.47	23.6	北京	2018-11-07	300674.SZ
70	中电兴发	10.25	−2.8	安徽	2009-09-29	002298.SZ
71	达实智能	9.72	7.1	广东	2010-06-03	002421.SZ
72	美亚柏科	9.57	35.4	福建	2011-03-16	300188.SZ
73	先进数通	9.45	45.0	北京	2016-09-13	300541.SZ
74	航天长峰	9.21	22.0	北京	1994-04-25	600855.SH
75	东方国信	9.18	6.0	北京	2011-01-25	300166.SZ
76	法本信息	8.77	61.0	广东	2020-12-30	300925.SZ
77	润和软件	8.76	75.9	江苏	2012-07-18	300339.SZ
78	梦网科技	8.71	−9.6	辽宁	2007-03-28	002123.SZ
79	摩贝	8.65	−55.2	上海	2019-12-30	MKD.O
80	新智认知	8.50	22.4	广西	2015-03-26	603869.SH
81	ST泛微	8.43	48.5	上海	2017-01-13	603039.SH
82	*ST中安	8.28	9.1	湖北	1990-12-19	600654.SH
83	吴通控股	8.17	−1.0	江苏	2012-02-29	300292.SZ
84	金融壹账通	7.88	−20.7	广东	2019-12-13	OCFT.N
85	南威软件	7.88	82.5	福建	2014-12-30	603636.SH
86	超图软件	7.77	38.2	北京	2009-12-25	300036.SZ
87	万达信息	7.73	22.7	上海	2011-01-25	300168.SZ
88	京北方	7.73	7.1	北京	2020-05-07	002987.SZ
89	浪潮国际	7.67	26.1	香港	2004-04-29	0596.HK
90	绿盟科技	7.63	22.2	北京	2014-01-29	300369.SZ
91	浙江富润	7.62	−16.2	浙江	1997-06-04	600070.SH
92	远光软件	7.61	17.7	广东	2006-08-23	002063.SZ
93	中国有赞	7.50	62.8	香港	2000-04-14	8083.HK
94	优趣汇控股	7.32	新上榜	上海	2021-07-12	2177.HK
95	荣联科技	7.30	39.1	北京	2011-12-20	002642.SZ
96	创业慧康	7.09	−2.3	浙江	2015-05-14	300451.SZ
97	久其软件	7.08	14.4	北京	2009-08-11	002279.SZ
98	神州泰岳	7.02	−2.3	北京	2009-10-30	300002.SZ

续表

序号	证券简称	品牌价值/亿元	增长率/%	地区	上市日期	证券代码
99	*ST 亚联	6.94	−24.9	广东	2009-12-09	002316.SZ
100	银信科技	6.89	12.3	北京	2011-06-15	300231.SZ
101	赛意信息	6.80	48.1	广东	2017-08-03	300687.SZ
102	旋极信息	6.76	−31.8	北京	2012-06-08	300324.SZ
103	美图公司	6.73	新上榜	福建	2016-12-15	1357.HK
104	四维图新	6.52	−13.5	北京	2010-05-18	002405.SZ
105	汉得信息	6.45	−14.3	上海	2011-02-01	300170.SZ
106	银江技术	6.44	3.0	浙江	2009-10-30	300020.SZ
107	二三四五	6.33	−52.5	上海	2007-12-12	002195.SZ
108	启明信息	6.21	19.8	吉林	2008-05-09	002232.SZ
109	首都信息	6.15	新上榜	北京	2001-12-21	1075.HK
110	长亮科技	6.01	31.4	广东	2012-08-17	300348.SZ
111	壹网壹创	5.94	3.9	浙江	2019-09-27	300792.SZ
112	中远海科	5.87	17.2	上海	2010-05-06	002401.SZ
113	鼎捷软件	5.68	7.9	上海	2014-01-27	300378.SZ
114	顺网科技	5.66	−28.0	浙江	2010-08-27	300113.SZ
115	拓尔思	5.63	26.1	北京	2011-06-15	300229.SZ
116	爱点击	5.61	新上榜	北京	2017-12-22	ICLK.O
117	高伟达	5.55	2.1	北京	2015-05-28	300465.SZ
118	焦点科技	5.46	−0.5	江苏	2009-12-09	002315.SZ
119	汉王科技	5.44	新上榜	北京	2010-03-03	002362.SZ
120	创意信息	5.32	16.9	四川	2014-01-27	300366.SZ
121	*ST 数知	5.31	−61.0	北京	2010-01-08	300038.SZ

3.3.2　2022 年中国互联网行业上市公司品牌价值榜分析

【行业集中度】　在 2022 年中国互联网行业上市公司品牌价值榜中：排在第 1 位的公司是腾讯控股，品牌价值 20 731.10 亿元，占行业榜单总计品牌价值的 71.2%；排在前 3 位的公司品牌价值合计 25 636.9 亿元，占行业榜单总计品牌价值的 88.1%；排在前 10 位的公司品牌价值合计 27 463.25 亿元，占行业榜单总计品牌价值的 94.3%。

【所在区域】　在 2022 年中国互联网行业上市公司品牌价值榜中，121 家公司来自 17 个地区。其中，来自广东、北京和浙江的公司共计 79 家，品牌价值合计 28 125.77 亿元，占行业榜单总计品牌价值的 96.6%，处于主导地位。其他地区企业的构成情况见图 3-5 和图 3-6。

【上市板块】　在 2022 年中国互联网行业上市公司品牌价值榜中：在港交所上市的中资股公司有 19 家，品牌价值合计 25 986.62 亿元，占行业榜单总计品牌价值的 89.3%，排在第一位；在国外上市的中概股公司有 11 家，品牌价值合计 1 278.51 亿元，占行业榜单总计品牌价值的 4.4%，排在第二位；在上交所主板上市的公司有 21 家，品牌价值合计

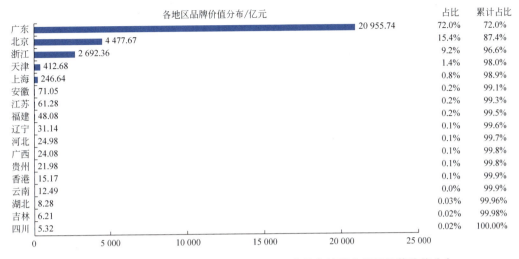

图 3-5 2022 年中国互联网行业上市公司品牌价值榜所在区域品牌价值分布

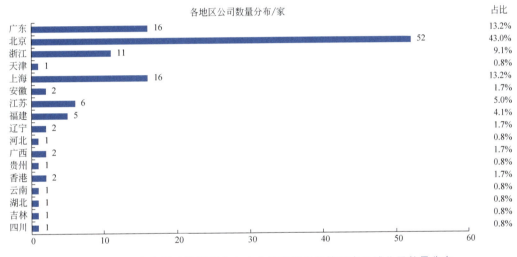

图 3-6 2022 年中国互联网行业上市公司品牌价值榜所在区域公司数量分布

874.38 亿元,占行业总计品牌价值的 3%,排在第三位。此外,在深交所主板上市的公司有 30 家,品牌价值合计 542.12 亿元;在深交所创业板上市的公司有 36 家,品牌价值合计 374.13 亿元;在上交所科创板上市的公司有 4 家,品牌价值合计 59.38 亿元。

【上市时间】 在 2022 年中国互联网行业上市公司品牌价值榜中:2002—2006 年上市的公司有 10 家,品牌价值合计 20 981.35 亿元,占行业榜单总计品牌价值的 72.1%,排在第一位;2017—2021 年上市的公司有 35 家,品牌价值合计 6 342.81 亿元,占行业榜单总计品牌价值的 21.8%,排在第二位;2012—2016 年上市的公司有 18 家,品牌价值合计 841.92 亿元,占行业榜单总计品牌价值的 2.9%,排在第三位。此外,2007—2011 年上市的公司有 39 家,品牌价值合计 553.87 亿元;1997—2001 年上市的公司有 11 家,品牌价值合计 204.44 亿元;1996 年及以前上市的公司有 8 家,品牌价值合计 190.74 亿元。

3.4 房地产行业品牌价值榜

在2022年中国上市公司品牌价值总榜的3 000家企业中：房地产行业的企业共计194家，比2021年减少了4家；品牌价值总计18 616.29亿元，比2021年下降了15.2%。

3.4.1 2022年中国房地产行业上市公司品牌价值榜单

序号	证券简称	品牌价值/亿元	增长率/%	地区	上市日期	证券代码
1	碧桂园	1 640.00	−1.2	广东	2007-04-20	2007.HK
2	万科A	1 307.67	−8.3	广东	1991-01-29	000002.SZ
3	保利发展	1 053.28	23.7	广东	2006-07-31	600048.SH
4	华润置地	956.64	30.4	香港	1996-11-08	1109.HK
5	中国海外发展	908.81	−6.7	香港	1992-08-20	0688.HK
6	华侨城A	878.94	38.6	广东	1997-09-10	000069.SZ
7	龙湖集团	832.07	14.6	北京	2009-11-19	0960.HK
8	绿地控股	721.82	−22.0	上海	1992-03-27	600606.SH
9	新城控股	521.69	53.5	江苏	2015-12-04	601155.SH
10	招商蛇口	509.46	48.0	广东	2015-12-30	001979.SZ
11	金地集团	347.96	6.4	广东	2001-04-12	600383.SH
12	绿城中国	314.35	28.2	浙江	2006-07-13	3900.HK
13	美的置业	271.15	45.7	广东	2018-10-11	3990.HK
14	旭辉控股集团	259.00	14.5	上海	2012-11-23	0884.HK
15	越秀地产	245.47	16.5	香港	1992-12-15	0123.HK
16	龙光集团	192.74	−42.7	广东	2013-12-20	3380.HK
17	雅居乐集团	190.03	−41.6	广东	2005-12-15	3383.HK
18	融信中国	188.31	−2.4	上海	2016-01-13	3301.HK
19	中梁控股	187.62	−0.1	上海	2019-07-16	2772.HK
20	合生创展集团	187.01	41.2	香港	1998-05-27	0754.HK
21	首开股份	185.08	26.4	北京	2001-03-12	600376.SH
22	建发国际集团	174.87	182.9	香港	2012-12-14	1908.HK
23	中国海外宏洋集团	165.65	12.9	香港	1984-04-26	0081.HK
24	金辉控股	164.67	31.5	北京	2020-10-29	9993.HK
25	金科股份	164.55	−27.0	重庆	1996-11-28	000656.SZ
26	正荣地产	162.84	19.3	上海	2018-01-16	6158.HK
27	荣盛发展	160.61	−29.0	河北	2007-08-08	002146.SZ
28	华发股份	152.93	23.6	广东	2004-02-25	600325.SH
29	保利置业集团	146.11	11.6	上海	1973-08-30	0119.HK
30	上海实业控股	145.16	7.4	上海	1996-05-30	0363.HK
31	中国恒大	143.97	−93.5	广东	2009-11-05	3333.HK
32	中国金茂	138.90	−28.2	香港	2007-08-17	0817.HK
33	仁恒置地	133.69	−2.5	上海	2006-06-22	Z25.SG

续表

序号	证券简称	品牌价值/亿元	增长率/%	地区	上市日期	证券代码
34	滨江集团	120.36	76.4	浙江	2008-05-29	002244.SZ
35	碧桂园服务	119.55	120.2	广东	2018-06-19	6098.HK
36	香港置地	116.52	34.9	香港	1990-10-01	H78.SG
37	中南建设	113.40	−35.1	江苏	2000-03-01	000961.SZ
38	深圳控股	112.19	57.7	广东	1997-03-07	0604.HK
39	广宇发展	107.73	70.6	天津	1993-12-10	000537.SZ
40	阳光城	104.92	−38.6	福建	1996-12-18	000671.SZ
41	弘阳地产	90.26	13.4	江苏	2018-07-12	1996.HK
42	富力地产	89.39	−74.6	广东	2005-07-14	2777.HK
43	陆家嘴	85.07	−6.7	上海	1993-06-28	600663.SH
44	佳源国际控股	83.99	18.4	江苏	2016-03-08	2768.HK
45	绿地香港	83.99	11.3	上海	2006-10-10	0337.HK
46	金融街	82.32	−0.9	北京	1996-06-26	000402.SZ
47	中骏集团控股	80.76	−34.7	上海	2010-02-05	1966.HK
48	大悦城地产	78.62	55.4	香港	1973-03-06	0207.HK
49	世茂股份	76.13	−27.4	上海	1994-02-04	600823.SH
50	北辰实业	75.03	51.2	北京	2006-10-16	601588.SH
51	招商局置地	74.14	5.1	香港	1997-10-16	0978.HK
52	雅生活服务	68.37	63.9	广东	2018-02-09	3319.HK
53	信达地产	67.54	−3.5	北京	1993-05-24	600657.SH
54	大悦城	64.92	−8.3	广东	1993-10-08	000031.SZ
55	合景泰富集团	63.38	−46.9	香港	2007-07-03	1813.HK
56	迪马股份	62.62	39.3	重庆	2002-07-23	600565.SH
57	德信中国	60.79	16.1	浙江	2019-02-26	2019.HK
58	新湖中宝	59.99	0.3	浙江	1999-06-23	600208.SH
59	光明地产	54.25	17.1	上海	1996-06-06	600708.SH
60	城建发展	52.63	9.1	北京	1999-02-03	600266.SH
61	恒大物业	48.72	11.0	广东	2020-12-02	6666.HK
62	天誉置业	46.53	43.5	广东	1993-11-16	0059.HK
63	荣安地产	45.68	118.9	浙江	1993-08-06	000517.SZ
64	景瑞控股	45.46	16.2	上海	2013-10-31	1862.HK
65	绿城服务	43.82	22.1	浙江	2016-07-12	2869.HK
66	上坤地产	42.55	−40.5	上海	2020-11-17	6900.HK
67	华南城	41.82	2.3	香港	2009-09-30	1668.HK
68	中交地产	41.67	−13.6	重庆	1997-04-25	000736.SZ
69	鲁商发展	41.32	5.5	山东	2000-01-13	600223.SH
70	世茂集团	40.98	−93.6	香港	2006-07-05	0813.HK
71	时代中国控股	39.87	−78.3	广东	2013-12-11	1233.HK
72	京投发展	38.88	77.6	浙江	1993-10-25	600683.SH
73	珠光控股	38.25	140.5	香港	1996-12-09	1176.HK
74	中华企业	37.55	−11.8	上海	1993-09-24	600675.SH
75	上实城市开发	37.42	18.4	香港	1993-09-10	0563.HK

续表

序号	证券简称	品牌价值/亿元	增长率/%	地区	上市日期	证券代码
76	大唐集团控股	37.15	67.3	福建	2020-12-11	2117.HK
77	南山控股	36.39	68.3	广东	2009-12-03	002314.SZ
78	银城国际控股	34.01	1.8	江苏	2019-03-06	1902.HK
79	五矿地产	33.36	−14.0	香港	1991-12-20	0230.HK
80	黑牡丹	33.35	−15.3	江苏	2002-06-18	600510.SH
81	汇景控股	32.74	39.7	广东	2020-01-16	9968.HK
82	华润万象生活	31.92	24.6	广东	2020-12-09	1209.HK
83	苏州高新	30.89	42.6	江苏	1996-08-15	600736.SH
84	小商品城	30.38	−23.7	浙江	2002-05-09	600415.SH
85	华远地产	30.38	28.4	北京	1996-09-09	600743.SH
86	招商积余	30.24	−9.1	广东	1994-09-28	001914.SZ
87	福星股份	29.73	19.5	湖北	1999-06-18	000926.SZ
88	苏宁环球	29.56	27.4	吉林	1997-04-08	000718.SZ
89	保利物业	29.33	16.1	广东	2019-12-19	6049.HK
90	中海物业	28.82	18.2	香港	2015-10-23	2669.HK
91	冠城大通	28.51	25.8	福建	1997-05-08	600067.SH
92	当代置业	27.55	−47.7	北京	2013-07-12	1107.HK
93	我爱我家	27.21	59.6	云南	1994-02-02	000560.SZ
94	中洲控股	27.02	11.0	广东	1994-09-21	000042.SZ
95	世联行	26.83	37.2	广东	2009-08-28	002285.SZ
96	蓝光发展	26.69	−79.1	四川	2001-02-12	600466.SH
97	众安集团	26.09	189.4	浙江	2007-11-13	0672.HK
98	上实发展	26.02	−12.2	上海	1996-09-25	600748.SH
99	南京高科	26.00	−5.5	江苏	1997-05-06	600064.SH
100	中国国贸	25.57	23.8	北京	1999-03-12	600007.SH
101	城投控股	25.12	53.1	上海	1993-05-18	600649.SH
102	合富辉煌	24.84	71.2	广东	2004-07-15	0733.HK
103	大名城	24.26	−46.1	上海	1997-07-03	600094.SH
104	港龙中国地产	24.01	99.5	上海	2020-07-15	6968.HK
105	三巽集团	23.83	新上榜	上海	2021-07-19	6611.HK
106	中天金融	23.66	−44.1	贵州	1994-02-02	000540.SZ
107	世茂服务	23.66	58.2	上海	2020-10-30	0873.HK
108	广汇物流	22.52	62.2	四川	1992-01-13	600603.SH
109	华夏幸福	21.63	−93.4	河北	2003-12-30	600340.SH
110	建业地产	21.48	−78.0	河南	2008-06-06	0832.HK
111	旭辉永升服务	21.09	89.4	上海	2018-12-17	1995.HK
112	新城悦服务	21.07	77.4	上海	2018-11-06	1755.HK
113	绿景中国地产	21.00	−53.7	江苏	2005-12-02	0095.HK
114	SOHO中国	20.90	−3.0	北京	2007-10-08	0410.HK
115	ST基础	20.86	−43.3	海南	2002-08-06	600515.SH
116	京基智农	20.65	72.3	广东	1994-11-01	000048.SZ
117	中新集团	20.23	−14.8	江苏	2019-12-20	601512.SH

续表

序号	证券简称	品牌价值/亿元	增长率/%	地区	上市日期	证券代码
118	浦东金桥	20.10	−1.0	上海	1993-03-26	600639.SH
119	上海临港	19.98	−14.2	上海	1994-03-24	600848.SH
120	香江控股	19.84	49.5	广东	1998-06-09	600162.SH
121	彩生活	19.79	16.3	广东	2014-06-30	1778.HK
122	天地源	19.17	43.8	陕西	1993-07-09	600665.SH
123	朗诗地产	19.03	−38.7	香港	1986-03-24	0106.HK
124	中国奥园	18.48	−92.7	广东	2007-10-09	3883.HK
125	宋都股份	17.09	−2.3	浙江	1997-05-20	600077.SH
126	华联控股	16.61	−21.6	广东	1994-06-17	000036.SZ
127	万业企业	16.56	−3.5	上海	1993-04-07	600641.SH
128	佳兆业集团	16.13	−92.0	广东	2009-12-09	1638.HK
129	财信发展	15.87	66.9	重庆	1997-06-26	000838.SZ
130	同济科技	15.45	1.2	上海	1994-03-11	600846.SH
131	景业名邦集团	15.22	28.2	广东	2019-12-05	2231.HK
132	中电光谷	15.02	30.2	湖北	2014-03-28	0798.HK
133	深物业A	15.00	−15.0	广东	1992-03-30	000011.SZ
134	格力地产	14.89	−52.4	广东	1999-06-11	600185.SH
135	新华联	14.47	−39.7	北京	1996-10-29	000620.SZ
136	卧龙地产	14.47	65.7	浙江	1999-04-15	600173.SH
137	金科服务	14.25	−70.5	重庆	2020-11-17	9666.HK
138	粤港湾控股	14.22	67.8	广东	2013-10-31	1396.HK
139	富森美	13.97	13.2	四川	2016-11-09	002818.SZ
140	张江高科	13.91	23.8	上海	1996-04-22	600895.SH
141	祥生控股集团	13.82	−92.4	上海	2020-11-18	2599.HK
142	恒盛地产	13.70	124.6	上海	2009-10-02	0845.HK
143	世荣兆业	13.55	11.5	广东	2004-07-08	002016.SZ
144	光大嘉宝	13.29	−24.4	上海	1992-12-03	600622.SH
145	深振业A	13.08	−16.8	广东	1992-04-27	000006.SZ
146	合肥城建	12.96	−15.5	安徽	2008-01-28	002208.SZ
147	新能泰山	12.35	100.1	山东	1997-05-09	000720.SZ
148	恒达集团控股	12.35	63.8	河南	2018-11-12	3616.HK
149	中原建业	12.32	新上榜	河南	2021-05-31	9982.HK
150	建业新生活	12.29	16.1	河南	2020-05-15	9983.HK
151	卓越商企服务	11.80	24.0	广东	2020-10-19	6989.HK
152	天山发展控股	11.56	−35.0	河北	2010-07-15	2118.HK
153	国创高新	10.98	38.9	湖北	2010-03-23	002377.SZ
154	奥园美谷	10.65	48.2	湖北	1996-10-16	000615.SZ
155	ST云城	10.63	−51.9	云南	1999-12-02	600239.SH
156	ST泰禾	10.12	−67.7	福建	1997-07-04	000732.SZ
157	粤海置地	9.84	33.8	香港	1997-08-08	0124.HK
158	三湘印象	9.73	24.5	上海	1997-09-25	000863.SZ
159	合景悠活	9.68	59.6	广东	2020-10-30	3913.HK

房地产行业榜单

续表

序号	证券简称	品牌价值/亿元	增长率/%	地区	上市日期	证券代码
160	万通发展	9.63	−9.9	北京	2000-09-22	600246.SH
161	中国物流资产	9.56	37.1	上海	2016-07-15	1589.HK
162	珠江股份	9.55	−14.7	广东	1993-10-28	600684.SH
163	栖霞建设	9.42	−5.3	江苏	2002-03-28	600533.SH
164	顺发恒业	8.82	−3.5	吉林	1996-11-22	000631.SZ
165	电子城	8.67	−34.1	北京	1993-05-24	600658.SH
166	轻纺城	8.29	0.3	浙江	1997-02-28	600790.SH
167	*ST新光	8.17	新上榜	安徽	2007-08-08	002147.SZ
168	南国置业	8.15	−12.4	湖北	2009-11-06	002305.SZ
169	天房发展	7.92	−30.1	天津	2001-09-10	600322.SH
170	西藏城投	7.91	65.0	西藏	1996-11-08	600773.SH
171	中奥到家	7.80	14.3	广东	2015-11-25	1538.HK
172	时代邻里	7.62	25.5	广东	2019-12-19	9928.HK
173	辰兴发展	7.43	38.9	山西	2015-07-03	2286.HK
174	越秀服务	7.19	新上榜	广东	2021-06-28	6626.HK
175	新黄浦	7.17	42.9	上海	1993-03-26	600638.SH
176	深深房A	7.12	−29.0	广东	1993-09-15	000029.SZ
177	海宁皮城	7.06	−15.2	浙江	2010-01-26	002344.SZ
178	海蓝控股	7.00	15.8	海南	2016-07-15	2278.HK
179	滨江服务	6.96	54.4	浙江	2019-03-15	3316.HK
180	中国地利	6.87	−5.8	北京	2008-10-22	1387.HK
181	南都物业	6.75	28.5	浙江	2018-02-01	603506.SH
182	正荣服务	6.60	49.0	上海	2020-07-10	6958.HK
183	禹洲集团	6.54	−95.1	福建	2009-11-02	1628.HK
184	荣万家	6.46	新上榜	河北	2021-01-15	2146.HK
185	新大正	6.19	47.5	重庆	2019-12-03	002968.SZ
186	津滨发展	6.18	新上榜	天津	1999-04-22	000897.SZ
187	海印股份	6.15	−36.6	广东	1998-10-28	000861.SZ
188	美好置业	6.12	−54.3	云南	1996-12-05	000667.SZ
189	华侨城(亚洲)	5.85	−41.4	香港	2005-11-02	3366.HK
190	中骏商管	5.77	新上榜	上海	2021-07-02	0606.HK
191	花样年控股	5.64	−93.4	广东	2009-11-25	1777.HK
192	深赛格	5.56	−5.0	广东	1996-12-26	000058.SZ
193	伟业控股	5.55	新上榜	广东	2016-04-06	1570.HK
194	建发物业	5.45	新上榜	福建	2020-12-31	2156.HK

3.4.2　2022年中国房地产行业上市公司品牌价值榜分析

【行业集中度】　在2022年中国房地产行业上市公司品牌价值榜中：排在前5位的公司品牌价值合计5866.41亿元，占行业榜单总计品牌价值的31.5%；排在前10位的公司品牌价值合计9330.38亿元，占行业榜单总计品牌价值的50.1%；排在前30位的公司品牌价值合计 13 336.49 亿元,占行业榜单总计品牌价值的 71.6%。

【**所在区域**】 在 2022 年中国房地产行业上市公司品牌价值榜中,194 家公司来自 22 个地区。其中,来自广东、香港和上海的公司共计 107 家,品牌价值合计 13 968.48 亿元,占行业榜单总计品牌价值的 75%,处于主导地位。其他地区企业的构成情况见图 3-7 和图 3-8。

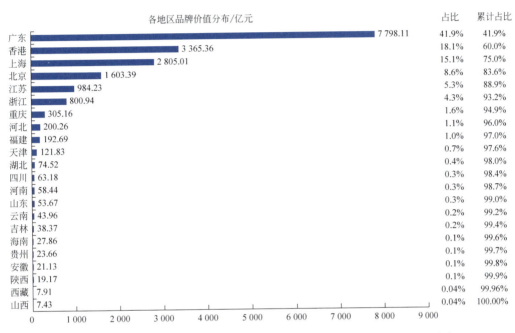

图 3-7　2022 年中国房地产行业上市公司品牌价值榜所在区域品牌价值分布

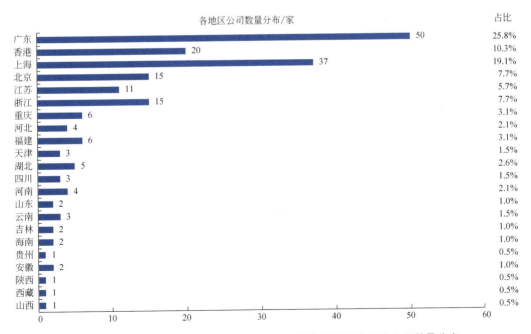

图 3-8　2022 年中国房地产行业上市公司品牌价值榜所在区域公司数量分布

【上市板块】 在2022年中国房地产行业上市公司品牌价值榜中：在港交所上市的中资股公司有94家，品牌价值合计9 876.82亿元，占行业榜单总计品牌价值的53.1%，排在第一位；在上交所主板上市的公司有53家，品牌价值合计4 296.9亿元，占行业榜单总计品牌价值的23.1%，排在第二位；在深交所主板上市的公司有45家，品牌价值合计4 192.36亿元，占行业总计品牌价值的22.5%，排在第三位。此外，在国外上市的中概股公司有2家，品牌价值合计250.21亿元。

【上市时间】 在2022年中国房地产行业上市公司品牌价值榜中：1996年及以前上市的公司有57家，品牌价值合计6 409.53亿元，占行业榜单总计品牌价值的34.4%，排在第一位；2007—2011年上市的公司有26家，品牌价值合计3 479.8亿元，占行业榜单总计品牌价值的18.7%，排在第二位；1997—2001年上市的公司有33家，品牌价值合计2 457.61亿元，占行业榜单总计品牌价值的13.2%，排在第三位。此外，2002—2006年上市的公司有19家，品牌价值合计2 377.19亿元；2012—2016年上市的公司有21家，品牌价值合计2 215.89亿元；2017—2021年上市的公司有38家，品牌价值合计1 676.28亿元。

3.5 饮料行业品牌价值榜

在2022年中国上市公司品牌价值总榜的3 000家企业中：饮料行业的企业共计48家，比2021年增加了3家；品牌价值总计18 150.29亿元，比2021年增长了15.9%。

3.5.1 2022年中国饮料行业上市公司品牌价值榜单

序号	证券简称	品牌价值/亿元	增长率/%	地区	上市日期	证券代码
1	贵州茅台	5 445.13	13.1	贵州	2001-08-27	600519.SH
2	五粮液	2 367.55	13.1	四川	1998-04-27	000858.SZ
3	伊利股份	1 725.60	11.4	内蒙古	1996-03-12	600887.SH
4	蒙牛乳业	1 375.88	15.3	香港	2004-06-10	2319.HK
5	洋河股份	843.21	15.5	江苏	2009-11-06	002304.SZ
6	泸州老窖	720.47	33.9	四川	1994-05-09	000568.SZ
7	华润啤酒	616.66	13.5	香港	1973-11-15	0291.HK
8	农夫山泉	597.17	7.7	浙江	2020-09-08	9633.HK
9	山西汾酒	589.49	62.5	山西	1994-01-06	600809.SH
10	青岛啤酒	522.98	11.9	山东	1993-08-27	600600.SH
11	光明乳业	362.50	−3.8	上海	2002-08-28	600597.SH
12	古井贡酒	296.82	5.7	安徽	1996-09-27	000596.SZ
13	养元饮品	209.76	10.8	河北	2018-02-12	603156.SH
14	今世缘	199.92	13.4	江苏	2014-07-03	603369.SH
15	重庆啤酒	195.31	122.1	重庆	1997-10-30	600132.SH
16	顺鑫农业	176.79	−33.8	北京	1998-11-04	000860.SZ
17	口子窖	165.02	17.5	安徽	2015-06-29	603589.SH

续表

序号	证券简称	品牌价值/亿元	增长率/%	地区	上市日期	证券代码
18	水井坊	147.40	67.8	四川	1996-12-06	600779.SH
19	迎驾贡酒	138.25	27.9	安徽	2015-05-28	603198.SH
20	燕京啤酒	136.83	−1.4	北京	1997-07-16	000729.SZ
21	东鹏饮料	125.75	新上榜	广东	2021-05-27	605499.SH
22	舍得酒业	114.83	97.1	四川	1996-05-24	600702.SH
23	三元股份	96.15	3.1	北京	2003-09-15	600429.SH
24	张裕A	92.99	−5.7	山东	2000-10-26	000869.SZ
25	新乳业	90.55	16.1	四川	2019-01-25	002946.SZ
26	酒鬼酒	86.75	74.7	湖南	1997-07-18	000799.SZ
27	珠江啤酒	77.86	−0.1	广东	2010-08-18	002461.SZ
28	老白干酒	69.81	13.4	河北	2002-10-29	600559.SH
29	百润股份	68.22	56.5	上海	2011-03-25	002568.SZ
30	伊力特	57.75	14.2	新疆	1999-09-16	600197.SH
31	香飘飘	56.09	−6.4	浙江	2017-11-30	603711.SH
32	承德露露	54.57	26.9	河北	1997-11-13	000848.SZ
33	金徽酒	47.16	2.5	甘肃	2016-03-10	603919.SH
34	奈雪的茶	33.41	新上榜	广东	2021-06-30	2150.HK
35	天润乳业	31.10	4.1	新疆	2001-06-28	600419.SH
36	李子园	30.38	新上榜	浙江	2021-02-08	605337.SH
37	古越龙山	30.11	−7.9	浙江	1997-05-16	600059.SH
38	会稽山	29.70	15.7	浙江	2014-08-25	601579.SH
39	均瑶健康	24.69	−9.5	湖北	2020-08-18	605388.SH
40	欢乐家	16.94	新上榜	广东	2021-06-02	300997.SZ
41	泉阳泉	14.49	92.2	吉林	1998-10-07	600189.SH
42	天佑德酒	12.26	−28.4	青海	2011-12-22	002646.SZ
43	西藏水资源	12.12	−2.0	香港	2011-06-30	1115.HK
44	金种子酒	11.65	17.9	安徽	1998-08-12	600199.SH
45	金枫酒业	9.63	−27.6	上海	1992-09-29	600616.SH
46	惠泉啤酒	8.37	−1.3	福建	2003-02-26	600573.SH
47	海升果汁	7.78	16.2	陕西	2005-11-04	0359.HK
48	威龙股份	6.49	−8.5	山东	2016-05-16	603779.SH

3.5.2 2022年中国饮料行业上市公司品牌价值榜分析

【行业集中度】 在2022年中国饮料行业上市公司品牌价值榜中：排在第1位的公司是贵州茅台，品牌价值5 445.13亿元，占行业榜单总计品牌价值的30%；排在前3位的公司品牌价值合计9 538.28亿元，占行业榜单总计品牌价值的52.6%；排在前10位的公司品牌价值合计14 804.13亿元，占行业榜单总计品牌价值的81.6%。

【所在区域】 在2022年中国饮料行业上市公司品牌价值榜中，48家公司来自22个地区。其中，来自贵州、四川、香港和内蒙古的公司共计10家，品牌价值合计12 616.19亿元,占行业榜单总计品牌价值的 69.5%,处于主导地位。其他地区企业的构成情况见图 3-9 和图 3-10。

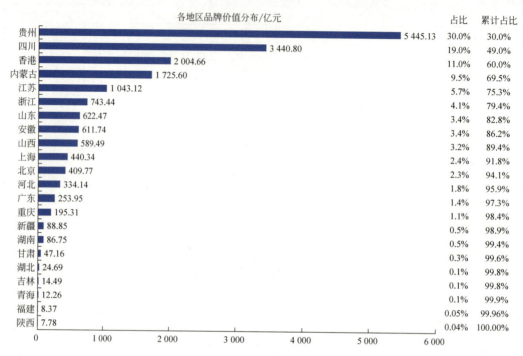

图 3-9 2022 年中国饮料行业上市公司品牌价值榜所在区域品牌价值分布

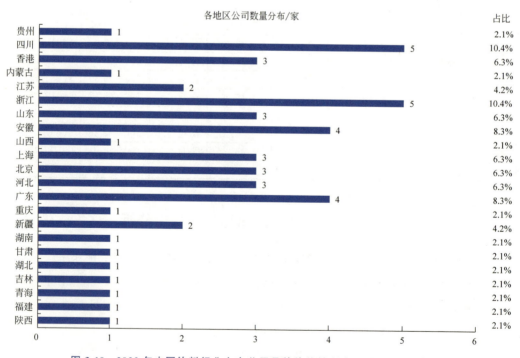

图 3-10 2022 年中国饮料行业上市公司品牌价值榜所在区域公司数量分布

【上市板块】 在2022年中国饮料行业上市公司品牌价值榜中：在上交所主板上市的公司有28家，品牌价值合计10 465.47亿元，占行业榜单总计品牌价值的57.7%，排在第一位；在深交所主板上市的公司有13家，品牌价值合计5 024.87亿元，占行业榜单总计品牌价值的27.7%，排在第二位；在港交所上市的中资股公司有6家，品牌价值合计2 643.01亿元，占行业总计品牌价值的14.6%，排在第三位。此外，在深交所创业板上市的公司有1家，品牌价值16.94亿元。

【上市时间】 在2022年中国饮料行业上市公司品牌价值榜中：1997—2001年上市的公司有13家，品牌价值合计8 701.01亿元，占行业榜单总计品牌价值的47.9%，排在第一位；1996年及以前上市的公司有9家，品牌价值合计4 743.88亿元，占行业榜单总计品牌价值的26.1%，排在第二位；2002—2006年上市的公司有6家，品牌价值合计1 920.47亿元，占行业榜单总计品牌价值的10.6%，排在第三位。此外，2017—2021年上市的公司有9家，品牌价值合计1 184.72亿元；2007—2011年上市的公司有5家，品牌价值合计1 013.66亿元；2012—2016年上市的公司有6家，品牌价值合计586.54亿元。

3.6 装备行业品牌价值榜

在2022年中国上市公司品牌价值总榜的3 000家企业中：装备行业的企业共计373家，比2021年增加了19家；品牌价值总计16 608.93亿元，比2021年增长了40.5%。

3.6.1 2022年中国装备行业上市公司品牌价值榜单

序号	证券简称	品牌价值/亿元	增长率/%	地区	上市日期	证券代码
1	中国中车	1 087.61	8.8	北京	2008-08-18	601766.SH
2	三一重工	977.49	52.7	北京	2003-07-03	600031.SH
3	中集集团	784.01	73.8	广东	1994-04-08	000039.SZ
4	上海电气	635.12	14.2	上海	2008-12-05	601727.SH
5	隆基绿能	597.14	80.1	陕西	2012-04-11	601012.SH
6	徐工机械	451.33	62.5	江苏	1996-08-28	000425.SZ
7	中联重科	423.28	56.2	湖南	2000-10-12	000157.SZ
8	金风科技	287.14	44.2	新疆	2007-12-26	002202.SZ
9	宁德时代	287.06	87.9	福建	2018-06-11	300750.SZ
10	天合光能	223.58	76.6	江苏	2020-06-10	688599.SH
11	东方电气	217.24	37.4	四川	1995-10-10	600875.SH
12	晶澳科技	203.14	32.4	河北	2010-08-10	002459.SZ
13	特变电工	178.36	66.4	新疆	1997-06-18	600089.SH
14	信义光能	171.85	54.1	安徽	2013-12-12	0968.HK
15	协鑫科技	171.12	26.5	香港	2007-11-13	3800.HK
16	国电南瑞	156.23	87.7	江苏	2003-10-16	600406.SH
17	阿特斯太阳能	154.94	11.1	江苏	2006-11-09	CSIQ.O
18	正泰电器	154.16	60.9	浙江	2010-01-21	601877.SH

续表

序号	证券简称	品牌价值/亿元	增长率/%	地区	上市日期	证券代码
19	天能动力	153.52	23.4	香港	2007-06-11	0819.HK
20	郑煤机	151.13	62.2	河南	2010-08-03	601717.SH
21	中集车辆	151.02	8.4	广东	2021-07-08	301039.SZ
22	扬子江	147.16	11.6	江苏	2007-04-18	BS6.SG
23	中国船舶	144.33	25.2	上海	1998-05-20	600150.SH
24	天地科技	140.11	47.8	北京	2002-05-15	600582.SH
25	上海机电	139.23	4.1	上海	1994-02-24	600835.SH
26	电气风电	134.09	新上榜	上海	2021-05-19	688660.SH
27	柳工	133.29	53.9	广西	1993-11-18	000528.SZ
28	海天国际	128.48	48.5	浙江	2006-12-22	1882.HK
29	中航科工	126.19	38.5	北京	2003-10-30	2357.HK
30	新特能源	121.37	57.2	新疆	2015-12-30	1799.HK
31	明阳智能	118.72	51.3	广东	2019-01-23	601615.SH
32	中国通号	116.52	13.2	北京	2019-07-22	688009.SH
33	恒立液压	114.36	81.8	江苏	2011-10-28	601100.SH
34	中国龙工	109.80	50.7	上海	2005-11-17	3339.HK
35	哈尔滨电气	109.17	−9.3	黑龙江	1994-12-16	1133.HK
36	玉柴国际	107.55	24.3	广西	1994-12-16	CYD.N
37	振华重工	106.95	13.6	上海	2000-12-21	600320.SH
38	中集安瑞科	104.07	107.4	广东	2005-10-18	3899.HK
39	晶科能源	97.23	6.8	江西	2010-05-14	JKS.N
40	中国高速传动	96.95	105.9	香港	2007-07-04	0658.HK
41	中铁工业	88.95	−37.2	北京	2001-05-28	600528.SH
42	宝胜股份	87.60	24.7	江苏	2004-08-02	600973.SH
43	国电科环	85.68	121.8	北京	2011-12-30	1296.HK
44	中国一重	83.70	91.3	黑龙江	2010-02-09	601106.SH
45	杭叉集团	81.99	22.5	浙江	2016-12-27	603298.SH
46	安徽合力	79.90	20.5	安徽	1996-10-09	600761.SH
47	天能股份	78.44	新上榜	浙江	2021-01-18	688819.SH
48	东方日升	78.14	2.5	浙江	2010-09-02	300118.SZ
49	阳光电源	77.69	69.2	安徽	2011-11-02	300274.SZ
50	中航沈飞	77.04	109.1	山东	1996-10-11	600760.SH
51	爱旭股份	74.27	39.6	上海	1996-08-16	600732.SH
52	航发动力	73.43	29.4	陕西	1996-04-08	600893.SH
53	中航西飞	71.66	8.5	陕西	1997-06-26	000768.SZ
54	巨星科技	70.99	23.5	浙江	2010-07-13	002444.SZ
55	超威动力	68.40	32.4	浙江	2010-07-07	0951.HK
56	三一国际	65.93	89.4	辽宁	2009-11-25	0631.HK
57	陕鼓动力	65.23	77.5	陕西	2010-04-28	601369.SH
58	海立股份	63.00	37.9	上海	1992-11-16	600619.SH
59	天顺风能	62.96	48.0	江苏	2010-12-31	002531.SZ
60	中国动力	60.09	10.9	河北	2004-07-14	600482.SH
61	先导智能	60.05	52.7	江苏	2015-05-18	300450.SZ
62	运达股份	59.93	145.9	浙江	2019-04-26	300772.SZ

装备行业榜单

续表

序号	证券简称	品牌价值/亿元	增长率/%	地区	上市日期	证券代码
63	汇川技术	59.25	84.9	广东	2010-09-28	300124.SZ
64	科达制造	59.05	128.2	广东	2002-10-10	600499.SH
65	山河智能	57.78	57.8	湖南	2006-12-22	002097.SZ
66	ST龙净	57.37	12.4	福建	2000-12-29	600388.SH
67	时代电气	56.84	34.1	湖南	2021-09-07	688187.SH
68	上机数控	55.99	235.9	江苏	2018-12-28	603185.SH
69	铁建重工	54.74	新上榜	湖南	2021-06-22	688425.SH
70	动力新科	53.52	167.0	上海	1994-03-11	600841.SH
71	中国重工	53.21	−16.2	北京	2009-12-16	601989.SH
72	精达股份	48.93	87.6	安徽	2002-09-11	600577.SH
73	晶盛机电	48.18	77.3	浙江	2012-05-11	300316.SZ
74	长虹华意	47.20	21.1	江西	1996-06-19	000404.SZ
75	西子洁能	45.67	82.2	浙江	2011-01-10	002534.SZ
76	杭氧股份	43.30	76.4	浙江	2010-06-10	002430.SZ
77	远东股份	42.18	15.9	青海	1995-02-06	600869.SH
78	海力风电	40.61	新上榜	江苏	2021-11-24	301155.SZ
79	中直股份	39.94	23.1	黑龙江	2000-12-18	600038.SH
80	江南集团	39.26	41.9	江苏	2012-04-20	1366.HK
81	卧龙电驱	38.28	5.3	浙江	2002-06-06	600580.SH
82	中国西电	37.67	−9.8	陕西	2010-01-28	601179.SH
83	太原重工	37.63	37.1	山西	1998-09-04	600169.SH
84	一拖股份	37.28	2.3	河南	2012-08-08	601038.SH
85	京运通	36.49	62.5	北京	2011-09-08	601908.SH
86	云内动力	36.47	−21.1	云南	1999-04-15	000903.SZ
87	中航机电	35.43	33.8	湖北	2004-07-05	002013.SZ
88	浙江鼎力	35.27	13.3	浙江	2015-03-25	603338.SH
89	福莱特	34.91	65.7	浙江	2019-02-15	601865.SH
90	阳光能源	34.89	46.4	香港	2008-03-31	0757.HK
91	宏发股份	34.73	18.9	湖北	1996-02-05	600885.SH
92	汉马科技	34.72	6.7	安徽	2003-04-01	600375.SH
93	山推股份	34.43	28.6	山东	1997-01-22	000680.SZ
94	理士国际	33.94	124.7	广东	2010-11-16	0842.HK
95	起帆电缆	33.41	70.2	上海	2020-07-31	605222.SH
96	大连重工	32.26	2.2	辽宁	2008-01-16	002204.SZ
97	国机重装	32.25	−5.8	四川	2020-06-08	601399.SH
98	杰克股份	31.40	41.2	浙江	2017-01-19	603337.SH
99	克劳斯	31.33	23.4	山东	2002-08-09	600579.SH
100	中圣集团	31.21	53.9	湖南	2005-03-16	5GD.SG
101	航天电子	31.10	32.9	湖北	1995-11-15	600879.SH
102	中信重工	30.85	37.0	河南	2012-07-06	601608.SH
103	许继电气	30.78	9.9	河南	1997-04-18	000400.SZ
104	三星医疗	30.38	32.3	浙江	2011-06-15	601567.SH

续表

序号	证券简称	品牌价值/亿元	增长率/%	地区	上市日期	证券代码
105	经纬纺机	30.02	2.7	北京	1996-12-10	000666.SZ
106	华光环能	29.44	56.9	江苏	2003-07-21	600475.SH
107	大金重工	28.98	123.5	辽宁	2010-10-15	002487.SZ
108	力劲科技	28.13	71.0	香港	2006-10-16	0558.HK
109	冰轮环境	27.94	27.2	山东	1998-05-28	000811.SZ
110	中来股份	27.82	24.3	江苏	2014-09-12	300393.SZ
111	东贝集团	27.62	新上榜	湖北	2020-12-25	601956.SH
112	中船防务	27.45	−19.8	广东	1993-10-28	600685.SH
113	华宏科技	27.43	95.4	江苏	2011-12-20	002645.SZ
114	内蒙古一机	26.89	14.8	内蒙古	2004-05-18	600967.SH
115	迈为股份	26.43	99.8	江苏	2018-11-09	300751.SZ
116	湘电股份	25.86	新上榜	湖南	2002-07-18	600416.SH
117	艾迪精密	25.75	39.8	山东	2017-01-20	603638.SH
118	东富龙	25.44	53.9	上海	2011-02-01	300171.SZ
119	今创集团	25.37	13.9	江苏	2018-02-27	603680.SH
120	重庆机电	24.96	17.7	重庆	2008-06-13	2722.HK
121	东方电缆	24.61	82.4	浙江	2014-10-15	603606.SH
122	卓郎智能	23.98	−20.7	新疆	2003-12-03	600545.SH
123	诺力股份	23.90	25.0	浙江	2015-01-28	603611.SH
124	康力电梯	23.72	−6.0	江苏	2010-03-12	002367.SZ
125	长城科技	23.56	151.5	浙江	2018-04-10	603897.SH
126	创世纪	23.48	−4.1	广东	2010-05-20	300083.SZ
127	思源电气	23.45	17.9	上海	2004-08-05	002028.SZ
128	秦川机床	23.28	新上榜	陕西	1998-09-28	000837.SZ
129	平高电气	23.21	−3.0	河南	2001-02-21	600312.SH
130	伊之密	22.34	71.5	广东	2015-01-23	300415.SZ
131	金杯电工	22.32	74.7	湖南	2010-12-31	002533.SZ
132	盾安环境	22.22	57.2	浙江	2004-07-05	002011.SZ
133	ST中利	21.99	3.9	江苏	2009-11-27	002309.SZ
134	国茂股份	21.89	60.8	江苏	2019-06-14	603915.SH
135	万马股份	21.82	11.4	浙江	2009-07-10	002276.SZ
136	汉钟精机	21.67	55.2	上海	2007-08-17	002158.SZ
137	东方精工	21.04	43.9	广东	2011-08-30	002611.SZ
138	杭可科技	21.02	71.1	浙江	2019-07-22	688006.SH
139	中航电子	20.88	10.9	北京	2001-07-06	600372.SH
140	天奇股份	20.72	52.7	江苏	2004-06-29	002009.SZ
141	全柴动力	20.66	13.2	安徽	1998-12-03	600218.SH
142	豪迈科技	20.45	9.3	山东	2011-06-28	002595.SZ
143	天能重工	20.38	18.2	山东	2016-11-25	300569.SZ
144	弘亚数控	20.37	60.5	广东	2016-12-28	002833.SZ
145	楚天科技	20.36	140.9	湖南	2014-01-21	300358.SZ
146	大洋电机	20.26	50.4	广东	2008-06-19	002249.SZ

续表

序号	证券简称	品牌价值/亿元	增长率/%	地区	上市日期	证券代码
147	国轩高科	20.11	−2.7	安徽	2006-10-18	002074.SZ
148	双良节能	19.93	57.4	江苏	2003-04-22	600481.SH
149	中航重机	19.85	45.5	贵州	1996-11-06	600765.SH
150	威海广泰	19.85	33.1	山东	2007-01-26	002111.SZ
151	爱康科技	19.76	17.2	江苏	2011-08-15	002610.SZ
152	博众精工	19.30	新上榜	江苏	2021-05-12	688097.SH
153	天通股份	19.23	43.4	浙江	2001-01-18	600330.SH
154	日月股份	18.87	18.6	浙江	2016-12-28	603218.SH
155	太阳电缆	18.84	37.5	福建	2009-10-21	002300.SZ
156	汉缆股份	18.68	−1.2	山东	2010-11-09	002498.SZ
157	美亚光电	18.62	9.8	安徽	2012-07-31	002690.SZ
158	顺风清洁能源	18.54	−5.3	江苏	2011-07-13	1165.HK
159	卓然股份	18.50	新上榜	上海	2021-09-06	688121.SH
160	华荣股份	18.32	33.8	上海	2017-05-24	603855.SH
161	中际旭创	18.14	30.7	山东	2012-04-10	300308.SZ
162	广日股份	17.80	3.2	广东	1996-03-28	600894.SH
163	泰胜风能	17.73	13.3	上海	2010-10-19	300129.SZ
164	南都电源	17.06	−1.2	浙江	2010-04-21	300068.SZ
165	银都股份	16.76	42.3	浙江	2017-09-11	603277.SH
166	科华数据	16.71	46.4	福建	2010-01-13	002335.SZ
167	软控股份	16.64	75.1	山东	2006-10-18	002073.SZ
168	中兵红箭	16.51	33.6	湖南	1993-10-08	000519.SZ
169	亿晶光电	16.50	−14.4	浙江	2003-01-23	600537.SH
170	海容冷链	16.44	27.3	山东	2018-11-29	603187.SH
171	国网英大	16.34	8.9	上海	2003-10-10	600517.SH
172	宁波东力	16.14	47.0	浙江	2007-08-23	002164.SZ
173	中国卫星	16.03	−14.6	北京	1997-09-08	600118.SH
174	博实股份	16.03	28.0	黑龙江	2012-09-11	002698.SZ
175	开山股份	16.03	17.4	上海	2011-08-19	300257.SZ
176	航天晨光	16.02	18.5	江苏	2001-06-15	600501.SH
177	航天机电	15.77	13.8	上海	1998-06-05	600151.SH
178	拓斯达	15.58	−4.8	广东	2017-02-09	300607.SZ
179	海天精工	15.56	118.9	浙江	2016-11-07	601882.SH
180	帝尔激光	15.52	124.8	湖北	2019-05-17	300776.SZ
181	双环传动	15.29	135.1	浙江	2010-09-10	002472.SZ
182	中金环境	15.27	−22.6	浙江	2010-12-09	300145.SZ
183	泰豪科技	15.26	44.0	江西	2002-07-03	600590.SH
184	凌霄泵业	15.25	35.1	广东	2017-07-11	002884.SZ
185	上工申贝	14.96	−5.5	上海	1994-03-11	600843.SH
186	四方股份	14.85	48.6	北京	2010-12-31	601126.SH
187	中国电研	14.74	56.5	广东	2019-11-05	688128.SH
188	创力集团	14.74	24.2	上海	2015-03-20	603012.SH

装备行业榜单

续表

序号	证券简称	品牌价值/亿元	增长率/%	地区	上市日期	证券代码
189	永创智能	14.70	47.8	浙江	2015-05-29	603901.SH
190	特锐德	14.69	−1.2	山东	2009-10-30	300001.SZ
191	川仪股份	14.69	50.6	重庆	2014-08-05	603100.SH
192	潍柴重机	14.68	28.3	山东	1998-04-02	000880.SZ
193	京山轻机	14.61	87.3	湖北	1998-06-26	000821.SZ
194	顺钠股份	14.48	1.1	广东	1994-01-03	000533.SZ
195	南兴股份	14.36	33.0	广东	2015-05-27	002757.SZ
196	林洋能源	14.24	22.3	江苏	2011-08-08	601222.SH
197	大丰实业	14.16	12.3	浙江	2017-04-20	603081.SH
198	长园集团	14.10	−2.0	广东	2002-12-02	600525.SH
199	国电南自	13.92	14.2	江苏	1999-11-18	600268.SH
200	英维克	13.86	41.9	广东	2016-12-29	002837.SZ
201	润邦股份	13.77	8.0	江苏	2010-09-29	002483.SZ
202	杭电股份	13.36	19.1	浙江	2015-02-17	603618.SH
203	亿嘉和	13.35	78.1	江苏	2018-06-12	603666.SH
204	赛腾股份	13.31	46.1	江苏	2017-12-25	603283.SH
205	科瑞技术	13.27	6.1	广东	2019-07-26	002957.SZ
206	航天发展	13.25	3.3	福建	1993-11-30	000547.SZ
207	日发精机	13.20	37.8	浙江	2010-12-10	002520.SZ
208	宇通重工	12.97	新上榜	河南	1994-01-28	600817.SH
209	隆华科技	12.91	31.7	河南	2011-09-16	300263.SZ
210	赢合科技	12.85	−24.4	广东	2015-05-14	300457.SZ
211	奥特维	12.83	新上榜	江苏	2020-05-21	688516.SH
212	众合科技	12.66	49.7	浙江	1999-06-11	000925.SZ
213	中科微至	12.63	新上榜	江苏	2021-10-26	688211.SH
214	金鹰重工	12.58	新上榜	湖北	2021-08-18	301048.SZ
215	天融信	12.58	−13.4	广东	2008-02-01	002212.SZ
216	震裕科技	12.55	新上榜	浙江	2021-03-18	300953.SZ
217	新柴股份	12.52	新上榜	浙江	2021-07-22	301032.SZ
218	兰石重装	12.40	29.6	甘肃	2014-10-09	603169.SH
219	利元亨	12.35	新上榜	广东	2021-07-01	688499.SH
220	易成新能	12.33	10.8	河南	2010-06-25	300080.SZ
221	通裕重工	12.03	−19.4	山东	2011-03-08	300185.SZ
222	易事特	12.02	−21.6	广东	2014-01-27	300376.SZ
223	同力日升	11.96	新上榜	江苏	2021-03-22	605286.SH
224	中超控股	11.95	8.0	江苏	2010-09-10	002471.SZ
225	航天工程	11.77	72.0	北京	2015-01-28	603698.SH
226	中航高科	11.77	9.5	江苏	1994-05-20	600862.SH
227	科士达	11.47	35.4	广东	2010-12-07	002518.SZ
228	锦浪科技	11.45	89.4	浙江	2019-03-19	300763.SZ
229	大同机械	11.41	新上榜	香港	1988-12-12	0118.HK
230	洪都航空	11.37	26.7	江西	2000-12-15	600316.SH

续表

序号	证券简称	品牌价值/亿元	增长率/%	地区	上市日期	证券代码
231	良信股份	11.37	21.8	上海	2014-01-21	002706.SZ
232	亚威股份	10.99	24.4	江苏	2011-03-03	002559.SZ
233	巨一科技	10.98	新上榜	安徽	2021-11-10	688162.SH
234	亿和控股	10.80	87.5	香港	2005-05-11	0838.HK
235	苏常柴A	10.74	5.0	江苏	1994-07-01	000570.SZ
236	大元泵业	10.73	17.7	浙江	2017-07-11	603757.SH
237	纽威股份	10.63	7.4	江苏	2014-01-17	603699.SH
238	科达利	10.61	54.9	广东	2017-03-02	002850.SZ
239	麦格米特	10.41	19.8	广东	2017-03-06	002851.SZ
240	八方股份	10.27	83.2	江苏	2019-11-11	603489.SH
241	金龙羽	10.26	34.7	广东	2017-07-17	002882.SZ
242	金辰股份	10.21	53.9	辽宁	2017-10-18	603396.SH
243	山东矿机	10.18	25.8	山东	2010-12-17	002526.SZ
244	鲍斯股份	10.08	24.0	浙江	2015-04-23	300441.SZ
245	东方电子	9.96	29.2	山东	1997-01-21	000682.SZ
246	申菱环境	9.89	新上榜	广东	2021-07-07	301018.SZ
247	新强联	9.77	120.4	河南	2020-07-13	300850.SZ
248	华强科技	9.75	新上榜	湖北	2021-12-06	688151.SH
249	捷昌驱动	9.72	29.4	浙江	2018-09-21	603583.SH
250	恒润股份	9.64	48.6	江苏	2017-05-05	603985.SH
251	华通线缆	9.45	新上榜	河北	2021-05-11	605196.SH
252	厦工股份	9.38	新上榜	福建	1994-01-28	600815.SH
253	四方科技	9.35	30.0	江苏	2016-05-19	603339.SH
254	彩虹新能源	9.18	56.3	陕西	2004-12-20	0438.HK
255	山东章鼓	9.14	75.7	山东	2011-07-07	002598.SZ
256	博杰股份	9.08	−5.8	广东	2020-02-05	002975.SZ
257	航发控制	9.07	22.1	江苏	1997-06-26	000738.SZ
258	科大智能	9.04	35.1	上海	2011-05-25	300222.SZ
259	佳士科技	9.01	26.9	广东	2011-03-22	300193.SZ
260	七一二	8.98	−24.7	天津	2018-02-26	603712.SH
261	联赢激光	8.97	100.7	广东	2020-06-22	688518.SH
262	新时达	8.96	35.1	上海	2010-12-24	002527.SZ
263	法兰泰克	8.92	34.7	江苏	2017-01-25	603966.SH
264	中国鹏飞集团	8.86	12.3	江苏	2019-11-15	3348.HK
265	机器人	8.77	−38.3	辽宁	2009-10-30	300024.SZ
266	利君股份	8.74	44.1	四川	2012-01-06	002651.SZ
267	中国恒天立信国际	8.71	12.3	香港	1990-10-12	0641.HK
268	冰山冷热	8.66	−5.6	辽宁	1993-12-08	000530.SZ
269	神州高铁	8.63	−28.9	北京	1992-05-07	000008.SZ
270	中国海防	8.53	82.0	北京	1996-11-04	600764.SH
271	中信博	8.47	46.9	江苏	2020-08-28	688408.SH
272	智光电气	8.44	36.6	广东	2007-09-19	002169.SZ

续表

序号	证券简称	品牌价值/亿元	增长率/%	地区	上市日期	证券代码
273	四创电子	8.36	59.5	安徽	2004-05-10	600990.SH
274	晋亿实业	8.31	29.9	浙江	2007-01-26	601002.SH
275	冀东装备	8.31	6.1	河北	1998-08-13	000856.SZ
276	宏华数科	8.30	新上榜	浙江	2021-07-08	688789.SH
277	海陆重工	8.19	新上榜	江苏	2008-06-25	002255.SZ
278	江苏雷利	8.15	30.9	江苏	2017-06-02	300660.SZ
279	苏试试验	8.10	30.8	江苏	2015-01-22	300416.SZ
280	佳电股份	8.08	63.8	黑龙江	1999-06-18	000922.SZ
281	智慧农业	8.08	18.7	江苏	1997-08-18	000816.SZ
282	盛剑环境	8.03	新上榜	上海	2021-04-07	603324.SH
283	精功科技	8.00	新上榜	浙江	2004-06-25	002006.SZ
284	快克股份	7.98	41.5	江苏	2016-11-08	603203.SH
285	中际联合	7.96	新上榜	北京	2021-05-06	605305.SH
286	雷赛智能	7.95	31.3	广东	2020-04-08	002979.SZ
287	金盘科技	7.94	新上榜	海南	2021-03-09	688676.SH
288	上海沪工	7.89	27.7	上海	2016-06-07	603131.SH
289	华伍股份	7.86	16.6	江西	2010-07-28	300095.SZ
290	国盛智科	7.86	64.4	江苏	2020-06-30	688558.SH
291	高测股份	7.86	新上榜	山东	2020-08-07	688556.SH
292	禾望电气	7.79	34.2	广东	2017-07-28	603063.SH
293	埃斯顿	7.75	66.4	江苏	2015-03-20	002747.SZ
294	富瑞特装	7.75	35.7	江苏	2011-06-08	300228.SZ
295	航天彩虹	7.74	9.3	浙江	2010-04-13	002389.SZ
296	山东威达	7.59	49.8	山东	2004-07-27	002026.SZ
297	保变电气	7.57	−5.8	河北	2001-02-28	600550.SH
298	柯力传感	7.54	41.4	浙江	2019-08-06	603662.SH
299	昇辉科技	7.51	19.7	山东	2015-02-17	300423.SZ
300	华铁股份	7.49	45.4	广东	2000-06-01	000976.SZ
301	斯莱克	7.49	26.3	江苏	2014-01-29	300382.SZ
302	越剑智能	7.48	28.5	浙江	2020-04-15	603095.SH
303	华翔股份	7.48	42.1	山西	2020-09-17	603112.SH
304	铁建装备	7.45	−16.5	云南	2015-12-16	1786.HK
305	东杰智能	7.45	新上榜	山西	2015-06-30	300486.SZ
306	长龄液压	7.44	新上榜	江苏	2021-03-22	605389.SH
307	天正电气	7.39	15.9	浙江	2020-08-07	605066.SH
308	鸣志电器	7.39	26.0	上海	2017-05-09	603728.SH
309	致远新能	7.35	新上榜	吉林	2021-04-29	300985.SZ
310	北方股份	7.32	56.3	内蒙古	2000-06-30	600262.SH
311	航天动力	7.19	1.6	陕西	2003-04-08	600343.SH
312	江特电机	7.17	新上榜	江西	2007-10-12	002176.SZ
313	威派格	7.13	42.1	上海	2019-02-22	603956.SH
314	露笑科技	7.12	28.9	浙江	2011-09-20	002617.SZ

续表

序号	证券简称	品牌价值/亿元	增长率/%	地区	上市日期	证券代码
315	五洋停车	7.10	−0.9	江苏	2015-02-17	300420.SZ
316	白云电器	7.01	43.3	广东	2016-03-22	603861.SH
317	天准科技	6.99	新上榜	江苏	2019-07-22	688003.SH
318	慈星股份	6.97	28.6	浙江	2012-03-29	300307.SZ
319	昌红科技	6.90	3.5	广东	2010-12-22	300151.SZ
320	金雷股份	6.85	28.2	山东	2015-04-22	300443.SZ
321	蓝英装备	6.72	−15.7	辽宁	2012-03-08	300293.SZ
322	中环海陆	6.62	新上榜	江苏	2021-08-03	301040.SZ
323	永利股份	6.62	−22.2	上海	2011-06-15	300230.SZ
324	纽威数控	6.60	新上榜	江苏	2021-09-17	688697.SH
325	快意电梯	6.59	新上榜	广东	2017-03-24	002774.SZ
326	哈工智能	6.56	15.4	江苏	1995-11-28	000584.SZ
327	星徽股份	6.53	1.4	广东	2015-06-10	300464.SZ
328	北方导航	6.52	54.1	北京	2003-07-04	600435.SH
329	亿利达	6.45	38.9	浙江	2012-07-03	002686.SZ
330	康尼机电	6.42	8.3	江苏	2014-08-01	603111.SH
331	天桥起重	6.37	1.5	湖南	2010-12-10	002523.SZ
332	振华新材	6.35	新上榜	贵州	2021-09-14	688707.SH
333	东亚机械	6.35	新上榜	福建	2021-07-20	301028.SZ
334	光明沃得	6.32	39.7	江苏	2006-04-27	B49.SG
335	北斗星通	6.29	4.0	北京	2007-08-13	002151.SZ
336	华明装备	6.27	33.7	山东	2008-09-05	002270.SZ
337	泰瑞机器	6.26	28.6	浙江	2017-10-31	603289.SH
338	京城股份	6.26	新上榜	北京	1994-05-06	600860.SH
339	应流股份	6.22	18.9	安徽	2014-01-22	603308.SH
340	科陆电子	6.16	新上榜	广东	2007-03-06	002121.SZ
341	振江股份	6.15	48.6	江苏	2017-11-06	603507.SH
342	金通灵	6.15	−12.5	江苏	2010-06-25	300091.SZ
343	中恒电气	6.13	−4.1	浙江	2010-03-05	002364.SZ
344	川润股份	6.11	48.7	四川	2008-09-19	002272.SZ
345	*ST海伦	6.07	4.9	江苏	2011-04-07	300201.SZ
346	五洲新春	6.00	新上榜	浙江	2016-10-25	603667.SH
347	北京科锐	6.00	34.7	北京	2010-02-03	002350.SZ
348	英威腾	5.97	43.2	广东	2010-01-13	002334.SZ
349	华昌达	5.95	−9.4	湖北	2011-12-16	300278.SZ
350	海得控制	5.90	42.3	上海	2007-11-16	002184.SZ
351	江苏神通	5.89	新上榜	江苏	2010-06-23	002438.SZ
352	乐惠国际	5.81	5.4	浙江	2017-11-13	603076.SH
353	雪人股份	5.80	18.4	福建	2011-12-05	002639.SZ
354	宏力达	5.78	新上榜	上海	2020-10-15	688330.SH
355	航发科技	5.76	19.0	四川	2001-12-12	600391.SH
356	豪森股份	5.76	−6.1	辽宁	2020-11-09	688529.SH

续表

序号	证券简称	品牌价值/亿元	增长率/%	地区	上市日期	证券代码
357	派能科技	5.70	新上榜	上海	2020-12-30	688063.SH
358	中辰股份	5.64	新上榜	江苏	2021-01-22	300933.SZ
359	物产金轮	5.63	35.1	江苏	2014-01-28	002722.SZ
360	联德股份	5.62	新上榜	浙江	2021-03-01	605060.SH
361	*ST 沈机	5.59	新上榜	辽宁	1996-07-18	000410.SZ
362	兆威机电	5.57	21.7	广东	2020-12-04	003021.SZ
363	迦南科技	5.51	31.8	浙江	2014-12-31	300412.SZ
364	交控科技	5.51	33.1	北京	2019-07-22	688015.SH
365	雄韬股份	5.51	−10.0	广东	2014-12-03	002733.SZ
366	百利电气	5.50	28.9	天津	2001-06-15	600468.SH
367	信捷电气	5.47	17.6	江苏	2016-12-21	603416.SH
368	巨轮智能	5.45	1.6	广东	2004-08-16	002031.SZ
369	华菱线缆	5.42	新上榜	湖南	2021-06-24	001208.SZ
370	华中数控	5.38	24.2	湖北	2011-01-13	300161.SZ
371	风范股份	5.37	−3.5	江苏	2011-01-18	601700.SH
372	吉鑫科技	5.36	26.5	江苏	2011-05-06	601218.SH
373	东威科技	5.34	新上榜	江苏	2021-06-15	688700.SH

3.6.2 2022年中国装备行业上市公司品牌价值榜分析

【行业集中度】 在2022年中国装备行业上市公司品牌价值榜中：排在前10位的公司品牌价值合计5753.76亿元，占行业榜单总计品牌价值的34.6%；排在前30位的公司品牌价值合计8830.71亿元，占行业榜单总计品牌价值的53.2%；排在前100位的公司品牌价值合计13124.12亿元，占行业榜单总计品牌价值的79%。

【所在区域】 在2022年中国装备行业上市公司品牌价值榜中，373家公司来自30个地区。其中，来自北京、江苏、广东、上海和浙江的公司共计232家，品牌价值合计10320.31亿元，占行业榜单总计品牌价值的62.1%，处于主导地位。其他地区企业的构成情况见图3-11和图3-12。

【上市板块】 在2022年中国装备行业上市公司品牌价值榜中：在上交所主板上市的公司有142家，品牌价值合计7919.4亿元，占行业榜单总计品牌价值的47.7%，排在第一位；在深交所主板上市的公司有109家，品牌价值合计4019.73亿元，占行业榜单总计品牌价值的24.2%，排在第二位；在港交所上市的中资股公司有25家，品牌价值合计1748.68亿元，占行业总计品牌价值的10.5%，排在第三位。此外，在深交所创业板上市的公司有62家，品牌价值合计1483.03亿元；在上交所科创板上市的公司有29家，品牌价值合计893.69亿元；在国外上市的中概股公司有6家，品牌价值合计544.4亿元。

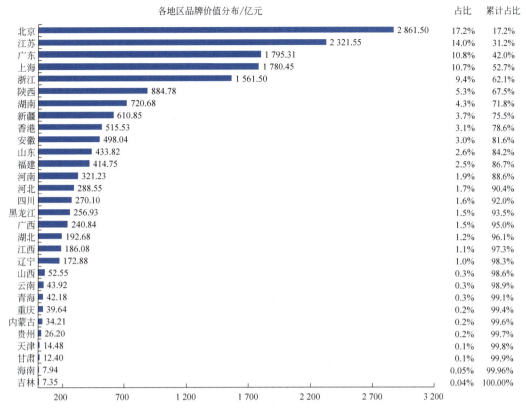

图 3-11　2022 年中国装备行业上市公司品牌价值榜所在区域品牌价值分布

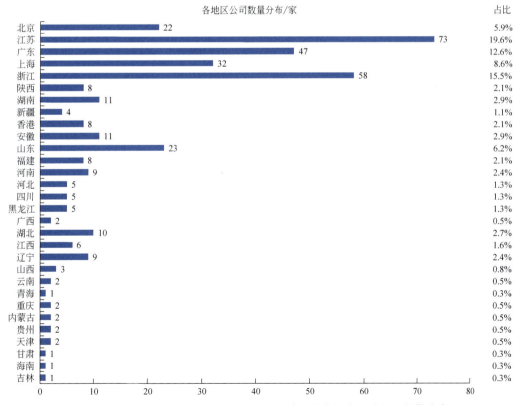

图 3-12　2022 年中国装备行业上市公司品牌价值榜所在区域公司数量分布

【上市时间】 在 2022 年中国装备行业上市公司品牌价值榜中：2007—2011 年上市的公司有 107 家，品牌价值合计 5 265.25 亿元，占行业榜单总计品牌价值的 31.7%，排在第一位；1996 年及以前上市的公司有 37 家，品牌价值合计 2 781.71 亿元，占行业榜单总计品牌价值的 16.7%，排在第二位；2002—2006 年上市的公司有 42 家，品牌价值合计 2 770.69 亿元，占行业榜单总计品牌价值的 16.7%，排在第三位。此外，2017—2021 年上市的公司有 98 家，品牌价值合计 2 408.56 亿元；2012—2016 年上市的公司有 59 家，品牌价值合计 1 805.16 亿元；1997—2001 年上市的公司有 36 家，品牌价值合计 1 577.55 亿元。

3.7 汽车行业品牌价值榜

在 2022 年中国上市公司品牌价值总榜的 3 000 家企业中：汽车行业的企业共计 131 家，比 2021 年减少了 4 家；品牌价值总计 16 028.51 亿元，比 2021 年增长了 20.5%。

3.7.1 2022 年中国汽车行业上市公司品牌价值榜单

序号	证券简称	品牌价值/亿元	增长率/%	地区	上市日期	证券代码
1	上汽集团	3 997.18	8.6	上海	1997-11-25	600104.SH
2	比亚迪	1 079.00	26.8	广东	2011-06-30	002594.SZ
3	北京汽车	968.57	35.5	北京	2014-12-19	1958.HK
4	长城汽车	846.55	21.8	河北	2011-09-28	601633.SH
5	吉利汽车	820.75	47.2	香港	1973-02-23	0175.HK
6	中国重汽	680.33	41.7	山东	2007-11-28	3808.HK
7	潍柴动力	615.00	17.5	山东	2007-04-30	000338.SZ
8	东风集团股份	551.13	13.6	湖北	2005-12-07	0489.HK
9	长安汽车	479.70	-4.7	重庆	1997-06-10	000625.SZ
10	广汽集团	465.63	23.4	广东	2012-03-29	601238.SH
11	广汇汽车	451.91	12.1	辽宁	2000-11-16	600297.SH
12	华域汽车	390.91	7.4	上海	1996-08-26	600741.SH
13	理想汽车-W	385.95	新上榜	北京	2021-08-12	2015.HK
14	一汽解放	274.56	27.4	吉林	1997-06-18	000800.SZ
15	福田汽车	265.83	8.1	北京	1998-06-02	600166.SH
16	江淮汽车	228.59	-10.0	安徽	2001-08-24	600418.SH
17	蔚来	174.55	165.1	上海	2018-09-12	NIO.N
18	江铃汽车	146.18	11.3	江西	1993-12-01	000550.SZ
19	宇通客车	138.57	-12.9	河南	1997-05-08	600066.SH
20	国机汽车	133.86	15.6	天津	2001-03-05	600335.SH
21	雅迪控股	133.14	62.9	江苏	2016-05-19	1585.HK
22	均胜电子	122.68	-3.7	浙江	1993-12-06	600699.SH

续表

序号	证券简称	品牌价值/亿元	增长率/%	地区	上市日期	证券代码
23	小康股份	106.02	40.9	重庆	2016-06-15	601127.SH
24	福耀玻璃	100.19	29.4	福建	1993-06-10	600660.SH
25	美东汽车	95.68	48.1	广东	2013-12-05	1268.HK
26	庞大集团	95.13	−11.2	河北	2011-04-28	601258.SH
27	广汇宝信	94.59	−10.1	上海	2011-12-14	1293.HK
28	东风汽车	80.14	1.8	湖北	1999-07-27	600006.SH
29	耐世特	75.65	59.0	香港	2013-10-07	1316.HK
30	北汽蓝谷	72.90	158.8	北京	1996-08-16	600733.SH
31	隆鑫通用	68.95	20.2	重庆	2012-08-10	603766.SH
32	玲珑轮胎	66.75	23.0	山东	2016-07-06	601966.SH
33	金龙汽车	64.96	5.0	福建	1993-11-08	600686.SH
34	五菱汽车	62.60	2.5	香港	1992-11-23	0305.HK
35	正通汽车	59.80	43.7	北京	2010-12-10	1728.HK
36	赛轮轮胎	57.03	37.1	山东	2011-06-30	601058.SH
37	威孚高科	50.51	14.5	江苏	1998-09-24	000581.SZ
38	一汽富维	49.37	17.4	吉林	1996-08-26	600742.SH
39	小鹏汽车-W	49.09	222.9	广东	2021-07-07	9868.HK
40	宁波华翔	47.21	7.0	浙江	2005-06-03	002048.SZ
41	春风动力	38.59	62.8	浙江	2017-08-18	603129.SH
42	凌云股份	37.34	22.1	河北	2003-08-15	600480.SH
43	中鼎股份	36.94	43.3	安徽	1998-12-03	000887.SZ
44	大东方	36.49	20.7	江苏	2002-06-25	600327.SH
45	立中集团	35.75	77.7	河北	2015-03-19	300428.SZ
46	庆铃汽车股份	35.02	18.6	重庆	1994-08-17	1122.HK
47	骆驼股份	33.04	45.6	湖北	2011-06-02	601311.SH
48	星宇股份	31.88	33.6	江苏	2011-02-01	601799.SH
49	富奥股份	29.82	−1.6	吉林	1993-09-29	000030.SZ
50	继峰股份	28.47	74.1	浙江	2015-03-02	603997.SH
51	力帆科技	27.52	新上榜	重庆	2010-11-25	601777.SH
52	拓普集团	27.33	17.7	浙江	2015-03-19	601689.SH
53	万向钱潮	27.23	12.1	浙江	1994-01-10	000559.SZ
54	三角轮胎	25.37	4.7	山东	2016-09-09	601163.SH
55	万丰奥威	24.93	−3.1	浙江	2006-11-28	002085.SZ
56	兴达国际	23.57	34.3	上海	2006-12-21	1899.HK
57	交运股份	22.29	−11.7	上海	1993-09-28	600676.SH
58	亚普股份	21.53	28.4	江苏	2018-05-09	603013.SH
59	钱江摩托	21.53	7.7	浙江	1999-05-14	000913.SZ
60	新日股份	21.41	−3.3	江苏	2017-04-27	603787.SH
61	浦林成山	20.22	22.5	山东	2018-10-09	1809.HK
62	申达股份	20.04	−16.2	上海	1993-01-07	600626.SH
63	润东汽车	19.64	−0.3	上海	2014-08-12	1365.HK
64	宗申动力	19.12	9.4	重庆	1997-03-06	001696.SZ

续表

序号	证券简称	品牌价值/亿元	增长率/%	地区	上市日期	证券代码
65	贵州轮胎	19.11	40.3	贵州	1996-03-08	000589.SZ
66	ST众泰	18.93	新上榜	浙江	2000-06-16	000980.SZ
67	东风科技	18.17	13.5	上海	1997-07-03	600081.SH
68	小牛电动	17.92	63.9	北京	2018-10-19	NIU.O
69	万里扬	17.62	19.2	浙江	2010-06-18	002434.SZ
70	森麒麟	17.55	21.1	山东	2020-09-11	002984.SZ
71	中通客车	17.41	−41.1	山东	2000-01-13	000957.SZ
72	申华控股	17.25	−9.3	辽宁	1990-12-19	600653.SH
73	海马汽车	17.24	−21.0	海南	1994-08-08	000572.SZ
74	天润工业	16.33	38.2	山东	2009-08-21	002283.SZ
75	银轮股份	16.22	6.8	浙江	2007-04-18	002126.SZ
76	北巴传媒	15.48	6.1	北京	2001-02-16	600386.SH
77	中国汽研	15.31	20.7	重庆	2012-06-11	601965.SH
78	新泉股份	14.99	34.4	江苏	2017-03-17	603179.SH
79	金杯汽车	14.89	−2.4	辽宁	1992-07-24	600609.SH
80	岱美股份	14.80	−5.4	上海	2017-07-28	603730.SH
81	华达科技	14.13	31.5	江苏	2017-01-25	603358.SH
82	广东鸿图	14.10	34.2	广东	2006-12-29	002101.SZ
83	安凯客车	13.12	21.6	安徽	1997-07-25	000868.SZ
84	英利汽车	12.96	新上榜	吉林	2021-04-15	601279.SH
85	伯特利	12.92	29.5	安徽	2018-04-27	603596.SH
86	BRILLIANCE CHI	12.89	−19.5	香港	1999-10-22	1114.HK
87	ST曙光	12.69	18.6	辽宁	2000-12-26	600303.SH
88	模塑科技	12.56	−19.7	江苏	1997-02-28	000700.SZ
89	爱柯迪	11.73	19.5	浙江	2017-11-17	600933.SH
90	华阳集团	11.56	49.8	广东	2017-10-13	002906.SZ
91	风神股份	11.47	−16.3	河南	2003-10-21	600469.SH
92	科博达	11.43	16.9	上海	2019-10-15	603786.SH
93	渤海汽车	10.84	42.7	山东	2004-04-07	600960.SH
94	海联金汇	10.83	28.4	山东	2011-01-10	002537.SZ
95	保隆科技	10.74	27.7	上海	2017-05-19	603197.SH
96	信邦控股	10.63	90.2	广东	2017-06-28	1571.HK
97	松芝股份	10.46	21.3	上海	2010-07-20	002454.SZ
98	新朋股份	10.43	−2.6	上海	2009-12-30	002328.SZ
99	长鹰信质	9.40	24.5	浙江	2012-03-16	002664.SZ
100	*ST银亿	9.19	新上榜	甘肃	2000-06-22	000981.SZ
101	漳州发展	8.98	4.9	福建	1997-06-26	000753.SZ
102	G.A.控股	8.31	29.7	香港	2002-06-17	8126.HK
103	飞龙股份	8.00	35.7	河南	2011-01-11	002536.SZ
104	文灿股份	7.98	84.3	广东	2018-04-26	603348.SH
105	东安动力	7.71	26.3	黑龙江	1998-10-14	600178.SH
106	亚太股份	7.69	21.0	浙江	2009-08-28	002284.SZ

续表

序号	证券简称	品牌价值/亿元	增长率/%	地区	上市日期	证券代码
107	常熟汽饰	7.64	14.3	江苏	2017-01-05	603035.SH
108	旭升股份	7.64	23.5	浙江	2017-07-10	603305.SH
109	通用股份	7.49	2.3	江苏	2016-09-19	601500.SH
110	京威股份	7.44	−11.2	北京	2012-03-09	002662.SZ
111	S*ST佳通	7.30	0.2	黑龙江	1999-05-07	600182.SH
112	奥特佳	7.22	−36.9	江苏	2008-05-22	002239.SZ
113	华众车载	7.10	新上榜	浙江	2012-01-12	6830.HK
114	双林股份	7.03	−2.8	浙江	2010-08-06	300100.SZ
115	世纪联合控股	7.02	17.4	广东	2019-10-18	1959.HK
116	德尔股份	6.94	12.9	辽宁	2015-06-12	300473.SZ
117	贵航股份	6.91	−9.4	贵州	2001-12-27	600523.SH
118	青岛双星	6.72	−14.6	山东	1996-04-30	000599.SZ
119	远东传动	6.64	10.7	河南	2010-05-18	002406.SZ
120	亚星客车	6.39	−39.5	江苏	1999-08-31	600213.SH
121	中汽系统	6.26	17.5	湖北	2004-08-24	CAAS.O
122	今飞凯达	6.20	26.0	浙江	2017-04-18	002863.SZ
123	中原内配	6.14	33.8	河南	2010-07-16	002448.SZ
124	常青股份	6.13	15.6	安徽	2017-03-24	603768.SH
125	旷达科技	5.95	10.4	江苏	2010-12-07	002516.SZ
126	富临精工	5.88	新上榜	四川	2015-03-19	300432.SZ
127	浩物股份	5.86	新上榜	四川	1997-06-27	000757.SZ
128	华懋科技	5.72	26.8	福建	2014-09-26	603306.SH
129	新晨动力	5.70	10.7	四川	2013-03-13	1148.HK
130	福达股份	5.69	34.9	广西	2014-11-27	603166.SH
131	豪能股份	5.31	新上榜	四川	2017-11-28	603809.SH

3.7.2　2022年中国汽车行业上市公司品牌价值榜分析

【行业集中度】　在2022年中国汽车行业上市公司品牌价值榜中：排在第1位的公司是上汽集团，品牌价值3997.18亿元，占行业榜单总计品牌价值的24.9%；排在前5位的公司品牌价值合计7712.06亿元，占行业榜单总计品牌价值的48.1%；排在前20位的公司品牌价值合计13094.76亿元，占行业榜单总计品牌价值的81.7%。

【所在区域】　在2022年中国汽车行业上市公司品牌价值榜中，131家公司来自23个地区。其中，来自上海、北京、广东和山东的公司共计43家，品牌价值合计9897.74亿元，占行业榜单总计品牌价值的61.8%，处于主导地位。其他地区企业的构成情况见图3-13和图3-14。

【上市板块】　在2022年中国汽车行业上市公司品牌价值榜中：在上交所主板上市的公司有61家，品牌价值合计8476.18亿元，占行业榜单总计品牌价值的52.9%，排在第一位；在港交所上市的中资股公司有22家，品牌价值合计4127.38亿元，占行业榜单总计

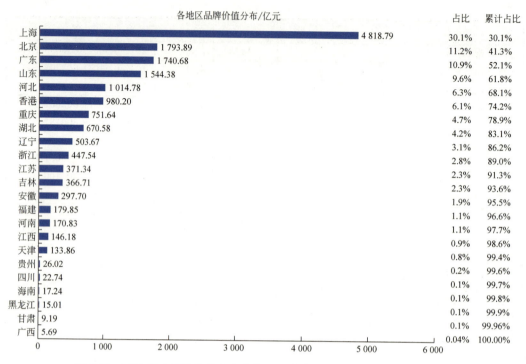

图 3-13 2022 年中国汽车行业上市公司品牌价值榜所在区域品牌价值分布

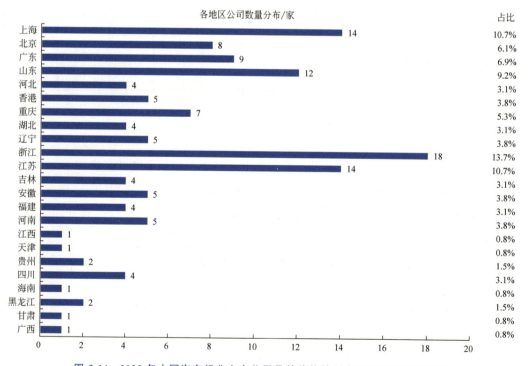

图 3-14 2022 年中国汽车行业上市公司品牌价值榜所在区域公司数量分布

品牌价值的25.8%,排在第二位;在深交所主板上市的公司有41家,品牌价值合计3 170.62亿元,占行业总计品牌价值的19.8%,排在第三位。此外,在国外上市的中概股公司有3家,品牌价值合计198.73亿元;在深交所创业板上市的公司有4家,品牌价值合计55.6亿元。

【上市时间】 在2022年中国汽车行业上市公司品牌价值榜中:1997—2001年上市的公司有28家,品牌价值合计6 352.02亿元,占行业榜单总计品牌价值的39.6%,排在第一位;2007—2011年上市的公司有24家,品牌价值合计3 750.43亿元,占行业榜单总计品牌价值的23.4%,排在第二位;2012—2016年上市的公司有23家,品牌价值合计2 193.64亿元,占行业榜单总计品牌价值的13.7%,排在第三位。此外,1996年及以前上市的公司有19家,品牌价值合计2 040.14亿元;2017—2021年上市的公司有26家,品牌价值合计920.62亿元;2002—2006年上市的公司有11家,品牌价值合计771.66亿元。

3.8 家电行业品牌价值榜

在2022年中国上市公司品牌价值总榜的3 000家企业中:家电行业的企业共计56家,比2021年增加了7家;品牌价值总计10 259.84亿元,比2021年增长了17.3%。

3.8.1 2022年中国家电行业上市公司品牌价值榜单

序号	证券简称	品牌价值/亿元	增长率/%	地区	上市日期	证券代码
1	美的集团	2 748.86	19.0	广东	2013-09-18	000333.SZ
2	海尔智家	1 797.79	25.6	山东	1993-11-19	600690.SH
3	格力电器	1 633.71	−2.7	广东	1996-11-18	000651.SZ
4	四川长虹	551.02	11.1	四川	1994-03-11	600839.SH
5	海信家电	366.95	36.6	广东	1999-07-13	000921.SZ
6	创维集团	334.08	46.1	香港	2000-04-07	0751.HK
7	TCL电子	332.65	12.3	香港	1999-11-26	1070.HK
8	海信视像	281.25	18.7	山东	1997-04-22	600060.SH
9	JS环球生活	259.21	19.0	香港	2019-12-18	1691.HK
10	深康佳A	153.64	−3.5	广东	1992-03-27	000016.SZ
11	苏泊尔	148.21	−4.3	浙江	2004-08-17	002032.SZ
12	石头科技	105.58	143.7	北京	2020-02-21	688169.SH
13	科沃斯	101.18	157.2	江苏	2018-05-28	603486.SH
14	老板电器	99.00	19.7	浙江	2010-11-23	002508.SZ
15	新宝股份	98.98	−3.8	广东	2014-01-21	002705.SZ
16	长虹美菱	95.86	6.7	安徽	1993-10-18	000521.SZ
17	九阳股份	81.90	−4.3	山东	2008-05-28	002242.SZ
18	欧普照明	70.50	18.5	上海	2016-08-19	603515.SH
19	莱克电气	66.22	43.5	江苏	2015-05-13	603355.SH
20	思摩尔国际	58.81	91.8	广东	2020-07-10	6969.HK
21	创维数字	56.13	−0.6	四川	1998-06-02	000810.SZ

续表

序号	证券简称	品牌价值/亿元	增长率/%	地区	上市日期	证券代码
22	澳柯玛	53.80	6.4	山东	2000-12-29	600336.SH
23	万和电气	48.68	13.1	广东	2011-01-28	002543.SZ
24	飞科电器	45.91	8.4	上海	2016-04-18	603868.SH
25	三花智控	44.49	6.1	浙江	2005-06-07	002050.SZ
26	ST 奥马	42.20	12.9	广东	2012-04-16	002668.SZ
27	阳光照明	40.97	-4.8	浙江	2000-07-20	600261.SH
28	得邦照明	38.10	14.4	浙江	2017-03-30	603303.SH
29	华帝股份	37.39	-1.5	广东	2004-09-01	002035.SZ
30	立达信	36.86	新上榜	福建	2021-07-20	605365.SH
31	德业股份	32.92	新上榜	浙江	2021-04-20	605117.SH
32	惠而浦	32.34	-8.7	安徽	2004-07-27	600983.SH
33	佛山照明	32.20	3.2	广东	1993-11-23	000541.SZ
34	浙江美大	28.54	52.4	浙江	2012-05-25	002677.SZ
35	小熊电器	28.49	5.3	广东	2019-08-23	002959.SZ
36	德昌股份	22.62	新上榜	浙江	2021-10-21	605555.SH
37	志高控股	22.53	-46.6	广东	2009-07-13	0449.HK
38	日出东方	21.61	-1.5	江苏	2012-05-21	603366.SH
39	火星人	18.80	55.7	浙江	2020-12-31	300894.SZ
40	富佳股份	18.73	新上榜	浙江	2021-11-22	603219.SH
41	雷士国际	17.77	-17.2	广东	2010-05-20	2222.HK
42	三雄极光	17.66	12.3	广东	2017-03-17	300625.SZ
43	飞乐音响	16.08	新上榜	上海	1990-12-19	600651.SH
44	香山股份	14.41	128.0	广东	2017-05-15	002870.SZ
45	ST 德豪	11.95	-13.8	安徽	2004-06-25	002005.SZ
46	康盛股份	11.92	新上榜	浙江	2010-06-01	002418.SZ
47	帅丰电器	11.00	43.4	浙江	2020-10-19	605336.SH
48	亿田智能	10.03	69.5	浙江	2020-12-03	300911.SZ
49	开能健康	9.81	29.6	上海	2011-11-02	300272.SZ
50	彩虹集团	9.53	12.8	四川	2020-12-11	003023.SZ
51	毅昌科技	8.58	9.2	广东	2010-06-01	002420.SZ
52	天际股份	8.46	新上榜	广东	2015-05-28	002759.SZ
53	小崧股份	7.16	23.5	广东	2014-01-29	002723.SZ
54	东方电热	5.75	12.5	江苏	2011-05-18	300217.SZ
55	香农芯创	5.59	新上榜	安徽	2015-06-10	300475.SZ
56	久融控股	5.41	新上榜	香港	2004-07-15	2358.HK

3.8.2　2022 年中国家电行业上市公司品牌价值榜分析

【行业集中度】 在 2022 年中国家电行业上市公司品牌价值榜中：排在第 1 位的公司是美的集团，品牌价值 2 748.86 亿元，占行业榜单总计品牌价值的 26.8%；排在前 3 位的公司品牌价值合计 6 180.36 亿元,占行业榜单总计品牌价值的 60.2%;排在前 10 位的公司品牌价值合计 8 459.17 亿元,占行业榜单总计品牌价值的 82.4%。

【所在区域】 在 2022 年中国家电行业上市公司品牌价值榜中,49 家公司来自 10 个地区。其中,来自广东和山东的公司共计 22 家,品牌价值合计 7 561.23 亿元,占行业榜单总计品牌价值的 73.7%,处于主导地位。其他地区企业的构成情况见图 3-15 和图 3-16。

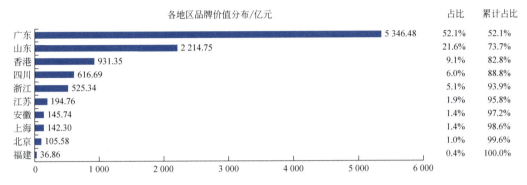

图 3-15 2022 年中国家电行业上市公司品牌价值榜所在区域品牌价值分布

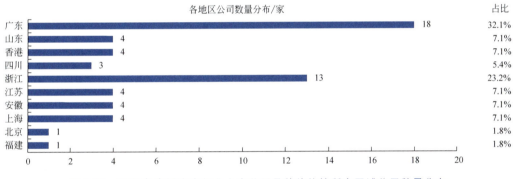

图 3-16 2022 年中国家电行业上市公司品牌价值榜所在区域公司数量分布

【上市板块】 在 2022 年中国家电行业上市公司品牌价值榜中:在深交所主板上市的公司有 24 家,品牌价值合计 5 817.24 亿元,占行业榜单总计品牌价值的 56.7%,排在第一位;在上交所主板上市的公司有 18 家,品牌价值合计 3 238.92 亿元,占行业榜单总计品牌价值的 31.6%,排在第二位;在港交所上市的中资股公司有 7 家,品牌价值合计 1 030.46 亿元,占行业总计品牌价值的 10%,排在第三位。此外,在上交所科创板上市的公司有 1 家,品牌价值 105.58 亿元;在深交所创业板上市的公司有 6 家,品牌价值合计 67.64 亿元。

【上市时间】 在 2022 年中国家电行业上市公司品牌价值榜中:1996 年及以前上市的公司有 7 家,品牌价值合计 4 280.3 亿元,占行业榜单总计品牌价值的 41.7%,排在第一位;2012—2016 年上市的公司有 11 家,品牌价值合计 3 144.03 亿元,占行业榜单总计品牌价值的 30.6%,排在第二位;1997—2001 年上市的公司有 7 家,品牌价值合计 1 465.85 亿元,占行业榜单总计品牌价值的 14.3%,排在第三位。此外,2017—2021 年上市的公司有 16 家,品牌价值合计 783.94 亿元;2007—2011 年上市的公司有 9 家,品牌价值合计 305.93 亿元;2002—2006 年上市的公司有 6 家,品牌价值合计 279.79 亿元。

3.9 医药行业品牌价值榜

在 2022 年中国上市公司品牌价值总榜的 3 000 家企业中,医药行业的企业共计 252 家,比 2021 年减少了 2 家;品牌价值总计 10 259.78 亿元,比 2021 年增长了 21.3%。

3.9.1 2022 年中国医药行业上市公司品牌价值榜单

序号	证券简称	品牌价值/亿元	增长率/%	地区	上市日期	证券代码
1	国药控股	1 414.07	33.6	上海	2009-09-23	1099.HK
2	上海医药	661.76	23.9	上海	1994-03-24	601607.SH
3	华润医药	542.76	29.4	北京	2016-10-28	3320.HK
4	九州通	367.88	16.2	湖北	2010-11-02	600998.SH
5	白云山	223.27	16.3	广东	2001-02-06	600332.SH
6	复星医药	174.72	23.0	上海	1998-08-07	600196.SH
7	国药一致	162.67	−1.5	广东	1993-08-09	000028.SZ
8	恒瑞医药	158.66	0.7	江苏	2000-10-18	600276.SH
9	云南白药	158.53	18.6	云南	1993-12-15	000538.SZ
10	智飞生物	153.09	79.7	重庆	2010-09-28	300122.SZ
11	石药集团	150.13	34.4	香港	1994-06-21	1093.HK
12	迈瑞医疗	149.89	34.4	广东	2018-10-16	300760.SZ
13	国药股份	149.41	2.7	北京	2002-11-27	600511.SH
14	华东医药	147.62	37.6	浙江	2000-01-27	000963.SZ
15	中国生物制药	142.68	3.8	香港	2000-09-29	1177.HK
16	重药控股	131.42	99.4	重庆	1999-09-16	000950.SZ
17	海王生物	128.11	5.7	广东	1998-12-18	000078.SZ
18	药明康德	125.01	50.7	江苏	2018-05-08	603259.SH
19	中国医药	124.07	5.1	北京	1997-05-15	600056.SH
20	南京医药	120.86	17.2	江苏	1996-07-01	600713.SH
21	英科医疗	101.17	81.5	山东	2017-07-21	300677.SZ
22	人福医药	92.70	3.5	湖北	1997-06-06	600079.SH
23	新和成	85.77	31.1	浙江	2004-06-25	002001.SZ
24	健康元	83.18	2.4	广东	2001-06-08	600380.SH
25	中国中药	80.82	46.9	广东	1993-04-07	0570.HK
26	爱尔眼科	79.18	23.8	湖南	2009-10-30	300015.SZ
27	瑞康医药	76.28	−1.0	山东	2011-06-10	002589.SZ
28	步长制药	72.25	−3.2	山东	2016-11-18	603858.SH
29	同仁堂	71.07	23.7	北京	1997-06-25	600085.SH
30	威高股份	69.62	1.8	山东	2004-02-27	1066.HK
31	嘉事堂	68.83	27.3	北京	2010-08-18	002462.SZ
32	长春高新	68.46	4.0	吉林	1996-12-18	000661.SZ
33	康哲药业	66.73	66.7	广东	2010-09-28	0867.HK

续表

序号	证券简称	品牌价值/亿元	增长率/%	地区	上市日期	证券代码
34	东方生物	64.65	757.6	浙江	2020-02-05	688298.SH
35	片仔癀	63.98	48.5	福建	2003-06-16	600436.SH
36	丽珠集团	63.45	11.8	广东	1993-10-28	000513.SZ
37	华润三九	60.65	2.1	广东	2000-03-09	000999.SZ
38	科伦药业	55.58	13.6	四川	2010-06-03	002422.SZ
39	柳药集团	52.52	6.9	广西	2014-12-04	603368.SH
40	天士力	50.27	−16.2	天津	2002-08-23	600535.SH
41	国药现代	49.30	−5.7	上海	2004-06-16	600420.SH
42	鹭燕医药	45.40	21.1	福建	2016-02-18	002788.SZ
43	乐普医疗	42.49	6.6	北京	2009-10-30	300003.SZ
44	联邦制药	41.54	15.1	香港	2007-06-15	3933.HK
45	华润双鹤	40.42	15.5	北京	1997-05-22	600062.SH
46	海正药业	40.00	2.2	浙江	2000-07-25	600267.SH
47	蓝帆医疗	39.71	72.6	山东	2010-04-02	002382.SZ
48	太极集团	39.63	11.5	重庆	1997-11-18	600129.SH
49	中红医疗	39.55	新上榜	河北	2021-04-27	300981.SZ
50	新华医疗	39.01	15.3	山东	2002-09-27	600587.SH
51	普洛药业	37.34	10.2	浙江	1997-05-09	000739.SZ
52	振德医疗	36.98	−2.8	浙江	2018-04-12	603301.SH
53	以岭药业	36.51	−12.4	河北	2011-07-28	002603.SZ
54	济川药业	36.20	24.4	湖北	2001-08-22	600566.SH
55	达安基因	36.02	84.5	广东	2004-08-09	002030.SZ
56	康龙化成	35.87	73.0	北京	2019-01-28	300759.SZ
57	华兰生物	35.28	−5.1	河南	2004-06-25	002007.SZ
58	润达医疗	35.24	37.2	上海	2015-05-27	603108.SH
59	远大医药	34.85	12.8	香港	1995-12-19	0512.HK
60	华北制药	34.74	−7.5	河北	1994-01-14	600812.SH
61	泰格医药	34.24	57.5	浙江	2012-08-17	300347.SZ
62	浙江医药	33.23	12.9	浙江	1999-10-21	600216.SH
63	绿叶制药	33.14	18.8	山东	2014-07-09	2186.HK
64	鱼跃医疗	33.06	−2.8	江苏	2008-04-18	002223.SZ
65	达仁堂	31.99	42.3	天津	2001-06-06	600329.SH
66	华海药业	30.68	0.7	浙江	2003-03-04	600521.SH
67	圣湘生物	30.21	−0.2	湖南	2020-08-28	688289.SH
68	哈药股份	28.89	−21.9	黑龙江	1993-06-29	600664.SH
69	华大基因	28.87	−14.4	广东	2017-07-14	300676.SZ
70	昆药集团	27.45	2.6	云南	2000-12-06	600422.SH
71	四环医药	26.49	65.6	北京	2010-10-28	0460.HK
72	平安好医生	26.36	54.6	上海	2018-05-04	1833.HK
73	人民同泰	26.19	−3.0	黑龙江	1994-02-24	600829.SH
74	天坛生物	25.80	−5.6	北京	1998-06-16	600161.SH
75	奥佳华	25.55	49.1	福建	2011-09-09	002614.SZ

医药行业榜单

续表

序号	证券简称	品牌价值/亿元	增长率/%	地区	上市日期	证券代码
76	海普瑞	25.54	14.7	广东	2010-05-06	002399.SZ
77	同仁堂科技	25.50	21.4	北京	2000-10-31	1666.HK
78	亿帆医药	24.92	−20.5	浙江	2004-07-13	002019.SZ
79	健友股份	24.61	30.0	江苏	2017-07-19	603707.SH
80	凯莱英	24.17	31.9	天津	2016-11-18	002821.SZ
81	罗欣药业	24.16	−8.5	浙江	2016-04-15	002793.SZ
82	先声药业	23.28	4.6	江苏	2020-10-27	2096.HK
83	华熙生物	23.28	58.5	山东	2019-11-06	688363.SH
84	仁和药业	22.65	16.6	江西	1996-12-10	000650.SZ
85	*ST科华	22.62	48.0	上海	2004-07-21	002022.SZ
86	中国同辐	22.59	17.5	北京	2018-07-06	1763.HK
87	吉林敖东	22.57	−11.4	吉林	1996-10-28	000623.SZ
88	热景生物	22.19	新上榜	北京	2019-09-30	688068.SH
89	万泰生物	22.19	128.5	北京	2020-04-29	603392.SH
90	新华制药	21.70	4.6	山东	1997-08-06	000756.SZ
91	东阿阿胶	21.54	−4.5	山东	1996-07-29	000423.SZ
92	东北制药	21.19	7.9	辽宁	1996-05-23	000597.SZ
93	康泰生物	21.19	41.4	广东	2017-02-07	300601.SZ
94	石四药集团	21.19	15.6	香港	2005-12-20	2005.HK
95	通化东宝	21.13	20.0	吉林	1994-08-24	600867.SH
96	义翘神州	21.06	新上榜	北京	2021-08-16	301047.SZ
97	甘李药业	20.43	−10.7	北京	2020-06-29	603087.SH
98	信邦制药	20.23	34.0	贵州	2010-04-16	002390.SZ
99	沃森生物	20.18	157.6	云南	2010-11-12	300142.SZ
100	安图生物	19.88	−7.5	河南	2016-09-01	603658.SH
101	*ST必康	19.88	7.4	陕西	2010-05-25	002411.SZ
102	红日药业	19.80	−21.4	天津	2009-10-30	300026.SZ
103	悦康药业	19.79	20.8	北京	2020-12-24	688658.SH
104	迈克生物	19.78	−3.3	四川	2015-05-28	300463.SZ
105	信立泰	19.57	−13.8	广东	2009-09-10	002294.SZ
106	恩华药业	19.55	18.5	江苏	2008-07-23	002262.SZ
107	中恒集团	19.17	−8.2	广西	2000-11-30	600252.SH
108	葵花药业	18.84	24.1	黑龙江	2014-12-30	002737.SZ
109	珍宝岛	18.54	25.8	黑龙江	2015-04-24	603567.SH
110	仙琚制药	18.20	4.7	浙江	2010-01-12	002332.SZ
111	诺唯赞	18.12	新上榜	江苏	2021-11-15	688105.SH
112	长江健康	17.93	34.6	江苏	2010-06-18	002435.SZ
113	成大生物	17.80	新上榜	辽宁	2021-10-28	688739.SH
114	康恩贝	17.75	−24.2	浙江	2004-04-12	600572.SH
115	之江生物	17.39	新上榜	上海	2021-01-18	688317.SH
116	山东药玻	17.33	−4.8	山东	2002-06-03	600529.SH
117	奥赛康	17.09	−4.0	北京	2015-05-15	002755.SZ

续表

序号	证券简称	品牌价值/亿元	增长率/%	地区	上市日期	证券代码
118	汇宇制药－W	16.75	新上榜	四川	2021-10-26	688553.SH
119	辰欣药业	16.68	20.0	山东	2017-09-29	603367.SH
120	九洲药业	16.62	37.0	浙江	2014-10-10	603456.SH
121	海思科	16.51	2.9	西藏	2012-01-17	002653.SZ
122	健帆生物	16.47	10.1	广东	2016-08-02	300529.SZ
123	硕世生物	16.19	91.0	江苏	2019-12-05	688399.SH
124	东诚药业	16.09	6.6	山东	2012-05-25	002675.SZ
125	百洋医药	15.92	新上榜	山东	2021-06-30	301015.SZ
126	千金药业	15.52	18.8	湖南	2004-03-12	600479.SH
127	凯赛生物	15.35	49.4	上海	2020-08-12	688065.SH
128	振东制药	15.22	24.0	山西	2011-01-07	300158.SZ
129	神威药业	14.99	47.0	河北	2004-12-02	2877.HK
130	马应龙	14.86	25.8	湖北	2004-05-17	600993.SH
131	万孚生物	14.85	－11.9	广东	2015-06-30	300482.SZ
132	康希诺	14.83	新上榜	天津	2020-08-13	688185.SH
133	安旭生物	14.78	新上榜	浙江	2021-11-18	688075.SH
134	京新药业	14.73	14.9	浙江	2004-07-15	002020.SZ
135	九芝堂	14.62	－6.7	湖南	2000-06-28	000989.SZ
136	江中药业	14.59	17.7	江西	1996-09-23	600750.SH
137	ST康美	14.55	－52.2	广东	2001-03-19	600518.SH
138	国邦医药	14.50	新上榜	浙江	2021-08-02	605507.SH
139	上海莱士	14.42	－17.0	上海	2008-06-23	002252.SZ
140	奥美医疗	14.32	－7.3	湖北	2019-03-11	002950.SZ
141	康缘药业	14.17	－12.2	江苏	2002-09-18	600557.SH
142	鲁抗医药	14.07	7.1	山东	1997-02-26	600789.SH
143	百济神州-U	13.93	137.2	北京	2021-12-15	688235.SH
144	健民集团	13.89	63.7	湖北	2004-04-19	600976.SH
145	新产业	13.86	－17.6	广东	2020-05-12	300832.SZ
146	博拓生物	13.42	新上榜	浙江	2021-09-08	688767.SH
147	康德莱	13.31	16.2	上海	2016-11-21	603987.SH
148	尖峰集团	13.05	4.3	浙江	1993-07-28	600668.SH
149	天宇股份	12.97	－8.9	浙江	2017-09-19	300702.SZ
150	生物股份	12.96	－4.7	内蒙古	1999-01-15	600201.SH
151	昊海生科	12.95	46.7	上海	2019-10-30	688366.SH
152	海尔生物	12.95	85.6	山东	2019-10-25	688139.SH
153	大博医疗	12.78	5.0	福建	2017-09-22	002901.SZ
154	康臣药业	12.75	44.3	广东	2013-12-19	1681.HK
155	明德生物	12.37	195.2	湖北	2018-07-10	002932.SZ
156	羚锐制药	12.20	14.1	河南	2000-10-18	600285.SH
157	海翔药业	12.07	－16.4	浙江	2006-12-26	002099.SZ
158	益佰制药	12.06	15.8	贵州	2004-03-23	600594.SH
159	创美药业	11.82	7.6	广东	2015-12-14	2289.HK

续表

序号	证券简称	品牌价值/亿元	增长率/%	地区	上市日期	证券代码
160	华特达因	11.62	5.1	山东	1999-06-09	000915.SZ
161	博雅生物	11.56	−10.7	江西	2012-03-08	300294.SZ
162	东阳光药	11.54	−61.5	湖北	2015-12-29	1558.HK
163	太安堂	11.45	13.9	广东	2010-06-18	002433.SZ
164	天药股份	11.34	16.2	天津	2001-06-18	600488.SH
165	欧普康视	11.21	46.9	安徽	2017-01-17	300595.SZ
166	亚宝药业	11.19	24.5	山西	2002-09-26	600351.SH
167	丰原药业	11.14	0.9	安徽	2000-09-20	000153.SZ
168	天津发展	10.99	10.2	香港	1997-12-10	0882.HK
169	贵州百灵	10.95	−7.9	贵州	2010-06-03	002424.SZ
170	奥泰生物	10.95	新上榜	浙江	2021-03-25	688606.SH
171	威高骨科	10.92	新上榜	山东	2021-06-30	688161.SH
172	爱美客	10.89	106.9	北京	2020-09-28	300896.SZ
173	博腾股份	10.81	10.9	重庆	2014-01-29	300363.SZ
174	可孚医疗	10.78	新上榜	湖南	2021-10-25	301087.SZ
175	同仁堂国药	10.75	15.9	香港	2013-05-07	3613.HK
176	荣泰健康	10.65	29.1	上海	2017-01-11	603579.SH
177	哈三联	10.34	86.7	黑龙江	2017-09-22	002900.SZ
178	浙江震元	10.32	3.9	浙江	1997-04-10	000705.SZ
179	华检医疗	10.17	57.2	上海	2019-07-12	1931.HK
180	再鼎医药	9.96	新上榜	上海	2017-09-20	ZLAB.O
181	南微医学	9.96	63.3	江苏	2019-07-22	688029.SH
182	瑞普生物	9.78	33.1	天津	2010-09-17	300119.SZ
183	奇正藏药	9.56	11.9	西藏	2009-08-28	002287.SZ
184	西藏药业	9.54	14.7	西藏	1999-07-21	600211.SH
185	凯普生物	9.48	74.0	广东	2017-04-12	300639.SZ
186	昭衍新药	9.43	95.7	北京	2017-08-25	603127.SH
187	金斯瑞生物科技	9.42	98.7	江苏	2015-12-30	1548.HK
188	贝达药业	9.42	−17.2	浙江	2016-11-07	300558.SZ
189	安科生物	9.23	31.2	安徽	2009-10-30	300009.SZ
190	桂林三金	9.20	−5.6	广西	2009-07-10	002275.SZ
191	三诺生物	9.19	−6.3	湖南	2012-03-19	300298.SZ
192	常山药业	9.12	20.4	河北	2011-08-19	300255.SZ
193	金陵药业	9.05	−12.2	江苏	1999-11-18	000919.SZ
194	誉衡药业	9.05	−14.7	黑龙江	2010-06-23	002437.SZ
195	康弘药业	9.02	−50.0	四川	2015-06-26	002773.SZ
196	双鹭药业	8.77	12.1	北京	2004-09-09	002038.SZ
197	基蛋生物	8.55	24.0	江苏	2017-07-17	603387.SH
198	立方制药	8.46	30.5	安徽	2020-12-15	003020.SZ
199	美康生物	8.32	4.1	浙江	2015-04-22	300439.SZ
200	普利制药	8.31	33.1	海南	2017-03-28	300630.SZ
201	金迪克	8.04	新上榜	江苏	2021-08-02	688670.SH

医药行业榜单

续表

序号	证券简称	品牌价值/亿元	增长率/%	地区	上市日期	证券代码
202	司太立	7.94	5.5	浙江	2016-03-09	603520.SH
203	药石科技	7.89	82.6	江苏	2017-11-10	300725.SZ
204	东瑞制药	7.86	42.0	香港	2003-07-11	2348.HK
205	香雪制药	7.83	−24.9	广东	2010-12-15	300147.SZ
206	理邦仪器	7.68	−25.7	广东	2011-04-21	300206.SZ
207	科前生物	7.58	12.9	湖北	2020-09-22	688526.SH
208	一品红	7.58	19.0	广东	2017-11-16	300723.SZ
209	金城医药	7.50	−35.0	山东	2011-06-22	300233.SZ
210	塞力医疗	7.45	30.1	湖北	2016-10-31	603716.SH
211	福安药业	7.41	−6.6	重庆	2011-03-22	300194.SZ
212	众生药业	7.39	−39.9	广东	2009-12-11	002317.SZ
213	康辰药业	7.21	11.8	北京	2018-08-27	603590.SH
214	尔康制药	7.18	−36.5	湖南	2011-09-27	300267.SZ
215	华仁药业	7.16	新上榜	山东	2010-08-25	300110.SZ
216	诺禾致源	7.10	新上榜	北京	2021-04-13	688315.SH
217	爱康医疗	6.95	−2.7	北京	2017-12-20	1789.HK
218	中智药业	6.87	29.0	广东	2015-07-13	3737.HK
219	广誉远	6.81	新上榜	山西	1996-11-05	600771.SH
220	富祥药业	6.76	−21.1	江西	2015-12-22	300497.SZ
221	九强生物	6.70	14.8	北京	2014-10-30	300406.SZ
222	灵康药业	6.69	−8.7	西藏	2015-05-28	603669.SH
223	君实生物-U	6.62	新上榜	上海	2020-07-15	688180.SH
224	尚荣医疗	6.52	−24.8	广东	2011-02-25	002551.SZ
225	春立医疗	6.46	17.3	北京	2021-12-30	688236.SH
226	亿胜生物科技	6.43	56.1	广东	2001-06-27	1061.HK
227	拱东医疗	6.41	新上榜	浙江	2020-09-16	605369.SH
228	北大医药	6.38	3.6	重庆	1997-06-16	000788.SZ
229	贝瑞基因	6.36	−20.3	四川	1997-04-22	000710.SZ
230	新诺威	6.30	−1.0	河北	2019-03-22	300765.SZ
231	万东医疗	6.24	25.2	北京	1997-05-19	600055.SH
232	派林生物	6.22	24.1	山西	1996-06-28	000403.SZ
233	我武生物	6.14	7.6	浙江	2014-01-21	300357.SZ
234	德展健康	6.09	−34.1	新疆	1998-05-19	000813.SZ
235	赛升药业	5.84	−19.9	北京	2015-06-26	300485.SZ
236	美诺华	5.84	−3.4	浙江	2017-04-07	603538.SH
237	溢多利	5.80	−19.2	广东	2014-01-28	300381.SZ
238	海南海药	5.79	−23.3	海南	1994-05-25	000566.SZ
239	千红制药	5.76	−17.1	江苏	2011-02-18	002550.SZ
240	*ST辅仁	5.65	新上榜	河南	1996-12-18	600781.SH
241	联环药业	5.65	−4.2	江苏	2003-03-19	600513.SH
242	九典制药	5.59	新上榜	湖南	2017-10-10	300705.SZ
243	美迪西	5.57	新上榜	上海	2019-11-05	688202.SH
244	百克生物	5.53	新上榜	吉林	2021-06-25	688276.SH

医药行业榜单

续表

序号	证券简称	品牌价值/亿元	增长率/%	地区	上市日期	证券代码
245	先健科技	5.52	31.6	广东	2011-11-10	1302.HK
246	康华生物	5.50	−14.7	四川	2020-06-16	300841.SZ
247	中关村	5.48	−15.8	北京	1999-07-12	000931.SZ
248	润都股份	5.38	23.2	广东	2018-01-05	002923.SZ
249	昂利康	5.36	2.9	浙江	2018-10-23	002940.SZ
250	科兴制药	5.33	−8.2	山东	2020-12-14	688136.SH
251	永安药业	5.31	新上榜	湖北	2010-03-05	002365.SZ
252	心脉医疗	5.30	新上榜	上海	2019-07-22	688016.SH

3.9.2　2022年中国医药行业上市公司品牌价值榜分析

【行业集中度】　在2022年中国医药行业上市公司品牌价值榜中：排在前3位的公司品牌价值合计2 618.6亿元,占行业榜单总计品牌价值的25.5%；排在前20位的公司品牌价值合计586.62亿元,占行业榜单总计品牌价值的52.5%；排在前50位的公司品牌价值合计730.82亿元,占行业榜单总计品牌价值的70.5%。

【所在区域】　在2022年中国医药行业上市公司品牌价值榜中,252家公司来自29个地区。其中,来自上海、北京、广东、浙江和江苏的公司共计129家,品牌价值合计6 635.14亿元,占行业榜单总计品牌价值的64.7%,处于主导地位。其他地区企业的构成情况见图3-17和图3-18。

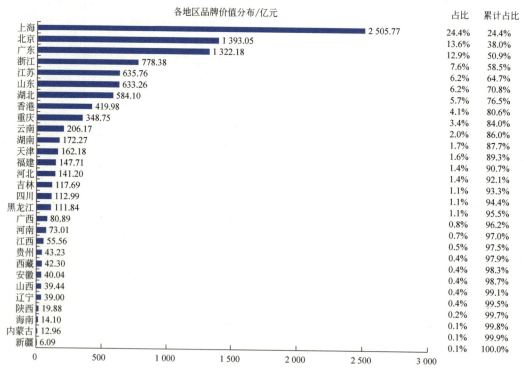

图3-17　2022年中国医药行业上市公司品牌价值榜所在区域品牌价值分布

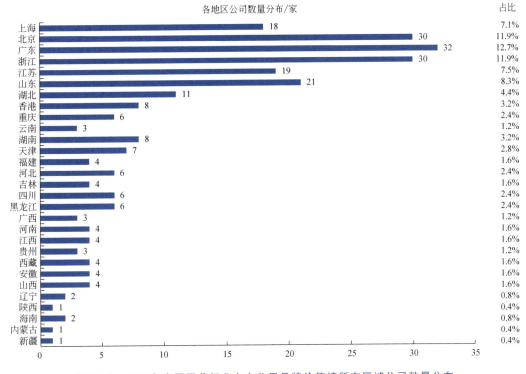

图3-18　2022年中国医药行业上市公司品牌价值榜所在区域公司数量分布

【上市板块】　在2022年中国医药行业上市公司品牌价值榜中：在上交所主板上市的公司有72家，品牌价值合计3 667.99亿元，占行业榜单总计品牌价值的35.8%，排在第一位；在港交所上市的中资股公司有29家，品牌价值合计2 847.81亿元，占行业榜单总计品牌价值的27.8%，排在第二位；在深交所主板上市的公司有72家，品牌价值合计2 207.42亿元，占行业总计品牌价值的21.5%，排在第三位。此外，在深交所创业板上市的公司有49家，品牌价值合计1 092.64亿元；在上交所科创板上市的公司有29家，品牌价值合计433.96亿元；在国外上市的中概股公司有1家，品牌价值9.96亿元。

【上市时间】　在2022年中国医药行业上市公司品牌价值榜中：2007—2011年上市的公司有45家，品牌价值合计2 891.1亿元，占行业榜单总计品牌价值的28.2%，排在第一位；1997—2001年上市的公司有42家，品牌价值合计2 095.93亿元，占行业榜单总计品牌价值的20.4%，排在第二位；1996年及以前上市的公司有23家，品牌价值合计1 752.53亿元，占行业榜单总计品牌价值的17.1%，排在第三位。此外，2017—2021年上市的公司有75家，品牌价值合计1 434.69亿元；2012—2016年上市的公司有40家，品牌价值合计1 226.66亿元；2002—2006年上市的公司有27家，品牌价值合计858.88亿元。

3.10　建筑行业品牌价值榜

在2022年中国上市公司品牌价值总榜的3 000家企业中：建筑行业的企业共计112

家,比 2021 年减少了 8 家;品牌价值总计 10 198.45 亿元,比 2021 年增长了 14%。

3.10.1　2022 年中国建筑行业上市公司品牌价值榜单

序号	证券简称	品牌价值/亿元	增长率/%	地区	上市日期	证券代码
1	中国建筑	1 920.44	8.4	北京	2009-07-29	601668.SH
2	中国中铁	1 016.14	6.5	北京	2007-12-03	601390.SH
3	中国铁建	934.15	−4.1	北京	2008-03-10	601186.SH
4	中国交建	697.13	13.0	北京	2012-03-09	601800.SH
5	中国电建	568.02	52.0	北京	2011-10-18	601669.SH
6	中国建材	564.02	40.5	北京	2006-03-23	3323.HK
7	中国中冶	536.81	43.1	北京	2009-09-21	601618.SH
8	海螺水泥	439.77	13.7	安徽	2002-02-07	600585.SH
9	中国能建	361.02	29.2	北京	2021-09-28	601868.SH
10	上海建工	255.10	6.5	上海	1998-06-23	600170.SH
11	中国化学	163.91	52.9	北京	2010-01-07	601117.SH
12	金隅集团	151.44	32.1	北京	2011-03-01	601992.SH
13	中国铁塔	123.34	−7.6	北京	2018-08-08	0788.HK
14	四川路桥	106.13	67.6	四川	2003-03-25	600039.SH
15	华润水泥控股	89.87	10.5	香港	2009-10-06	1313.HK
16	中国建筑国际	84.39	2.7	香港	2005-07-08	3311.HK
17	中国核建	83.43	13.6	上海	2016-06-06	601611.SH
18	华新水泥	77.03	11.7	湖北	1994-01-03	600801.SH
19	浙江建投	75.27	−20.7	浙江	2015-06-10	002761.SZ
20	陕西建工	74.22	987.5	陕西	2000-06-22	600248.SH
21	中国联塑	71.26	23.5	广东	2010-06-23	2128.HK
22	安徽建工	62.91	28.9	安徽	2003-04-15	600502.SH
23	冀东水泥	61.75	22.4	河北	1996-06-14	000401.SZ
24	天山股份	61.64	304.0	新疆	1999-01-07	000877.SZ
25	东方雨虹	61.25	50.6	北京	2008-09-10	002271.SZ
26	中石化炼化工程	61.21	29.2	北京	2013-05-23	2386.HK
27	隧道股份	60.99	8.5	上海	1994-01-28	600820.SH
28	中材科技	55.99	45.3	江苏	2006-11-20	002080.SZ
29	河北建设	51.09	−25.5	河北	2017-12-15	1727.HK
30	重庆建工	49.62	−7.2	重庆	2017-02-21	600939.SH
31	山东路桥	45.71	66.1	山东	1997-06-09	000498.SZ
32	中国巨石	44.10	86.8	浙江	1999-04-22	600176.SH
33	山水水泥	43.71	36.8	山东	2008-07-04	0691.HK
34	北新建材	42.53	32.6	北京	1997-06-06	000786.SZ
35	中材国际	37.31	28.5	江苏	2005-04-12	600970.SH
36	天健集团	36.37	0.5	广东	1999-07-21	000090.SZ
37	浙江交科	35.91	87.4	浙江	2006-08-16	002061.SZ
38	金螳螂	34.47	−9.3	江苏	2006-11-20	002081.SZ

续表

序号	证券简称	品牌价值/亿元	增长率/%	地区	上市日期	证券代码
39	旗滨集团	34.45	64.1	湖南	2011-08-12	601636.SH
40	宝业集团	31.35	−3.4	浙江	2003-06-30	2355.HK
41	中国天瑞水泥	29.40	18.7	河南	2011-12-23	1252.HK
42	万年青	27.86	17.9	江西	1997-09-23	000789.SZ
43	西部建设	25.49	17.9	新疆	2009-11-03	002302.SZ
44	太极实业	24.47	3.9	江苏	1993-07-28	600667.SH
45	中铝国际	24.19	−14.3	北京	2018-08-31	601068.SH
46	亚泰集团	24.10	35.2	吉林	1995-11-15	600881.SH
47	鸿路钢构	23.89	25.2	安徽	2011-01-18	002541.SZ
48	上峰水泥	23.19	21.6	甘肃	1996-12-18	000672.SZ
49	江河集团	22.45	5.9	北京	2011-08-18	601886.SH
50	龙元建设	21.93	−17.6	浙江	2004-05-24	600491.SH
51	南玻A	21.82	30.4	广东	1992-02-28	000012.SZ
52	宁波建工	20.68	−11.6	浙江	2011-08-16	601789.SH
53	中钢国际	20.28	45.5	吉林	1999-03-12	000928.SZ
54	西部水泥	19.65	40.5	陕西	2010-08-23	2233.HK
55	塔牌集团	17.87	19.5	广东	2008-05-16	002233.SZ
56	天沃科技	16.47	47.0	江苏	2011-03-10	002564.SZ
57	祁连山	15.95	−1.4	甘肃	1996-07-16	600720.SH
58	坚朗五金	15.76	49.7	广东	2016-03-29	002791.SZ
59	粤水电	15.13	32.9	广东	2006-08-10	002060.SZ
60	北方国际	14.49	17.6	北京	1998-06-05	000065.SZ
61	精工钢构	14.24	4.4	安徽	2002-06-05	600496.SH
62	龙建股份	14.17	2.0	黑龙江	1994-04-04	600853.SH
63	金晶科技	13.81	91.9	山东	2002-08-15	600586.SH
64	东湖高新	13.80	16.0	湖北	1998-02-12	600133.SH
65	三峡新材	13.64	34.4	湖北	2000-09-19	600293.SH
66	城建设计	13.62	27.9	北京	2014-07-08	1599.HK
67	伟星新材	13.14	35.4	浙江	2010-03-18	002372.SZ
68	亚厦股份	12.20	−22.1	浙江	2010-03-23	002375.SZ
69	科顺股份	12.09	42.4	广东	2018-01-25	300737.SZ
70	东鹏控股	11.98	1.0	广东	2020-10-19	003012.SZ
71	兔宝宝	11.98	60.4	浙江	2005-05-10	002043.SZ
72	杭萧钢构	11.86	10.9	浙江	2003-11-10	600477.SH
73	西藏天路	11.58	12.8	西藏	2001-01-16	600326.SH
74	宏润建设	11.55	−18.7	浙江	2006-08-16	002062.SZ
75	东南网架	11.49	1.5	浙江	2007-05-30	002135.SZ
76	三和管桩	11.21	新上榜	广东	2021-02-04	003037.SZ
77	宁夏建材	10.84	9.9	宁夏	2003-08-29	600449.SH
78	公元股份	10.83	1.5	浙江	2011-12-08	002641.SZ
79	浦东建设	10.31	11.8	上海	2004-03-16	600284.SH
80	北新路桥	10.13	3.5	新疆	2009-11-11	002307.SZ

续表

序号	证券简称	品牌价值/亿元	增长率/%	地区	上市日期	证券代码
81	蒙娜丽莎	9.48	14.8	广东	2017-12-19	002918.SZ
82	巨匠建设	9.09	−0.6	浙江	2016-01-12	1459.HK
83	中国天保集团	9.05	9.2	河北	2019-11-11	1427.HK
84	华电重工	9.02	19.6	北京	2014-12-11	601226.SH
85	腾达建设	8.59	29.4	浙江	2002-12-26	600512.SH
86	中工国际	8.45	−33.0	北京	2006-06-19	002051.SZ
87	中国武夷	8.38	73.6	福建	1997-07-15	000797.SZ
88	东华科技	7.97	85.7	安徽	2007-07-12	002140.SZ
89	ST广田	7.95	−38.6	广东	2010-09-29	002482.SZ
90	金诚信	7.39	23.7	北京	2015-06-30	603979.SH
91	城地香江	7.24	−8.2	上海	2016-10-10	603887.SH
92	北京利尔	7.13	20.3	北京	2010-04-23	002392.SZ
93	水发兴业能源	7.03	68.3	香港	2009-01-13	0750.HK
94	中国建筑兴业	7.00	48.7	香港	2010-03-30	0830.HK
95	东方铁塔	6.97	−25.2	山东	2011-02-11	002545.SZ
96	森特股份	6.85	54.2	北京	2016-12-16	603098.SH
97	洛阳玻璃	6.80	新上榜	河南	1995-10-31	600876.SH
98	帝欧家居	6.74	13.9	四川	2016-05-25	002798.SZ
99	新疆交建	6.67	35.1	新疆	2018-11-28	002941.SZ
100	鲁阳节能	6.62	新上榜	山东	2006-11-30	002088.SZ
101	建设机械	6.35	−11.4	陕西	2004-07-07	600984.SH
102	耀皮玻璃	6.13	23.4	上海	1994-01-28	600819.SH
103	全筑股份	6.08	−18.4	上海	2015-03-20	603030.SH
104	福建水泥	6.02	35.9	福建	1994-01-03	600802.SH
105	中装建设	5.76	−14.2	广东	2016-11-29	002822.SZ
106	方大集团	5.67	−12.4	广东	1996-04-15	000055.SZ
107	岭南股份	5.64	−23.6	广东	2014-02-19	002717.SZ
108	濮耐股份	5.63	21.2	河南	2008-04-25	002225.SZ
109	青松建化	5.61	新上榜	新疆	2003-07-24	600425.SH
110	海南发展	5.52	−21.2	广东	2007-08-23	002163.SZ
111	瑞泰科技	5.41	新上榜	北京	2006-08-23	002066.SZ
112	云南建投混凝土	5.39	−4.7	云南	2019-10-31	1847.HK

3.10.2　2022年中国建筑行业上市公司品牌价值榜分析

【行业集中度】　在2022年中国建筑行业上市公司品牌价值榜中：排在第1位的公司是中国建筑，品牌价值1 920.44亿元，占行业榜单总计品牌价值的18.8%；排在前5位的公司品牌价值合计5 135.88亿元，占行业榜单总计品牌价值的50.4%；排在前20位的公司品牌价值合计8 321.64亿元，占行业榜单总计品牌价值的81.6%。

【所在区域】　在2022年中国建筑行业上市公司品牌价值榜中，112家公司来自24

个地区。其中,来自北京的公司共计 24 家,品牌价值合计 7 320.41 亿元,占行业榜单总计品牌价值的 71.8%,处于主导地位。其他地区企业的构成情况见图 3-19 和图 3-20。

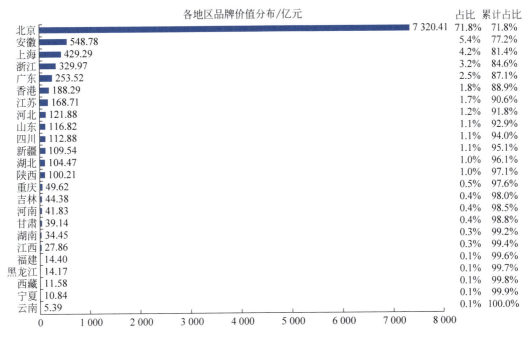

图 3-19 2022 年中国建筑行业上市公司品牌价值榜所在区域品牌价值分布

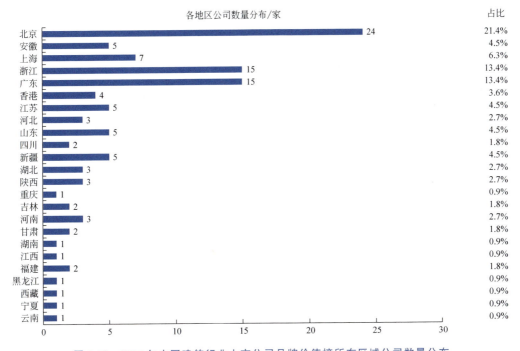

图 3-20 2022 年中国建筑行业上市公司品牌价值榜所在区域公司数量分布

【上市板块】 在2022年中国建筑行业上市公司品牌价值榜中：在上交所主板上市的公司有48家，品牌价值合计8 018.2亿元，占行业榜单总计品牌价值的78.6%，排在第一位；在港交所上市的中资股公司有17家，品牌价值合计1 220.49亿元，占行业榜单总计品牌价值的12%，排在第二位；在深交所主板上市的公司有46家，品牌价值合计947.66亿元，占行业总计品牌价值的9.3%，排在第三位。此外，在深交所创业板上市的公司有1家，品牌价值12.09亿元。

【上市时间】 在2022年中国建筑行业上市公司品牌价值榜中：2007—2011年上市的公司有33家，品牌价值合计5 880.36亿元，占行业榜单总计品牌价值的57.7%，排在第一位；2002—2006年上市的公司有25家，品牌价值合计1 614.92亿元，占行业榜单总计品牌价值的15.8%，排在第二位；2012—2016年上市的公司有15家，品牌价值合计1 010.25亿元，占行业榜单总计品牌价值的9.9%，排在第三位。此外，2017—2021年上市的公司有12家，品牌价值合计675.12亿元；1997—2001年上市的公司有14家，品牌价值合计669.72亿元；1996年及以前上市的公司有13家，品牌价值合计348.08亿元。

3.11 电子行业品牌价值榜

在2022年中国上市公司品牌价值总榜的3 000家企业中：电子行业的企业共计219家，比2021年增加了11家；品牌价值总计9 630亿元，比2021年增长了31.7%。

3.11.1 2022年中国电子行业上市公司品牌价值榜单

序号	证券简称	品牌价值/亿元	增长率/%	地区	上市日期	证券代码
1	联想集团	2 470.31	33.6	北京	1994-02-14	0992.HK
2	海康威视	434.93	50.4	浙江	2010-05-28	002415.SZ
3	京东方A	422.31	61.7	北京	2001-01-12	000725.SZ
4	浪潮信息	327.78	20.2	山东	2000-06-08	000977.SZ
5	紫光股份	304.76	14.8	北京	1999-11-04	000938.SZ
6	立讯精密	282.94	25.0	广东	2010-09-15	002475.SZ
7	歌尔股份	198.37	30.9	山东	2008-05-22	002241.SZ
8	冠捷科技	169.28	新上榜	江苏	1997-05-20	000727.SZ
9	舜宇光学科技	161.31	49.3	浙江	2007-06-15	2382.HK
10	环旭电子	160.77	9.7	上海	2012-02-20	601231.SH
11	大华股份	135.13	38.4	浙江	2008-05-20	002236.SZ
12	TCL中环	126.73	71.3	天津	2007-04-20	002129.SZ
13	欣旺达	116.15	34.6	广东	2011-04-21	300207.SZ
14	蓝思科技	115.74	12.3	湖南	2015-03-18	300433.SZ
15	中芯国际	102.97	3.0	上海	2020-07-16	688981.SH
16	韦尔股份	101.87	105.9	上海	2017-05-04	603501.SH

续表

序号	证券简称	品牌价值/亿元	增长率/%	地区	上市日期	证券代码
17	长电科技	101.83	1.6	江苏	2003-06-03	600584.SH
18	鹏鼎控股	88.98	10.5	广东	2018-09-18	002938.SZ
19	航天信息	85.96	−5.0	北京	2003-07-11	600271.SH
20	德赛电池	79.13	37.0	广东	1995-03-20	000049.SZ
21	欧菲光	76.58	−20.9	广东	2010-08-03	002456.SZ
22	亿纬锂能	76.36	94.5	广东	2009-10-30	300014.SZ
23	三安光电	74.38	20.2	湖北	1996-05-28	600703.SH
24	东山精密	67.47	5.3	江苏	2010-04-09	002384.SZ
25	大全能源	65.07	新上榜	新疆	2021-07-22	688303.SH
26	大全新能源	64.49	191.2	上海	2010-10-07	DQ.N
27	中科曙光	63.88	22.9	天津	2014-11-06	603019.SH
28	同方股份	60.73	−13.9	北京	1997-06-27	600100.SH
29	深天马A	60.55	16.7	广东	1995-03-15	000050.SZ
30	木林森	60.11	38.0	广东	2015-02-17	002745.SZ
31	信利国际	59.50	55.5	香港	1991-07-29	0732.HK
32	中国长城	58.01	−45.6	广东	1997-06-26	000066.SZ
33	大族激光	56.38	33.3	广东	2004-06-25	002008.SZ
34	领益智造	55.53	28.5	广东	2011-07-15	002600.SZ
35	纳思达	55.13	−8.7	广东	2007-11-13	002180.SZ
36	生益科技	54.82	16.5	广东	1998-10-28	600183.SH
37	视源股份	52.87	13.2	广东	2017-01-19	002841.SZ
38	广电运通	45.67	−4.2	广东	2007-08-13	002152.SZ
39	中航光电	42.09	38.9	河南	2007-11-01	002179.SZ
40	华虹半导体	41.94	22.0	上海	2014-10-15	1347.HK
41	华天科技	39.62	0.5	甘肃	2007-11-20	002185.SZ
42	彩虹股份	38.93	264.2	陕西	1996-05-20	600707.SH
43	深科技	38.52	−10.5	广东	1994-02-02	000021.SZ
44	通富微电	38.37	−0.8	江苏	2007-08-16	002156.SZ
45	华润微	37.34	69.2	江苏	2020-02-27	688396.SH
46	珠海冠宇	37.13	新上榜	广东	2021-10-15	688772.SH
47	北方华创	37.00	78.7	北京	2010-03-16	002371.SZ
48	新大陆	36.68	10.2	福建	2000-08-07	000997.SZ
49	兆易创新	34.59	64.7	北京	2016-08-18	603986.SH
50	深南电路	33.19	−11.7	广东	2017-12-13	002916.SZ
51	格科微	33.05	新上榜	上海	2021-08-18	688728.SH
52	ZEPP HEALTH	32.18	新上榜	安徽	2018-02-08	ZEPP.N
53	汇顶科技	31.40	−35.1	广东	2016-10-17	603160.SH
54	安克创新	31.39	9.0	湖南	2020-08-24	300866.SZ
55	卓胜微	31.31	123.6	江苏	2019-06-18	300782.SZ
56	百富环球	30.60	27.2	香港	2010-12-20	0327.HK
57	华工科技	28.85	32.6	湖北	2000-06-08	000988.SZ
58	信维通信	28.21	−1.9	广东	2010-11-05	300136.SZ
59	紫光国微	27.79	61.9	河北	2005-06-06	002049.SZ

电子行业榜单

续表

序号	证券简称	品牌价值/亿元	增长率/%	地区	上市日期	证券代码
60	合力泰	26.55	−36.7	福建	2008-02-20	002217.SZ
61	利亚德	25.97	17.8	北京	2012-03-15	300296.SZ
62	捷佳伟创	24.29	47.0	广东	2018-08-10	300724.SZ
63	景旺电子	23.37	12.4	广东	2017-01-06	603228.SH
64	华显光电	22.80	18.4	香港	1997-06-18	0334.HK
65	沪电股份	22.53	0.9	江苏	2010-08-18	002463.SZ
66	同兴达	22.11	45.5	广东	2017-01-25	002845.SZ
67	长盈精密	22.00	−5.3	广东	2010-09-02	300115.SZ
68	士兰微	21.70	106.7	浙江	2003-03-11	600460.SH
69	拓邦股份	21.64	92.4	广东	2007-06-29	002139.SZ
70	三环集团	20.97	19.2	广东	2014-12-03	300408.SZ
71	长信科技	20.08	−22.7	安徽	2010-05-26	300088.SZ
72	英唐智控	19.58	−30.4	广东	2010-10-19	300131.SZ
73	联创电子	19.53	14.3	江西	2004-09-03	002036.SZ
74	振华科技	19.19	11.8	贵州	1997-07-03	000733.SZ
75	胜利精密	19.16	新上榜	江苏	2010-06-08	002426.SZ
76	高德红外	18.80	47.4	湖北	2010-07-16	002414.SZ
77	洲明科技	18.66	20.5	广东	2011-06-22	300232.SZ
78	风华高科	18.41	31.0	广东	1996-11-29	000636.SZ
79	火炬电子	18.31	64.9	福建	2015-01-26	603678.SH
80	通达集团	18.04	−7.8	香港	2000-12-22	0698.HK
81	协鑫集成	17.74	−18.3	上海	2010-11-18	002506.SZ
82	胜宏科技	17.69	38.4	广东	2015-06-11	300476.SZ
83	航天控股	17.68	47.2	香港	1981-08-25	0031.HK
84	沃尔核材	17.29	51.2	广东	2007-04-20	002130.SZ
85	晶晨股份	16.77	97.1	上海	2019-08-08	688099.SH
86	威胜控股	16.64	32.3	香港	2005-12-19	3393.HK
87	京东方精电	16.61	88.1	香港	1991-07-01	0710.HK
88	莱宝高科	16.31	21.4	广东	2007-01-12	002106.SZ
89	青鸟消防	15.69	42.5	河北	2019-08-09	002960.SZ
90	扬杰科技	15.51	47.0	江苏	2014-01-23	300373.SZ
91	鹏辉能源	15.51	34.6	广东	2015-04-24	300438.SZ
92	和而泰	15.36	49.6	广东	2010-05-11	002402.SZ
93	澜起科技	15.31	2.0	上海	2019-07-22	688008.SH
94	*ST方科	15.19	−11.6	上海	1990-12-19	600601.SH
95	航天电器	14.97	22.3	贵州	2004-07-26	002025.SZ
96	东旭光电	14.81	−15.1	河北	1996-09-25	000413.SZ
97	锐科激光	14.78	83.9	湖北	2018-06-25	300747.SZ
98	超声电子	14.67	−2.3	广东	1997-10-08	000823.SZ
99	金安国纪	14.52	69.1	上海	2011-11-25	002636.SZ
100	睿创微纳	14.38	53.7	山东	2019-07-22	688002.SH
101	卫士通	14.34	80.5	四川	2008-08-11	002268.SZ
102	航天科技	14.21	−5.1	黑龙江	1999-04-01	000901.SZ

续表

序号	证券简称	品牌价值/亿元	增长率/%	地区	上市日期	证券代码
103	凯盛科技	13.95	28.8	安徽	2002-11-08	600552.SH
104	龙腾光电	13.91	13.3	江苏	2020-08-17	688055.SH
105	顺络电子	13.71	31.9	广东	2007-06-13	002138.SZ
106	法拉电子	13.70	43.5	福建	2002-12-10	600563.SH
107	上海贝岭	13.64	168.2	上海	1998-09-24	600171.SH
108	得润电子	13.54	−0.5	广东	2006-07-25	002055.SZ
109	国星光电	13.46	−0.3	广东	2010-07-16	002449.SZ
110	中微公司	13.29	79.3	上海	2019-07-22	688012.SH
111	极米科技	13.26	新上榜	四川	2021-03-03	688696.SH
112	崇达技术	13.23	4.2	广东	2016-10-12	002815.SZ
113	兴森科技	13.17	2.9	广东	2010-06-18	002436.SZ
114	聚光科技	13.15	33.2	浙江	2011-04-15	300203.SZ
115	海兴电力	13.12	−8.5	浙江	2016-11-10	603556.SH
116	联创光电	13.07	8.7	江西	2001-03-29	600363.SH
117	新北洋	12.67	9.4	山东	2010-03-23	002376.SZ
118	瑞芯微	12.65	89.7	福建	2020-02-07	603893.SH
119	研祥智能	12.39	31.7	广东	2003-10-10	2308.HK
120	英飞拓	12.08	17.3	广东	2010-12-24	002528.SZ
121	锐信控股	12.02	−13.1	福建	2006-12-21	1399.HK
122	鸿合科技	12.00	6.0	北京	2019-05-23	002955.SZ
123	光峰科技	11.68	78.5	广东	2019-07-22	688007.SH
124	道通科技	11.64	69.4	广东	2020-02-13	688208.SH
125	鸿远电子	11.61	97.3	北京	2019-05-15	603267.SH
126	天华超净	11.56	103.2	江苏	2014-07-31	300390.SZ
127	大豪科技	11.07	79.8	北京	2015-04-22	603025.SH
128	江海股份	10.92	50.3	江苏	2010-09-29	002484.SZ
129	水晶光电	10.90	7.2	浙江	2008-09-19	002273.SZ
130	北京君正	10.59	新上榜	北京	2011-05-31	300223.SZ
131	艾华集团	10.31	24.0	湖南	2015-05-15	603989.SH
132	奥士康	10.26	34.3	湖南	2017-12-01	002913.SZ
133	柏楚电子	10.24	83.9	上海	2019-08-08	688188.SH
134	晶丰明源	10.24	新上榜	上海	2019-10-14	688368.SH
135	海洋王	10.17	63.5	广东	2014-11-04	002724.SZ
136	精测电子	9.82	30.3	湖北	2016-11-22	300567.SZ
137	宏达电子	9.76	110.9	湖南	2017-11-21	300726.SZ
138	大恒科技	9.72	4.2	北京	2000-11-29	600288.SH
139	立昂微	9.70	64.7	浙江	2020-09-11	605358.SH
140	春秋电子	9.49	21.0	江苏	2017-12-12	603890.SH
141	聚飞光电	9.47	−11.8	广东	2012-03-19	300303.SZ
142	和利时自动化	9.27	−1.5	北京	2008-08-01	HOLI.O
143	至纯科技	9.25	45.3	上海	2017-01-13	603690.SH
144	固德威	9.05	94.7	江苏	2020-09-04	688390.SH

电子行业榜单

续表

序号	证券简称	品牌价值/亿元	增长率/%	地区	上市日期	证券代码
145	世运电路	9.05	2.6	广东	2017-04-26	603920.SH
146	苏州固锝	9.00	14.8	江苏	2006-11-16	002079.SZ
147	依顿电子	9.00	−18.4	广东	2014-07-01	603328.SH
148	华灿光电	8.96	57.8	湖北	2012-06-01	300323.SZ
149	万集科技	8.95	−21.3	北京	2016-10-21	300552.SZ
150	南亚新材	8.89	89.3	上海	2020-08-18	688519.SH
151	圣邦股份	8.79	44.3	北京	2017-06-06	300661.SZ
152	华兴源创	8.59	9.3	江苏	2019-07-22	688001.SH
153	光弘科技	8.44	−16.1	广东	2017-12-29	300735.SZ
154	捷捷微电	8.34	27.8	江苏	2017-03-14	300623.SZ
155	电连技术	8.33	24.0	广东	2017-07-31	300679.SZ
156	金卡智能	8.25	2.0	浙江	2012-08-17	300349.SZ
157	奥海科技	8.23	13.6	广东	2020-08-17	002993.SZ
158	苏州科达	8.18	19.7	江苏	2016-12-01	603660.SH
159	鸿利智汇	8.16	59.3	广东	2011-05-18	300219.SZ
160	全志科技	8.13	43.0	广东	2015-05-15	300458.SZ
161	怡合达	8.11	新上榜	广东	2021-07-23	301029.SZ
162	赛晶科技	8.08	6.1	北京	2010-10-13	0580.HK
163	生益电子	8.02	新上榜	广东	2021-02-25	688183.SH
164	伊戈尔	8.00	新上榜	广东	2017-12-29	002922.SZ
165	复旦微电	7.97	44.1	上海	2021-08-04	688385.SH
166	新国都	7.96	0.4	广东	2010-10-19	300130.SZ
167	汉威科技	7.83	20.9	河南	2009-10-30	300007.SZ
168	晶方科技	7.77	42.3	江苏	2014-02-10	603005.SH
169	博敏电子	7.73	22.3	广东	2015-12-09	603936.SH
170	宁水集团	7.58	13.8	浙江	2019-01-22	603700.SH
171	协创数据	7.55	26.3	广东	2020-07-27	300857.SZ
172	中光学	7.46	31.5	河南	2007-12-03	002189.SZ
173	科森科技	7.45	12.9	江苏	2017-02-09	603626.SH
174	欧陆通	7.39	19.4	广东	2020-08-24	300870.SZ
175	海目星	7.27	新上榜	广东	2020-09-09	688559.SH
176	九联科技	7.25	新上榜	广东	2021-03-23	688609.SH
177	意华股份	7.25	23.9	浙江	2017-09-07	002897.SZ
178	明微电子	7.15	新上榜	广东	2020-12-18	688699.SH
179	华正新材	7.07	23.7	浙江	2017-01-03	603186.SH
180	朗科科技	7.07	14.6	广东	2010-01-08	300042.SZ
181	新天科技	7.07	19.6	河南	2011-08-31	300259.SZ
182	中颖电子	7.01	42.1	上海	2012-06-13	300327.SZ
183	雪迪龙	7.00	55.1	北京	2012-03-09	002658.SZ
184	盛美上海	6.99	新上榜	上海	2021-11-18	688082.SH
185	卓翼科技	6.95	−16.1	广东	2010-03-16	002369.SZ
186	富满微	6.92	新上榜	广东	2017-07-05	300671.SZ

续表

序号	证券简称	品牌价值/亿元	增长率/%	地区	上市日期	证券代码
187	易德龙	6.82	41.1	江苏	2017-06-22	603380.SH
188	华微电子	6.80	5.6	吉林	2001-03-16	600360.SH
189	嘉楠科技	6.69	新上榜	浙江	2019-11-21	CAN.O
190	金溢科技	6.64	−36.8	广东	2017-05-15	002869.SZ
191	新洁能	6.64	新上榜	江苏	2020-09-28	605111.SH
192	锐明技术	6.50	27.2	广东	2019-12-17	002970.SZ
193	中京电子	6.42	24.4	广东	2011-05-06	002579.SZ
194	*ST 星星	6.32	−49.2	江西	2011-08-19	300256.SZ
195	沪硅产业-U	6.25	35.7	上海	2020-04-20	688126.SH
196	安洁科技	6.17	6.7	江苏	2011-11-25	002635.SZ
197	华峰测控	6.10	新上榜	北京	2020-02-18	688200.SH
198	经纬辉开	6.07	−19.3	天津	2010-09-17	300120.SZ
199	国科微	5.99	新上榜	湖南	2017-07-12	300672.SZ
200	飞荣达	5.98	−17.2	广东	2017-01-26	300602.SZ
201	洁美科技	5.95	26.7	浙江	2017-04-07	002859.SZ
202	大立科技	5.81	14.8	浙江	2008-02-18	002214.SZ
203	捷顺科技	5.80	15.6	广东	2011-08-15	002609.SZ
204	和辉光电-U	5.80	新上榜	上海	2021-05-28	688538.SH
205	三利谱	5.75	新上榜	广东	2017-05-05	002876.SZ
206	晨丰科技	5.65	34.2	浙江	2017-11-27	603685.SH
207	弘信电子	5.64	0.7	福建	2017-05-23	300657.SZ
208	乐鑫科技	5.64	新上榜	上海	2019-07-22	688018.SH
209	富瀚微	5.62	新上榜	上海	2017-02-20	300613.SZ
210	思瑞浦	5.62	新上榜	江苏	2020-09-21	688536.SH
211	信濠光电	5.56	新上榜	广东	2021-08-27	301051.SZ
212	振邦智能	5.54	新上榜	广东	2020-12-28	003028.SZ
213	中航电测	5.47	11.3	陕西	2010-08-27	300114.SZ
214	骏亚科技	5.43	新上榜	广东	2017-09-12	603386.SH
215	先河环保	5.38	17.6	河北	2010-11-05	300137.SZ
216	春兴精工	5.37	−50.4	江苏	2011-02-18	002547.SZ
217	炬华科技	5.34	−10.7	浙江	2014-01-21	300360.SZ
218	达华智能	5.33	−13.3	福建	2010-12-03	002512.SZ
219	捷荣技术	5.32	7.0	广东	2017-03-21	002855.SZ

3.11.2　2022年中国电子行业上市公司品牌价值榜分析

【行业集中度】　在2022年中国电子行业上市公司品牌价值榜中：排在第1位的公司是联想集团，品牌价值2 470.31亿元，占行业榜单总计品牌价值的25.7%；排在前10位的公司品牌价值合计4 932.78亿元，占行业榜单总计品牌价值的51.2%；排在前50位的公司品牌价值合计7 550.21亿元，占行业榜单总计品牌价值的78.4%。

【所在区域】　在2022年中国电子行业上市公司品牌价值榜中，219家公司来自22

个地区。其中,来自北京、广东和浙江的公司共计112家,品牌价值合计6 430.05亿元,占行业榜单总计品牌价值的66.8%,处于主导地位。其他地区企业的构成情况见图3-21和图3-22。

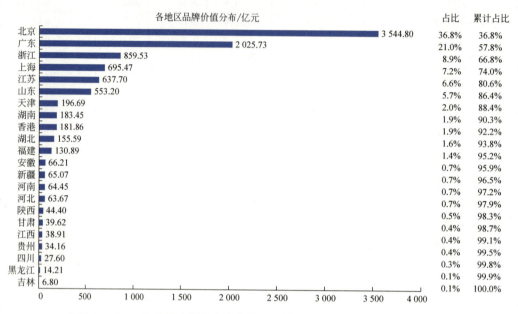

图3-21　2022年中国电子行业上市公司品牌价值榜所在区域品牌价值分布

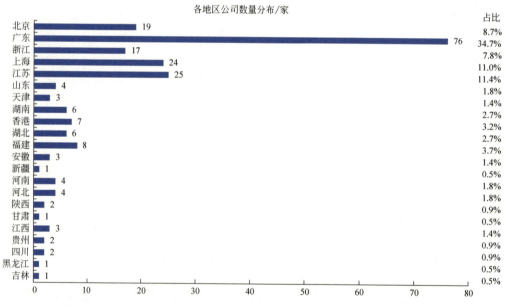

图3-22　2022年中国电子行业上市公司品牌价值榜所在区域公司数量分布

【上市板块】在2022年中国电子行业上市公司品牌价值榜中:在深交所主板上市的公司有81家,品牌价值合计4 109.17亿元,占行业榜单总计品牌价值的42.7%,排在第一位；在港交所上市的中资股公司有 13 家,品牌价值合计 2 887.92 亿元,占行业榜单总计品牌价值的 30%,排在第二位；在上交所主板上市的公司有 41 家,品牌价值合计 1 134.21 亿元,占行业总计品牌价值的 11.8%,排在第三位。此外,在深交所创业板上市的公司有 51 家,品牌价值合计 879.19 亿元；在上交所科创板上市的公司有 29 家,品牌价值合计 506.89 亿元；在国外上市的中概股公司有 4 家,品牌价值合计 112.63 亿元。

【上市时间】 在 2022 年中国电子行业上市公司品牌价值榜中：1996 年及以前上市的公司有 12 家,品牌价值合计 2 904.02 亿元,占行业榜单总计品牌价值的 30.2%,排在第一位；2007—2011 年上市的公司有 63 家,品牌价值合计 2 635.90 亿元,占行业榜单总计品牌价值的 27.4%,排在第二位；1997—2001 年上市的公司有 18 家,品牌价值合计 1 595.35 亿元,占行业榜单总计品牌价值的 16.6%,排在第三位。此外,2017—2021 年上市的公司有 80 家,品牌价值合计 1 277.88 亿元；2012—2016 年上市的公司有 32 家,品牌价值合计 797.44 亿元；2002—2006 年上市的公司有 14 家,品牌价值合计 419.42 亿元。

3.12 电信行业品牌价值榜

在 2022 年中国上市公司品牌价值总榜的 3 000 家企业中：电信行业的企业共计 14 家,与 2021 年持平；品牌价值总计 8 667.53 亿元,比 2021 年下降了 4.5%。

3.12.1 2022 年中国电信行业上市公司品牌价值榜单

序号	证券简称	品牌价值/亿元	增长率/%	地区	上市日期	证券代码
1	中国移动	5 357.94	−1.5	香港	1997-10-23	0941.HK
2	中国电信	1 823.20	−11.1	北京	2021-08-20	601728.SH
3	中国联通	1 308.70	−6.5	北京	2002-10-09	600050.SH
4	中信国际电讯	57.66	−8.6	香港	2007-04-03	1883.HK
5	中国卫通	27.78	−7.2	北京	2019-06-28	601698.SH
6	ST 鹏博士	20.50	−23.0	四川	1994-01-03	600804.SH
7	中国全通	12.76	22.9	香港	2009-09-16	0633.HK
8	税友股份	12.43	新上榜	浙江	2021-06-30	603171.SH
9	亚太卫星	10.01	−15.0	香港	1996-12-18	1045.HK
10	中贝通信	8.80	21.7	湖北	2018-11-15	603220.SH
11	ST 中嘉	8.18	−7.6	河北	1997-12-18	000889.SZ
12	宜通世纪	7.70	0.7	广东	2012-04-25	300310.SZ
13	超讯通信	5.96	4.1	广东	2016-07-28	603322.SH
14	二六三	5.91	−10.9	北京	2010-09-08	002467.SZ

3.12.2 2022 年中国电信行业上市公司品牌价值榜分析

【行业集中度】 在 2022 年中国电信行业上市公司品牌价值榜中：排在第 1 位的公

司是中国移动,品牌价值 5 357.94 亿元,占行业榜单总计品牌价值的 61.8%;排在前 3 位的公司品牌价值合计 8 489.84 亿元,占行业榜单总计品牌价值的 97.9%。

【所在区域】 在 2022 年中国电信行业上市公司品牌价值榜中,14 家公司来自 7 个地区。其中,来自香港的公司有 4 家,品牌价值合计 5 438.37 亿元,占行业榜单总计品牌价值的 62.7%,处于主导地位。其他地区企业的构成情况见图 3-23 和图 3-24。

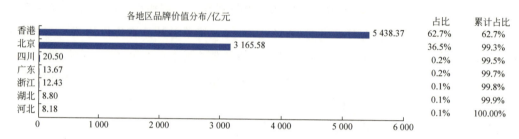

图 3-23 2022 年中国电信行业上市公司品牌价值榜所在区域品牌价值分布

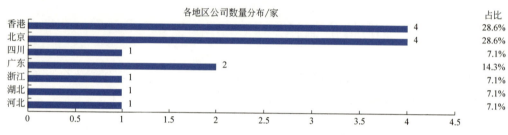

图 3-24 2022 年中国电信行业上市公司品牌价值榜所在区域公司数量分布

【上市板块】 在 2022 年中国电信行业上市公司品牌价值榜中:在港交所上市的中资股公司有 4 家,品牌价值合计 5 438.37 亿元,占行业榜单总计品牌价值的 62.7%,排在第一位;在上交所主板上市的公司有 7 家,品牌价值合计 3 207.37 亿元,占行业榜单总计品牌价值的 37%,排在第二位;此外,在深交所主板上市的公司有 2 家,品牌价值合计 14.09 亿元;在深交所创业板上市的公司有 1 家,品牌价值 7.7 亿元。

【上市时间】 在 2022 年中国电信行业上市公司品牌价值榜中:1997—2001 年上市的公司有 2 家,品牌价值合计 5 366.12 亿元,占行业榜单总计品牌价值的 61.9%,排在第一位;2017—2021 年上市的公司有 4 家,品牌价值合计 1 872.2 亿元,占行业榜单总计品牌价值的 21.6%,排在第二位;2002—2006 年上市的公司有 1 家,品牌价值 1 308.7 亿元,占行业榜单总计品牌价值的 15.1%,排在第三位;此外,2007—2011 年上市的公司有 3 家,品牌价值合计 76.33 亿元;1996 年及以前上市的公司有 2 家,品牌价值合计 30.51 亿元;2012—2016 年上市的公司有 2 家,品牌价值合计 13.67 亿元。

3.13 运输行业品牌价值榜

在 2022 年中国上市公司品牌价值总榜的 3 000 家企业中:运输行业的企业共计 111

家,比 2021 年增加了 1 家;品牌价值总计 7 967.19 亿元,比 2021 年增长了 23.6%。

3.13.1　2022 年中国运输行业上市公司品牌价值榜单

序号	证券简称	品牌价值/亿元	增长率/%	地区	上市日期	证券代码
1	中远海控	998.31	108.6	天津	2007-06-26	601919.SH
2	顺丰控股	838.10	15.7	广东	2010-02-05	002352.SZ
3	中国外运	533.40	53.2	北京	2019-01-18	601598.SH
4	大秦铁路	353.66	−9.3	山西	2006-08-01	601006.SH
5	南方航空	320.23	−2.1	广东	2003-07-25	600029.SH
6	中国国航	268.24	−14.7	北京	2006-08-18	601111.SH
7	东方海外国际	253.50	84.9	香港	1992-07-31	0316.HK
8	中通快递-SW	220.63	17.4	上海	2020-09-29	2057.HK
9	中国东航	216.59	1.3	上海	1997-11-05	600115.SH
10	圆通速递	199.75	20.7	辽宁	2000-06-08	600233.SH
11	瑞茂通	177.27	10.5	山东	1998-07-03	600180.SH
12	韵达股份	169.16	13.2	浙江	2007-03-06	002120.SZ
13	传化智联	156.16	88.5	浙江	2004-06-29	002010.SZ
14	京沪高铁	154.73	−21.5	北京	2020-01-16	601816.SH
15	ST 海航	146.98	23.1	海南	1999-11-25	600221.SH
16	上港集团	134.21	10.8	上海	2006-10-26	600018.SH
17	东航物流	131.87	新上榜	上海	2021-06-09	601156.SH
18	德邦股份	124.95	45.3	上海	2018-01-16	603056.SH
19	华贸物流	95.09	69.5	上海	2012-05-29	603128.SH
20	招商港口	93.95	52.9	广东	1993-05-05	001872.SZ
21	百世集团	91.10	1.0	浙江	2017-09-20	BEST.N
22	宁波港	73.04	24.4	浙江	2010-09-28	601018.SH
23	中远海发	72.72	27.8	上海	2007-12-12	601866.SH
24	申通快递	71.80	−22.3	浙江	2010-09-08	002468.SZ
25	中银航空租赁	70.73	3.1	香港	2016-06-01	2588.HK
26	深圳国际	64.23	64.9	香港	1972-09-25	0152.HK
27	浙江沪杭甬	62.00	47.9	浙江	1997-05-15	0576.HK
28	海丰国际	61.00	7.1	香港	2010-10-06	1308.HK
29	青岛港	54.70	27.1	山东	2019-01-21	601298.SH
30	山东高速	52.82	7.2	山东	2002-03-18	600350.SH
31	ATLAS	52.05	新上榜	上海	2005-08-09	ATCO.N
32	春秋航空	50.60	10.2	上海	2015-01-21	601021.SH
33	宁沪高速	50.02	8.4	江苏	2001-01-16	600377.SH
34	海程邦达	48.39	新上榜	山东	2021-05-26	603836.SH
35	吉祥航空	46.66	29.2	上海	2015-05-27	603885.SH
36	福然德	46.11	47.0	上海	2020-09-24	605050.SH
37	中谷物流	45.48	20.7	上海	2020-09-25	603565.SH
38	招商公路	43.13	18.5	天津	2017-12-25	001965.SZ

续表

序号	证券简称	品牌价值/亿元	增长率/%	地区	上市日期	证券代码
39	广深铁路	42.31	−15.5	广东	2006-12-22	601333.SH
40	深高速	40.32	60.1	广东	2001-12-25	600548.SH
41	招商轮船	40.19	−37.7	上海	2006-12-01	601872.SH
42	中远海能	34.87	−50.9	上海	2002-05-23	600026.SH
43	密尔克卫	33.04	67.2	上海	2018-07-13	603713.SH
44	天津港	32.53	1.7	天津	1996-06-14	600717.SH
45	中创物流	32.34	45.3	山东	2019-04-29	603967.SH
46	天津港发展	32.29	5.3	香港	2006-05-24	3382.HK
47	招商局港口	31.30	20.5	香港	1992-07-15	0144.HK
48	东方嘉盛	31.28	−14.7	广东	2017-07-31	002889.SZ
49	恒通股份	30.31	53.7	山东	2015-06-30	603223.SH
50	唐山港	30.25	3.4	河北	2010-07-05	601000.SH
51	厦门港务	29.39	24.5	福建	1999-04-29	000905.SZ
52	现代投资	28.39	2.8	湖南	1999-01-28	000900.SZ
53	嘉友国际	28.11	13.9	北京	2018-02-06	603871.SH
54	中铁特货	27.50	新上榜	北京	2021-09-08	001213.SZ
55	飞马国际	25.16	新上榜	广东	2008-01-30	002210.SZ
56	广州港	25.11	14.8	广东	2017-03-29	601228.SH
57	顺丰同城	24.41	新上榜	浙江	2021-12-14	9699.HK
58	上海机场	23.64	−42.7	上海	1998-02-18	600009.SH
59	粤高速 A	22.87	85.3	广东	1998-02-20	000429.SZ
60	四川成渝	22.85	20.8	四川	2009-07-27	601107.SH
61	长久物流	21.25	−5.7	北京	2016-08-10	603569.SH
62	华夏航空	20.49	24.0	贵州	2018-03-02	002928.SZ
63	蔚蓝锂芯	20.45	5.1	江苏	2008-06-05	002245.SZ
64	中远海特	20.37	−10.1	广东	2002-04-18	600428.SH
65	中远海运港口	20.37	15.9	香港	1994-12-19	1199.HK
66	越秀交通基建	19.68	36.7	香港	1997-01-30	1052.HK
67	皖通高速	18.80	40.9	安徽	2003-01-07	600012.SH
68	中国飞机租赁	18.44	−11.2	天津	2014-07-11	1848.HK
69	秦港股份	18.10	10.4	河北	2017-08-16	601326.SH
70	北京首都机场股份	17.76	−28.5	北京	2000-02-01	0694.HK
71	辽港股份	17.60	−7.7	辽宁	2010-12-06	601880.SH
72	飞力达	17.21	34.2	江苏	2011-07-06	300240.SZ
73	中原高速	16.74	−14.6	河南	2003-08-08	600020.SH
74	大众交通	16.35	−13.9	上海	1992-08-07	600611.SH
75	北部湾港	15.75	11.7	广西	1995-11-02	000582.SZ
76	赣粤高速	15.70	13.3	江西	2000-05-18	600269.SH
77	普路通	15.46	−21.4	广东	2015-06-29	002769.SZ
78	安通控股	15.30	新上榜	黑龙江	1998-11-04	600179.SH
79	日照港	15.11	8.3	山东	2006-10-17	600017.SH
80	外服控股	15.01	−4.7	上海	1993-06-14	600662.SH

续表

序号	证券简称	品牌价值/亿元	增长率/%	地区	上市日期	证券代码
81	白云机场	14.61	−31.4	广东	2003-04-28	600004.SH
82	楚天高速	14.54	22.1	湖北	2004-03-10	600035.SH
83	粤运交通	14.23	−19.5	广东	2005-10-26	3399.HK
84	锦州港	13.59	10.2	辽宁	1999-06-09	600190.SH
85	福建高速	13.33	14.5	福建	2001-02-09	600033.SH
86	齐鲁高速	12.93	118.2	山东	2018-07-19	1576.HK
87	城发环境	12.87	96.3	河南	1999-03-19	000885.SZ
88	重庆港	11.87	12.8	重庆	2000-07-31	600279.SH
89	锦江在线	10.85	4.5	上海	1993-06-07	600650.SH
90	东莞控股	10.62	−6.7	广东	1997-06-17	000828.SZ
91	滨海泰达物流	10.61	8.7	天津	2008-04-30	8348.HK
92	成都高速	10.02	106.5	四川	2019-01-15	1785.HK
93	招商南油	9.52	−42.9	江苏	2019-01-08	601975.SH
94	嘉诚国际	9.51	15.2	广东	2017-08-08	603535.SH
95	珠海港	9.43	102.4	广东	1993-03-26	000507.SZ
96	中远海运国际	9.24	−1.2	香港	1992-02-11	0517.HK
97	长安民生物流	9.12	15.1	重庆	2006-02-23	1292.HK
98	*ST 易见	9.07	−69.4	云南	1997-06-26	600093.SH
99	美兰空港	8.99	−11.9	海南	2002-11-18	0357.HK
100	宁波海运	8.96	−0.4	浙江	1997-04-23	600798.SH
101	海晨股份	8.60	25.8	江苏	2020-08-24	300873.SZ
102	龙洲股份	8.21	22.8	福建	2012-06-12	002682.SZ
103	深圳机场	8.19	−16.8	广东	1998-04-20	000089.SZ
104	畅联股份	7.48	5.7	上海	2017-09-13	603648.SH
105	五洲交通	7.27	18.6	广西	2000-12-21	600368.SH
106	中信海直	6.55	17.1	广东	2000-07-31	000099.SZ
107	三峡旅游	6.51	−8.9	湖北	2011-11-03	002627.SZ
108	渤海轮渡	6.21	−32.7	山东	2012-09-06	603167.SH
109	三羊马	5.65	新上榜	重庆	2021-11-30	001317.SZ
110	厦门空港	5.49	−10.5	福建	1996-05-31	600897.SH
111	江西长运	5.40	−9.9	江西	2002-07-16	600561.SH

3.13.2　2022 年中国运输行业上市公司品牌价值榜分析

【行业集中度】　在 2022 年中国运输行业上市公司品牌价值榜中：排在前 5 位的公司品牌价值合计 3 043.69 亿元，占行业榜单总计品牌价值的 38.2%；排在前 10 位的公司品牌价值合计 4 202.39 亿元，占行业榜单总计品牌价值的 52.7%；排在前 30 位的公司品牌价值合计 6 260.91 亿元，占行业榜单总计品牌价值的 78.6%。

【所在区域】　在 2022 年中国运输行业上市公司品牌价值榜中，111 家公司来自 24 个地区。其中，来自广东、上海、天津和北京的公司共计 50 家，品牌价值合计 5 120.65 亿元,占行业榜单总计品牌价值的64.3%,处于主导地位。其他地区企业的构成情况见图3-25和图3-26。

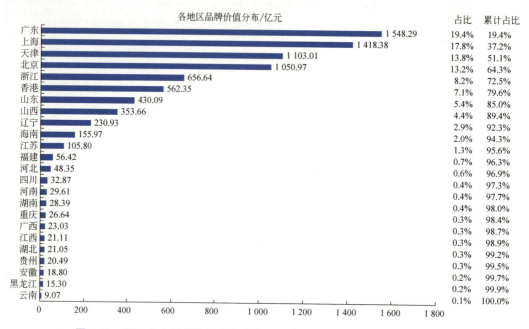

图3-25　2022年中国运输行业上市公司品牌价值榜所在区域品牌价值分布

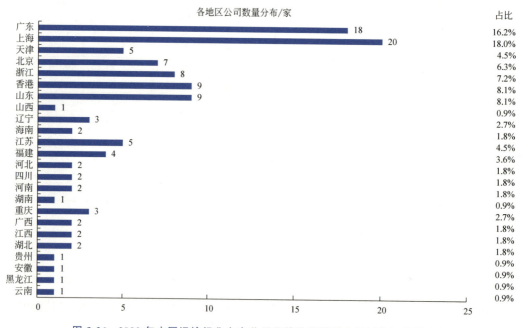

图3-26　2022年中国运输行业上市公司品牌价值榜所在区域公司数量分布

【上市板块】　在2022年中国运输行业上市公司品牌价值榜中:在上交所主板上市的公司有63家,品牌价值合计5 149.7亿元,占行业榜单总计品牌价值的64.6%,排在第一位；在深交所主板上市的公司有24家，品牌价值合计1 677.05亿元，占行业总计品牌价值的21%，排在第二位；在港交所上市的中资股公司有20家，品牌价值合计971.47亿元，占行业榜单总计品牌价值的12.2%，排在第三位。此外，在国外上市的中概股公司有2家，品牌价值合计143.15亿元；在深交所创业板上市的公司有2家，品牌价值合计25.81亿元。

【上市时间】 在2022年中国运输行业上市公司品牌价值榜中：2007—2011年上市的公司有15家，品牌价值合计2 434.76亿元，占行业榜单总计品牌价值的30.6%，排在第一位；2017—2021年上市的公司有27家，品牌价值合计1 798.56亿元，占行业榜单总计品牌价值的22.6%，排在第二位；2002—2006年上市的公司有21家，品牌价值合计1 624.95亿元，占行业榜单总计品牌价值的20.4%，排在第三位。此外，1997—2001年上市的公司有25家，品牌价值合计1 167.98亿元；1996年及以前上市的公司有13家，品牌价值合计578亿元；2012—2016年上市的公司有10家，品牌价值合计362.95亿元。

3.14 通信行业品牌价值榜

在2022年中国上市公司品牌价值总榜的3 000家企业中：通信行业的企业共计55家，比2021年减少了11家；品牌价值总计6 030.77亿元，比2021年增长了23.8%。

3.14.1 2022年中国通信行业上市公司品牌价值榜单

序号	证券简称	品牌价值/亿元	增长率/%	地区	上市日期	证券代码
1	小米集团-W	2 404.01	65.1	北京	2018-07-09	1810.HK
2	TCL科技	677.54	36.1	广东	2004-01-30	000100.SZ
3	中国通信服务	539.99	1.2	北京	2006-12-08	0552.HK
4	中兴通讯	485.33	−11.6	广东	1997-11-18	000063.SZ
5	传音控股	421.31	100.2	广东	2019-09-30	688036.SH
6	闻泰科技	216.00	−13.1	湖北	1996-08-28	600745.SH
7	中天科技	188.68	−8.2	江苏	2002-10-24	600522.SH
8	亨通光电	175.01	10.4	江苏	2003-08-22	600487.SH
9	烽火通信	105.29	−8.6	湖北	2001-08-23	600498.SH
10	福日电子	65.54	19.3	福建	1999-05-14	600203.SH
11	星网锐捷	56.20	6.4	福建	2010-06-23	002396.SZ
12	长飞光纤	51.64	9.5	湖北	2018-07-20	601869.SH
13	共进股份	45.47	−2.2	广东	2015-02-25	603118.SH
14	移远通信	44.07	104.0	上海	2019-07-16	603236.SH
15	亿联网络	38.74	7.6	福建	2017-03-17	300628.SZ
16	普天科技	29.87	31.4	广东	2011-01-28	002544.SZ
17	光迅科技	29.09	−4.5	湖北	2009-08-21	002281.SZ
18	海格通信	27.76	−4.1	广东	2010-08-31	002465.SZ
19	*ST凯乐	27.53	−57.5	湖北	2000-07-06	600260.SH
20	润建股份	23.78	50.9	广西	2018-03-01	002929.SZ

续表

序号	证券简称	品牌价值/亿元	增长率/%	地区	上市日期	证券代码
21	海能达	22.45	−3.4	广东	2011-05-27	002583.SZ
22	特发信息	21.73	−7.8	广东	2000-05-11	000070.SZ
23	京信通信	21.67	−26.0	香港	2003-07-15	2342.HK
24	广和通	21.37	49.0	广东	2017-04-13	300638.SZ
25	南京熊猫	19.08	−10.3	江苏	1996-11-18	600775.SH
26	俊知集团	18.76	−12.0	江苏	2012-03-19	1300.HK
27	新易盛	14.58	9.2	四川	2016-03-03	300502.SZ
28	永鼎股份	14.23	−17.0	江苏	1997-09-29	600105.SH
29	*ST日海	12.95	−13.2	广东	2009-12-03	002313.SZ
30	威胜信息	12.08	27.6	湖南	2020-01-21	688100.SH
31	灿勤科技	11.39	新上榜	江苏	2021-11-16	688182.SH
32	剑桥科技	11.11	−20.4	上海	2017-11-10	603083.SH
33	艾为电子	10.88	新上榜	上海	2021-08-16	688798.SH
34	东方通信	10.45	−22.0	浙江	1996-11-26	600776.SH
35	恒玄科技	10.32	82.4	上海	2020-12-16	688608.SH
36	天邑股份	9.59	7.7	四川	2018-03-30	300504.SZ
37	通鼎互联	9.47	−31.9	江苏	2010-10-21	002491.SZ
38	亨鑫科技	8.76	3.0	江苏	2010-12-23	1085.HK
39	瑞斯康达	8.73	−28.7	北京	2017-04-20	603803.SH
40	鼎信通讯	8.73	−20.6	山东	2016-10-11	603421.SH
41	金信诺	8.55	−20.0	广东	2011-08-18	300252.SZ
42	迪普科技	7.97	53.1	浙江	2019-04-12	300768.SZ
43	科思科技	7.33	21.6	广东	2020-10-22	688788.SH
44	通宇通讯	7.17	−23.9	广东	2016-03-28	002792.SZ
45	武汉凡谷	7.06	−17.2	湖北	2007-12-07	002194.SZ
46	兆龙互连	7.04	17.0	浙江	2020-12-07	300913.SZ
47	烽火电子	7.01	17.4	陕西	1994-05-09	000561.SZ
48	美格智能	6.71	45.9	广东	2017-06-22	002881.SZ
49	大富科技	6.48	−23.9	安徽	2010-10-26	300134.SZ
50	中新赛克	6.26	−21.9	广东	2017-11-21	002912.SZ
51	酷派集团	6.11	−56.1	广东	2004-12-09	2369.HK
52	晨讯科技	5.64	−27.6	香港	2005-06-30	2000.HK
53	银河电子	5.49	−6.4	江苏	2010-12-07	002519.SZ
54	富通信息	5.48	−17.4	天津	1997-09-29	000836.SZ
55	佳讯飞鸿	5.33	−14.1	北京	2011-05-05	300213.SZ

3.14.2 2022年中国通信行业上市公司品牌价值榜分析

【行业集中度】 在2022年中国通信行业上市公司品牌价值榜中：排在第1位的公司是小米集团，品牌价值2 404.01亿元，占行业榜单总计品牌价值的39.9%；排在前3位的公司品牌价值合计3 621.55亿元，占行业榜单总计品牌价值的60.1%；排在前10位的公司品牌价值合计5 278.7亿元，占行业榜单总计品牌价值的87.5%。

【所在区域】 在2022年中国通信行业上市公司品牌价值榜中,55家公司来自15个地区。其中,来自北京和广东的公司共计20家,品牌价值合计4 765.96亿元,占行业榜单总计品牌价值的79%,处于主导地位。其他地区企业的构成情况见图3-27和图3-28。

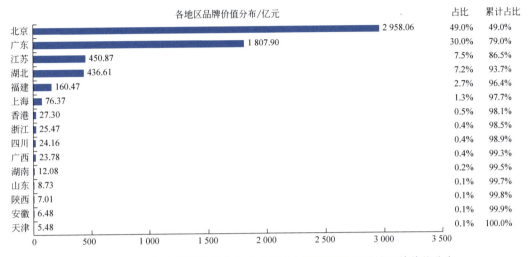

图3-27 2022年中国通信行业上市公司品牌价值榜所在区域品牌价值分布

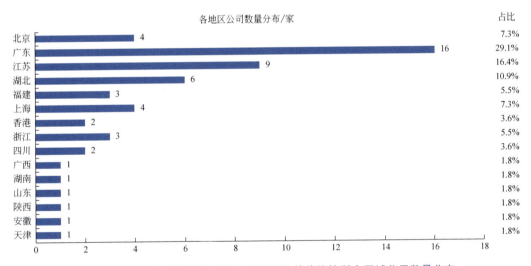

图3-28 2022年中国通信行业上市公司品牌价值榜所在区域公司数量分布

【上市板块】 在2022年中国通信行业上市公司品牌价值榜中:在港交所上市的中资股公司有7家,品牌价值合计3 004.94亿元,占行业榜单总计品牌价值的49.8%,排在第一位;在深交所主板上市的公司有18家,品牌价值合计1 441.34亿元,占行业总计品牌价值的23.9%,排在第二位;在上交所主板上市的公司有15家,品牌价值合计991.55亿元,占行业榜单总计品牌价值的16.4%,排在第三位。此外,在上交所科创板上市的公司有6家,品牌价值合计473.31亿元;在深交所创业板上市的公司有9家,品牌价值合计119.63亿元。

【上市时间】 在2022年中国通信行业上市公司品牌价值榜中：2017—2021年上市的公司有19家，品牌价值合计3 114.31亿元，占行业榜单总计品牌价值的51.6%，排在第一位；2002—2006年上市的公司有7家，品牌价值合计1 614.64亿元，占行业榜单总计品牌价值的26.8%，排在第二位；1997—2001年上市的公司有7家，品牌价值合计725.12亿元，占行业榜单总计品牌价值的12%，排在第三位。此外，1996年及以前上市的公司有4家，品牌价值合计252.54亿元；2007—2011年上市的公司有13家，品牌价值合计229.45亿元；2012—2016年上市的公司有5家，品牌价值合计94.71亿元。

3.15 服饰行业品牌价值榜

在2022年中国上市公司品牌价值总榜的3 000家企业中：服饰行业的企业共计77家，比2021年增加了9家；品牌价值总计4 348.03亿元，比2021年增长了54.4%。

3.15.1 2022年中国服饰行业上市公司品牌价值榜单

序号	证券简称	品牌价值/亿元	增长率/%	地区	上市日期	证券代码
1	安踏体育	584.95	52.4	福建	2007-07-10	2020.HK
2	老凤祥	377.14	3.9	上海	1992-08-14	600612.SH
3	申洲国际	315.53	24.8	浙江	2005-11-24	2313.HK
4	豫园股份	298.41	65.9	上海	1992-09-02	600655.SH
5	中国黄金	268.23	新上榜	北京	2021-02-05	600916.SH
6	海澜之家	191.90	18.7	江苏	2000-12-28	600398.SH
7	李宁	184.88	57.1	北京	2004-06-28	2331.HK
8	波司登	159.20	57.5	香港	2007-10-11	3998.HK
9	雅戈尔	136.07	17.7	浙江	1998-11-19	600177.SH
10	华利集团	136.06	新上榜	广东	2021-04-26	300979.SZ
11	森马服饰	127.94	22.6	浙江	2011-03-11	002563.SZ
12	太平鸟	100.10	70.5	浙江	2017-01-09	603877.SH
13	际华集团	91.06	−18.7	北京	2010-08-16	601718.SH
14	特步国际	91.03	59.9	福建	2008-06-03	1368.HK
15	周大生	75.37	52.9	广东	2017-04-27	002867.SZ
16	361度	66.74	56.7	福建	2009-06-30	1361.HK
17	菜百股份	62.24	新上榜	北京	2021-09-09	605599.SH
18	盛泰集团	46.14	新上榜	浙江	2021-10-27	605138.SH
19	锦泓集团	39.90	244.2	江苏	2014-12-03	603518.SH
20	迪阿股份	39.57	新上榜	广东	2021-12-15	301177.SZ
21	江南布衣	37.09	21.7	浙江	2016-10-31	3306.HK
22	朗姿股份	35.98	59.0	北京	2011-08-30	002612.SZ
23	地素时尚	34.58	25.6	上海	2018-06-22	603587.SH
24	中国利郎	34.01	20.6	福建	2009-09-25	1234.HK
25	飞亚达	33.83	20.2	广东	1993-06-03	000026.SZ

续表

序号	证券简称	品牌价值/亿元	增长率/%	地区	上市日期	证券代码
26	报喜鸟	33.72	79.1	浙江	2007-08-16	002154.SZ
27	九牧王	29.93	15.6	福建	2011-05-30	601566.SH
28	歌力思	27.53	29.3	广东	2015-04-22	603808.SH
29	爱慕股份	27.43	新上榜	北京	2021-05-31	603511.SH
30	美邦服饰	27.13	4.4	上海	2008-08-28	002269.SZ
31	潮宏基	26.96	45.5	广东	2010-01-28	002345.SZ
32	七匹狼	25.98	23.2	福建	2004-08-06	002029.SZ
33	安正时尚	25.88	23.4	浙江	2017-02-14	603839.SH
34	比音勒芬	25.17	38.2	广东	2016-12-23	002832.SZ
35	金一文化	24.93	−27.7	北京	2014-01-27	002721.SZ
36	联泰控股	22.76	−16.1	香港	2004-07-15	0311.HK
37	汇洁股份	22.50	31.3	广东	2015-06-10	002763.SZ
38	嘉欣丝绸	21.57	8.8	浙江	2010-05-11	002404.SZ
39	欣贺股份	20.66	23.9	福建	2020-10-26	003016.SZ
40	都市丽人	19.97	131.2	广东	2014-06-26	2298.HK
41	奥康国际	19.78	12.5	浙江	2012-04-26	603001.SH
42	红蜻蜓	19.55	−2.8	浙江	2015-06-29	603116.SH
43	红豆股份	19.41	−5.4	江苏	2001-01-08	600400.SH
44	卡宾	17.21	2.1	广东	2013-10-28	2030.HK
45	明牌珠宝	16.76	−9.6	浙江	2011-04-22	002574.SZ
46	时计宝	15.20	−24.4	香港	2013-02-05	2033.HK
47	萃华珠宝	14.29	10.2	辽宁	2014-11-04	002731.SZ
48	开润股份	12.96	−2.3	安徽	2016-12-21	300577.SZ
49	中国动向	11.63	1.2	北京	2007-10-10	3818.HK
50	＊ST拉夏	11.38	新上榜	新疆	2017-09-25	603157.SH
51	新华锦	11.37	7.2	山东	1996-07-26	600735.SH
52	千百度	11.27	138.4	香港	2011-09-23	1028.HK
53	莱绅通灵	11.23	6.3	江苏	2016-11-23	603900.SH
54	康耐特光学	11.14	新上榜	上海	2021-12-16	2276.HK
55	乔治白	10.93	42.4	浙江	2012-07-13	002687.SZ
56	华瑞服装	10.87	16.7	江苏	2008-07-16	EVK.O
57	天创时尚	10.79	−33.2	广东	2016-02-18	603608.SH
58	星期六	10.70	−17.2	广东	2009-09-03	002291.SZ
59	冠城钟表珠宝	10.63	−18.2	香港	1991-12-10	0256.HK
60	健盛集团	10.46	−11.6	浙江	2015-01-27	603558.SH
61	安莉芳控股	10.42	−7.7	香港	2006-12-18	1388.HK
62	伟星股份	9.95	31.8	浙江	2004-06-25	002003.SZ
63	华鼎控股	9.47	−1.6	香港	2005-12-15	3398.HK
64	戎美股份	9.24	新上榜	江苏	2021-10-28	301088.SZ
65	探路者	8.73	−3.8	北京	2009-10-30	300005.SZ
66	曼卡龙	8.00	新上榜	浙江	2021-02-10	300945.SZ
67	ST爱迪尔	7.82	5.1	福建	2015-01-22	002740.SZ
68	＊ST雪发	7.81	−12.6	山东	2010-10-15	002485.SZ
69	洪兴股份	7.78	新上榜	广东	2021-07-23	001209.SZ

服饰行业榜单

续表

序号	证券简称	品牌价值/亿元	增长率/%	地区	上市日期	证券代码
70	*ST金洲	7.74	新上榜	黑龙江	1996-04-25	000587.SZ
71	贵人鸟	6.90	新上榜	福建	2014-01-24	603555.SH
72	安奈儿	6.40	－9.6	广东	2017-06-01	002875.SZ
73	牧高笛	6.26	26.2	浙江	2017-03-07	603908.SH
74	杉杉品牌	6.21	新上榜	浙江	2018-06-27	1749.HK
75	日播时尚	6.02	2.9	上海	2017-05-31	603196.SH
76	万事利	5.94	新上榜	浙江	2021-09-22	301066.SZ
77	哈森股份	5.73	－1.9	江苏	2016-06-29	603958.SH

3.15.2 2022年中国服饰行业上市公司品牌价值榜分析

【行业集中度】 在2022年中国服饰行业上市公司品牌价值榜中：排在前3位的公司品牌价值合计1 277.62亿元，占行业榜单总计品牌价值的29.4%；排在前10位的公司品牌价值合计2 652.35亿元，占行业榜单总计品牌价值的61%；排在前30位的公司品牌价值合计3 713.66亿元，占行业榜单总计品牌价值的85.4%。

【所在区域】 在2022年中国服饰行业上市公司品牌价值榜中，77家公司来自12个地区。其中，来自浙江、福建、上海和北京的公司共计43家，品牌价值合计3 295.43亿元，占行业榜单总计品牌价值的75.8%，处于主导地位。其他地区企业的构成情况见图3-29和图3-30。

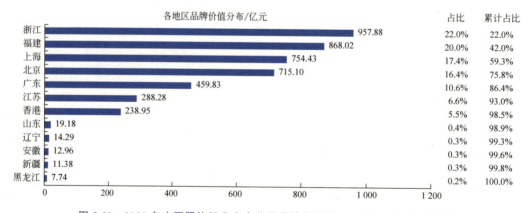

图3-29 2022年中国服饰行业上市公司品牌价值榜所在区域品牌价值分布

【上市板块】 在2022年中国服饰行业上市公司品牌价值榜中：在上交所主板上市的公司有27家，品牌价值合计1 895.41亿元，占行业榜单总计品牌价值的43.6%，排在第一位；在港交所上市的中资股公司有19家，品牌价值合计1 619.34亿元，占行业榜单总计品牌价值的37.2%，排在第二位；在深交所主板上市的公司有23家，品牌价值合计601.92亿元，占行业总计品牌价值的13.8%，排在第三位。此外，在深交所创业板上市的公司有7家，品牌价值合计220.49亿元；在国外上市的中概股公司有1家，品牌价值10.87亿元。

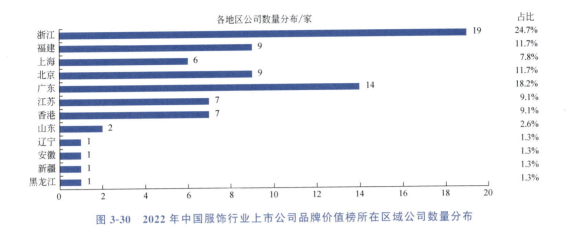

图 3-30 2022 年中国服饰行业上市公司品牌价值榜所在区域公司数量分布

【上市时间】 在 2022 年中国服饰行业上市公司品牌价值榜中：2007—2011 年上市的公司有 20 家，品牌价值合计 1 407.99 亿元，占行业榜单总计品牌价值的 32.4%，排在第一位；2017—2021 年上市的公司有 21 家，品牌价值合计 914.61 亿元，占行业榜单总计品牌价值的 21%，排在第二位；1996 年及以前上市的公司有 6 家，品牌价值合计 739.13 亿元，占行业榜单总计品牌价值的 17%，排在第三位。此外，2002—2006 年上市的公司有 7 家，品牌价值合计 578.98 亿元；2012—2016 年上市的公司有 20 家，品牌价值合计 359.94 亿元；1997—2001 年上市的公司有 3 家，品牌价值合计 347.38 亿元。

3.16 石油行业品牌价值榜

在 2022 年中国上市公司品牌价值总榜的 3 000 家企业中：石油行业的企业共计 21 家，与 2021 年持平；品牌价值总计 4 083.99 亿元，比 2021 年增长了 31.7%。

3.16.1 2022 年中国石油行业上司品牌价值榜单

序号	证券简称	品牌价值/亿元	增长率/%	地区	上市日期	证券代码
1	中国石化	1 705.98	22.3	北京	2001-08-08	600028.SH
2	中国石油	1 589.29	38.8	北京	2007-11-05	601857.SH
3	中国海洋石油	272.89	37.4	香港	2001-02-28	0883.HK
4	中油工程	80.58	21.3	新疆	2000-12-25	600339.SH
5	石化油服	74.80	26.7	北京	1995-04-11	600871.SH
6	中国航油	58.07	新上榜	陕西	2001-12-06	G92.SG
7	上海石化	57.50	18.6	上海	1993-11-08	600688.SH
8	中海油服	47.11	42.6	天津	2007-09-28	601808.SH
9	海油发展	45.40	34.6	北京	2019-06-26	600968.SH
10	东华能源	25.22	10.0	江苏	2008-03-06	002221.SZ

续表

序号	证券简称	品牌价值/亿元	增长率/%	地区	上市日期	证券代码
11	华锦股份	23.61	37.1	辽宁	1997-01-30	000059.SZ
12	广汇能源	22.64	159.4	新疆	2000-05-26	600256.SH
13	海油工程	18.48	1.5	天津	2002-02-05	600583.SH
14	杰瑞股份	16.87	36.7	山东	2010-02-05	002353.SZ
15	延长石油国际	9.24	45.7	香港	2001-04-19	0346.HK
16	达力普控股	6.94	59.7	河北	2019-11-08	1921.HK
17	石化机械	6.61	27.2	湖北	1998-11-26	000852.SZ
18	山东墨龙	5.90	新上榜	山东	2010-10-21	002490.SZ
19	巨涛海洋石油服务	5.79	新上榜	广东	2006-09-21	3303.HK
20	陕天然气	5.62	0.9	陕西	2008-08-13	002267.SZ
21	ST海越	5.44	−4.5	浙江	2004-02-18	600387.SH

3.16.2　2022年中国石油行业上市公司品牌价值榜分析

【行业集中度】 在2022年中国石油行业上市公司品牌价值榜中：排在第1位的公司是中国石化，品牌价值1 705.98亿元，占行业榜单总计品牌价值的41.8%；排在前2位的公司品牌价值合计3 295.27亿元，占行业榜单总计品牌价值的80.7%。

【所在区域】 在2022年中国石油行业上市公司品牌价值榜中，21家公司来自13个地区。其中，来自北京的公司共计4家，品牌价值合计3 415.48亿元，占行业榜单总计品牌价值的83.6%，处于主导地位。其他地区企业的构成情况见图3-31和图3-32。

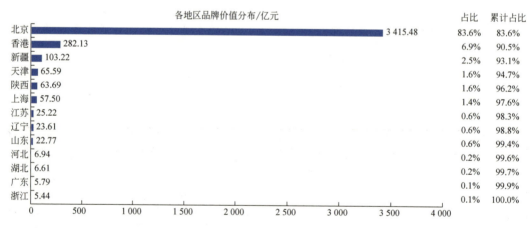

图3-31　2022年中国石油行业上市公司品牌价值榜所在区域品牌价值分布

【上市板块】 在2022年中国石油行业上市公司品牌价值榜中：在上交所主板上市的公司有10家，品牌价值合计3 647.23亿元，占行业榜单总计品牌价值的89.3%，排在第一位；在港交所上市的中资股公司有4家，品牌价值合计294.87亿元，占行业榜单总计品牌价值的7.2%，排在第二位；在深交所主板上市的公司有6家，品牌价值合计83.83

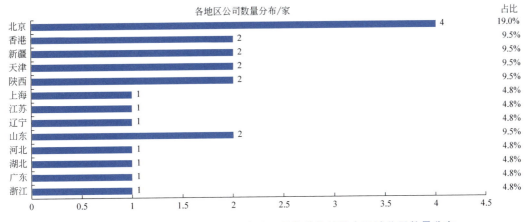

图 3-32　2022 年中国石油行业上市公司品牌价值榜所在区域公司数量分布

亿元,占行业总计品牌价值的 2.1%,排在第三位。此外,在国外上市的中概股公司有 1 家,品牌价值 58.07 亿元。

【上市时间】　在 2022 年中国石油行业上市公司品牌价值榜中:1997—2001 年上市的公司有 8 家,品牌价值合计 2 179.63 亿元,占行业榜单总计品牌价值的 53.4%,排在第一位;2007—2011 年上市的公司有 6 家,品牌价值合计 1 690.01 亿元,占行业榜单总计品牌价值的 41.4%,排在第二位;1996 年及以前上市的公司有 2 家,品牌价值合计 132.3 亿元,占行业榜单总计品牌价值的 3.2%,排在第三位。此外,2017—2021 年上市的公司有 2 家,品牌价值合计 52.35 亿元;2002—2006 年上市的公司有 3 家,品牌价值合计 29.71 亿元。

3.17　贸易行业品牌价值榜

在 2022 年中国上市公司品牌价值总榜的 3 000 家企业中:贸易行业的企业共计 57 家,比 2021 年减少了 5 家;品牌价值总计 3 887.1 亿元,比 2021 年增长了 9.6%。

3.17.1　2022 年中国贸易行业上市公司品牌价值榜单

序号	证券简称	品牌价值/亿元	增长率/%	地区	上市日期	证券代码
1	建发股份	507.47	29.6	福建	1998-06-16	600153.SH
2	物产中大	489.19	22.0	浙江	1996-06-06	600704.SH
3	厦门象屿	383.87	1.1	福建	1997-06-04	600057.SH
4	海航科技	374.49	-2.4	天津	1996-09-09	600751.SH
5	厦门国贸	342.21	19.1	福建	1996-10-03	600755.SH
6	浙商中拓	131.25	48.7	浙江	1999-07-07	000906.SZ
7	苏美达	123.21	18.7	江苏	1996-07-01	600710.SH

续表

序号	证券简称	品牌价值/亿元	增长率/%	地区	上市日期	证券代码
8	中泰化学	96.68	49.7	新疆	2006-12-08	002092.SZ
9	神州数码	89.59	−12.0	广东	1994-05-09	000034.SZ
10	远大控股	79.72	14.3	江苏	1996-11-28	000626.SZ
11	云天化	73.94	23.0	云南	1997-07-09	600096.SH
12	五矿发展	69.70	11.6	北京	1997-05-28	600058.SH
13	爱施德	67.66	−7.5	广东	2010-05-28	002416.SZ
14	天音控股	66.65	29.9	江西	1997-12-02	000829.SZ
15	厦门信达	63.68	10.1	福建	1997-02-26	000701.SZ
16	怡亚通	62.53	−6.8	广东	2007-11-13	002183.SZ
17	上海钢联	61.03	−38.3	上海	2011-06-08	300226.SZ
18	中储股份	57.11	66.7	天津	1997-01-21	600787.SH
19	盛屯矿业	50.94	17.6	福建	1996-05-31	600711.SH
20	江苏国泰	48.23	−11.6	江苏	2006-12-08	002091.SZ
21	卓尔智联	44.84	76.3	湖北	2011-07-13	2098.HK
22	汇鸿集团	35.46	−15.9	江苏	2004-06-30	600981.SH
23	长虹佳华	34.92	−6.9	香港	2000-01-24	3991.HK
24	浙农股份	34.89	702.3	浙江	2015-05-27	002758.SZ
25	厦门港务	30.98	10.3	福建	2005-12-19	3378.HK
26	辽宁成大	28.83	−17.8	辽宁	1996-08-19	600739.SH
27	中粮糖业	24.62	−8.2	新疆	1996-07-31	600737.SH
28	天原股份	23.27	15.5	四川	2010-04-09	002386.SZ
29	东方创业	22.04	−25.8	上海	2000-07-12	600278.SH
30	深圳华强	20.65	4.6	广东	1997-01-30	000062.SZ
31	英特集团	20.32	−32.1	浙江	1996-07-16	000411.SZ
32	泰达股份	18.92	−38.4	天津	1996-11-28	000652.SZ
33	辉隆股份	18.58	−15.3	安徽	2011-03-02	002556.SZ
34	桂东电力	18.30	−32.8	广西	2001-02-28	600310.SH
35	中国食品	18.16	−19.2	香港	1988-10-07	0506.HK
36	H&H国际控股	18.07	−1.8	香港	2010-12-17	1112.HK
37	神州控股	17.11	新上榜	香港	2001-06-01	0861.HK
38	淮河能源	16.79	18.3	安徽	2003-03-28	600575.SH
39	铁龙物流	16.09	−10.6	辽宁	1998-05-11	600125.SH
40	深桑达A	15.91	157.6	广东	1993-10-28	000032.SZ
41	中粮家佳康	15.27	−4.5	北京	2016-11-01	1610.HK
42	东方集团	15.14	−22.4	黑龙江	1994-01-06	600811.SH
43	外高桥	14.49	−41.6	上海	1993-05-04	600648.SH
44	鹏都农牧	14.12	−8.3	湖南	2010-11-18	002505.SZ
45	ST冠福	12.07	49.4	福建	2006-12-29	002102.SZ
46	宁波联合	11.33	−31.9	浙江	1997-04-10	600051.SH
47	众业达	10.63	−12.4	广东	2010-07-06	002441.SZ
48	宝新金融	9.83	25.2	香港	2010-12-15	1282.HK
49	鹏欣资源	9.16	85.5	上海	2003-06-26	600490.SH

贸易行业榜单

续表

序号	证券简称	品牌价值/亿元	增长率/%	地区	上市日期	证券代码
50	深粮控股	8.88	32.7	广东	1992-10-12	000019.SZ
51	搜于特	8.72	−44.3	广东	2010-11-17	002503.SZ
52	宝新置地	7.46	14.0	香港	2004-04-30	0299.HK
53	中农立华	7.24	15.8	北京	2017-11-16	603970.SH
54	力源信息	6.69	−29.3	湖北	2011-02-22	300184.SZ
55	三木集团	6.47	−10.3	福建	1996-11-21	000632.SZ
56	华东重机	6.15	−38.6	江苏	2012-06-12	002685.SZ
57	广宇集团	5.58	−14.7	浙江	2007-04-27	002133.SZ

3.17.2　2022年中国贸易行业上市公司品牌价值榜分析

【行业集中度】　在2022年中国贸易行业上市公司品牌价值榜中：排在前3位的公司品牌价值合计1 380.53亿元，占行业榜单总计品牌价值的35.5%；排在前10位的公司品牌价值合计2 617.67亿元，占行业榜单总计品牌价值的67.3%；排在前20位的公司品牌价值合计3 239.13亿元，占行业榜单总计品牌价值的83.3%。

【所在区域】　在2022年中国贸易行业上市公司品牌价值榜中，57家公司来自18个地区。其中，来自福建、浙江和天津的公司共计17家，品牌价值合计2 540.75亿元，占行业榜单总计品牌价值的65.4%，处于主导地位。其他地区企业的构成情况见图3-33和图3-34。

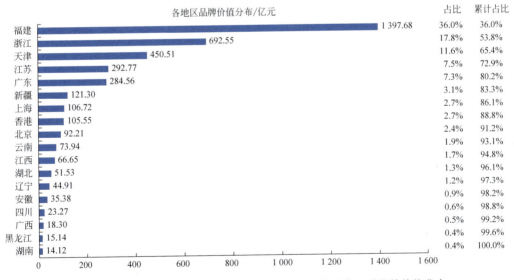

图3-33　2022年中国贸易行业上市公司品牌价值榜所在区域品牌价值分布

【上市板块】　在2022年中国贸易行业上市公司品牌价值榜中：在上交所主板上市的公司有22家，品牌价值合计2 691.62亿元，占行业榜单总计品牌价值的69.2%，排在第一位；在深交所主板上市的公司有24家，品牌价值合计931.13亿元，占行业榜单总计

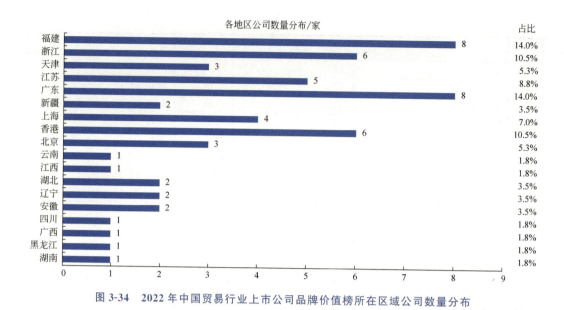

图 3-34 2022 年中国贸易行业上市公司品牌价值榜所在区域公司数量分布

品牌价值的 24％，排在第二位；在港交所上市的中资股公司有 9 家，品牌价值合计 196.63 亿元，占行业总计品牌价值的 5.1％，排在第三位。此外，在深交所创业板上市的公司有 2 家，品牌价值合计 67.72 亿元。

【上市时间】 在 2022 年中国贸易行业上市公司品牌价值榜中：1996 年及以前上市的公司有 17 家，品牌价值合计 1 721.09 亿元，占行业榜单总计品牌价值的 44.3％，排在第一位；1997—2001 年上市的公司有 15 家，品牌价值合计 1 494.08 亿元，占行业榜单总计品牌价值的 38.4％，排在第二位；2007—2011 年上市的公司有 13 家，品牌价值合计 351.56 亿元，占行业榜单总计品牌价值的 9％，排在第三位。此外，2002—2006 年上市的公司有 8 家，品牌价值合计 256.83 亿元；2012—2016 年上市的公司有 3 家，品牌价值合计 56.3 亿元；2017—2021 年上市的公司有 1 家，品牌价值 7.24 亿元。

3.18 食品行业品牌价值榜

在 2022 年中国上市公司品牌价值总榜的 3 000 家企业中：食品行业的企业共计 67 家，比 2021 年增加了 4 家；品牌价值总计 3 769.24 亿元，比 2021 年降低了 7.5％。

3.18.1 2022 年中国食品行业上市公司品牌价值榜单

序号	证券简称	品牌价值/亿元	增长率/％	地区	上市日期	证券代码
1	金龙鱼	1 085.87	－16.7	上海	2020-10-15	300999.SZ
2	双汇发展	472.48	－24.2	河南	1998-12-10	000895.SZ

续表

序号	证券简称	品牌价值/亿元	增长率/%	地区	上市日期	证券代码
3	海天味业	339.80	−4.1	广东	2014-02-11	603288.SH
4	中国飞鹤	295.24	20.6	北京	2019-11-13	6186.HK
5	安琪酵母	98.98	9.6	湖北	2000-08-18	600298.SH
6	安井食品	77.94	30.0	福建	2017-02-22	603345.SH
7	颐海国际	68.48	−4.5	上海	2016-07-13	1579.HK
8	绝味食品	68.42	7.6	湖南	2017-03-17	603517.SH
9	桃李面包	55.52	−13.3	辽宁	2015-12-22	603866.SH
10	京粮控股	54.39	22.8	海南	1992-12-21	000505.SZ
11	洽洽食品	50.94	−14.8	安徽	2011-03-02	002557.SZ
12	三全食品	49.31	−24.8	河南	2008-02-20	002216.SZ
13	中炬高新	48.19	−19.7	广东	1995-01-24	600872.SH
14	三只松鼠	46.66	−17.4	安徽	2019-07-12	300783.SZ
15	良品铺子	44.00	−20.5	湖北	2020-02-24	603719.SH
16	华宝股份	38.76	−13.8	西藏	2018-03-01	300741.SZ
17	西王食品	37.07	9.7	山东	1996-11-26	000639.SZ
18	周黑鸭	33.87	7.7	湖北	2016-11-11	1458.HK
19	涪陵榨菜	33.51	3.5	重庆	2010-11-23	002507.SZ
20	广州酒家	33.30	−2.6	广东	2017-06-27	603043.SH
21	维维股份	32.46	−4.8	江苏	2000-06-30	600300.SH
22	好想你	30.35	−46.7	河南	2011-05-20	002582.SZ
23	妙可蓝多	28.54	51.0	上海	1995-12-06	600882.SH
24	道道全	27.34	−20.5	湖南	2017-03-10	002852.SZ
25	中烟香港	25.34	0.6	香港	2019-06-12	6055.HK
26	南侨食品	25.31	新上榜	上海	2021-05-18	605339.SH
27	克明食品	23.46	−24.3	湖南	2012-03-16	002661.SZ
28	黑芝麻	23.09	0.8	广西	1997-04-18	000716.SZ
29	仙坛股份	22.66	−25.5	山东	2015-02-16	002746.SZ
30	恒顺醋业	22.14	−12.1	江苏	2001-02-06	600305.SH
31	元祖股份	22.09	12.0	上海	2016-12-28	603886.SH
32	佳禾食品	20.72	新上榜	江苏	2021-04-30	605300.SH
33	立高食品	20.62	新上榜	广东	2021-04-15	300973.SZ
34	雅士利国际	20.17	87.1	广东	2010-11-01	1230.HK
35	煌上煌	19.52	−5.1	江西	2012-09-05	002695.SZ
36	双塔食品	19.46	−6.7	山东	2010-09-21	002481.SZ
37	中宠股份	18.75	18.3	山东	2017-08-21	002891.SZ
38	千禾味业	18.30	−12.9	四川	2016-03-07	603027.SH
39	盐津铺子	17.78	2.0	湖南	2017-02-08	002847.SZ
40	天味食品	17.33	−33.8	四川	2019-04-16	603317.SH
41	雪天盐业	16.20	56.3	湖南	2018-03-26	600929.SH
42	一鸣食品	15.84	−3.7	浙江	2020-12-28	605179.SH
43	春雪食品	15.15	新上榜	山东	2021-10-13	605567.SH
44	得利斯	15.10	−1.6	山东	2010-01-06	002330.SZ

食品行业榜单

续表

序号	证券简称	品牌价值/亿元	增长率/%	地区	上市日期	证券代码
45	加加食品	14.34	−18.1	湖南	2012-01-06	002650.SZ
46	燕塘乳业	13.17	18.3	广东	2014-12-05	002732.SZ
47	嘉士利集团	12.88	7.2	广东	2014-09-25	1285.HK
48	有友食品	12.86	6.6	重庆	2019-05-08	603697.SH
49	皇氏集团	12.84	−16.7	广西	2010-01-06	002329.SZ
50	巴比食品	11.98	34.9	上海	2020-10-12	605338.SH
51	贝因美	11.50	−23.9	浙江	2011-04-12	002570.SZ
52	莲花健康	11.08	−1.8	河南	1998-08-25	600186.SH
53	祖名股份	10.40	新上榜	浙江	2021-01-06	003030.SZ
54	千味央厨	9.55	新上榜	河南	2021-09-06	001215.SZ
55	甘源食品	9.53	−5.6	江西	2020-07-31	002991.SZ
56	西麦食品	9.01	−3.0	广西	2019-06-19	002956.SZ
57	品渥食品	8.96	−18.1	上海	2020-09-24	300892.SZ
58	海欣食品	8.74	−0.2	福建	2012-10-11	002702.SZ
59	惠发食品	8.36	−2.5	山东	2017-06-13	603536.SH
60	星湖科技	7.49	33.4	广东	1994-08-18	600866.SH
61	劲仔食品	7.39	−4.5	湖南	2020-09-14	003000.SZ
62	味知香	7.19	新上榜	江苏	2021-04-27	605089.SH
63	海融科技	6.67	32.0	上海	2020-12-02	300915.SZ
64	国投中鲁	6.63	9.3	北京	2004-06-22	600962.SH
65	仲景食品	6.31	−5.9	河南	2020-11-23	300908.SZ
66	百龙创园	6.24	新上榜	山东	2021-04-21	605016.SH
67	熊猫乳品	5.68	1.9	浙江	2020-10-16	300898.SZ

3.18.2 2022年中国食品行业上市公司品牌价值榜分析

【行业集中度】 在2022年中国食品行业上市公司品牌价值榜中：排在第1位的公司是金龙鱼，品牌价值1 085.87亿元，占行业榜单总计品牌价值的28.8%；排在前3位的公司品牌价值合计1 898.15亿元，占行业榜单总计品牌价值的50.4%；排在前10位的公司品牌价值合计2 617.12亿元，占行业榜单总计品牌价值的69.4%。

【所在区域】 在2022年中国食品行业上市公司品牌价值榜中，67家公司来自19个地区。其中，来自上海、河南和广东的公司共计22家，品牌价值合计2 332.6亿元，占行业榜单总计品牌价值的61.9%，处于主导地位。其他地区企业的构成情况见图3-35和图3-36。

【上市板块】 在2022年中国食品行业上市公司品牌价值榜中：在深交所创业板上市的公司有8家，品牌价值合计1 219.55亿元，占行业榜单总计品牌价值的32.4%，排在第一位；在上交所主板上市的公司有27家，品牌价值合计1 072.05亿元，占行业榜单总计品牌价值的28.4%，排在第二位；在深交所主板上市的公司有26家，品牌价值合计

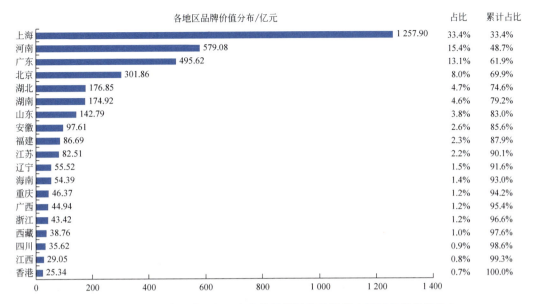

图 3-35　2022 年中国食品行业上市公司品牌价值榜所在区域品牌价值分布

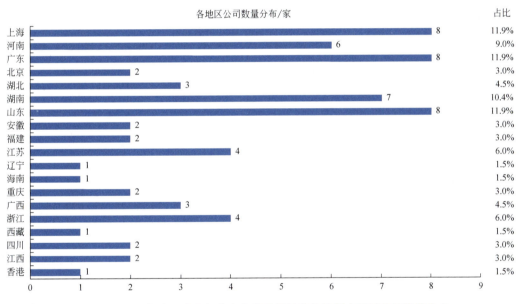

图 3-36　2022 年中国食品行业上市公司品牌价值榜所在区域公司数量分布

1 021.67 亿元,占行业榜单总计品牌价值的 27.1%,排在第三位。此外,在港交所上市的中资股公司有 6 家,品牌价值合计 455.97 亿元。

【上市时间】　在 2022 年中国食品行业上市公司品牌价值榜中:2017—2021 年上市的公司有 33 家,品牌价值合计 2 030.72 亿元,占行业榜单总计品牌价值的 53.9%,排在第一位;1997—2001 年上市的公司有 6 家,品牌价值合计 660.23 亿元,占行业榜单总计品牌价值的 17.5%,排在第二位;2012—2016 年上市的公司有 13 家,品牌价值合计 652.83

亿元,占行业榜单总计品牌价值的 17.3%,排在第三位。此外,2007—2011 年上市的公司有 9 家,品牌价值合计 243.18 亿元;1996 年及以前上市的公司有 5 家,品牌价值合计 175.67 亿元;2002—2006 年上市的公司有 1 家,品牌价值 6.63 亿元。

3.19 休闲行业品牌价值榜

在 2022 年中国上市公司品牌价值总榜的 3 000 家企业中:休闲行业的企业共计 81 家,比 2021 年减少了 4 家;品牌价值总计 3 734.15 亿元,比 2021 年下降了 1.8%。

3.19.1 2022 年中国休闲行业上市公司品牌价值榜单

序号	证券简称	品牌价值/亿元	增长率/%	地区	上市日期	证券代码
1	腾讯音乐	472.38	16.8	广东	2018-12-12	TME.N
2	三七互娱	236.51	−17.6	安徽	2011-03-02	002555.SZ
3	爱奇艺	225.76	−7.2	北京	2018-03-29	IQ.O
4	世纪华通	161.50	−3.3	浙江	2011-07-28	002602.SZ
5	挚文集团	160.91	−25.6	北京	2014-12-11	MOMO.O
6	快手-W	157.83	新上榜	北京	2021-02-05	1024.HK
7	欢聚	133.46	−40.0	广东	2012-11-21	YY.O
8	昆仑万维	125.99	13.7	北京	2015-01-21	300418.SZ
9	网龙	122.07	38.7	香港	2007-11-02	0777.HK
10	完美世界	121.34	−32.3	浙江	2011-10-28	002624.SZ
11	虎牙直播	113.73	45.5	广东	2018-05-11	HUYA.N
12	吉比特	111.25	6.4	福建	2017-01-04	603444.SH
13	万达电影	104.44	25.2	北京	2015-01-22	002739.SZ
14	中国电影	96.03	14.8	北京	2016-08-09	600977.SH
15	哔哩哔哩-SW	86.26	−9.6	上海	2021-03-29	9626.HK
16	斗鱼	77.09	−8.8	湖北	2019-07-17	DOYU.O
17	云音乐	56.32	新上榜	浙江	2021-12-02	9899.HK
18	巨人网络	51.56	−10.5	重庆	2011-03-02	002558.SZ
19	光线传媒	50.22	23.4	北京	2011-08-03	300251.SZ
20	姚记科技	49.25	7.2	上海	2011-08-05	002605.SZ
21	游族网络	40.14	−44.8	福建	2007-09-25	002174.SZ
22	友谊时光	39.02	1.8	江苏	2019-10-08	6820.HK
23	阿里影业	37.54	20.5	北京	1994-05-12	1060.HK
24	猫眼娱乐	37.29	110.5	北京	2019-02-04	1896.HK
25	华策影视	37.14	6.7	浙江	2010-10-26	300133.SZ
26	保利文化	36.02	44.2	北京	2014-03-06	3636.HK
27	火岩控股	32.85	60.6	广东	2016-02-18	1909.HK
28	恺英网络	30.72	20.4	福建	2010-12-07	002517.SZ
29	平治信息	30.19	13.8	浙江	2016-12-13	300571.SZ
30	众信旅游	29.16	−53.1	北京	2014-01-23	002707.SZ
31	海昌海洋公园	28.97	234.0	上海	2014-03-13	2255.HK
32	岭南控股	28.91	−16.6	广东	1993-11-18	000524.SZ

续表

序号	证券简称	品牌价值/亿元	增长率/%	地区	上市日期	证券代码
33	中青旅	28.44	−28.4	北京	1997-12-03	600138.SH
34	香港中旅	28.03	−13.3	香港	1992-11-11	0308.HK
35	ST凯撒	26.81	−59.6	海南	1997-07-03	000796.SZ
36	宝通科技	26.55	−2.8	江苏	2009-12-25	300031.SZ
37	横店影视	26.50	18.2	浙江	2017-10-12	603103.SH
38	宋城演艺	25.67	−60.0	浙江	2010-12-09	300144.SZ
39	云南旅游	25.04	28.4	云南	2006-08-10	002059.SZ
40	电魂网络	23.45	0.3	浙江	2016-10-26	603258.SH
41	黄山旅游	22.09	−13.5	安徽	1997-05-06	600054.SH
42	百奥家庭互动	16.67	24.5	广东	2014-04-10	2100.HK
43	华谊兄弟	15.68	−12.3	浙江	2009-10-30	300027.SZ
44	祖龙娱乐	14.78	−28.3	北京	2020-07-15	9990.HK
45	新濠影汇	14.54	−36.7	香港	2018-10-18	MSC.N
46	视觉中国	14.50	−5.7	江苏	1997-01-21	000681.SZ
47	凯撒文化	13.82	−20.0	广东	2010-06-08	002425.SZ
48	华夏视听教育	13.77	−20.5	北京	2020-07-15	1981.HK
49	星辉娱乐	13.66	−54.2	广东	2010-01-20	300043.SZ
50	掌趣科技	13.64	−23.3	北京	2012-05-11	300315.SZ
51	天娱数科	13.55	新上榜	辽宁	2010-02-09	002354.SZ
52	迅雷	12.67	92.9	广东	2014-06-24	XNET.O
53	金逸影视	11.96	−13.9	广东	2017-10-16	002905.SZ
54	文投控股	10.54	18.4	辽宁	1996-07-01	600715.SH
55	峨眉山A	10.01	−17.0	四川	1997-10-21	000888.SZ
56	丽江股份	9.86	−26.7	云南	2004-08-25	002033.SZ
57	曲江文旅	9.78	−15.3	陕西	1996-05-16	600706.SH
58	中体产业	9.43	−0.2	天津	1998-03-27	600158.SH
59	指尖悦动	9.14	34.8	广东	2018-07-12	6860.HK
60	ST美盛	9.10	−23.5	浙江	2012-09-11	002699.SZ
61	幸福蓝海	9.08	22.1	江苏	2016-08-08	300528.SZ
62	天目湖	8.95	−1.1	江苏	2017-09-27	603136.SH
63	上海电影	8.61	−16.0	上海	2016-08-17	601595.SH
64	星雅集团	7.93	−54.6	江苏	2004-02-20	S85.SG
65	九华旅游	7.90	2.9	安徽	2015-03-26	603199.SH
66	东望时代	7.76	−20.5	浙江	1997-04-15	600052.SH
67	非凡中国	7.47	新上榜	香港	2000-04-06	8032.HK
68	慈文传媒	7.40	−22.5	浙江	2010-01-26	002343.SZ
69	华立科技	6.83	新上榜	广东	2021-06-17	301011.SZ
70	博雅互动	6.38	0.5	广东	2013-11-12	0434.HK
71	蓝城兄弟	6.17	−39.7	北京	2020-07-08	BLCT.O
72	金马游乐	6.15	1.8	广东	2018-12-28	300756.SZ
73	盛讯达	6.15	新上榜	广东	2016-06-24	300518.SZ
74	三特索道	6.14	1.7	湖北	2007-08-17	002159.SZ

续表

序号	证券简称	品牌价值/亿元	增长率/%	地区	上市日期	证券代码
75	中南文化	6.09	新上榜	江苏	2010-07-13	002445.SZ
76	天鸽互动	6.03	11.5	浙江	2014-07-09	1980.HK
77	惠程科技	5.67	−60.5	广东	2007-09-19	002168.SZ
78	百纳千成	5.55	21.9	北京	2012-02-09	300291.SZ
79	煜盛文化	5.54	−59.3	北京	2020-03-13	1859.HK
80	华夏文化科技	5.49	−13.5	广东	2015-03-12	1566.HK
81	冰川网络	5.32	−45.2	广东	2016-08-18	300533.SZ

3.19.2　2022年中国休闲行业上市公司品牌价值榜分析

【行业集中度】　在2022年中国休闲行业上市公司品牌价值榜中：排在前5位的公司品牌价值合计1 257.06亿元，占行业榜单总计品牌价值的33.7%；排在前10位的公司品牌价值合计1 917.75亿元，占行业榜单总计品牌价值的51.4%；排在前30位的公司品牌价值合计3 063.98亿元，占行业榜单总计品牌价值的82.1%。

【所在区域】　在2022年中国休闲行业上市公司品牌价值榜中，81家公司来自16个地区。其中，来自北京、广东和浙江的公司共计49家，品牌价值合计2 578.4亿元，占行业榜单总计品牌价值的69%，处于主导地位。其他地区企业的构成情况见图3-37和图3-38。

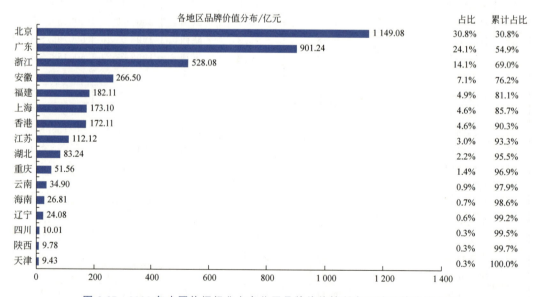

图3-37　2022年中国休闲行业上市公司品牌价值榜所在区域品牌价值分布

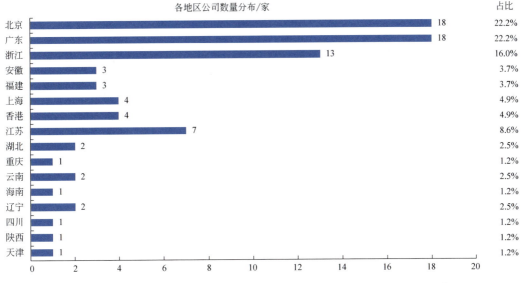

图 3-38　2022 年中国休闲行业上市公司品牌价值榜所在区域公司数量分布

【上市板块】 在 2022 年中国休闲行业上市公司品牌价值榜中：在国外上市的中概股公司有 10 家，品牌价值合计 1 224.64 亿元，占行业榜单总计品牌价值的 32.8%，排在第一位；在深交所主板上市的公司有 23 家，品牌价值合计 1 013.5 亿元，占行业榜单总计品牌价值的 27.1%，排在第二位；在港交所上市的中资股公司有公司 20 家，品牌价值合计 747.47 亿元，占行业总计品牌价值的 20%，排在第三位。此外，在深交所创业板上市的公司有 15 家，品牌价值合计 377.81 亿元；在上交所主板上市的公司有 13 家，品牌价值合计 370.72 亿元。

【上市时间】 在 2022 年中国休闲行业上市公司品牌价值榜中：2017—2021 年上市的公司有 21 家，品牌价值合计 1 501.25 亿元，占行业榜单总计品牌价值的 40.2%，排在第一位；2007—2011 年上市的公司有 20 家，品牌价值合计 1 034.67 亿元，占行业榜单总计品牌价值的 27.7%，排在第二位；2012—2016 年上市的公司有 24 家，品牌价值合计 914.08 亿元，占行业榜单总计品牌价值的 24.5%，排在第三位。此外，1997—2001 年上市的公司有 8 家，品牌价值合计 126.52 亿元；1996 年及以前上市的公司有 5 家，品牌价值合计 114.79 亿元；2002—2006 年上市的公司有 3 家，品牌价值合计 42.83 亿元。

3.20　有色金属行业品牌价值榜

在 2022 年中国上市公司品牌价值总榜的 3 000 家企业中：有色金属行业的企业共计 87 家，比 2021 年减少了 3 家；品牌价值总计 3 487.81 亿元，比 2021 年增长了 12.2%。

3.20.1 2022年中国有色金属行业上市公司品牌价值榜单

序号	证券简称	品牌价值/亿元	增长率/%	地区	上市日期	证券代码
1	江西铜业	436.57	14.4	江西	2002-01-11	600362.SH
2	中国铝业	312.46	33.5	北京	2007-04-30	601600.SH
3	紫金矿业	308.80	17.6	福建	2008-04-25	601899.SH
4	中国宏桥	244.20	18.8	山东	2011-03-24	1378.HK
5	洛阳钼业	199.64	87.0	河南	2012-10-09	603993.SH
6	铜陵有色	126.75	1.4	安徽	1996-11-20	000630.SZ
7	云南铜业	84.55	−15.3	云南	1998-06-02	000878.SZ
8	五矿资源	69.27	110.8	香港	1994-12-15	1208.HK
9	锡业股份	61.01	13.2	云南	2000-02-21	000960.SZ
10	海亮股份	57.52	−5.2	浙江	2008-01-16	002203.SZ
11	白银有色	56.86	−25.7	甘肃	2017-02-15	601212.SH
12	金田股份	55.07	−14.5	浙江	2020-04-22	601609.SH
13	山东黄金	53.02	−55.9	山东	2003-08-28	600547.SH
14	华友钴业	52.59	45.8	浙江	2015-01-29	603799.SH
15	北方稀土	50.38	82.5	内蒙古	1997-09-24	600111.SH
16	中金黄金	49.36	−22.9	北京	2003-08-14	600489.SH
17	中国有色矿业	48.86	74.4	香港	2012-06-29	1258.HK
18	云铝股份	47.56	51.1	云南	1998-04-08	000807.SZ
19	西部矿业	47.56	−6.6	青海	2007-07-12	601168.SH
20	中国大冶有色金属	47.06	13.1	香港	1990-11-21	0661.HK
21	南山铝业	46.63	17.3	山东	1999-12-23	600219.SH
22	天山铝业	43.58	110.2	浙江	2010-12-31	002532.SZ
23	厦门钨业	38.64	43.7	福建	2002-11-07	600549.SH
24	贵研铂业	37.98	3.2	云南	2003-05-16	600459.SH
25	神火股份	36.73	45.6	河南	1999-08-31	000933.SZ
26	中金岭南	36.40	12.8	广东	1997-01-23	000060.SZ
27	恒邦股份	32.48	−27.6	山东	2008-05-20	002237.SZ
28	明泰铝业	32.13	27.9	河南	2011-09-19	601677.SH
29	中国忠旺	30.85	−28.6	辽宁	2009-05-08	1333.HK
30	楚江新材	29.40	9.7	安徽	2007-09-21	002171.SZ
31	电投能源	27.06	6.8	内蒙古	2007-04-18	002128.SZ
32	东阳光	25.53	−2.9	广东	1993-09-17	600673.SH
33	驰宏锌锗	25.49	6.1	云南	2004-04-20	600497.SH
34	豫光金铅	25.15	−4.2	河南	2002-07-30	600531.SH
35	格林美	23.83	21.3	广东	2010-01-22	002340.SZ
36	方大炭素	23.58	15.3	甘肃	2002-08-30	600516.SH
37	兴发铝业	22.47	12.1	广东	2008-03-31	0098.HK
38	赣锋锂业	20.98	29.5	江西	2010-08-10	002460.SZ
39	鼎胜新材	19.88	37.4	江苏	2018-04-18	603876.SH
40	齐合环保	18.71	34.7	香港	2010-07-12	0976.HK

续表

序号	证券简称	品牌价值/亿元	增长率/%	地区	上市日期	证券代码
41	湖南黄金	18.23	-6.8	湖南	2007-08-16	002155.SZ
42	攀钢钒钛	17.66	32.2	四川	1996-11-15	000629.SZ
43	璞泰来	16.05	24.0	上海	2017-11-03	603659.SH
44	株冶集团	16.04	-7.0	湖南	2004-08-30	600961.SH
45	盛和资源	15.62	90.6	四川	2003-05-29	600392.SH
46	横店东磁	15.56	-5.9	浙江	2006-08-02	002056.SZ
47	中钨高新	15.09	38.0	海南	1996-12-05	000657.SZ
48	有研新材	15.00	3.0	北京	1999-03-19	600206.SH
49	中国金属利用	14.34	新上榜	四川	2014-02-21	1636.HK
50	中国黄金国际	13.39	119.2	香港	2010-12-01	2099.HK
51	河钢资源	13.26	48.6	河北	1999-07-14	000923.SZ
52	金川国际	12.40	78.0	香港	2001-07-09	2362.HK
53	银泰黄金	12.32	-17.6	内蒙古	2000-06-08	000975.SZ
54	招金矿业	11.64	-38.9	山东	2006-12-08	1818.HK
55	中孚实业	11.61	新上榜	河南	2002-06-26	600595.SH
56	怡球资源	11.46	31.6	江苏	2012-04-23	601388.SH
57	博威合金	11.37	-4.7	浙江	2011-01-27	601137.SH
58	广晟有色	11.03	32.5	海南	2000-05-25	600259.SH
59	索通发展	10.72	47.8	山东	2017-07-18	603612.SH
60	万邦德	10.68	-54.8	浙江	2006-11-20	002082.SZ
61	金钼股份	10.67	-28.7	陕西	2008-04-17	601958.SH
62	云海金属	10.35	-0.4	江苏	2007-11-13	002182.SZ
63	龙宇燃油	10.21	-43.1	上海	2012-08-17	603003.SH
64	锌业股份	9.80	4.9	辽宁	1997-06-26	000751.SZ
65	大中矿业	9.60	新上榜	内蒙古	2021-05-10	001203.SZ
66	新疆众和	9.42	11.2	新疆	1996-02-15	600888.SH
67	南方锰业	9.29	27.3	广西	2010-11-18	1091.HK
68	天齐锂业	9.24	-4.8	四川	2010-08-31	002466.SZ
69	中色股份	8.47	-48.4	北京	1997-04-16	000758.SZ
70	顺博合金	8.23	17.0	重庆	2020-08-28	002996.SZ
71	宝钛股份	8.07	6.6	陕西	2002-04-12	600456.SH
72	西藏珠峰	7.68	45.4	西藏	2000-12-27	600338.SH
73	兴业合金	7.45	4.2	浙江	2007-12-27	0505.HK
74	英洛华	7.34	17.8	浙江	1997-08-08	000795.SZ
75	华峰铝业	7.17	13.4	上海	2020-09-07	601702.SH
76	亚太科技	6.72	4.4	江苏	2011-01-18	002540.SZ
77	东睦股份	6.66	-7.5	浙江	2004-05-11	600114.SH
78	焦作万方	6.65	-12.6	河南	1996-09-26	000612.SZ
79	中科三环	6.49	-11.4	北京	2000-04-20	000970.SZ
80	赤峰黄金	6.42	-32.1	内蒙古	2004-04-14	600988.SH

有色金属行业榜单

续表

序号	证券简称	品牌价值/亿元	增长率/%	地区	上市日期	证券代码
81	中国白银集团	6.34	−17.7	广东	2012-12-28	0815.HK
82	安宁股份	6.27	11.5	四川	2020-04-17	002978.SZ
83	寒锐钴业	6.12	新上榜	江苏	2017-03-06	300618.SZ
84	安泰科技	6.06	−10.5	北京	2000-05-29	000969.SZ
85	长远锂科	5.86	新上榜	湖南	2021-08-11	688779.SH
86	美畅股份	5.68	5.1	陕西	2020-08-24	300861.SZ
87	众源新材	5.52	16.3	安徽	2017-09-07	603527.SH

3.20.2　2022年中国有色金属行业上市公司品牌价值榜分析

【行业集中度】　在2022年中国有色金属行业上市公司品牌价值榜中：排在前3位的公司品牌价值合计1 057.83亿元，占行业榜单总计品牌价值的30.3%；排在前10位的公司品牌价值合计1 900.77亿元，占行业榜单总计品牌价值的54.5%；排在前40位的公司品牌价值合计3 006.56亿元，占行业榜单总计品牌价值的86.2%。

【所在区域】　在2022年中国有色金属行业上市公司品牌价值榜中，87家公司来自25个地区。其中，来自江西、山东、北京、福建、河南和浙江的公司共计32家，品牌价值合计2 181.24亿元，占行业榜单总计品牌价值的62.5%，处于主导地位。其他地区企业的构成情况见图3-39和图3-40。

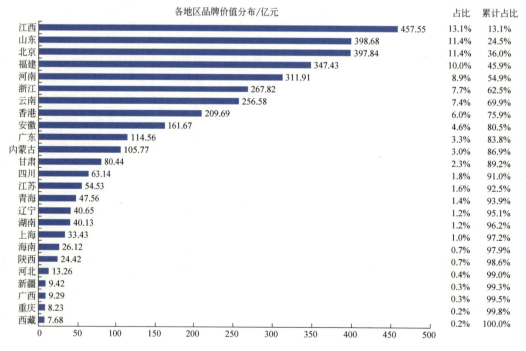

图3-39　2022年中国有色金属行业上市公司品牌价值榜所在区域品牌价值分布

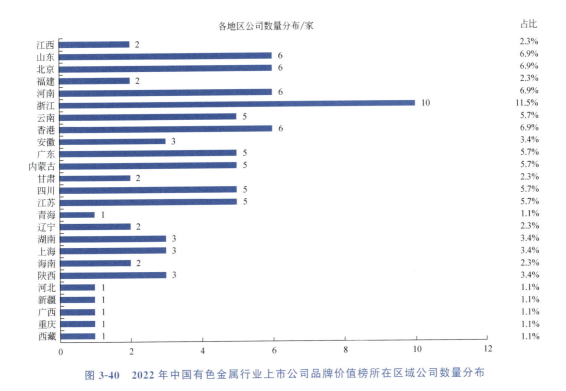

图 3-40　2022 年中国有色金属行业上市公司品牌价值榜所在区域公司数量分布

【上市板块】　在 2022 年中国有色金属行业上市公司品牌价值榜中：在上交所主板上市的公司有 38 家，品牌价值合计 2 088.02 亿元，占行业榜单总计品牌价值的 59.9%，排在第一位；在深交所主板上市的公司有 32 家，品牌价值合计 825.86 亿元，占行业榜单总计品牌价值的 23.7%，排在第二位；在港交所上市的中资股公司有 14 家，品牌价值合计 556.27 亿元，占行业总计品牌价值的 15.9%，排在第三位。此外，在深交所创业板上市的公司有 2 家，品牌价值合计 11.8 亿元；在上交所科创板上市的公司有 1 家，品牌价值 5.86 亿元。

【上市时间】　在 2022 年中国有色金属行业上市公司品牌价值榜中：2007—2011 年上市的公司有 24 家，品牌价值合计 1 348.73 亿元，占行业榜单总计品牌价值的 38.7%，排在第一位；2002—2006 年上市的公司有 17 家，品牌价值合计 792.08 亿元，占行业榜单总计品牌价值的 22.7%，排在第二位；1997—2001 年上市的公司有家 18，品牌价值合计 473.11 亿元，占行业榜单总计品牌价值的 13.6%，排在第三位。此外，2012—2016 年上市的公司有 7 家，品牌价值合计 343.44 亿元；1996 年及以前上市的公司有 8 家，品牌价值合计 317.42 亿元；2017—2021 年上市的公司有 13 家，品牌价值合计 213.02 亿元。

3.21　钢铁行业品牌价值榜

在 2022 年中国上市公司品牌价值总榜的 3 000 家企业中：钢铁行业的企业共计 40

家,比2021年减少了4家;品牌价值总计3 474.46亿元,比2021年增长了37.7%。

3.21.1 2022年中国钢铁行业上市公司品牌价值榜单

序号	证券简称	品牌价值/亿元	增长率/%	地区	上市日期	证券代码
1	宝钢股份	618.87	41.8	上海	2000-12-12	600019.SH
2	华菱钢铁	235.33	57.2	湖南	1999-08-03	000932.SZ
3	鞍钢股份	196.82	67.8	辽宁	1997-12-25	000898.SZ
4	马钢股份	165.95	41.6	安徽	1994-01-06	600808.SH
5	河钢股份	155.80	9.3	河北	1997-04-16	000709.SZ
6	太钢不锈	149.97	81.1	山西	1998-10-21	000825.SZ
7	首钢股份	141.35	30.6	北京	1999-12-16	000959.SZ
8	新钢股份	136.79	51.4	江西	1996-12-25	600782.SH
9	包钢股份	135.16	68.2	内蒙古	2001-03-09	600010.SH
10	中信特钢	130.29	39.1	湖北	1997-03-26	000708.SZ
11	山东钢铁	121.81	27.8	山东	2004-06-29	600022.SH
12	柳钢股份	103.19	41.3	广西	2007-02-27	601003.SH
13	南钢股份	102.68	44.0	江苏	2000-09-19	600282.SH
14	三钢闽光	93.15	12.9	福建	2007-01-26	002110.SZ
15	本钢板材	87.48	62.0	辽宁	1998-01-15	000761.SZ
16	中国东方集团	69.78	14.2	北京	2004-03-02	0581.HK
17	大明国际	68.01	58.8	江苏	2010-12-01	1090.HK
18	鄂尔多斯	67.07	68.4	内蒙古	2001-04-26	600295.SH
19	酒钢宏兴	66.89	29.5	甘肃	2000-12-20	600307.SH
20	友发集团	61.40	−5.7	天津	2020-12-04	601686.SH
21	新兴铸管	56.93	−8.7	河北	1997-06-06	000778.SZ
22	安阳钢铁	55.89	65.6	河南	2001-08-20	600569.SH
23	韶钢松山	54.92	49.2	广东	1997-05-08	000717.SZ
24	杭钢股份	53.24	0.9	浙江	1998-03-11	600126.SH
25	重庆钢铁	52.57	110.4	重庆	2007-02-28	601005.SH
26	方大特钢	44.36	31.1	江西	2003-09-30	600507.SH
27	八一钢铁	44.35	94.0	新疆	2002-08-16	600581.SH
28	甬金股份	37.41	43.4	浙江	2019-12-24	603995.SH
29	凌钢股份	34.06	21.7	辽宁	2000-05-11	600231.SH
30	沙钢股份	27.10	−11.3	江苏	2006-10-25	002075.SZ
31	西王特钢	19.74	40.7	山东	2012-02-23	1266.HK
32	永兴材料	12.44	21.1	浙江	2015-05-15	002756.SZ
33	西宁特钢	12.07	14.3	青海	1997-10-15	600117.SH
34	天工国际	11.80	−3.9	江苏	2007-07-26	0826.HK
35	抚顺特钢	10.82	−5.1	辽宁	2000-12-29	600399.SH
36	久立特材	10.23	16.3	浙江	2009-12-11	002318.SZ
37	华达新材	9.16	−0.3	浙江	2020-08-05	605158.SH
38	金洲管道	8.36	7.3	浙江	2010-07-06	002443.SZ
39	中国罕王	5.89	−8.6	辽宁	2011-09-30	3788.HK
40	常宝股份	5.32	−26.9	江苏	2010-09-21	002478.SZ

3.21.2 2022年中国钢铁行业上市公司品牌价值榜分析

【行业集中度】 在2022年中国钢铁行业上市公司品牌价值榜中：排在前5位的公司品牌价值合计1 372.78亿元，占行业榜单总计品牌价值的39.5%；排在前10位的公司品牌价值合计2 066.34亿元，占行业榜单总计品牌价值的59.5%；排在前20位的公司品牌价值合计2 907.8亿元，占行业榜单总计品牌价值的83.7%。

【所在区域】 在2022年中国钢铁行业上市公司品牌价值榜中，40家公司来自22个地区。其中，来自上海、辽宁、湖南、江苏、河北、北京、内蒙古和江西的公司共计20家，品牌价值合计2 211.43亿元，占行业榜单总计品牌价值的63.6%，处于主导地位。其他地区企业的构成情况见图3-41和图3-42。

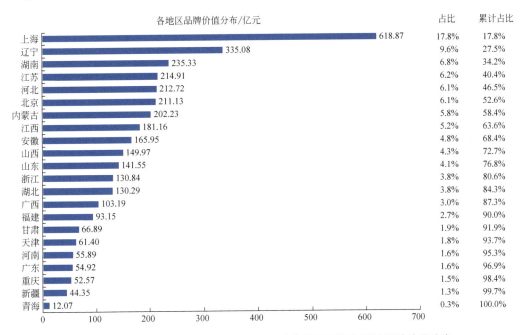

图3-41 2022年中国钢铁行业上市公司品牌价值榜所在区域品牌价值分布

【上市板块】 在2022年中国钢铁行业上市公司品牌价值榜中：在上交所主板上市的公司有20家，品牌价值合计1 933.75亿元，占行业榜单总计品牌价值的55.7%，排在第一位；在深交所主板上市的公司有15家，品牌价值合计1 365.5亿元，占行业榜单总计品牌价值的39.3%，排在第二位；在港交所上市的中资股公司有5家，品牌价值合计175.21亿元，占行业总计品牌价值的5%，排在第三位。

【上市时间】 在2022年中国钢铁行业上市公司品牌价值榜中：1997—2001年上市的公司有19家，品牌价值合计2 365.65亿元，占行业榜单总计品牌价值的68.1%，排在第一位；2007—2011年上市的公司有9家，品牌价值合计358.52亿元，占行业榜单总计品牌价值的10.3%，排在第二位；2002—2006年上市的公司有5家，品牌价值合计307.4

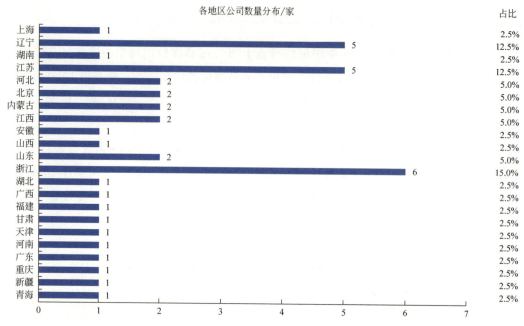

图 3-42　2022 年中国钢铁行业上市公司品牌价值榜所在区域公司数量分布

亿元,占行业榜单总计品牌价值的 8.8%,排在第三位。此外,1996 年及以前上市的公司有 2 家,品牌价值合计 302.75 亿元;2017—2021 年上市的公司有 3 家,品牌价值合计 107.97 亿元;2012—2016 年上市的公司有 2 家,品牌价值合计 32.18 亿元。

3.22　化工行业品牌价值榜

在 2022 年中国上市公司品牌价值总榜的 3 000 家企业中:化工行业的企业共计 121 家,比 2021 年增加了 11 家;品牌价值总计 3 091.56 亿元,比 2021 年增加了 52.8%。

3.22.1　2022 年中国化工行业上市公司品牌价值榜单

序号	证券简称	品牌价值/亿元	增长率/%	地区	上市日期	证券代码
1	恒力石化	196.67	59.2	辽宁	2001-08-20	600346.SH
2	万华化学	188.93	70.3	山东	2001-01-05	600309.SH
3	荣盛石化	156.38	34.6	浙江	2010-11-02	002493.SZ
4	恒逸石化	96.15	26.8	广西	1997-03-28	000703.SZ
5	中化化肥	89.78	51.3	北京	1996-09-30	0297.HK
6	安道麦 A	81.08	63.3	湖北	1993-12-03	000553.SZ
7	中化国际	72.80	36.0	上海	2000-03-01	600500.SH
8	华鲁恒升	68.94	87.9	山东	2002-06-20	600426.SH
9	中国心连心化肥	68.04	105.5	河南	2009-12-08	1866.HK
10	桐昆股份	60.45	37.1	浙江	2011-05-18	601233.SH

续表

序号	证券简称	品牌价值/亿元	增长率/%	地区	上市日期	证券代码
11	扬农化工	58.78	31.2	江苏	2002-04-25	600486.SH
12	中海石油化学	56.86	77.3	海南	2006-09-29	3983.HK
13	信义玻璃	55.18	35.9	香港	2005-02-03	0868.HK
14	齐翔腾达	54.42	98.5	山东	2010-05-18	002408.SZ
15	盐湖股份	54.39	新上榜	青海	1997-09-04	000792.SZ
16	新洋丰	52.11	34.3	湖北	1999-04-08	000902.SZ
17	新安股份	50.77	140.8	浙江	2001-09-06	600596.SH
18	云图控股	49.34	68.9	四川	2011-01-18	002539.SZ
19	华邦健康	48.52	21.3	重庆	2004-06-25	002004.SZ
20	阳煤化工	45.35	44.8	山西	1993-11-19	600691.SH
21	新凤鸣	43.27	58.1	浙江	2017-04-18	603225.SH
22	湖北宜化	40.69	68.9	湖北	1996-08-15	000422.SZ
23	金发科技	40.57	−8.0	广东	2004-06-23	600143.SH
24	华谊集团	36.67	32.6	上海	1992-12-04	600623.SH
25	宝丰能源	36.49	29.2	宁夏	2019-05-16	600989.SH
26	东方盛虹	33.86	47.0	江苏	2000-05-29	000301.SZ
27	华昌化工	32.87	106.8	江苏	2008-09-25	002274.SZ
28	天禾股份	32.37	15.7	广东	2020-09-03	002999.SZ
29	龙佰集团	30.27	26.7	河南	2011-07-15	002601.SZ
30	润丰股份	30.10	新上榜	山东	2021-07-28	301035.SZ
31	华峰化学	29.44	157.9	浙江	2006-08-23	002064.SZ
32	鲁西化工	29.38	88.9	山东	1998-08-07	000830.SZ
33	利尔化学	28.60	60.1	四川	2008-07-08	002258.SZ
34	卫星化学	28.15	146.2	浙江	2011-12-28	002648.SZ
35	广信股份	27.03	63.0	安徽	2015-05-13	603599.SH
36	合盛硅业	26.43	128.9	浙江	2017-10-30	603260.SH
37	浙江龙盛	26.19	−15.9	浙江	2003-08-01	600352.SH
38	江山股份	26.16	43.7	江苏	2001-01-10	600389.SH
39	君正集团	25.92	−2.8	内蒙古	2011-02-22	601216.SH
40	三友化工	25.81	43.1	河北	2003-06-18	600409.SH
41	藏格矿业	24.67	新上榜	青海	1996-06-28	000408.SZ
42	兴发集团	24.62	37.0	湖北	1999-06-16	600141.SH
43	ST金正	23.94	新上榜	山东	2010-09-08	002470.SZ
44	东岳集团	21.30	46.3	山东	2007-12-10	0189.HK
45	杉杉股份	20.87	110.6	浙江	1996-01-30	600884.SH
46	史丹利	19.55	−0.5	山东	2011-06-10	002588.SZ
47	巨化股份	19.29	22.3	浙江	1998-06-26	600160.SH
48	司尔特	17.74	90.4	安徽	2011-01-18	002538.SZ
49	六国化工	17.41	新上榜	安徽	2004-03-05	600470.SH
50	中盐化工	16.60	104.9	内蒙古	2000-12-22	600328.SH
51	远兴能源	16.35	105.7	内蒙古	1997-01-31	000683.SZ
52	海利尔	16.27	32.1	山东	2017-01-12	603639.SH
53	泸天化	16.24	37.2	四川	1999-06-03	000912.SZ
54	阜丰集团	15.93	−8.3	山东	2007-02-08	0546.HK

化工行业榜单

续表

序号	证券简称	品牌价值/亿元	增长率/%	地区	上市日期	证券代码
55	中粮科技	15.73	54.7	安徽	1999-07-12	000930.SZ
56	福斯特	15.64	25.8	浙江	2014-09-05	603806.SH
57	北元集团	14.98	0.7	陕西	2020-10-20	601568.SH
58	利民股份	14.58	1.7	江苏	2015-01-27	002734.SZ
59	亿利洁能	13.98	12.8	内蒙古	2000-07-25	600277.SH
60	中国三江化工	13.86	29.7	浙江	2010-09-16	2198.HK
61	四川美丰	13.71	86.3	四川	1997-06-17	000731.SZ
62	诺普信	13.57	7.5	广东	2008-02-18	002215.SZ
63	叶氏化工集团	12.93	32.1	香港	1991-08-22	0408.HK
64	长青股份	11.95	−1.1	江苏	2010-04-16	002391.SZ
65	中伟股份	11.77	101.1	贵州	2020-12-23	300919.SZ
66	ST红太阳	11.26	7.7	江苏	1993-10-28	000525.SZ
67	神马股份	11.25	8.1	河南	1994-01-06	600810.SH
68	滨化股份	11.25	50.3	山东	2010-02-23	601678.SH
69	恩捷股份	11.03	96.5	云南	2016-09-14	002812.SZ
70	三棵树	10.93	36.4	福建	2016-06-03	603737.SH
71	时代新材	10.72	2.0	湖南	2002-12-19	600458.SH
72	和邦生物	10.49	87.1	四川	2012-07-31	603077.SH
73	东光化工	9.75	35.5	河北	2017-07-11	1702.HK
74	华宝国际	9.35	−12.2	香港	1992-01-22	0336.HK
75	维远股份	9.22	新上榜	山东	2021-09-15	600955.SH
76	联泓新科	9.12	47.9	山东	2020-12-08	003022.SZ
77	新疆天业	8.96	36.7	新疆	1997-06-17	600075.SH
78	皖维高新	8.94	42.7	安徽	1997-05-28	600063.SH
79	厦钨新能	8.89	新上榜	福建	2021-08-05	688778.SH
80	氯碱化工	8.88	29.7	上海	1992-11-13	600618.SH
81	沈阳化工	8.80	−6.7	辽宁	1997-02-20	000698.SZ
82	诚志股份	8.80	31.7	江西	2000-07-06	000990.SZ
83	苏利股份	8.79	2.7	江苏	2016-12-14	603585.SH
84	嘉化能源	8.75	−4.9	浙江	2003-06-27	600273.SH
85	圣泉集团	8.67	新上榜	山东	2021-08-10	605589.SH
86	天赐材料	8.31	37.8	广东	2014-01-23	002709.SZ
87	赞宇科技	8.25	5.2	浙江	2011-11-25	002637.SZ
88	华润材料	8.20	新上榜	江苏	2021-10-26	301090.SZ
89	容百科技	8.04	新上榜	浙江	2019-07-22	688005.SH
90	石大胜华	7.89	41.9	山东	2015-05-29	603026.SH
91	奥克股份	7.74	19.5	辽宁	2010-05-20	300082.SZ
92	金禾实业	7.56	15.5	安徽	2011-07-07	002597.SZ
93	中核钛白	7.40	65.1	甘肃	2007-08-03	002145.SZ
94	双星新材	7.36	53.1	江苏	2011-06-02	002585.SZ
95	中旗股份	7.30	5.4	江苏	2016-12-20	300575.SZ
96	先达股份	7.15	1.9	山东	2017-05-11	603086.SH
97	芭田股份	7.13	12.9	广东	2007-09-19	002170.SZ

续表

序号	证券简称	品牌价值/亿元	增长率/%	地区	上市日期	证券代码
98	广东宏大	7.12	−6.8	广东	2012-06-12	002683.SZ
99	昊华科技	6.92	新上榜	四川	2001-01-11	600378.SH
100	鸿达兴业	6.87	−11.1	江苏	2004-06-25	002002.SZ
101	闰土股份	6.61	−17.2	浙江	2010-07-06	002440.SZ
102	国恩股份	6.58	−9.9	山东	2015-06-30	002768.SZ
103	黑猫股份	6.53	新上榜	江西	2006-09-15	002068.SZ
104	华塑股份	6.52	新上榜	安徽	2021-11-26	600935.SH
105	中国绿色农业	6.42	新上榜	陕西	2009-03-09	CGA.N
106	永太科技	6.39	32.9	浙江	2009-12-22	002326.SZ
107	川发龙蟒	6.38	新上榜	四川	2009-12-03	002312.SZ
108	乐凯胶片	6.23	5.4	河北	1998-01-22	600135.SH
109	新乡化纤	5.96	新上榜	河南	1999-10-21	000949.SZ
110	雅化集团	5.95	新上榜	四川	2010-11-09	002497.SZ
111	大生农业金融	5.92	新上榜	上海	2005-07-13	1103.HK
112	新宙邦	5.92	32.1	广东	2010-01-08	300037.SZ
113	中广核技	5.91	25.0	辽宁	1998-09-02	000881.SZ
114	多氟多	5.76	新上榜	河南	2010-05-18	002407.SZ
115	圣济堂	5.73	10.7	贵州	2000-02-21	600227.SH
116	丰山集团	5.57	5.3	江苏	2018-09-17	603810.SH
117	中农联合	5.56	新上榜	山东	2021-04-06	003042.SZ
118	国光股份	5.54	−3.4	四川	2015-03-20	002749.SZ
119	山东海化	5.51	新上榜	山东	1998-07-03	000822.SZ
120	海利得	5.43	新上榜	浙江	2008-01-23	002206.SZ
121	东岳硅材	5.35	新上榜	山东	2020-03-12	300821.SZ

3.22.2　2022年中国化工行业上市公司品牌价值榜分析

【行业集中度】　在2022年中国化工行业上市公司品牌价值榜中：排在前10位的公司品牌价值合计1 079.21亿元，占行业榜单总计品牌价值的34.9%；排在前20位的公司品牌价值合计1 604.93亿元，占行业榜单总计品牌价值的51.9%；排在前50位的公司品牌价值合计2 441.22亿元，占行业榜单总计品牌价值的79%。

【所在区域】　在2022年中国化工行业上市公司品牌价值榜中，121家公司来自28个地区。其中，来自山东、浙江、江苏、辽宁、湖北、四川、上海和河南的公司共计77家，品牌价值合计2 119.18亿元，占行业榜单总计品牌价值的68.5%，处于主导地位。其他地区企业的构成情况见图3-43和图3-44。

【上市板块】　在2022年中国化工行业上市公司品牌价值榜中：在上交所主板上市的公司有46家，品牌价值合计1 379.77亿元，占行业榜单总计品牌价值的44.6%，排在第一位；在深交所主板上市的公司有54家，品牌价值合计1 253.16亿元，占行业总计品

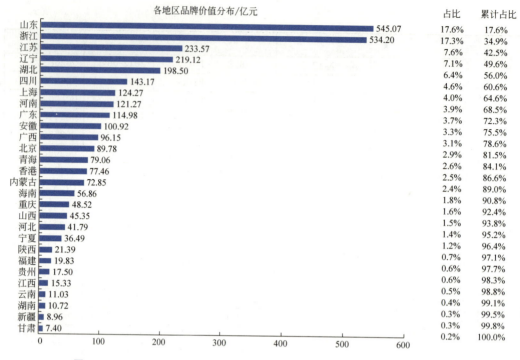

图3-43 2022年中国化工行业上市公司品牌价值榜所在区域品牌价值分布

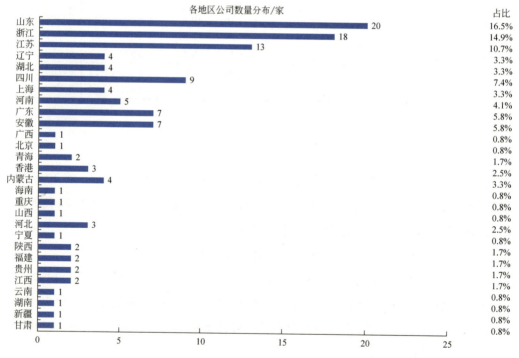

图3-44 2022年中国化工行业上市公司品牌价值榜所在区域公司数量分布

牌价值的40.5%,排在第二位;在港交所上市的中资股公司有11家,品牌价值合计358.9亿元,占行业榜单总计品牌价值的11.6%,排在第三位。此外,在深交所创业板上市的公司有7家,品牌价值合计76.38亿元;在上交所科创板上市的公司有2家,品牌价值合计16.94亿元;在国外上市的中概股公司有1家,品牌价值6.42亿元。

【上市时间】 在2022年中国化工行业上市公司品牌价值榜中:1997—2001年上市的公司有28家,品牌价值合计1 009.49亿元,占行业榜单总计品牌价值的32.7%,排在第一位;2007—2011年上市的公司有33家,品牌价值合计777.82亿元,占行业榜单总计品牌价值的25.2%,排在第二位;2002—2006年上市的公司有15家,品牌价值合计466.49亿元,占行业榜单总计品牌价值的15.1%,排在第三位。此外,1996年及以前上市的公司有12家,品牌价值合计392.79亿元;2017—2021年上市的公司有20家,品牌价值合计303.74亿元;2012—2016年上市的公司有13家,品牌价值合计141.23亿元。

3.23 农业品牌价值榜

在2022年中国上市公司品牌价值总榜的3 000家企业中:农业企业共计59家,比2021年减少了3家;品牌价值总计2 822.93亿元,比2021年增长了7.6%。

3.23.1 2022年中国农业上市公司品牌价值榜单

序号	证券简称	品牌价值/亿元	增长率/%	地区	上市日期	证券代码
1	牧原股份	409.16	41.9	河南	2014-01-28	002714.SZ
2	通威股份	342.10	56.1	四川	2004-03-02	600438.SH
3	新希望	308.80	−13.5	四川	1998-03-11	000876.SZ
4	海大集团	258.96	32.7	广东	2009-11-27	002311.SZ
5	温氏股份	156.09	−43.6	广东	2015-11-02	300498.SZ
6	正邦科技	111.13	−16.1	江西	2007-08-17	002157.SZ
7	梅花生物	106.29	19.7	西藏	1995-02-17	600873.SH
8	大北农	85.84	0.9	北京	2010-04-09	002385.SZ
9	禾丰股份	80.68	11.4	辽宁	2014-08-08	603609.SH
10	上海梅林	80.07	0.1	上海	1997-07-04	600073.SH
11	龙大美食	64.83	20.2	山东	2014-06-26	002726.SZ
12	安迪苏	57.56	−7.4	北京	2000-04-20	600299.SH
13	圣农发展	57.26	2.7	福建	2009-10-21	002299.SZ
14	唐人神	45.40	−3.9	湖南	2011-03-25	002567.SZ
15	海南橡胶	40.52	24.6	海南	2011-01-07	601118.SH
16	天康生物	39.67	12.6	新疆	2006-12-26	002100.SZ
17	苏垦农发	36.51	19.3	江苏	2017-05-15	601952.SH
18	中国淀粉	33.89	99.2	香港	2007-09-27	3838.HK
19	傲农生物	28.77	23.3	福建	2017-09-26	603363.SH
20	佳沃食品	28.39	359.9	湖南	2011-09-27	300268.SZ
21	雨润食品	27.45	−26.2	江苏	2005-10-03	1068.HK
22	天邦食品	24.49	−14.8	浙江	2007-04-03	002124.SZ
23	北大荒	23.37	−6.2	黑龙江	2002-03-29	600598.SH

续表

序号	证券简称	品牌价值/亿元	增长率/%	地区	上市日期	证券代码
24	现代牧业	23.14	41.0	安徽	2010-11-26	1117.HK
25	华统股份	22.89	7.9	浙江	2017-01-10	002840.SZ
26	立华股份	21.15	-3.1	江苏	2019-02-18	300761.SZ
27	中牧股份	20.63	-3.8	北京	1999-01-07	600195.SH
28	中国圣牧	16.14	-16.5	内蒙古	2014-07-15	1432.HK
29	冠农股份	15.27	57.1	新疆	2003-06-09	600251.SH
30	隆平高科	15.04	60.0	湖南	2000-12-11	000998.SZ
31	凤祥股份	14.78	-7.6	山东	2020-07-16	9977.HK
32	晨光生物	14.73	19.6	河北	2010-11-05	300138.SZ
33	神农集团	12.39	新上榜	云南	2021-05-28	605296.SH
34	天马科技	12.18	41.2	福建	2017-01-17	603668.SH
35	金健米业	12.17	7.2	湖南	1998-05-06	600127.SH
36	开创国际	9.99	27.6	上海	1997-06-19	600097.SH
37	益生股份	9.96	-10.9	山东	2010-08-10	002458.SZ
38	南宁糖业	9.44	-11.1	广西	1999-05-27	000911.SZ
39	金新农	9.04	-10.7	广东	2011-02-18	002548.SZ
40	原生态牧业	8.46	-13.3	黑龙江	2013-11-26	1431.HK
41	ST华英	8.42	-6.2	河南	2009-12-16	002321.SZ
42	亚盛集团	8.32	6.9	甘肃	1997-08-18	600108.SH
43	丰乐种业	8.07	26.9	安徽	1997-04-22	000713.SZ
44	大成生化科技	7.61	-23.9	香港	2001-03-16	0809.HK
45	巨星农牧	7.27	新上榜	四川	2017-12-18	603477.SH
46	国联水产	7.19	1.0	广东	2010-07-08	300094.SZ
47	民和股份	7.01	-25.3	山东	2008-05-16	002234.SZ
48	华康股份	6.81	新上榜	浙江	2021-02-09	605077.SH
49	百洋股份	6.81	9.3	广西	2012-09-05	002696.SZ
50	荃银高科	6.76	39.7	安徽	2010-05-26	300087.SZ
51	保龄宝	6.75	-15.5	山东	2009-08-28	002286.SZ
52	金河生物	6.62	-8.1	内蒙古	2012-07-13	002688.SZ
53	新五丰	6.52	-14.7	湖南	2004-06-09	600975.SH
54	雪榕生物	6.14	-21.5	上海	2016-05-04	300511.SZ
55	罗牛山	5.81	-2.9	海南	1997-06-11	000735.SZ
56	东瑞股份	5.74	新上榜	广东	2021-04-28	001201.SZ
57	众兴菌业	5.73	19.8	甘肃	2015-06-26	002772.SZ
58	好当家	5.39	-1.5	山东	2004-04-05	600467.SH
59	湘佳股份	5.30	-30.7	湖南	2020-04-24	002982.SZ

3.23.2 2022年中国农业上市公司品牌价值榜分析

【行业集中度】 在2022年中国农业上市公司品牌价值榜中：排在前3位的公司品牌价值合计1 060.07亿元，占行业榜单总计品牌价值的37.6%；排在前10位的公司品牌价值合计1 939.14亿元，占行业榜单总计品牌价值的68.7%；排在前20位的公司品牌价值合计 2 371.94 亿元，占行业榜单总计品牌价值的 84%。

【所在区域】 在 2022 年中国农业上市公司品牌价值榜中，59 家公司来自 23 个地区。其中，来自四川、广东、河南、北京和湖南的公司共计 19 家，品牌价值合计 1 789.64 亿元，占行业榜单总计品牌价值的 63.4%，处于主导地位。其他地区企业的构成情况见图 3-45 和图 3-46。

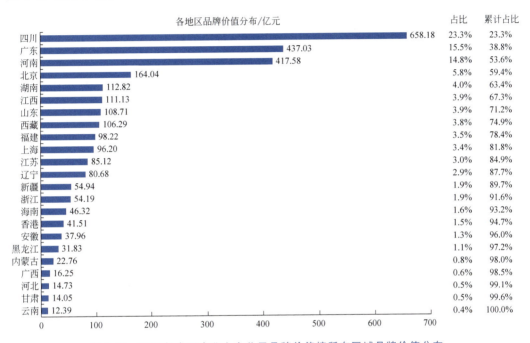

图 3-45 2022 年中国农业上市公司品牌价值榜所在区域品牌价值分布

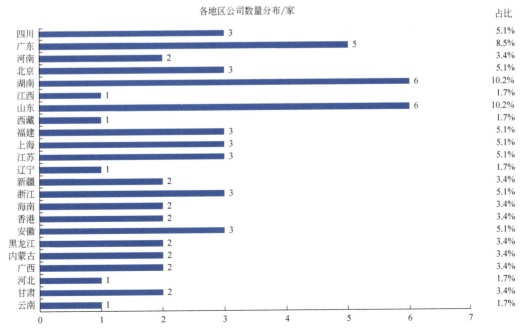

图 3-46 2022 年中国农业上市公司品牌价值榜所在区域公司数量分布

【上市板块】 在2022年中国农业上市公司品牌价值榜中：在深交所主板上市的公司有25家，品牌价值合计1 538.17亿元，占行业总计品牌价值的54.5%，排在第一位；在上交所主板上市的公司有20家，品牌价值合计912.83亿元，占行业榜单总计品牌价值的32.3%，排在第二位；在深交所创业板上市的公司有7家，品牌价值合计240.45亿元，占行业榜单总计品牌价值的8.5%，排在第三位。此外，在港交所上市的中资股公司有7家，品牌价值合计131.48亿元。

【上市时间】 在2022年中国农业上市公司品牌价值榜中：2007—2011年上市的公司有18家，品牌价值合计778.88亿元，占行业榜单总计品牌价值的27.6%，排在第一位；2012—2016年上市的公司有10家，品牌价值合计760.66亿元，占行业榜单总计品牌价值的26.9%，排在第二位；1997—2001年上市的公司有12家，品牌价值合计543.51亿元，占行业榜单总计品牌价值的19.3%，排在第三位。此外，2002—2006年上市的公司有7家，品牌价值合计459.78亿元；2017—2021年上市的公司有11家，品牌价值合计173.81亿元；1996年及以前上市的公司有1家，品牌价值106.29亿元。

3.24 媒体行业品牌价值榜

在2022年中国上市公司品牌价值总榜的3 000家企业中：媒体行业的企业共计84家，比2021年增加了3家；品牌价值总计2 460.01亿元，比2021年增长了11.6%。

3.24.1 2022年中国媒体行业上市公司品牌价值榜单

序号	证券简称	品牌价值/亿元	增长率/%	地区	上市日期	证券代码
1	分众传媒	179.15	55.0	广东	2004-08-04	002027.SZ
2	蓝色光标	160.09	22.0	北京	2010-02-26	300058.SZ
3	微博	114.32	94.5	北京	2014-04-17	WB.O
4	利欧股份	100.44	16.4	浙江	2007-04-27	002131.SZ
5	凤凰传媒	79.74	9.5	江苏	2011-11-30	601928.SH
6	东方明珠	75.77	−25.0	上海	1993-03-16	600637.SH
7	中文传媒	75.07	−4.0	江西	2002-03-04	600373.SH
8	阅文集团	68.03	108.6	上海	2017-11-08	0772.HK
9	芒果超媒	67.47	11.3	湖南	2015-01-21	300413.SZ
10	中南传媒	66.88	−2.2	湖南	2010-10-28	601098.SH
11	山东出版	64.68	25.4	山东	2017-11-22	601019.SH
12	浙文互联	59.47	5.0	浙江	2004-04-26	600986.SH
13	新华文轩	57.17	14.4	四川	2016-08-08	601811.SH
14	皖新传媒	52.67	11.8	安徽	2010-01-18	601801.SH
15	中原传媒	51.25	9.2	河南	1997-03-31	000719.SZ
16	华扬联众	50.03	−13.9	北京	2017-08-02	603825.SH
17	省广集团	49.03	−36.2	广东	2010-05-06	002400.SZ

续表

序号	证券简称	品牌价值/亿元	增长率/%	地区	上市日期	证券代码
18	浙版传媒	48.91	新上榜	浙江	2021-07-23	601921.SH
19	南方传媒	42.35	8.8	广东	2016-02-15	601900.SH
20	中国出版	41.18	28.5	北京	2017-08-21	601949.SH
21	长江传媒	40.00	−15.1	湖北	1996-10-03	600757.SH
22	华数传媒	36.76	39.0	浙江	2000-09-06	000156.SZ
23	天龙集团	36.68	−25.3	广东	2010-03-26	300063.SZ
24	三维通信	36.03	49.8	浙江	2007-02-15	002115.SZ
25	智度股份	34.76	−26.9	广东	1996-12-24	000676.SZ
26	江苏有线	34.49	−13.8	江苏	2015-04-28	600959.SH
27	时代出版	32.92	3.3	安徽	2002-09-05	600551.SH
28	映客	29.72	62.8	北京	2018-07-12	3700.HK
29	搜狐	26.62	−23.2	北京	2000-07-12	SOHU.O
30	浙数文化	24.90	−16.5	浙江	1993-03-04	600633.SH
31	电广传媒	23.59	−25.3	湖南	1999-03-25	000917.SZ
32	佳云科技	23.27	−8.5	广东	2011-07-12	300242.SZ
33	引力传媒	22.23	23.3	北京	2015-05-27	603598.SH
34	风语筑	20.93	75.3	上海	2017-10-20	603466.SH
35	新国脉	20.52	14.2	上海	1993-04-07	600640.SH
36	歌华有线	18.23	−17.1	北京	2001-02-08	600037.SH
37	中国科传	17.50	7.0	北京	2017-01-18	601858.SH
38	乐居	17.32	−1.9	北京	2014-04-17	LEJU.N
39	凤凰卫视	16.08	54.3	香港	2000-06-30	2008.HK
40	出版传媒	15.12	14.5	辽宁	2007-12-21	601999.SH
41	城市传媒	14.84	−0.5	山东	2000-03-09	600229.SH
42	广弘控股	14.64	10.1	广东	1993-11-18	000529.SZ
43	趣头条	14.56	32.8	上海	2018-09-14	QTT.O
44	万润科技	14.52	33.3	广东	2012-02-17	002654.SZ
45	三人行	14.24	9.2	陕西	2020-05-28	605168.SH
46	捷成股份	14.14	12.1	北京	2011-02-22	300182.SZ
47	掌阅科技	13.83	17.1	北京	2017-09-21	603533.SH
48	思美传媒	13.65	−1.8	浙江	2014-01-23	002712.SZ
49	人民网	13.56	7.6	北京	2012-04-27	603000.SH
50	电声股份	12.80	−11.9	广东	2019-11-21	300805.SZ
51	广博股份	12.37	33.1	浙江	2007-01-10	002103.SZ
52	紫天科技	11.65	86.7	江苏	2011-12-29	300280.SZ
53	贵广网络	11.62	−39.1	贵州	2016-12-26	600996.SH
54	兑吧	11.51	61.6	浙江	2019-05-07	1753.HK
55	广电网络	11.18	−14.2	陕西	1994-02-24	600831.SH
56	新华网	10.92	8.7	北京	2016-10-28	603888.SH
57	龙版传媒	10.77	新上榜	黑龙江	2021-08-24	605577.SH
58	新媒股份	10.34	5.8	广东	2019-04-19	300770.SZ
59	中信出版	10.16	10.4	北京	2019-07-05	300788.SZ
60	内蒙新华	10.11	新上榜	内蒙古	2021-12-24	603230.SH

续表

序号	证券简称	品牌价值/亿元	增长率/%	地区	上市日期	证券代码
61	吉视传媒	9.70	−19.6	吉林	2012-02-23	601929.SH
62	天威视讯	9.53	−15.3	广东	2008-05-26	002238.SZ
63	湖北广电	9.24	−28.9	湖北	1996-12-10	000665.SZ
64	环球印务	8.72	83.6	陕西	2016-06-08	002799.SZ
65	汤姆猫	8.16	35.8	浙江	2015-05-15	300459.SZ
66	新经典	8.07	2.0	天津	2017-04-25	603096.SH
67	华闻集团	7.98	−45.2	海南	1997-07-29	000793.SZ
68	广西广电	7.98	−27.3	广西	2016-08-15	600936.SH
69	ST 国安	7.93	−58.0	北京	1997-10-31	000839.SZ
70	万咖壹联	7.88	37.0	北京	2018-12-21	1762.HK
71	优点互动	7.70	新上榜	北京	2012-05-30	IDEX.O
72	太平洋网络	7.65	0.0	广东	2007-12-18	0543.HK
73	疯狂体育	7.45	−21.4	北京	1991-10-25	0082.HK
74	值得买	7.07	54.2	北京	2019-07-15	300785.SZ
75	中视金桥	7.03	25.3	上海	2008-07-08	0623.HK
76	联创股份	6.82	新上榜	山东	2012-08-01	300343.SZ
77	ST 联建	6.62	−4.3	广东	2011-10-12	300269.SZ
78	凤凰新媒体	6.31	33.4	北京	2011-05-12	FENG.N
79	人人网	6.24	0.1	北京	2011-05-04	RENN.N
80	华媒控股	6.13	−34.0	浙江	1996-08-30	000607.SZ
81	乐享集团	6.02	10.3	北京	2020-09-23	6988.HK
82	聚力文化	6.02	新上榜	浙江	2008-06-12	002247.SZ
83	福石控股	5.56	−26.3	北京	2010-04-21	300071.SZ
84	读者传媒	5.48	12.0	甘肃	2015-12-10	603999.SH

3.24.2　2022 年中国媒体行业上市公司品牌价值榜分析

【行业集中度】 在 2022 年中国媒体行业上市公司品牌价值榜中：排在前 10 位的公司品牌价值合计 986.96 亿元，占行业榜单总计品牌价值的 40.1%；排在前 20 位的公司品牌价值合计 1503.69 亿元，占行业榜单总计品牌价值的 61.1%；排在前 30 位的公司品牌价值合计 1836.57 亿元，占行业榜单总计品牌价值的 74.7%。

【所在区域】 在 2022 年中国媒体行业上市公司品牌价值榜中：84 家公司来自 23 个地区。其中，来自北京、广东、浙江和上海的公司共计 55 家，品牌价值合计 1634.49 亿元，占行业榜单总计品牌价值的 66.4%，处于主导地位。其他地区企业的构成情况见图 3-47 和图 3-48。

【上市板块】 在 2022 年中国媒体行业上市公司品牌价值榜中：在上交所主板上市的公司有 35 家，品牌价值合计 1103.02 亿元，占行业榜单总计品牌价值的 44.8%，排在第一位；在深交所主板上市的公司有 19 家，品牌价值合计 621.73 亿元，占行业榜单总计

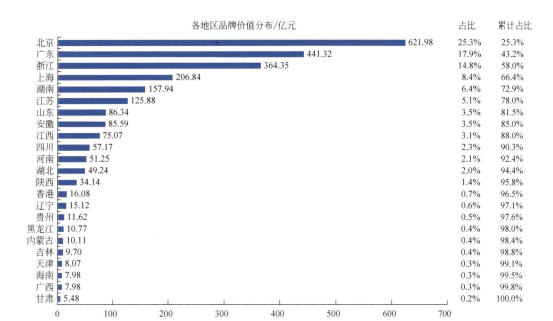

图 3-47　2022 年中国媒体行业上市公司品牌价值榜所在区域品牌价值分布

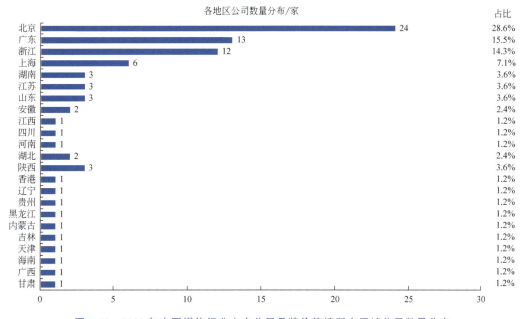

图 3-48　2022 年中国媒体行业上市公司品牌价值榜所在区域公司数量分布

品牌价值的 25.3%,排在第二位;在深交所创业板上市的公司有 14 家,品牌价值合计 380.83 亿元,占行业总计品牌价值的 15.5%,排在第三位。此外,在国外上市的中概股公司有 7 家,品牌价值合计 193.06 亿元;在港交所上市的中资股公司有 9 家,品牌价值合计 161.37 亿元。

【上市时间】　在 2022 年中国媒体行业上市公司品牌价值榜中:2007—2011 年上市

的公司有21家,品牌价值合计713.06亿元,占行业榜单总计品牌价值的29%,排在第一位;2017—2021年上市的公司有21家,品牌价值合计478.33亿元,占行业榜单总计品牌价值的19.4%,排在第二位;2012—2016年上市的公司有19家,品牌价值合计474.15亿元,占行业榜单总计品牌价值的19.3%,排在第三位。此外,2002—2006年上市的公司有4家,品牌价值合计346.6亿元;1996年及以前上市的公司有10家,品牌价值合计244.58亿元;1997—2001年上市的公司有9家,品牌价值合计203.28亿元。

3.25 日用行业品牌价值榜

在2022年中国上市公司品牌价值总榜的3 000家企业中:日用行业的企业共计60家,比2021年增加了11家;品牌价值总计2 013.45亿元,比2021年增长了29.3%。

3.25.1 2022年中国日用行业上市公司品牌价值榜单

序号	证券简称	品牌价值/亿元	增长率/%	地区	上市日期	证券代码
1	恒安国际	231.93	−6.3	福建	1998-12-08	1044.HK
2	兆驰股份	158.96	16.0	广东	2010-06-10	002429.SZ
3	丘钛科技	142.56	29.3	江苏	2014-12-02	1478.HK
4	晨光股份	141.82	39.7	上海	2015-01-27	603899.SH
5	公牛集团	135.20	23.7	浙江	2020-02-06	603195.SH
6	爱玛科技	100.89	新上榜	天津	2021-06-15	603529.SH
7	中顺洁柔	69.42	9.5	广东	2010-11-25	002511.SZ
8	上海家化	65.32	2.0	上海	2001-03-15	600315.SH
9	盈趣科技	53.21	55.3	福建	2018-01-15	002925.SZ
10	蓝月亮集团	44.80	−6.7	广东	2020-12-16	6993.HK
11	泡泡玛特	44.34	117.4	北京	2020-12-11	9992.HK
12	九号公司-WD	43.83	37.4	北京	2020-10-29	689009.SH
13	珀莱雅	43.67	37.2	浙江	2017-11-15	603605.SH
14	齐心集团	41.35	−10.3	广东	2009-10-21	002301.SZ
15	浙江永强	37.76	3.4	浙江	2010-10-21	002489.SZ
16	贝泰妮	36.68	新上榜	云南	2021-03-25	300957.SZ
17	国光电器	33.65	33.3	广东	2005-05-23	002045.SZ
18	永安行	29.80	32.8	江苏	2017-08-17	603776.SH
19	水羊股份	26.63	67.9	湖南	2018-02-08	300740.SZ
20	中国波顿	24.80	93.2	香港	2005-12-09	3318.HK
21	久祺股份	22.32	新上榜	浙江	2021-08-12	300994.SZ
22	四川九洲	19.64	−6.8	四川	1998-05-06	000801.SZ
23	王力安防	19.02	新上榜	浙江	2021-02-24	605268.SH
24	咸亨国际	18.92	新上榜	浙江	2021-07-20	605056.SH
25	爱仕达	18.83	0.2	浙江	2010-05-11	002403.SZ

续表

序号	证券简称	品牌价值/亿元	增长率/%	地区	上市日期	证券代码
26	青岛金王	18.56	5.9	山东	2006-12-15	002094.SZ
27	奋达科技	17.98	新上榜	广东	2012-06-05	002681.SZ
28	丸美股份	17.52	−10.2	广东	2019-07-25	603983.SH
29	漫步者	16.79	17.5	广东	2010-02-05	002351.SZ
30	建溢集团	16.65	92.1	香港	1997-05-01	0638.HK
31	豪悦护理	16.51	−31.5	浙江	2020-09-11	605009.SH
32	舒华体育	14.88	22.6	福建	2020-12-15	605299.SH
33	匠心家居	14.86	新上榜	江苏	2021-09-13	301061.SZ
34	珠江钢琴	14.79	7.3	广东	2012-05-30	002678.SZ
35	朝云集团	14.53	新上榜	广东	2021-03-10	6601.HK
36	好太太	14.31	33.0	广东	2017-12-01	603848.SH
37	奥普家居	13.81	−9.1	浙江	2020-01-15	603551.SH
38	佳禾智能	13.59	18.0	广东	2019-10-18	300793.SZ
39	梦天家居	12.92	新上榜	浙江	2021-12-15	603216.SH
40	奥飞娱乐	12.31	−13.7	广东	2009-09-10	002292.SZ
41	瑞贝卡	12.30	7.5	河南	2003-07-10	600439.SH
42	百亚股份	12.25	22.6	重庆	2020-09-21	003006.SZ
43	广州浪奇	11.53	−77.6	广东	1993-11-08	000523.SZ
44	奥尼电子	11.28	新上榜	广东	2021-12-28	301189.SZ
45	哈尔斯	11.00	11.2	浙江	2011-09-09	002615.SZ
46	上海凤凰	10.38	20.4	上海	1993-10-08	600679.SH
47	洁雅股份	9.64	新上榜	安徽	2021-12-03	301108.SZ
48	上声电子	9.62	新上榜	江苏	2021-04-19	688533.SH
49	拉芳家化	9.40	9.9	广东	2017-03-13	603630.SH
50	可靠股份	9.10	新上榜	浙江	2021-06-17	301009.SZ
51	依依股份	8.92	新上榜	天津	2021-05-18	001206.SZ
52	浙江自然	8.89	新上榜	浙江	2021-05-06	605080.SH
53	科力远	7.93	新上榜	湖南	2003-09-18	600478.SH
54	家联科技	7.56	新上榜	浙江	2021-12-09	301193.SZ
55	倍加洁	7.23	7.2	江苏	2018-03-02	603059.SH
56	创源股份	6.81	0.0	浙江	2017-09-19	300703.SZ
57	名臣健康	6.47	49.0	广东	2017-12-18	002919.SZ
58	茶花股份	6.29	0.9	福建	2017-02-13	603615.SH
59	英派斯	6.01	27.7	山东	2017-09-15	002899.SZ
60	信隆健康	5.46	28.7	广东	2007-01-12	002105.SZ

3.25.2　2022年中国日用行业上市公司品牌价值榜分析

【行业集中度】　在2022年中国日用行业上市公司品牌价值榜中：排在前3位的公司品牌价值合计533.45亿元，占行业榜单总计品牌价值的26.5%；排在前10位的公司品牌价值合计1 144.11亿元，占行业榜单总计品牌价值的56.8%；排在前20位的公司品牌价值合计 1 506.62 亿元,占行业榜单总计品牌价值的 74.8%。

【所在区域】 在 2022 年中国日用行业上市公司品牌价值榜中,60 家公司来自 15 个地区。其中,来自广东、浙江、福建和上海的公司共计 40 家,品牌价值合计 1 420.29 亿元,占行业榜单总计品牌价值的 70.5%,处于主导地位。其他地区企业的构成情况见图 3-49 和图 3-50。

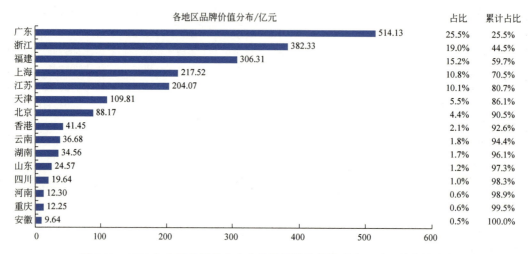

图 3-49 2022 年中国日用行业上市公司品牌价值榜所在区域品牌价值分布

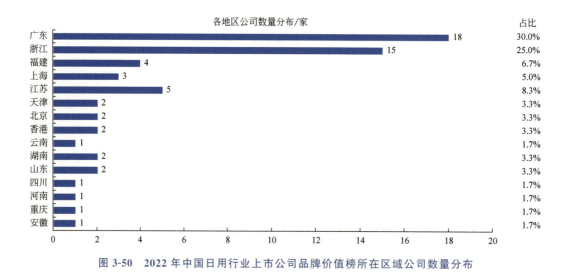

图 3-50 2022 年中国日用行业上市公司品牌价值榜所在区域公司数量分布

【上市板块】 在 2022 年中国日用行业上市公司品牌价值榜中:在上交所主板上市的公司有 21 家,品牌价值合计 707.02 亿元,占行业榜单总计品牌价值的 35.1%,排在第一位;在深交所主板上市的公司有 20 家,品牌价值合计 574.88 亿元,占行业总计品牌价值的 28.6%,排在第二位;在港交所上市的中资股公司有 7 家,品牌价值合计 519.61 亿元,占行业榜单总计品牌价值的 25.8%,排在第三位。此外,在深交所创业板上市的公司有 10 家,品牌价值合计 158.48 亿元;在上交所科创板上市的公司有 2 家,品牌价值合计

53.45 亿元。

【上市时间】 在 2022 年中国日用行业上市公司品牌价值榜中：2017—2021 年上市的公司有 36 家，品牌价值合计 871.74 亿元，占行业榜单总计品牌价值的 43.3%，排在第一位；2007—2011 年上市的公司有 9 家，品牌价值合计 371.87 亿元，占行业榜单总计品牌价值的 18.5%，排在第二位；1997—2001 年上市的公司有 4 家，品牌价值合计 333.53 亿元，占行业榜单总计品牌价值的 16.6%，排在第三位。此外，2012—2016 年上市的公司有 4 家，品牌价值合计 317.15 亿元；2002—2006 年上市的公司有 5 家，品牌价值合计 97.24 亿元；1996 年及以前上市的公司有 2 家，品牌价值合计 21.91 亿元。

3.26 公用事业行业品牌价值榜

在 2022 年中国上市公司品牌价值总榜的 3 000 家企业中：公用事业行业的企业共计 70 家，比 2021 年增加了 1 家；品牌价值总计 1 949.84 亿元，比 2021 年增加了 29.5%。

3.26.1 2022 年中国公用事业行业上市公司品牌价值榜单

序号	证券简称	品牌价值/亿元	增长率/%	地区	上市日期	证券代码
1	华能国际	128.00	15.0	北京	2001-12-06	600011.SH
2	昆仑能源	111.11	19.4	香港	1973-03-13	0135.HK
3	长江电力	106.09	9.4	北京	2003-11-18	600900.SH
4	国电电力	93.13	41.4	辽宁	1997-03-18	600795.SH
5	华润电力	87.50	37.1	广东	2003-11-12	0836.HK
6	中国广核	84.72	30.2	广东	2019-08-26	003816.SZ
7	新奥能源	83.78	39.9	河北	2002-06-03	2688.HK
8	大唐发电	73.53	38.7	北京	2006-12-20	601991.SH
9	华电国际	73.22	14.9	山东	2005-02-03	600027.SH
10	中国核电	69.18	52.0	北京	2015-06-10	601985.SH
11	新奥股份	61.45	174.0	河北	1994-01-03	600803.SH
12	龙源电力	55.92	49.6	北京	2009-12-10	0916.HK
13	华润燃气	52.39	13.8	香港	1994-11-07	1193.HK
14	国投电力	51.38	4.2	北京	1996-01-18	600886.SH
15	浙能电力	48.03	10.8	浙江	2013-12-19	600023.SH
16	中国电力	43.88	55.9	香港	2004-10-15	2380.HK
17	北京控股	40.94	8.7	北京	1997-05-29	0392.HK
18	华能水电	31.61	43.4	云南	2017-12-15	600025.SH
19	北控水务集团	26.46	−1.2	香港	1993-04-19	0371.HK
20	申能股份	25.50	11.7	上海	1993-04-16	600642.SH
21	粤海投资	25.34	1.5	香港	1993-01-08	0270.HK
22	深圳能源	24.17	52.2	广东	1993-09-03	000027.SZ

续表

序号	证券简称	品牌价值/亿元	增长率/%	地区	上市日期	证券代码
23	上海电力	23.59	27.5	上海	2003-10-29	600021.SH
24	广州发展	22.90	14.2	广东	1997-07-18	600098.SH
25	粤电力A	22.19	10.2	广东	1993-11-26	000539.SZ
26	大唐新能源	21.41	69.6	北京	2010-12-17	1798.HK
27	永泰能源	20.35	52.2	山西	1998-05-13	600157.SH
28	三峡能源	20.31	新上榜	北京	2021-06-10	600905.SH
29	京能清洁能源	19.91	新上榜	北京	2011-12-22	0579.HK
30	新天绿能	19.12	63.9	河北	2020-06-29	600956.SH
31	湖北能源	19.10	32.2	湖北	1998-05-19	000883.SZ
32	江苏国信	16.75	−2.3	江苏	2011-08-10	002608.SZ
33	首创环保	16.33	75.6	北京	2000-04-27	600008.SH
34	深圳燃气	15.89	40.0	广东	2009-12-25	601139.SH
35	内蒙古华电	14.22	24.5	内蒙古	1994-05-20	600863.SH
36	桂冠电力	14.08	5.9	广西	2000-03-23	600236.SH
37	福能股份	13.57	65.2	福建	2004-05-31	600483.SH
38	协鑫新能源	13.10	93.9	香港	1992-03-25	0451.HK
39	京能电力	13.05	−5.2	北京	2002-05-10	600578.SH
40	中广核新能源	12.86	28.6	香港	2014-10-03	1811.HK
41	北控清洁能源集团	10.62	新上榜	广东	2013-07-05	1250.HK
42	协鑫能科	10.59	49.8	江苏	2004-07-08	002015.SZ
43	皖能电力	10.18	3.7	安徽	1993-12-20	000543.SZ
44	中油燃气	9.65	73.5	香港	1993-05-28	0603.HK
45	川投能源	9.42	9.6	四川	1993-09-24	600674.SH
46	中国光大绿色环保	9.10	48.9	香港	2017-05-08	1257.HK
47	重庆水务	9.00	25.0	重庆	2010-03-29	601158.SH
48	吉电股份	8.90	66.2	吉林	2002-09-26	000875.SZ
49	南京公用	8.88	−48.5	江苏	1996-08-06	000421.SZ
50	建投能源	8.74	−11.1	河北	1996-06-06	000600.SZ
51	电投产融	8.48	5.8	河北	1999-12-23	000958.SZ
52	天伦燃气	7.90	28.4	河南	2010-11-10	1600.HK
53	云南水务	7.80	57.2	云南	2015-05-27	6839.HK
54	太阳能	7.69	42.3	重庆	1996-02-08	000591.SZ
55	九丰能源	7.66	新上榜	江西	2021-05-25	605090.SH
56	丰盛控股	7.62	新上榜	香港	2002-12-18	0607.HK
57	晋控电力	7.58	34.9	山西	1997-06-09	000767.SZ
58	华银电力	7.51	70.6	湖南	1996-09-05	600744.SH
59	东旭蓝天	7.17	28.2	广东	1994-08-08	000040.SZ
60	长源电力	7.03	57.8	湖北	2000-03-16	000966.SZ
61	佛燃能源	6.83	新上榜	广东	2017-11-22	002911.SZ
62	兴蓉环境	6.57	22.7	四川	1996-05-29	000598.SZ
63	川能动力	6.49	57.0	四川	2000-09-26	000155.SZ
64	*ST华源	6.29	15.8	黑龙江	1996-07-01	600726.SH

续表

序号	证券简称	品牌价值/亿元	增长率/%	地区	上市日期	证券代码
65	洪城环境	6.24	36.1	江西	2004-06-01	600461.SH
66	豫能控股	6.15	13.8	河南	1998-01-22	001896.SZ
67	宝新能源	6.07	16.7	广东	1997-01-28	000690.SZ
68	国新能源	6.05	17.2	山西	1992-10-13	600617.SH
69	重庆燃气	5.78	31.4	重庆	2014-09-30	600917.SH
70	联美控股	5.77	−5.6	辽宁	1999-01-28	600167.SH

3.26.2　2022年中国公用事业行业上市公司品牌价值榜分析

【行业集中度】　在2022年中国公用事业行业上市公司品牌价值榜中：排在前5位的公司品牌价值合计525.83亿元，占行业榜单总计品牌价值的27%；排在前10位的公司品牌价值合计910.27亿元，占行业榜单总计品牌价值的46.7%；排在前20位的公司品牌价值合计1 347.83亿元，占行业榜单总计品牌价值的69.1%。

【所在区域】　在2022年中国公用事业行业上市公司品牌价值榜中，70家公司来自23个地区。其中，来自北京、香港和广东的公司共计32家，品牌价值合计1 215.62亿元，占行业榜单总计品牌价值的62.3%，处于主导地位。其他地区企业的构成情况见图3-51和图3-52。

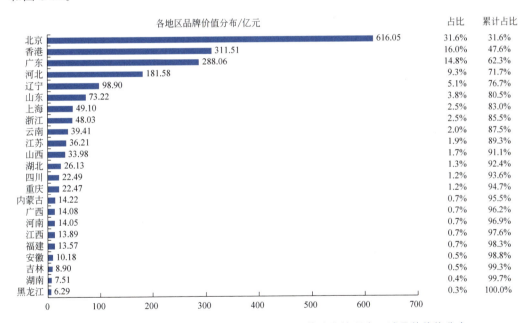

图 3-51　2022年中国公用事业行业上市公司品牌价值榜所在区域品牌价值分布

【上市板块】　在2022年中国公用事业行业上市公司品牌价值榜中：在上交所主板上市的公司有31家，品牌价值合计1 018.27亿元，占行业榜单总计品牌价值的52.2%，排在第一位；在港交所上市的中资股公司有19家，品牌价值合计647.29亿元，占行业榜

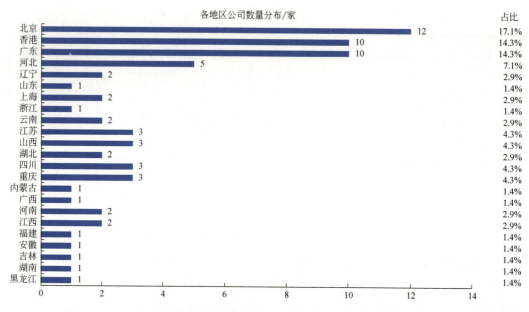

图 3-52　2022 年中国公用事业行业上市公司品牌价值榜所在区域公司数量分布

单总计品牌价值的 33.2%,排在第二位;在深交所主板上市的公司有 20 家,品牌价值合计 284.28 亿元,占行业总计品牌价值的 14.6%,排在第三位。

【上市时间】　在 2022 年中国公用事业行业上市公司品牌价值榜中:2002—2006 年上市的公司有 13 家,品牌价值合计 551.55 亿元,占行业榜单总计品牌价值的 28.3%,排在第一位;1996 年及以前上市的公司有 22 家,品牌价值合计 515.48 亿元,占行业榜单总计品牌价值的 26.4%,排在第二位;1997—2001 年上市的公司有 15 家,品牌价值合计 402.42 亿元,占行业榜单总计品牌价值的 20.6%,排在第三位。此外,2017—2021 年上市的公司有 7 家,品牌价值合计 179.34 亿元;2012—2016 年上市的公司有 6 家,品牌价值合计 154.28 亿元;2007—2011 年上市的公司有 7 家,品牌价值合计 146.77 亿元。

3.27　煤炭行业品牌价值榜

在 2022 年中国上市公司品牌价值总榜的 3 000 家企业中:煤炭行业的企业共计 29 家,比 2021 年增加了 4 家;品牌价值总计 1 062.06 亿元,比 2021 年增长了 28.9%。

3.27.1　2022 年中国煤炭行业上市公司品牌价值榜单

序号	证券简称	品牌价值/亿元	增长率/%	地区	上市日期	证券代码
1	中国神华	275.06	2.9	北京	2007-10-09	601088.SH
2	中煤能源	129.61	65.4	北京	2008-02-01	601898.SH
3	陕西煤业	123.56	46.8	陕西	2014-01-28	601225.SH

续表

序号	证券简称	品牌价值/亿元	增长率/%	地区	上市日期	证券代码
4	兖矿能源	117.94	13.2	山东	1998-07-01	600188.SH
5	伊泰煤炭	36.07	33.2	内蒙古	2012-07-12	3948.HK
6	淮北矿业	30.60	37.3	安徽	2004-04-28	600985.SH
7	潞安环能	29.64	78.1	山西	2006-09-22	601699.SH
8	中国旭阳集团	29.46	93.4	北京	2019-03-15	1907.HK
9	山西焦煤	29.18	49.4	山西	2000-07-26	000983.SZ
10	华阳股份	29.16	43.4	山西	2003-08-21	600348.SH
11	兰花科创	24.09	−0.9	山西	1998-12-17	600123.SH
12	山煤国际	20.99	−42.4	山西	2003-07-31	600546.SH
13	物产环能	19.64	新上榜	浙江	2021-12-16	603071.SH
14	平煤股份	19.59	28.6	河南	2006-11-23	601666.SH
15	冀中能源	17.46	35.0	河北	1999-09-09	000937.SZ
16	开滦股份	14.14	14.7	河北	2004-06-02	600997.SH
17	兖煤澳大利亚	14.01	新上榜	香港	2018-12-06	3668.HK
18	晋控煤业	13.52	54.2	山西	2006-06-23	601001.SH
19	安泰集团	12.89	49.5	山西	2003-02-12	600408.SH
20	美锦能源	11.02	15.6	山西	1997-05-15	000723.SZ
21	新集能源	10.36	27.7	安徽	2007-12-19	601918.SH
22	陕西黑猫	9.84	新上榜	陕西	2014-11-05	601015.SH
23	金能科技	7.52	21.2	山东	2017-05-11	603113.SH
24	山西焦化	6.89	新上榜	山西	1996-08-08	600740.SH
25	金马能源	6.71	5.9	河南	2017-10-10	6885.HK
26	盘江股份	6.48	7.9	贵州	2001-05-31	600395.SH
27	恒源煤电	5.65	29.1	安徽	2004-08-17	600971.SH
28	昊华能源	5.55	新上榜	北京	2010-03-31	601101.SH
29	首钢资源	5.40	15.1	山西	1990-10-02	0639.HK

3.27.2 2022年中国煤炭行业上市公司品牌价值榜分析

【行业集中度】 在2022年中国煤炭行业上市公司品牌价值榜中：排在第1位的公司品牌价值275.06亿元，占行业榜单总计品牌价值的25.9%；排在前5位的公司品牌价值合计682.25亿元，占行业榜单总计品牌价值的64.2%；排在前10位的公司品牌价值合计830.3亿元，占行业榜单总计品牌价值的78.2%。

【所在区域】 在2022年中国煤炭行业上市公司品牌价值榜中，29家公司来自11个地区。其中，来自北京、山西和陕西的公司共计16家，品牌价值合计755.89亿元，占行业榜单总计品牌价值的71.2%，处于主导地位。其他地区企业的构成情况见图3-53和图3-54。

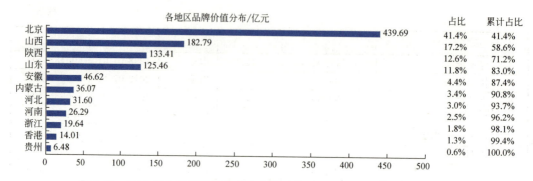

图 3-53　2022 年中国煤炭行业上市公司品牌价值榜所在区域品牌价值分布

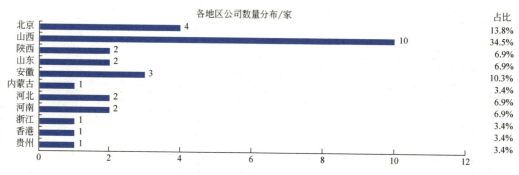

图 3-54　2022 年中国煤炭行业上市公司品牌价值榜所在区域公司数量分布

【上市板块】 在 2022 年中国煤炭行业上市公司品牌价值榜中：在上交所主板上市的公司有 21 家，品牌价值合计 912.75 亿元，占行业榜单总计品牌价值的 85.9%，排在第一位；在港交所上市的中资股公司有 5 家，品牌价值合计 91.65 亿元，占行业榜单总计品牌价值的 8.6%，排在第二位；在深交所主板上市的公司有 3 家，品牌价值合计 57.66 亿元，占行业总计品牌价值的 5.4%，排在第三位。

【上市时间】 在 2022 年中国煤炭行业上市公司品牌价值榜中：2007—2011 年上市的公司有 4 家，品牌价值合计 420.59 亿元，占行业榜单总计品牌价值的 39.6%，排在第一位；1997—2001 年上市的公司有 6 家，品牌价值合计 206.18 亿元，占行业榜单总计品牌价值的 19.4%，排在第二位；2002—2006 年上市的公司有 9 家，品牌价值合计 176.18 亿元，占行业榜单总计品牌价值的 16.6%，排在第三位。此外，2012—2016 年上市的公司有 3 家，品牌价值合计 169.47 亿元；2017—2021 年上市的公司有 5 家，品牌价值合计 77.34 亿元；1996 年及以前上市的公司有 2 家，品牌价值合计 12.3 亿元。

3.28　环保行业品牌价值榜

在 2022 年中国上市公司品牌价值总榜的 3 000 家企业中：环保行业的企业共计 40 家，与 2021 年持平；品牌价值总计 989.14 亿元，比 2021 年增长了 34.3%。

3.28.1　2022年中国环保行业上市公司品牌价值榜单

序号	证券简称	品牌价值/亿元	增长率/%	地区	上市日期	证券代码
1	光大环境	205.97	40.9	香港	1997-02-28	0257.HK
2	盈峰环境	43.10	22.1	浙江	2000-03-30	000967.SZ
3	中国天楹	39.40	45.1	江苏	1994-04-08	000035.SZ
4	上海实业环境	38.88	51.8	香港	2018-03-23	0807.HK
5	碧水源	38.84	28.6	北京	2010-04-21	300070.SZ
6	海螺创业	38.13	39.3	安徽	2013-12-19	0586.HK
7	瀚蓝环境	37.49	23.3	广东	2000-12-25	600323.SH
8	首创环境	33.09	77.2	香港	2006-07-13	3989.HK
9	中国光大水务	32.41	69.3	广东	2019-05-08	1857.HK
10	高能环境	31.63	49.5	北京	2014-12-29	603588.SH
11	伟明环保	29.30	55.1	浙江	2015-05-28	603568.SH
12	大唐环境	27.13	81.5	北京	2016-11-15	1272.HK
13	浙富控股	27.10	153.4	浙江	2008-08-06	002266.SZ
14	东方园林	26.66	11.6	北京	2009-11-27	002310.SZ
15	三峰环境	23.06	20.1	重庆	2020-06-05	601827.SH
16	金圆股份	23.05	53.2	吉林	1993-12-15	000546.SZ
17	上海环境	22.51	36.6	上海	2017-03-31	601200.SH
18	海新能科	21.18	−11.0	北京	2010-04-27	300072.SZ
19	福龙马	20.09	11.2	福建	2015-01-26	603686.SH
20	景津装备	18.96	64.5	山东	2019-07-29	603279.SH
21	启迪环境	15.61	−39.0	湖北	1998-02-25	000826.SZ
22	远达环保	13.78	24.9	重庆	2000-11-01	600292.SH
23	中再资环	13.14	27.2	陕西	1999-12-16	600217.SH
24	清新环境	13.13	31.7	北京	2011-04-22	002573.SZ
25	节能国祯	12.84	32.8	安徽	2014-08-01	300388.SZ
26	东江环保	12.37	12.3	广东	2012-04-26	002672.SZ
27	绿色动力	12.10	48.1	广东	2018-06-11	601330.SH
28	玉禾田	12.00	−20.5	安徽	2020-01-23	300815.SZ
29	中材节能	11.65	97.0	天津	2014-07-31	603126.SH
30	创元科技	10.82	2.8	江苏	1994-01-06	000551.SZ
31	旺能环境	10.33	68.6	浙江	2004-08-26	002034.SZ
32	博世科	10.09	21.5	广西	2015-02-17	300422.SZ
33	维尔利	9.75	27.3	江苏	2011-03-16	300190.SZ
34	菲达环保	9.11	12.3	浙江	2002-07-22	600526.SH
35	北京控股环境集团	8.67	新上榜	北京	1980-04-29	0154.HK
36	侨银股份	8.43	−9.0	广东	2020-01-06	002973.SZ
37	鹏鹞环保	7.82	33.3	江苏	2018-01-05	300664.SZ
38	圣元环保	7.67	47.0	福建	2020-08-24	300867.SZ
39	中持股份	5.96	新上榜	北京	2017-03-14	603903.SH
40	金达莱	5.91	1.4	江西	2020-11-11	688057.SH

3.28.2 2022年中国环保行业上市公司品牌价值榜分析

【行业集中度】 在2022年中国环保行业上市公司品牌价值榜中：排在前5位的公司品牌价值合计366.18亿元，占行业榜单总计品牌价值的37%；排在前10位的公司品牌价值合计538.94亿元，占行业榜单总计品牌价值的54.5%；排在前20位的公司品牌价值合计777.97亿元，占行业榜单总计品牌价值的78.7%。

【所在区域】 在2022年中国环保行业上市公司品牌价值榜中，40家公司来自16个地区。其中，来自香港、北京、浙江和广东的公司共计21家，品牌价值合计672.87亿元，占行业榜单总计品牌价值的68%，处于主导地位。其他地区企业的构成情况见图3-55和图3-56。

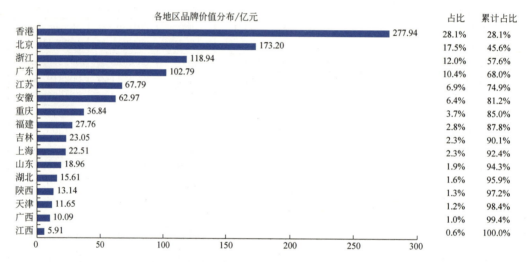

图3-55 2022年中国环保行业上市公司品牌价值榜所在区域品牌价值分布

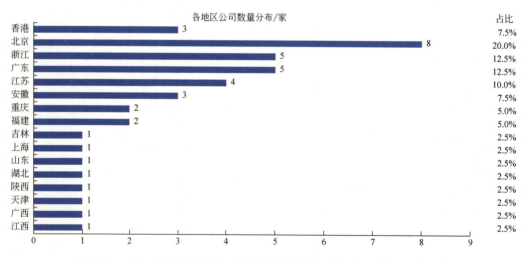

图3-56 2022年中国环保行业上市公司品牌价值榜所在区域公司数量分布

【上市板块】 在2022年中国环保行业上市公司品牌价值榜中：在港交所上市的中资股公司有7家，品牌价值合计384.28亿元，占行业榜单总计品牌价值的38.8%，排在第一位；在上交所主板上市的公司有13家，品牌价值合计248.77亿元，占行业总计品牌价值的25.2%，排在第二位；在深交所主板上市的公司有11家，品牌价值合计230亿元，占行业榜单总计品牌价值的23.3%，排在第三位。此外，在深交所创业板上市的公司有8家，品牌价值合计120.18亿元；在上交所科创板上市的公司有1家，品牌价值5.91亿元。

【上市时间】 在2022年中国环保行业上市公司品牌价值榜中：1997—2001年上市的公司有6家，品牌价值合计329.09亿元，占行业榜单总计品牌价值的33.3%，排在第一位；2017—2021年上市的公司有12家，品牌价值合计195.7亿元，占行业榜单总计品牌价值的19.8%，排在第二位；2012—2016年上市的公司有9家，品牌价值合计193.22亿元，占行业榜单总计品牌价值的19.5%，排在第三位。此外，2007—2011年上市的公司有6家，品牌价值合计136.65亿元；1996年及以前上市的公司有4家，品牌价值合计81.94亿元；2002—2006年上市的公司有3家，品牌价值合计52.54亿元。

3.29 酒店行业品牌价值榜

在2022年中国上市公司品牌价值总榜的3 000家企业中：酒店行业的企业共计10家，比2021年增加了1家；品牌价值总计783.32亿元，比2021年增长了29.4%。

3.29.1 2022年中国酒店行业上市公司品牌价值榜单

序号	证券简称	品牌价值/亿元	增长率/%	地区	上市日期	证券代码
1	锦江资本	215.50	44.9	上海	2006-12-15	2006.HK
2	锦江酒店	174.30	14.9	上海	1996-10-11	600754.SH
3	华住	121.40	27.5	上海	2010-03-26	HTHT.O
4	复星旅游文化	116.15	8.8	上海	2018-12-14	1992.HK
5	首旅酒店	79.88	37.8	北京	2000-06-01	600258.SH
6	格林酒店	22.97	19.3	上海	2018-03-27	GHG.N
7	海伦司	21.58	新上榜	广东	2021-09-10	9869.HK
8	金陵饭店	14.50	17.8	江苏	2007-04-06	601007.SH
9	万达酒店发展	11.01	62.9	香港	2002-06-04	0169.HK
10	华天酒店	6.01	−10.6	湖南	1996-08-08	000428.SZ

3.29.2 2022年中国酒店行业上市公司品牌价值榜分析

【行业集中度】 在2022年中国酒店行业上市公司品牌价值榜中：排在第1位的公司品牌价值215.5亿元，占行业榜单总计品牌价值的27.5%；排在前3位的公司品牌价值合计 511.21 亿元，占行业榜单总计品牌价值的 65.3%；排在前 5 位的公司品牌价值合计 707.24 亿元，占行业榜单总计品牌价值的 90.3%。

【所在区域】 在 2022 年中国酒店行业上市公司品牌价值榜中，10 家公司来自 6 个地区。其中，来自上海的公司共计 5 家，品牌价值合计 650.33 亿元，占行业榜单总计品牌价值的 83%，处于绝对主导地位。其他公司所在区域情况见榜单。

【上市板块】 在 2022 年中国酒店行业上市公司品牌价值榜中：在港交所上市的中资股公司有 4 家，品牌价值合计 364.24 亿元，占行业榜单总计品牌价值的 46.5%，排在第一位；在上交所主板上市的公司有 3 家，品牌价值合计 268.69 亿元，占行业榜单总计品牌价值的 34.3%，排在第二位；在国外上市的中概股公司有 2 家，品牌价值合计 144.37 亿元，占行业总计品牌价值的 18.4%，排在第三位。此外，在深交所主板上市的公司有 1 家，品牌价值 6.01 亿元。

【上市时间】 在 2022 年中国酒店行业上市公司品牌价值榜中：2002—2006 年上市的公司有 2 家，品牌价值合计 226.51 亿元，占行业榜单总计品牌价值的 28.9%，排在第一位；1996 年及以前上市的公司有 2 家，品牌价值合计 180.32 亿元，占行业榜单总计品牌价值的 23%，排在第二位；2017—2021 年上市的公司有 3 家，品牌价值合计 160.7 亿元，占行业榜单总计品牌价值的 20.5%，排在第三位。此外，2007—2011 年上市的公司有 2 家，品牌价值合计 135.9 亿元；2007—2011 年上市的公司有 1 家，品牌价值 79.88 亿元。

3.30 教育行业品牌价值榜

在 2022 年中国上市公司品牌价值总榜的 3 000 家企业中：教育行业的企业共计 33 家，比 2021 年减少了 20 家；品牌价值总计 642.77 亿元，比 2021 年下降了 72.2%。

3.30.1 2022 年中国教育行业上市公司品牌价值榜单

序号	证券简称	品牌价值/亿元	增长率/%	地区	上市日期	证券代码
1	中教控股	85.71	10.7	香港	2017-12-15	0839.HK
2	宇华教育	33.26	−56.8	河南	2017-02-28	6169.HK
3	民生教育	32.70	32.3	北京	2017-03-22	1569.HK
4	中国春来	30.06	42.5	河南	2018-09-13	1969.HK
5	东软教育	29.49	21.1	辽宁	2020-09-29	9616.HK
6	新高教集团	28.36	−18.3	北京	2017-04-19	2001.HK
7	中国科培	28.28	−21.5	广东	2019-01-25	1890.HK
8	好未来	27.52	−93.8	北京	2010-10-20	TAL.N
9	新东方-S	25.26	−94.7	北京	2020-11-09	9901.HK

续表

序号	证券简称	品牌价值/亿元	增长率/%	地区	上市日期	证券代码
10	希望教育	24.12	−57.6	四川	2018-08-03	1765.HK
11	嘉宏教育	23.44	4.4	浙江	2019-06-18	1935.HK
12	中国东方教育	19.92	−76.1	安徽	2019-06-12	0667.HK
13	华南职业教育	18.17	新上榜	广东	2021-07-13	6913.HK
14	有道	17.75	−37.9	浙江	2019-10-25	DAO.N
15	中国新华教育	16.37	0.5	安徽	2018-03-26	2779.HK
16	传智教育	16.32	新上榜	江苏	2021-01-12	003032.SZ
17	东方时尚	15.81	−41.2	北京	2016-02-05	603377.SH
18	拓维信息	15.37	−17.6	湖南	2008-07-23	002261.SZ
19	建桥教育	15.21	−5.4	上海	2020-01-16	1525.HK
20	国新文化	14.97	−4.1	上海	1993-03-16	600636.SH
21	行动教育	14.74	新上榜	上海	2021-04-21	605098.SH
22	昂立教育	13.12	−40.8	上海	1993-06-14	600661.SH
23	中公教育	12.38	−94.7	安徽	2011-08-10	002607.SZ
24	辰林教育	11.32	22.5	江西	2019-12-13	1593.HK
25	中国通才教育	11.01	新上榜	山西	2021-07-16	2175.HK
26	ST开元	10.15	8.3	湖南	2012-07-26	300338.SZ
27	中国职业教育	9.86	−62.9	广东	2019-11-25	1756.HK
28	高途集团	9.15	新上榜	北京	2019-06-06	GOTU.N
29	红黄蓝	7.86	新上榜	北京	2017-09-27	RYB.N
30	全通教育	7.02	−17.7	广东	2014-01-21	300359.SZ
31	科德教育	6.25	−66.3	江苏	2011-03-22	300192.SZ
32	鸥玛软件	6.02	新上榜	山东	2021-11-19	301185.SZ
33	21世纪教育	5.83	8.3	河北	2018-05-29	1598.HK

3.30.2　2022年中国教育行业上市公司品牌价值榜分析

【行业集中度】　在2022年中国教育行业上市公司品牌价值榜中：排在前5位的公司品牌价值合计211.21亿元，占行业榜单总计品牌价值的32.9%；排在前10位的公司品牌价值合计344.75亿元，占行业榜单总计品牌价值的53.6%；排在前20位的公司品牌价值合计518.06亿元，占行业榜单总计品牌价值的80.6%。

【所在区域】　在2022年中国教育行业上市公司品牌价值榜中，33家公司来自15个地区。其中，来自北京、香港、河南、广东和上海的公司共计18家，品牌价值合计417.03亿元，占行业榜单总计品牌价值的64.9%，处于主导地位。其他地区企业的构成情况见图3-57和图3-58。

【上市板块】　在2022年中国教育行业上市公司品牌价值榜中：在港交所上市的中资股公司有18家，品牌价值合计448.35亿元，占行业榜单总计品牌价值的69.8%，排在第一位；在国外上市的中概股公司有4家，品牌价值合计62.27亿元，占行业榜单总计品

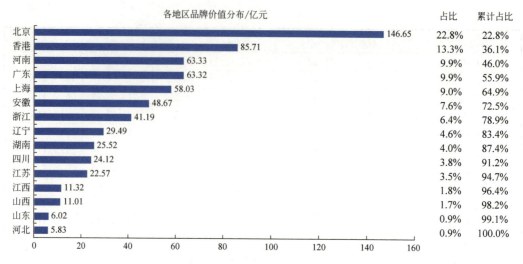

图 3-57　2022 年中国教育行业上市公司品牌价值榜所在区域品牌价值分布

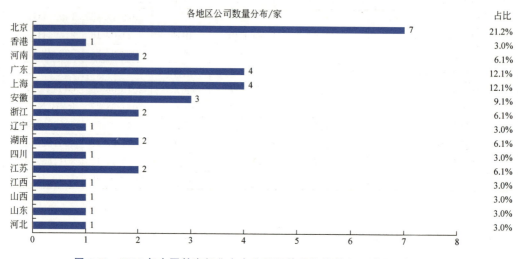

图 3-58　2022 年中国教育行业上市公司品牌价值榜所在区域公司数量分布

牌价值的 9.7%,排在第二位;在上交所主板上市的公司有 4 家,品牌价值合计 58.64 亿元,占行业总计品牌价值的 9.1%,排在第三位。此外,在深交所主板上市的公司有 3 家,品牌价值合计 44.07 亿元;在深交所创业板上市的公司有 4 家,品牌价值合计 29.45 亿元。

【上市时间】　在 2022 年中国教育行业上市公司品牌价值榜中:2017—2021 年上市的公司有 24 家,品牌价值合计 520.18 亿元,占行业榜单总计品牌价值的 80.9%,排在第一位;2007—2011 年上市的公司有 4 家,品牌价值合计 61.51 亿元,占行业榜单总计品牌价值的 9.6%,排在第二位;2012—2016 年上市的公司有 3 家,品牌价值合计 32.99 亿元,占行业榜单总计品牌价值的 5.1%,排在第三位。此外,1996 年及以前上市的公司有 2 家,品牌价值合计 28.09 亿元。

3.31 纺织行业品牌价值榜

在 2022 年中国上市公司品牌价值总榜的 3 000 家企业中：纺织行业的企业共计 24 家，比 2021 年减少了 7 家；品牌价值总计 594.04 亿元，比 2021 年增长了 3.2%。

3.31.1 2022 年中国纺织行业上市公司品牌价值榜单

序号	证券简称	品牌价值/亿元	增长率/%	地区	上市日期	证券代码
1	稳健医疗	74.44	−27.3	广东	2020-09-17	300888.SZ
2	天虹纺织	74.44	75.3	上海	2004-12-09	2678.HK
3	罗莱生活	50.73	36.4	江苏	2009-09-10	002293.SZ
4	魏桥纺织	43.16	31.5	山东	2003-09-24	2698.HK
5	航民股份	33.30	30.7	浙江	2004-08-09	600987.SH
6	孚日股份	32.66	−11.1	山东	2006-11-24	002083.SZ
7	富安娜	30.88	27.7	广东	2009-12-30	002327.SZ
8	华孚时尚	27.35	4.5	安徽	2005-04-27	002042.SZ
9	水星家纺	26.88	36.6	上海	2017-11-20	603365.SH
10	百宏实业	23.80	16.0	福建	2011-05-18	2299.HK
11	百隆东方	19.88	36.9	浙江	2012-06-12	601339.SH
12	龙头股份	18.65	−21.6	上海	1993-02-09	600630.SH
13	三房巷	17.95	87.0	江苏	2003-03-06	600370.SH
14	江苏阳光	14.74	−7.3	江苏	1999-09-27	600220.SH
15	福田实业	13.80	5.8	香港	1988-04-20	0420.HK
16	梦洁股份	13.77	−5.9	湖南	2010-04-29	002397.SZ
17	鲁泰A	12.84	−18.2	山东	2000-12-25	000726.SZ
18	新野纺织	11.95	−1.0	河南	2006-11-30	002087.SZ
19	联发股份	11.08	−3.7	江苏	2010-04-23	002394.SZ
20	南山智尚	10.48	−25.3	山东	2020-12-22	300918.SZ
21	超盈国际控股	9.70	47.3	广东	2014-05-23	2111.HK
22	新澳股份	7.89	55.0	浙江	2014-12-31	603889.SH
23	华茂股份	7.49	11.9	安徽	1998-10-07	000850.SZ
24	华纺股份	6.16	−8.6	山东	2001-09-03	600448.SH

3.31.2 2022 年中国纺织行业上市公司品牌价值榜分析

【行业集中度】 在 2022 年中国纺织行业上市公司品牌价值榜中：排在前 3 位的公司品牌价值合计 199.61 亿元，占行业榜单总计品牌价值的 33.6%；排在前 5 位的公司品牌价值合计 276.08 亿元，占行业榜单总计品牌价值的 46.5%；排在前 10 位的公司品牌价值合计 417.66 亿元，占行业榜单总计品牌价值的 70.3%。

【所在区域】 在 2022 年中国纺织行业上市公司品牌价值榜中，24 家公司来自 10 个地区。其中,来自上海、广东、山东和江苏的公司共计 15 家,品牌价值合计 434.8 亿元,占行业榜单总计品牌价值的 73.2%,处于主导地位。其他地区企业的构成情况见图 3-59 和图 3-60。

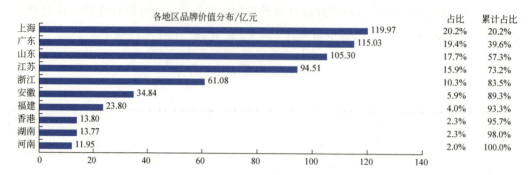

图 3-59　2022 年中国纺织行业上市公司品牌价值榜所在区域品牌价值分布

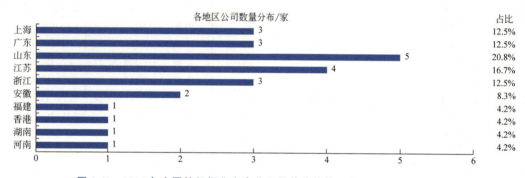

图 3-60　2022 年中国纺织行业上市公司品牌价值榜所在区域公司数量分布

【上市板块】　在 2022 年中国纺织行业上市公司品牌价值榜中:在深交所主板上市的公司有 9 家,品牌价值合计 198.75 亿元,占行业总计品牌价值的 33.5%,排在第一位;在港交所上市的中资股公司有 5 家,品牌价值合计 164.9 亿元,占行业榜单总计品牌价值的 27.8%,排在第二位;在上交所主板上市的公司有 8 家,品牌价值合计 145.46 亿元,占行业榜单总计品牌价值的 24.5%,排在第三位。此外,在深交所创业板上市的公司有 2 家,品牌价值合计 84.93 亿元。

【上市时间】　在 2022 年中国纺织行业上市公司品牌价值榜中:2002—2006 年上市的公司有 7 家,品牌价值合计 240.82 亿元,占行业榜单总计品牌价值的 40.5%,排在第一位;2007—2011 年上市的公司有 5 家,品牌价值合计 130.26 亿元,占行业榜单总计品牌价值的 21.9%,排在第二位;2017—2021 年上市的公司有 3 家,品牌价值合计 111.8 亿元,占行业榜单总计品牌价值的 18.8%,排在第三位。此外,1997—2001 年上市的公司有 4 家,品牌价值合计 41.23 亿元;2012—2016 年上市的公司有 3 家,品牌价值合计 37.48 亿元;1996 年及以前上市的公司有 2 家,品牌价值为 32.45 亿元。

3.32 家居行业品牌价值榜

在 2022 年中国上市公司品牌价值总榜的 3 000 家企业中：家居行业的企业共计 26 家，比 2021 年减少了 1 家；品牌价值总计 558.71 亿元，比 2021 年增长了 32.7%。

3.32.1 2022 年中国家居行业上市公司品牌价值榜单

序号	证券简称	品牌价值/亿元	增长率/%	地区	上市日期	证券代码
1	欧派家居	94.97	52.8	广东	2017-03-28	603833.SH
2	顾家家居	71.28	41.1	浙江	2016-10-14	603816.SH
3	索菲亚	44.68	45.3	广东	2011-04-12	002572.SZ
4	大亚圣象	30.43	16.8	江苏	1999-06-30	000910.SZ
5	喜临门	28.33	89.7	浙江	2012-07-17	603008.SH
6	汇森家居	24.47	34.4	江西	2020-12-29	2127.HK
7	梦百合	23.49	12.8	江苏	2016-10-13	603313.SH
8	志邦家居	20.66	62.4	安徽	2017-06-30	603801.SH
9	美克家居	19.73	10.6	江西	2000-11-27	600337.SH
10	尚品宅配	19.47	14.8	广东	2017-03-07	300616.SZ
11	恒林股份	18.06	28.3	浙江	2017-11-21	603661.SH
12	曲美家居	16.50	41.7	北京	2015-04-22	603818.SH
13	江山欧派	16.03	30.3	浙江	2017-02-10	603208.SH
14	建霖家居	15.77	6.6	福建	2020-07-30	603408.SH
15	惠达卫浴	14.67	9.0	河北	2017-04-05	603385.SH
16	永艺股份	13.11	14.8	浙江	2015-01-23	603600.SH
17	麒盛科技	12.67	47.5	浙江	2019-10-29	603610.SH
18	金牌厨柜	12.27	60.7	福建	2017-05-12	603180.SH
19	好莱客	11.69	33.9	广东	2015-02-17	603898.SH
20	松霖科技	9.88	28.7	福建	2019-08-26	603992.SH
21	乐歌股份	7.78	30.9	浙江	2017-12-01	300729.SZ
22	我乐家居	7.67	24.7	江苏	2017-06-16	603326.SH
23	盛诺集团	7.19	新上榜	香港	2014-07-10	1418.HK
24	皮阿诺	6.97	42.9	广东	2017-03-10	002853.SZ
25	卡森国际	5.51	−16.2	浙江	2005-10-20	0496.HK
26	德尔未来	5.44	−6.8	江苏	2011-11-11	002631.SZ

3.32.2 2022 年中国家居行业上市公司品牌价值榜分析

【行业集中度】 在 2022 年中国家居行业上市公司品牌价值榜中：排在前 3 位的公司品牌价值合计 210.93 亿元，占行业榜单总计品牌价值的 37.8%；排在前 5 位的公司品牌价值合计 269.69 亿元，占行业榜单总计品牌价值的 48.3%；排在前 10 位的公司品牌价值合计 377.51 亿元,占行业榜单总计品牌价值的 67.6%。

【所在区域】 在 2022 年中国家居行业上市公司品牌价值榜中,26 家公司来自 9 个地区。其中,来自广东、浙江和江苏的公司共计 17 家,品牌价值合计 417.56 亿元,占行业榜单总计品牌价值的 74.7%,处于主导地位。其他地区企业的构成情况见图 3-61 和图 3-62。

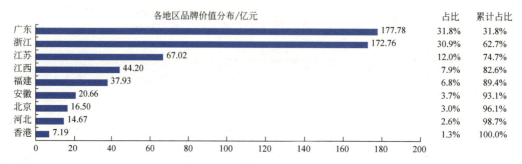

图 3-61　2022 年中国家居行业上市公司品牌价值榜所在区域品牌价值分布

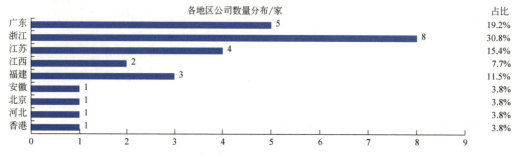

图 3-62　2022 年中国家居行业上市公司品牌价值榜所在区域公司数量分布

【上市板块】 在 2022 年中国家居行业上市公司品牌价值榜中:在上交所主板上市的公司有 17 家,品牌价值合计 406.77 亿元,占行业榜单总计品牌价值的 72.8%,排在第一位;在深交所主板上市的公司有 4 家,品牌价值合计 87.51 亿元,占行业总计品牌价值的 15.7%,排在第二位;在港交所上市的中资股公司有 3 家,品牌价值合计 37.18 亿元,占行业榜单总计品牌价值的 6.7%,排在第三位。此外,在深交所创业板上市的公司有 2 家,品牌价值合计 27.25 亿元。

【上市时间】 在 2022 年中国家居行业上市公司品牌价值榜中:2017—2021 年上市的公司有 14 家,品牌价值合计 281.34 亿元,占行业榜单总计品牌价值的 50.4%,排在第一位;2012—2016 年上市的公司有 7 家,品牌价值合计 171.59 亿元,占行业榜单总计品牌价值的 30.7%,排在第二位;1997—2001 年上市的公司有 2 家,品牌价值合计 50.15 亿元,占行业榜单总计品牌价值的 9%,排在第三位。此外,2007—2011 年上市的公司有 2 家,品牌价值合计 50.12 亿元;2002—2006 年上市的公司有 1 家,品牌价值为 5.51 亿元。

3.33 餐饮行业品牌价值榜

在 2022 年中国上市公司品牌价值总榜的 3 000 家企业中：餐饮行业的企业共计 8 家,与 2021 年持平;品牌价值总计 489.54 亿元,比 2021 年下降了 21.7%。

3.33.1 2022 年中国餐饮行业上市公司品牌价值榜单

序号	证券简称	品牌价值/亿元	增长率/%	地区	上市日期	证券代码
1	海底捞	280.52	−38.8	北京	2018-09-26	6862.HK
2	九毛九	76.52	102.8	广东	2020-01-15	9922.HK
3	同庆楼	37.25	18.7	安徽	2020-07-16	605108.SH
4	味千(中国)	34.57	−3.5	香港	2007-03-30	0538.HK
5	唐宫中国	27.25	20.8	香港	2011-04-19	1181.HK
6	全聚德	15.29	−19.5	北京	2007-11-20	002186.SZ
7	上海小南国	11.96	−17.8	上海	2012-07-04	3666.HK
8	西安饮食	6.18	5.9	陕西	1997-04-30	000721.SZ

3.33.2 2022 年中国餐饮行业上市公司品牌价值榜分析

【行业集中度】 在 2022 年中国餐饮行业上市公司品牌价值榜中：排名第一位的公司品牌价值 280.52 亿元,占行业榜单总计品牌价值的 57.3%;其余 7 家公司品牌价值合计 209.02 亿元,占行业榜单总计品牌价值的 42.7%。

【所在区域】 在 2022 年中国餐饮行业上市公司品牌价值榜中,8 家公司来自 6 个地区。其中,来自北京和广东的公司共计 3 家,品牌价值合计 372.33 亿元,占行业榜单总计品牌价值的 76.1%,处于主导地位。其他公司所在区域情况见榜单。

【上市板块】 在 2022 年中国餐饮行业上市公司品牌价值榜中：在港交所上市的中资股公司有 5 家,品牌价值合计 430.82 亿元,占行业榜单总计品牌价值的 88%,排在第一位;此外,在上交所主板上市的公司有 1 家,品牌价值 37.25 亿元;在深交所主板上市的公司有 2 家,品牌价值合计 21.47 亿元。

【上市时间】 在 2022 年中国餐饮行业上市公司品牌价值榜中：2017—2021 年上市的公司有 3 家,品牌价值合计 394.3 亿元,占行业榜单总计品牌价值的 80.5%,排在第一位;此外,2007—2011 年上市的公司有 3 家,品牌价值合计 77.1 亿元;2012—2016 年上市的公司有 1 家,品牌价值 11.96 亿元;1997—2001 年上市的公司有 1 家,品牌价值 6.18 亿元。

3.34 保健行业品牌价值榜

在 2022 年中国上市公司品牌价值总榜的 3 000 家企业中：保健行业的企业共计 20 家，比 2021 年增加了 3 家；品牌价值总计 462.97 亿元，比 2021 年增长了 38.8%。

3.34.1 2022 年中国保健行业上市公司品牌价值榜单

序号	证券简称	品牌价值/亿元	增长率/%	地区	上市日期	证券代码
1	金域医学	75.96	52.4	广东	2017-09-08	603882.SH
2	迪安诊断	64.98	26.0	浙江	2011-07-19	300244.SZ
3	汤臣倍健	47.36	20.9	广东	2010-12-15	300146.SZ
4	美年健康	43.23	40.0	江苏	2005-05-18	002044.SZ
5	金达威	33.32	－5.1	福建	2011-10-28	002626.SZ
6	通策医疗	32.49	50.2	浙江	1996-10-30	600763.SH
7	华润医疗	26.76	123.4	北京	2013-11-29	1515.HK
8	国际医学	19.73	15.8	陕西	1993-08-09	000516.SZ
9	澳洋健康	15.68	22.4	江苏	2007-09-21	002172.SZ
10	仙乐健康	15.26	－2.3	广东	2019-09-25	300791.SZ
11	雍禾医疗	12.93	新上榜	北京	2021-12-13	2279.HK
12	恒康医疗	12.68	新上榜	甘肃	2008-03-06	002219.SZ
13	国际脐带血库	12.26	50.3	北京	2009-11-19	CO.N
14	康华医疗	9.45	50.7	广东	2016-11-08	3689.HK
15	康宁医院	8.44	104.2	浙江	2015-11-20	2120.HK
16	瑞慈医疗	8.40	61.6	上海	2016-10-06	1526.HK
17	神冠控股	7.55	42.0	广西	2009-10-13	0829.HK
18	固生堂	5.82	新上榜	广东	2021-12-10	2273.HK
19	*ST 宜康	5.35	－10.1	广东	2000-08-07	000150.SZ
20	碧生源	5.33	新上榜	北京	2010-09-29	0926.HK

3.34.2 2022 年中国保健行业上市公司品牌价值榜分析

【行业集中度】 在 2022 年中国保健行业上市公司品牌价值榜中：排在前 2 位的公司品牌价值合计 140.94 亿元，占行业榜单总计品牌价值的 30.4%；排在前 5 位的公司品牌价值合计 264.85 亿元，占行业榜单总计品牌价值的 57.2%；排在前 10 位的公司品牌价值合计 374.77 亿元，占行业榜单总计品牌价值的 80.9%。

【所在区域】 在 2022 年中国保健行业上市公司品牌价值榜中，20 家公司来自 9 个地区。其中，来自广东、浙江和江苏的公司共计 11 家，品牌价值合计 324.02 亿元，占行业榜单总计品牌价值的 70%，处于主导地位。其他地区企业的构成情况见图 3-63 和图 3-64。

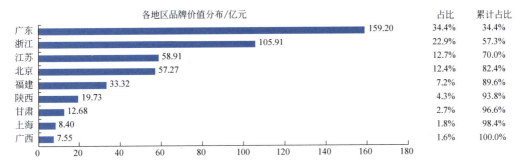

图 3-63 2022 年中国保健行业上市公司品牌价值榜所在区域品牌价值分布

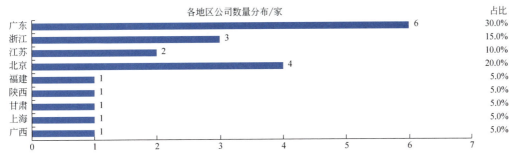

图 3-64 2022 年中国保健行业上市公司品牌价值榜所在区域公司数量分布

【上市板块】 在 2022 年中国保健行业上市公司品牌价值榜中：在深交所主板上市的公司有 6 家，品牌价值合计 129.99 亿元，占行业总计品牌价值的 28.1%，排在第一位；在深交所创业板上市的公司有 3 家，品牌价值合计 127.6 亿元，占行业榜单总计品牌价值的 27.6%，排在第二位；在上交所主板上市的公司有 2 家，品牌价值合计 108.45 亿元，占行业榜单总计品牌价值的 23.4%，排在第三位。此外，在港交所上市的中资股公司有 8 家，品牌价值合计 84.67 亿元；在国外上市的中概股公司有 1 家，品牌价值 12.26 亿元。

【上市时间】 在 2022 年中国保健行业上市公司品牌价值榜中：2007—2011 年上市的公司有 8 家，品牌价值合计 199.14 亿元，占行业榜单总计品牌价值的 43%，排在第一位；2017—2021 年上市的公司有 4 家，品牌价值合计 109.97 亿元，占行业榜单总计品牌价值的 23.8%，排在第二位；2012—2016 年上市的公司有 4 家，品牌价值合计 53.05 亿元，占行业榜单总计品牌价值的 11.5%，排在第三位。此外，1996 年及以前上市的公司有 2 家，品牌价值合计 52.22 亿元；2002—2006 年上市的公司有 1 家，品牌价值 43.23 亿元；1997—2001 年上市的公司有 1 家，品牌价值 5.35 亿元。

3.35 造纸行业品牌价值榜

在 2022 年中国上市公司品牌价值总榜的 3 000 家企业中：造纸行业的企业共计 15 家，比 2021 年增加了 1 家；品牌价值总计 423.31 亿元，比 2021 年增长了 53.1%。

3.35.1　2022 年中国造纸行业上市公司品牌价值榜单

序号	证券简称	品牌价值/亿元	增长率/%	地区	上市日期	证券代码
1	晨鸣纸业	98.84	73.7	山东	2000-11-20	000488.SZ
2	太阳纸业	76.74	39.4	山东	2006-11-16	002078.SZ
3	山鹰国际	68.34	50.0	安徽	2001-12-18	600567.SH
4	博汇纸业	41.28	41.7	山东	2004-06-08	600966.SH
5	华泰股份	35.58	33.8	山东	2000-09-28	600308.SH
6	岳阳林纸	23.09	97.3	湖南	2004-05-25	600963.SH
7	仙鹤股份	17.19	54.5	浙江	2018-04-20	603733.SH
8	景兴纸业	12.96	39.4	浙江	2006-09-15	002067.SZ
9	冠豪高新	9.84	107.2	广东	2003-06-19	600433.SH
10	五洲特纸	7.17	14.9	浙江	2020-11-10	605007.SH
11	齐峰新材	7.05	18.0	山东	2010-12-10	002521.SZ
12	荣晟环保	6.52	38.4	浙江	2017-01-17	603165.SH
13	青山纸业	6.45	38.0	福建	1997-07-03	600103.SH
14	森林包装	6.24	30.7	浙江	2020-12-22	605500.SH
15	华旺科技	6.01	新上榜	浙江	2020-12-28	605377.SH

3.35.2　2022 年中国造纸行业上市公司品牌价值榜分析

【行业集中度】在 2022 年中国造纸行业上市公司品牌价值榜中：排在第 1 位的公司是晨鸣纸业，品牌价值 98.84 亿元，占行业榜单总计品牌价值的 23.3%；排在前 3 位的公司品牌价值合计 243.92 亿元，占行业榜单总计品牌价值的 57.6%；排在前 5 位的公司品牌价值合计 320.78 亿元，占行业榜单总计品牌价值的 75.8%。

【所在区域】在 2022 年中国造纸行业上市公司品牌价值榜中，15 家公司来自 6 个地区。其中，来自山东的公司共计 5 家，品牌价值合计 259.49 亿元，占行业榜单总计品牌价值的 61.3%，处于主导地位。其他地区企业的构成情况见图 3-65 和图 3-66。

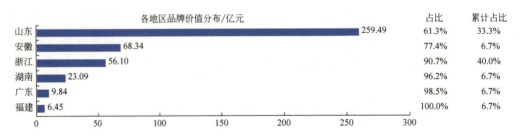

图 3-65　2022 年中国造纸行业上市公司品牌价值榜所在区域品牌价值分布

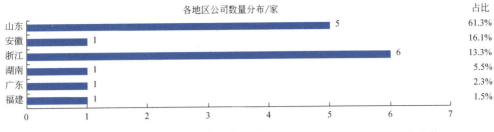

图 3-66　2022 年中国造纸行业上市公司品牌价值榜所在区域公司数量分布

【上市板块】　在 2022 年中国造纸行业上市公司品牌价值榜中：在上交所主板上市的公司有 11 家，品牌价值合计 227.71 亿元，占行业榜单总计品牌价值的 53.8%，排在第一位；在深交所主板上市的公司有 4 家，品牌价值合计 195.6 亿元，占行业总计品牌价值的 46.2%，排在第二位。

【上市时间】　在 2022 年中国造纸行业上市公司品牌价值榜中：1997—2001 年上市的公司有 4 家，品牌价值合计 209.2 亿元，占行业榜单总计品牌价值的 49.4%，排在第一位；2002—2006 年上市的公司有 5 家，品牌价值合计 163.92 亿元，占行业榜单总计品牌价值的 38.7%，排在第二位；2017—2021 年上市的公司有 5 家，品牌价值合计 43.14 亿元，占行业榜单总计品牌价值的 10.2%，排在第三位。此外，2007—2011 年上市的公司有 1 家，品牌价值 7.05 亿元。

3.36　商业服务行业品牌价值榜

在 2022 年中国上市公司品牌价值总榜的 3 000 家企业中：商业服务行业的企业共计 27 家，比 2021 年减少了 1 家；品牌价值总计 397.62 亿元，比 2021 年增长了 63.9%。

3.36.1　2022 年中国商业服务行业上市公司品牌价值榜单

序号	证券简称	品牌价值/亿元	增长率/%	地区	上市日期	证券代码
1	中国铁物	111.82	新上榜	天津	1999-07-27	000927.SZ
2	华建集团	21.63	11.9	上海	1993-02-09	600629.SH
3	华设集团	20.73	23.5	江苏	2014-10-13	603018.SH
4	劲嘉股份	20.61	7.3	广东	2007-12-05	002191.SZ
5	华测检测	17.97	22.2	广东	2009-10-30	300012.SZ
6	前程无忧	16.90	5.3	上海	2004-09-29	JOBS.O
7	科锐国际	15.89	51.3	北京	2017-06-08	300662.SZ
8	苏交科	15.13	−16.2	江苏	2012-01-10	300284.SZ
9	东风股份	15.00	0.4	广东	2012-02-16	601515.SH
10	勘设股份	12.72	60.8	贵州	2017-08-09	603458.SH
11	华铁应急	12.41	70.1	浙江	2015-05-29	603300.SH

续表

序号	证券简称	品牌价值/亿元	增长率/%	地区	上市日期	证券代码
12	甘咨询	10.79	59.2	甘肃	1997-05-28	000779.SZ
13	设计总院	9.39	30.3	安徽	2017-08-01	603357.SH
14	国检集团	8.54	47.8	北京	2016-11-09	603060.SH
15	人瑞人才	8.01	33.3	四川	2019-12-13	6919.HK
16	庄臣控股	7.97	43.4	香港	2019-10-16	1955.HK
17	广电计量	7.89	68.2	广东	2019-11-08	002967.SZ
18	中衡设计	7.07	12.6	江苏	2014-12-31	603017.SH
19	中粮工科	6.96	新上榜	江苏	2021-09-09	301058.SZ
20	设研院	6.87	53.9	河南	2017-12-12	300732.SZ
21	华阳国际	6.59	59.1	广东	2019-02-26	002949.SZ
22	同方泰德	6.57	53.3	香港	2011-10-27	1206.HK
23	谱尼测试	6.48	42.6	北京	2020-09-16	300887.SZ
24	盛通股份	6.08	35.5	北京	2011-07-15	002599.SZ
25	启迪设计	6.01	新上榜	江苏	2016-02-04	300500.SZ
26	元隆雅图	5.92	−3.0	北京	2017-06-06	002878.SZ
27	同道猎聘	5.68	新上榜	北京	2018-06-29	6100.HK

3.36.2　2022年中国商业服务行业上市公司品牌价值榜分析

【**行业集中度**】　在2022年中国商业服务行业上市公司品牌价值榜中：排在第1位的公司品牌价值111.82亿元，占行业榜单总计品牌价值的28.1%；排在前5位的公司品牌价值合计192.75亿元，占行业榜单总计品牌价值的48.5%；排在前10位的公司品牌价值合计268.4亿元，占行业榜单总计品牌价值的67.5%。

【**所在区域**】　在2022年中国商业服务行业上市公司品牌价值榜中，27家公司来自12个地区。其中，来自天津、广东、江苏和北京的公司共计17家，品牌价值合计284.35亿元，占行业榜单总计品牌价值的71.5%，处于主导地位。其他地区企业的构成情况见图3-67和图3-68。

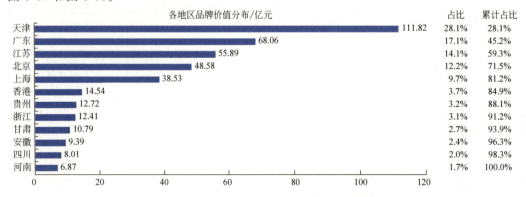

图3-67　2022年中国商业服务行业上市公司品牌价值榜所在区域品牌价值分布

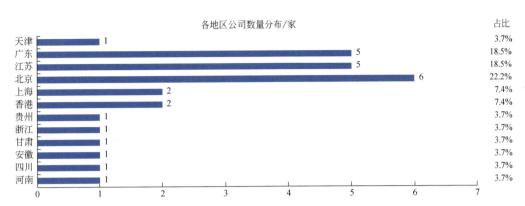

图 3-68　2022 年中国商业服务行业上市公司品牌价值榜所在区域公司数量分布

【上市板块】　在 2022 年中国商业服务行业上市公司品牌价值榜中：在深交所主板上市的公司有 7 家，品牌价值合计 169.7 亿元，占行业榜单总计品牌价值的 42.7%，排在第一位；在上交所主板上市的公司有 8 家，品牌价值合计 107.49 亿元，占行业榜单总计品牌价值的 27%，排在第二位；在深交所创业板上市的公司有 7 家，品牌价值合计 75.31 亿元，占行业总计品牌价值的 18.9%，排在第三位。此外，在港交所上市的中资股公司有 4 家，品牌价值合计 28.22 亿元；在国外上市的中概股公司有 1 家，品牌价值 16.9 亿元。

【上市时间】　在 2022 年中国商业服务行业上市公司品牌价值榜中：1997—2001 年上市的公司有 2 家，品牌价值合计 122.61 亿元，占行业榜单总计品牌价值的 30.8%，排在第一位；2017—2021 年上市的公司有 12 家，品牌价值合计 100.38 亿元，占行业榜单总计品牌价值的 25.2%，排在第二位；2012—2016 年上市的公司有 7 家，品牌价值合计 84.88 亿元，占行业榜单总计品牌价值的 21.3%，排在第三位。此外，2007—2011 年上市的公司有 4 家，品牌价值合计 51.23 亿元；1996 年及以前上市的公司有 1 家，品牌价值 21.63 亿元；2002—2006 年上市的公司有 1 家，品牌价值 16.9 亿元。

3.37　包装行业品牌价值榜

在 2022 年中国上市公司品牌价值总榜的 3 000 家企业中：包装行业的企业共计 14 家，比 2021 年减少了 1 家；品牌价值总计 221.31 亿元，比 2021 年增长了 23.4%。

3.37.1　2022 年中国包装行业上市公司品牌价值榜单

序号	证券简称	品牌价值/亿元	增长率/%	地区	上市日期	证券代码
1	裕同科技	31.19	21.1	广东	2016-12-16	002831.SZ
2	紫江企业	26.22	28.6	上海	1999-08-24	600210.SH
3	奥瑞金	25.67	12.8	北京	2012-10-11	002701.SZ

续表

序号	证券简称	品牌价值/亿元	增长率/%	地区	上市日期	证券代码
4	阳光纸业	23.38	93.6	山东	2007-12-12	2002.HK
5	合兴包装	22.81	31.4	福建	2008-05-08	002228.SZ
6	中粮包装	20.41	47.2	浙江	2009-11-16	0906.HK
7	吉宏股份	17.31	9.6	福建	2016-07-12	002803.SZ
8	宝钢包装	13.41	14.2	上海	2015-06-11	601968.SH
9	万顺新材	9.04	27.7	广东	2010-02-26	300057.SZ
10	美盈森	7.44	0.9	广东	2009-11-03	002303.SZ
11	永新股份	6.84	1.2	安徽	2004-07-08	002014.SZ
12	济丰包装	6.52	27.8	上海	2018-12-21	1820.HK
13	正业国际	5.71	30.6	广东	2011-06-03	3363.HK
14	昇兴股份	5.39	新上榜	福建	2015-04-22	002752.SZ

3.37.2　2022年中国包装行业上市公司品牌价值榜分析

【行业集中度】　在2022年中国包装行业上市公司品牌价值榜中：排在第1位的公司品牌价值31.19亿元，占行业榜单总计品牌价值的14.1%。排在前3位的公司品牌价值合计83.08亿元，占行业榜单总计品牌价值的37.5%；排在前5位的公司品牌价值合计129.26亿元，占行业榜单总计品牌价值的58.4%。

【所在区域】　在2022年中国包装行业上市公司品牌价值榜中：14家公司来自7个地区。其中，来自广东、上海和福建的公司共计10家，品牌价值合计145.02亿元，占行业榜单总计品牌价值的65.5%，处于主导地位。其他地区企业的构成情况见图3-69和图3-70。

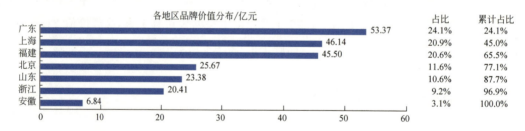

图3-69　2022年中国包装行业上市公司品牌价值榜所在区域品牌价值分布

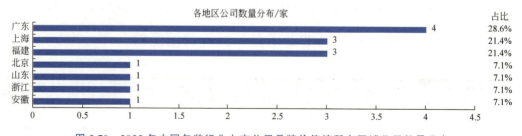

图3-70　2022年中国包装行业上市公司品牌价值榜所在区域公司数量分布

【上市板块】 在2022年中国包装行业上市公司品牌价值榜中：在深交所主板上市的公司有7家，品牌价值合计116.64亿元，占行业总计品牌价值的52.7%，排在第一位；在港交所上市的中资股公司有4家，品牌价值合计56.01亿元，占行业榜单总计品牌价值的25.3%，排在第二位；在上交所主板上市的公司有2家，品牌价值合计39.63亿元，占行业榜单总计品牌价值的17.9%，排在第三位。此外，在深交所创业板上市的公司有1家，品牌价值9.04亿元。

【上市时间】 在2022年中国包装行业上市公司品牌价值榜中：2012—2016年上市的公司有5家，品牌价值合计92.96亿元，占行业榜单总计品牌价值的42%，排在第一位；2007—2011年上市的公司有6家，品牌价值合计88.77亿元，占行业榜单总计品牌价值的40.1%，排在第二位；1997—2001年上市的公司有1家，品牌价值26.22亿元，占行业榜单总计品牌价值的11.8%，排在第三位。此外，2002—2006年上市的公司有1家，品牌价值6.84亿元；2017—2021年上市的公司有1家，品牌价值6.52亿元。

第4篇 中国上市公司品牌价值区域榜

4.1 北京品牌价值榜

在 2022 年中国上市公司品牌价值总榜的 3 000 家企业中：北京的企业共计 347 家，比 2021 年减少了 14 家；品牌价值总计 67 310.05 亿元，比 2021 年增长了 10.3%。

4.1.1 2022 年北京上市公司品牌价值榜单

序号	证券名称	品牌价值/亿元	增长率/%	行业	上市日期	证券代码
1	京东集团-SW	4 485.77	−6.4	零售	2020-06-18	9618.HK
2	工商银行	3 515.38	5.3	金融	2006-10-27	601398.SH
3	建设银行	3 043.92	14.0	金融	2007-09-25	601939.SH
4	美团-W	2 631.62	3.8	零售	2018-09-20	3690.HK
5	联想集团	2 470.31	33.6	电子	1994-02-14	0992.HK
6	农业银行	2 440.49	4.5	金融	2010-07-15	601288.SH
7	小米集团-W	2 404.01	65.1	通信	2018-07-09	1810.HK
8	百度集团-SW	2 398.28	27.9	互联网	2021-03-23	9888.HK
9	中国银行	2 181.91	2.5	金融	2006-07-05	601988.SH
10	中国建筑	1 920.44	8.4	建筑	2009-07-29	601668.SH
11	中国电信	1 823.20	−11.1	电信	2021-08-20	601728.SH
12	中国石化	1 705.98	22.3	石油	2001-08-08	600028.SH
13	中国石油	1 589.29	38.8	石油	2007-11-05	601857.SH
14	中国人寿	1 459.43	−7.7	金融	2007-01-09	601628.SH
15	中国联通	1 308.70	−6.5	电信	2002-10-09	600050.SH
16	中国中车	1 087.61	8.8	装备	2008-08-18	601766.SH
17	中国中铁	1 016.14	6.5	建筑	2007-12-03	601390.SH
18	三一重工	977.49	52.7	装备	2003-07-03	600031.SH
19	北京汽车	968.57	35.5	汽车	2014-12-19	1958.HK
20	中国铁建	934.15	−4.1	建筑	2008-03-10	601186.SH
21	中国人保	886.93	−2.7	金融	2018-11-16	601319.SH
22	邮储银行	881.47	13.5	金融	2019-12-10	601658.SH
23	龙湖集团	832.07	14.6	房地产	2009-11-19	0960.HK
24	滴滴出行	816.02	新上榜	互联网	2021-06-30	DIDI.N
25	中国财险	736.68	6.8	金融	2003-11-06	2328.HK
26	中国中免	714.89	42.4	零售	2009-10-15	601888.SH
27	中国交建	697.13	13.0	建筑	2012-03-09	601800.SH
28	中信银行	625.48	9.7	金融	2007-04-27	601998.SH
29	中国电建	568.02	52.0	建筑	2011-10-18	601669.SH
30	中国建材	564.02	40.5	建筑	2006-03-23	3323.HK
31	中信股份	559.54	17.2	金融	1986-02-26	0267.HK
32	华润医药	542.76	29.4	医药	2016-10-28	3320.HK
33	中国通信服务	539.99	1.2	通信	2006-12-08	0552.HK

续表

序号	证券名称	品牌价值/亿元	增长率/%	行业	上市日期	证券代码
34	中国中冶	536.81	43.1	建筑	2009-09-21	601618.SH
35	中国外运	533.40	53.2	运输	2019-01-18	601598.SH
36	民生银行	490.19	−18.3	金融	2000-12-19	600016.SH
37	光大银行	466.46	−6.5	金融	2010-08-18	601818.SH
38	京东方A	422.31	61.7	电子	2001-01-12	000725.SZ
39	理想汽车-W	385.95	新上榜	汽车	2021-08-12	2015.HK
40	中国能建	361.02	29.2	建筑	2021-09-28	601868.SH
41	新华保险	352.13	2.6	金融	2011-12-16	601336.SH
42	中国铝业	312.46	33.5	有色金属	2007-04-30	601600.SH
43	紫光股份	304.76	14.8	电子	1999-11-04	000938.SZ
44	中国飞鹤	295.24	20.6	食品	2019-11-13	6186.HK
45	国美零售	292.79	−27.3	零售	1992-04-15	0493.HK
46	海底捞	280.52	−38.8	餐饮	2018-09-26	6862.HK
47	汽车之家	277.28	−11.6	互联网	2013-12-11	ATHM.N
48	中国神华	275.06	2.9	煤炭	2007-10-09	601088.SH
49	华夏银行	268.77	2.1	金融	2003-09-12	600015.SH
50	中国国航	268.24	−14.7	运输	2006-08-18	601111.SH
51	中国黄金	268.23	新上榜	服饰	2021-02-05	600916.SH
52	福田汽车	265.83	8.1	汽车	1998-06-02	600166.SH
53	中国再保险	265.68	32.4	金融	2015-10-26	1508.HK
54	贝壳	233.39	−37.5	零售	2020-08-13	BEKE.N
55	北京银行	226.76	2.1	金融	2007-09-19	601169.SH
56	爱奇艺	225.76	−7.2	休闲	2018-03-29	IQ.O
57	首开股份	185.08	26.4	房地产	2001-03-12	600376.SH
58	李宁	184.88	57.1	服饰	2004-06-28	2331.HK
59	顺鑫农业	176.79	−33.8	饮料	1998-11-04	000860.SZ
60	金辉控股	164.67	31.5	房地产	2020-10-29	9993.HK
61	中国化学	163.91	52.9	建筑	2010-01-07	601117.SH
62	挚文集团	160.91	−25.6	休闲	2014-12-11	MOMO.O
63	蓝色光标	160.09	22.0	媒体	2010-02-26	300058.SZ
64	快手-W	157.83	新上榜	休闲	2021-02-05	1024.HK
65	京沪高铁	154.73	−21.5	运输	2020-01-16	601816.SH
66	金隅集团	151.44	32.1	建筑	2011-03-01	601992.SH
67	国药股份	149.41	2.7	医药	2002-11-27	600511.SH
68	首钢股份	141.35	30.6	钢铁	1999-12-16	000959.SZ
69	天地科技	140.11	47.8	装备	2002-05-15	600582.SH
70	燕京啤酒	136.83	−1.4	饮料	1997-07-16	000729.SZ
71	中煤能源	129.61	65.4	煤炭	2008-02-01	601898.SH
72	华能国际	128.00	15.0	公用	2001-12-06	600011.SH
73	中航科工	126.19	38.5	装备	2003-10-30	2357.HK
74	昆仑万维	125.99	13.7	休闲	2015-01-21	300418.SZ
75	中国医药	124.07	5.1	医药	1997-05-15	600056.SH

续表

序号	证券名称	品牌价值/亿元	增长率/%	行业	上市日期	证券代码
76	中国铁塔	123.34	−7.6	建筑	2018-08-08	0788.HK
77	中国通号	116.52	13.2	装备	2019-07-22	688009.SH
78	微博	114.32	94.5	媒体	2014-04-17	WB.O
79	长江电力	106.09	9.4	公用	2003-11-18	600900.SH
80	石头科技	105.58	143.7	家电	2020-02-21	688169.SH
81	万达电影	104.44	25.2	休闲	2015-01-22	002739.SZ
82	京东健康	102.33	−24.5	零售	2020-12-08	6618.HK
83	国联股份	97.04	183.6	互联网	2019-07-30	603613.SH
84	三元股份	96.15	3.1	饮料	2003-09-15	600429.SH
85	中国电影	96.03	14.8	休闲	2016-08-09	600977.SH
86	中金公司	91.45	52.9	金融	2020-11-02	601995.SH
87	际华集团	91.06	−18.7	服饰	2010-08-16	601718.SH
88	中化化肥	89.78	51.3	化工	1996-09-30	0297.HK
89	中铁工业	88.95	−37.2	装备	2001-05-28	600528.SH
90	王府井	88.91	−40.0	零售	1994-05-06	600859.SH
91	中信建投	86.69	−6.0	金融	2018-06-20	601066.SH
92	航天信息	85.96	−5.0	电子	2003-07-11	600271.SH
93	大北农	85.84	0.9	农业	2010-04-09	002385.SZ
94	国电科环	85.68	121.8	装备	2011-12-30	1296.HK
95	金融街	82.32	−0.9	房地产	1996-06-26	000402.SZ
96	中国软件国际	81.44	71.8	互联网	2003-06-20	0354.HK
97	中国银河	80.99	12.5	金融	2017-01-23	601881.SH
98	首旅酒店	79.88	37.8	酒店	2000-06-01	600258.SH
99	北辰实业	75.03	51.2	房地产	2006-10-16	601588.SH
100	石化油服	74.80	26.7	石油	1995-04-11	600871.SH
101	大唐发电	73.53	38.7	公用	2006-12-20	601991.SH
102	北汽蓝谷	72.90	158.8	汽车	1996-08-16	600733.SH
103	同仁堂	71.07	23.7	医药	1997-06-25	600085.SH
104	BOSS直聘	70.21	新上榜	互联网	2021-06-11	BZ.O
105	中国东方集团	69.78	14.2	钢铁	2004-03-02	0581.HK
106	五矿发展	69.70	11.6	贸易	1997-05-28	600058.SH
107	中国核电	69.18	52.0	公用	2015-06-10	601985.SH
108	嘉事堂	68.83	27.3	医药	2010-08-18	002462.SZ
109	信达地产	67.54	−3.5	房地产	1993-05-24	600657.SH
110	菜百股份	62.24	新上榜	服饰	2021-09-09	605599.SH
111	东方雨虹	61.25	50.6	建筑	2008-09-10	002271.SZ
112	中石化炼化工程	61.21	29.2	建筑	2013-05-23	2386.HK
113	同方股份	60.73	−13.9	电子	1997-06-27	600100.SH
114	正通汽车	59.80	43.7	汽车	2010-12-10	1728.HK
115	安迪苏	57.56	−7.4	农业	2000-04-20	600299.SH
116	龙源电力	55.92	49.6	公用	2009-12-10	0916.HK
117	中国重工	53.21	−16.2	装备	2009-12-16	601989.SH

续表

序号	证券名称	品牌价值/亿元	增长率/%	行业	上市日期	证券代码
118	城建发展	52.63	9.1	房地产	1999-02-03	600266.SH
119	华联综超	51.61	−18.6	零售	2001-11-29	600361.SH
120	国投电力	51.38	4.2	公用	1996-01-18	600886.SH
121	光线传媒	50.22	23.4	休闲	2011-08-03	300251.SZ
122	华扬联众	50.03	−13.9	媒体	2017-08-02	603825.SH
123	中金黄金	49.36	−22.9	有色金属	2003-08-14	600489.SH
124	海油发展	45.40	34.6	石油	2019-06-26	600968.SH
125	用友网络	44.57	25.6	互联网	2001-05-18	600588.SH
126	泡泡玛特	44.34	117.4	日用	2020-12-11	9992.HK
127	九号公司-WD	43.83	37.4	日用	2020-10-29	689009.SH
128	北新建材	42.53	32.6	建筑	1997-06-06	000786.SZ
129	乐普医疗	42.49	6.6	医药	2009-10-30	300003.SZ
130	迪信通	41.36	−20.5	零售	2014-07-08	6188.HK
131	中国出版	41.18	28.5	媒体	2017-08-21	601949.SH
132	北京控股	40.94	8.7	公用	1997-05-29	0392.HK
133	华润双鹤	40.42	15.5	医药	1997-05-22	600062.SH
134	碧水源	38.84	28.6	环保	2010-04-21	300070.SZ
135	中国民航信息网络	37.55	4.4	互联网	2001-02-07	0696.HK
136	阿里影业	37.54	20.5	休闲	1994-05-12	1060.HK
137	猫眼娱乐	37.29	110.5	休闲	2019-02-04	1896.HK
138	北方华创	37.00	78.7	电子	2010-03-16	002371.SZ
139	京运通	36.49	62.5	装备	2011-09-08	601908.SH
140	保利文化	36.02	44.2	休闲	2014-03-06	3636.HK
141	朗姿股份	35.98	59.0	服饰	2011-08-30	002612.SZ
142	康龙化成	35.87	73.0	医药	2019-01-28	300759.SZ
143	兆易创新	34.59	64.7	电子	2016-08-18	603986.SH
144	知乎	33.58	新上榜	互联网	2021-03-26	ZH.N
145	慧聪集团	33.24	29.5	互联网	2003-12-17	2280.HK
146	金山软件	32.92	−0.6	互联网	2007-10-09	3888.HK
147	千方科技	32.87	9.9	互联网	2010-03-18	002373.SZ
148	民生教育	32.70	32.3	教育	2017-03-22	1569.HK
149	东华软件	32.00	−14.2	互联网	2006-08-23	002065.SZ
150	环球医疗	31.74	46.5	金融	2015-07-08	2666.HK
151	高能环境	31.63	49.5	环保	2014-12-29	603588.SH
152	华远地产	30.38	28.4	房地产	1996-09-09	600743.SH
153	经纬纺机	30.02	2.7	装备	1996-12-10	000666.SZ
154	映客	29.72	62.8	媒体	2018-07-12	3700.HK
155	中国旭阳集团	29.46	93.4	煤炭	2019-03-15	1907.HK
156	众信旅游	29.16	−53.1	休闲	2014-01-23	002707.SZ
157	北京京客隆	28.81	−31.1	零售	2006-09-25	0814.HK
158	中青旅	28.44	−28.4	休闲	1997-12-03	600138.SH
159	新高教集团	28.36	−18.3	教育	2017-04-19	2001.HK

续表

序号	证券名称	品牌价值/亿元	增长率/%	行业	上市日期	证券代码
160	嘉友国际	28.11	13.9	运输	2018-02-06	603871.SH
161	中国卫通	27.78	−7.2	电信	2019-06-28	601698.SH
162	太极股份	27.74	22.7	互联网	2010-03-12	002368.SZ
163	当代置业	27.55	−47.7	房地产	2013-07-12	1107.HK
164	好未来	27.52	−93.8	教育	2010-10-20	TAL.N
165	中铁特货	27.50	新上榜	运输	2021-09-08	001213.SZ
166	爱慕股份	27.43	新上榜	服饰	2021-05-31	603511.SH
167	光环新网	27.25	−6.5	互联网	2014-01-29	300383.SZ
168	大唐环境	27.13	81.5	环保	2016-11-15	1272.HK
169	华润医疗	26.76	123.4	保健	2013-11-29	1515.HK
170	东方园林	26.66	11.6	环保	2009-11-27	002310.SZ
171	搜狐	26.62	−23.2	媒体	2000-07-12	SOHU.O
172	四环医药	26.49	65.6	医药	2010-10-28	0460.HK
173	优矩控股	26.11	新上榜	互联网	2021-11-08	1948.HK
174	利亚德	25.97	17.8	电子	2012-03-15	300296.SZ
175	中国信达	25.88	−6.2	金融	2013-12-12	1359.HK
176	天坛生物	25.80	−5.6	医药	1998-06-16	600161.SH
177	翠微股份	25.79	1.0	零售	2012-05-03	603123.SH
178	奥瑞金	25.67	12.8	包装	2012-10-11	002701.SZ
179	中国国贸	25.57	23.8	房地产	1999-03-12	600007.SH
180	同仁堂科技	25.50	21.4	医药	2000-10-31	1666.HK
181	新东方-S	25.26	−94.7	教育	2020-11-09	9901.HK
182	金一文化	24.93	−27.7	服饰	2014-01-27	002721.SZ
183	中国软件	24.88	46.4	互联网	2002-05-17	600536.SH
184	中铝国际	24.19	−14.3	建筑	2018-08-31	601068.SH
185	拉卡拉	23.70	15.0	互联网	2019-04-25	300773.SZ
186	中国同辐	22.59	17.5	医药	2018-07-06	1763.HK
187	江河集团	22.45	5.9	建筑	2011-08-18	601886.SH
188	引力传媒	22.23	23.3	媒体	2015-05-27	603598.SH
189	热景生物	22.19	新上榜	医药	2019-09-30	688068.SH
190	万泰生物	22.19	128.5	医药	2020-04-29	603392.SH
191	大唐新能源	21.41	69.6	公用	2010-12-17	1798.HK
192	长久物流	21.25	−5.7	运输	2016-08-10	603569.SH
193	海新能科	21.18	−11.0	环保	2010-04-27	300072.SZ
194	义翘神州	21.06	新上榜	医药	2021-08-16	301047.SZ
195	SOHO中国	20.90	−3.0	房地产	2007-10-08	0410.HK
196	广联达	20.89	20.0	互联网	2010-05-25	002410.SZ
197	中航电子	20.88	10.9	装备	2001-07-06	600372.SH
198	中牧股份	20.63	−3.8	农业	1999-01-07	600195.SH
199	甘李药业	20.43	−10.7	医药	2020-06-29	603087.SH
200	三峡能源	20.31	新上榜	公用	2021-06-10	600905.SH
201	京能清洁能源	19.91	新上榜	公用	2011-12-22	0579.HK

北京榜单

续表

序号	证券名称	品牌价值/亿元	增长率/%	行业	上市日期	证券代码
202	悦康药业	19.79	20.8	医药	2020-12-24	688658.SH
203	金山办公	18.53	83.0	互联网	2019-11-18	688111.SH
204	歌华有线	18.23	−17.1	媒体	2001-02-08	600037.SH
205	小牛电动	17.92	63.9	汽车	2018-10-19	NIU.O
206	启明星辰	17.80	60.4	互联网	2010-06-23	002439.SZ
207	北京首都机场股份	17.76	−28.5	运输	2000-02-01	0694.HK
208	中国科传	17.50	7.0	媒体	2017-01-18	601858.SH
209	金山云	17.41	4.2	互联网	2020-05-08	KC.O
210	乐居	17.32	−1.9	媒体	2014-04-17	LEJU.N
211	奥赛康	17.09	−4.0	医药	2015-05-15	002755.SZ
212	世纪互联	17.04	17.7	互联网	2011-04-21	VNET.O
213	曲美家居	16.50	41.7	家居	2015-04-22	603818.SH
214	首创环保	16.33	75.6	公用	2000-04-27	600008.SH
215	博彦科技	16.10	31.9	互联网	2012-01-06	002649.SZ
216	中国卫星	16.03	−14.6	装备	1997-09-08	600118.SH
217	科锐国际	15.89	51.3	商业服务	2017-06-08	300662.SZ
218	东兴证券	15.84	−5.5	金融	2015-02-26	601198.SH
219	东方时尚	15.81	−41.2	教育	2016-02-05	603377.SH
220	北巴传媒	15.48	6.1	汽车	2001-02-16	600386.SH
221	全聚德	15.29	−19.5	餐饮	2007-11-20	002186.SZ
222	中粮家佳康	15.27	−4.5	贸易	2016-11-01	1610.HK
223	中科创达	15.10	53.6	互联网	2015-12-10	300496.SZ
224	有研新材	15.00	3.0	有色金属	1999-03-19	600206.SH
225	四方股份	14.85	48.6	装备	2010-12-31	601126.SH
226	祖龙娱乐	14.78	−28.3	休闲	2020-07-15	9990.HK
227	易华录	14.76	9.9	互联网	2011-05-05	300212.SZ
228	中科软	14.67	21.9	互联网	2019-09-09	603927.SH
229	兰亭集势	14.53	6.9	零售	2013-06-06	LITB.N
230	北方国际	14.49	17.6	建筑	1998-06-05	000065.SZ
231	新华联	14.47	−39.7	房地产	1996-10-29	000620.SZ
232	捷成股份	14.14	12.1	媒体	2011-02-22	300182.SZ
233	华胜天成	14.07	−13.4	互联网	2004-04-27	600410.SH
234	百济神州-U	13.93	137.2	医药	2021-12-15	688235.SH
235	掌阅科技	13.83	17.1	媒体	2017-09-21	603533.SH
236	华夏视听教育	13.77	−20.5	休闲	2020-07-15	1981.HK
237	掌趣科技	13.64	−23.3	休闲	2012-05-11	300315.SZ
238	城建设计	13.62	27.9	建筑	2014-07-08	1599.HK
239	人民网	13.56	7.6	媒体	2012-04-27	603000.SH
240	清新环境	13.13	31.7	环保	2011-04-22	002573.SZ
241	奇安信-U	13.06	68.1	互联网	2020-07-22	688561.SH
242	京能电力	13.05	−5.2	公用	2002-05-10	600578.SH
243	雍禾医疗	12.93	新上榜	保健	2021-12-13	2279.HK

续表

序号	证券名称	品牌价值/亿元	增长率/%	行业	上市日期	证券代码
244	国际脐带血库	12.26	50.3	保健	2009-11-19	CO. N
245	寺库	12.11	−44.1	零售	2017-09-22	SECO. O
246	石基信息	12.05	−17.3	互联网	2007-08-13	002153. SZ
247	鸿合科技	12.00	6.0	电子	2019-05-23	002955. SZ
248	航天工程	11.77	72.0	装备	2015-01-28	603698. SH
249	中国动向	11.63	1.2	服饰	2007-10-10	3818. HK
250	鸿远电子	11.61	97.3	电子	2019-05-15	603267. SH
251	华宇软件	11.12	2.3	互联网	2011-10-26	300271. SZ
252	大豪科技	11.07	79.8	电子	2015-04-22	603025. SH
253	新华网	10.92	8.7	媒体	2016-10-28	603888. SH
254	天地在线	10.90	22.3	互联网	2020-08-05	002995. SZ
255	爱美客	10.89	106.9	医药	2020-09-28	300896. SZ
256	秦淮数据	10.78	121.9	互联网	2020-09-30	CD. O
257	北京君正	10.59	新上榜	电子	2011-05-31	300223. SZ
258	宇信科技	10.47	23.6	互联网	2018-11-07	300674. SZ
259	中信出版	10.16	10.4	媒体	2019-07-05	300788. SZ
260	大恒科技	9.72	4.2	电子	2000-11-29	600288. SH
261	万通发展	9.63	−9.9	房地产	2000-09-22	600246. SH
262	先进数通	9.45	45.0	互联网	2016-09-13	300541. SZ
263	昭衍新药	9.43	95.7	医药	2017-08-25	603127. SH
264	和利时自动化	9.27	−1.5	电子	2008-08-01	HOLI. O
265	航天长峰	9.21	22.0	互联网	1994-04-25	600855. SH
266	东方国信	9.18	6.0	互联网	2011-01-25	300166. SZ
267	高途集团	9.15	新上榜	教育	2019-06-06	GOTU. N
268	华电重工	9.02	19.6	建筑	2014-12-11	601226. SH
269	万集科技	8.95	−21.3	电子	2016-10-21	300552. SZ
270	圣邦股份	8.79	44.3	电子	2017-06-06	300661. SZ
271	双鹭药业	8.77	12.1	医药	2004-09-09	002038. SZ
272	探路者	8.73	−3.8	服饰	2009-10-30	300005. SZ
273	瑞斯康达	8.73	−28.7	通信	2017-04-20	603803. SH
274	电子城	8.67	−34.1	房地产	1993-05-24	600658. SH
275	北京控股环境集团	8.67	新上榜	环保	1980-04-29	0154. HK
276	神州高铁	8.63	−28.9	装备	1992-05-07	000008. SZ
277	国检集团	8.54	47.8	商业服务	2016-11-09	603060. SH
278	中国海防	8.53	82.0	装备	1996-11-04	600764. SH
279	中色股份	8.47	−48.4	有色金属	1997-04-16	000758. SZ
280	中工国际	8.45	−33.0	建筑	2006-06-19	002051. SZ
281	赛晶科技	8.08	6.1	电子	2010-10-13	0580. HK
282	中际联合	7.96	新上榜	装备	2021-05-06	605305. SH
283	ST 国安	7.93	−58.0	媒体	1997-10-31	000839. SZ
284	万咖壹联	7.88	37.0	媒体	2018-12-21	1762. HK
285	红黄蓝	7.86	新上榜	教育	2017-09-27	RYB. N

续表

序号	证券名称	品牌价值/亿元	增长率/%	行业	上市日期	证券代码
286	超图软件	7.77	38.2	互联网	2009-12-25	300036.SZ
287	宜人金科	7.75	43.8	金融	2015-12-18	YRD.N
288	京北方	7.73	7.1	互联网	2020-05-07	002987.SZ
289	优信	7.72	新上榜	零售	2018-06-27	UXIN.O
290	优点互动	7.70	新上榜	媒体	2012-05-30	IDEX.O
291	绿盟科技	7.63	22.2	互联网	2014-01-29	300369.SZ
292	疯狂体育	7.45	−21.4	媒体	1991-10-25	0082.HK
293	京威股份	7.44	−11.2	汽车	2012-03-09	002662.SZ
294	金诚信	7.39	23.7	建筑	2015-06-30	603979.SH
295	荣联科技	7.30	39.1	互联网	2011-12-20	002642.SZ
296	中农立华	7.24	15.8	贸易	2017-11-16	603970.SH
297	康辰药业	7.21	11.8	医药	2018-08-27	603590.SH
298	北京利尔	7.13	20.3	建筑	2010-04-23	002392.SZ
299	诺禾致源	7.10	新上榜	医药	2021-04-13	688315.SH
300	久其软件	7.08	14.4	互联网	2009-08-11	002279.SZ
301	值得买	7.07	54.2	媒体	2019-07-15	300785.SZ
302	神州泰岳	7.02	−2.3	互联网	2009-10-30	300002.SZ
303	雪迪龙	7.00	55.1	电子	2012-03-09	002658.SZ
304	爱康医疗	6.95	−2.7	医药	2017-12-20	1789.HK
305	银信科技	6.89	12.3	互联网	2011-06-15	300231.SZ
306	中国地利	6.87	−5.8	房地产	2008-10-22	1387.HK
307	森特股份	6.85	54.2	建筑	2016-12-16	603098.SH
308	旋极信息	6.76	−31.8	互联网	2012-06-08	300324.SZ
309	九强生物	6.70	14.8	医药	2014-10-30	300406.SZ
310	国投中鲁	6.63	9.3	食品	2004-06-22	600962.SH
311	北方导航	6.52	54.1	装备	2003-07-04	600435.SH
312	四维图新	6.52	−13.5	互联网	2010-05-18	002405.SZ
313	中科三环	6.49	−11.4	有色金属	2000-04-20	000970.SZ
314	谱尼测试	6.48	42.6	商业服务	2020-09-16	300887.SZ
315	春立医疗	6.46	17.3	医药	2021-12-30	688236.SH
316	凤凰新媒体	6.31	33.4	媒体	2011-05-12	FENG.N
317	北斗星通	6.29	4.0	装备	2007-08-13	002151.SZ
318	京城股份	6.26	新上榜	装备	1994-05-06	600860.SH
319	人人网	6.24	0.1	媒体	2011-05-04	RENN.N
320	万东医疗	6.24	25.2	医药	1997-05-19	600055.SH
321	北京城乡	6.24	−55.7	零售	1994-05-20	600861.SH
322	蓝城兄弟	6.17	−39.7	休闲	2020-07-08	BLCT.O
323	首都信息	6.15	新上榜	互联网	2001-12-21	1075.HK

续表

序号	证券名称	品牌价值/亿元	增长率/%	行业	上市日期	证券代码
324	华峰测控	6.10	新上榜	电子	2020-02-18	688200.SH
325	盛通股份	6.08	35.5	商业服务	2011-07-15	002599.SZ
326	安泰科技	6.06	-10.5	有色金属	2000-05-29	000969.SZ
327	乐享集团	6.02	10.3	媒体	2020-09-23	6988.HK
328	北京科锐	6.00	34.7	装备	2010-02-03	002350.SZ
329	中持股份	5.96	新上榜	环保	2017-03-14	603903.SH
330	元隆雅图	5.92	-3.0	商业服务	2017-06-06	002878.SZ
331	二六三	5.91	-10.9	电信	2010-09-08	002467.SZ
332	赛升药业	5.84	-19.9	医药	2015-06-26	300485.SZ
333	同道猎聘	5.68	新上榜	商业服务	2018-06-29	6100.HK
334	拓尔思	5.63	26.1	互联网	2011-06-15	300229.SZ
335	爱点击	5.61	新上榜	互联网	2017-12-22	ICLK.O
336	福石控股	5.56	-26.3	媒体	2010-04-21	300071.SZ
337	百纳千成	5.55	21.9	休闲	2012-02-09	300291.SZ
338	高伟达	5.55	2.1	互联网	2015-05-28	300465.SZ
339	昊华能源	5.55	新上榜	煤炭	2010-03-31	601101.SH
340	煜盛文化	5.54	-59.3	休闲	2020-03-13	1859.HK
341	交控科技	5.51	33.1	装备	2019-07-22	688015.SH
342	中关村	5.48	-15.8	医药	1999-07-12	000931.SZ
343	汉王科技	5.44	新上榜	互联网	2010-03-03	002362.SZ
344	瑞泰科技	5.41	新上榜	建筑	2006-08-23	002066.SZ
345	佳讯飞鸿	5.33	-14.1	通信	2011-05-05	300213.SZ
346	碧生源	5.33	新上榜	保健	2010-09-29	0926.HK
347	*ST 数知	5.31	-61.0	互联网	2010-01-08	300038.SZ

4.1.2 2022年北京上市公司品牌价值榜分析

【区域集中度】 在2022年北京上市公司品牌价值榜中：排在前10位的公司品牌价值合计27 492.13亿元，占北京榜单总计品牌价值的40.8%；排在前30位的公司品牌价值合计47 685.41亿元，占北京榜单总计品牌价值的70.8%；排在前100位的公司品牌价值合计62 129.26亿元，占北京榜单总计品牌价值的92.3%。

【所在行业】 在2022年北京上市公司品牌价值榜中，347家公司来自35个行业。其中，金融、零售和建筑三个行业共计包括62家公司，品牌价值合计34 799.84亿元，占北京榜单总计品牌价值的51.7%，处于主导地位。其他行业的情况见图4-1和图4-2。

【上市板块】 在2022年北京上市公司品牌价值榜中：在上交所主板上市的公司有136家，品牌价值合计38 632.1亿元，占北京榜单总计品牌价值的57.4%，排在第一位；

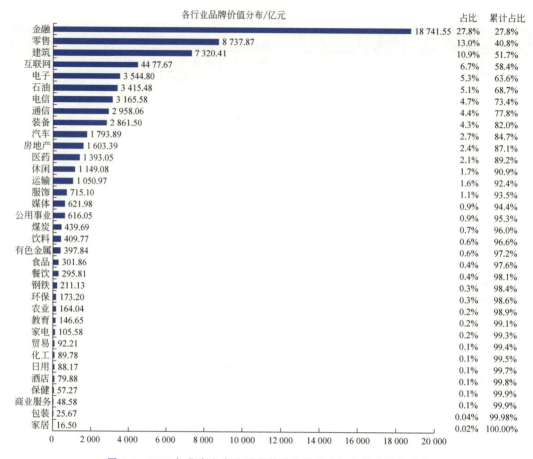

图 4-1　2022 年北京上市公司品牌价值榜所在行业品牌价值分布

在港交所上市的中资股公司有 75 家,品牌价值合计 23 008.49 亿元,占北京榜单总计品牌价值的 34.2%,排在第二位;在深交所主板上市的公司有 55 家,品牌价值合计 2 272.54 亿元,占北京榜单总计品牌价值的 3.4%,排在第三位。此外,在国外上市的中概股公司有 28 家,品牌价值合计 2 178.73 亿元;在深交所创业板上市的公司有 41 家,品牌价值合计 839.61 亿元;在上交所科创板上市的公司有 12 家,品牌价值合计 378.59 亿元。

【上市时间】 在 2022 年北京上市公司品牌价值榜中:2017—2021 年上市的公司有 101 家,品牌价值合计 21 584.19 亿元,占北京榜单总计品牌价值的 32.1%,排在第一位;2007—2011 年上市的公司有 85 家,品牌价值合计 20 441.67 亿元,占北京榜单总计品牌价值的 30.4%,排在第二位;2002—2006 年上市的公司有 32 家,品牌价值合计 11 780.92 亿元,占北京榜单总计品牌价值的 17.5%,排在第三位。此外,1997—2001 年上市的公司有 47 家,品牌价值合计 5 172.27 亿元;2012—2026 年上市的公司有 60 家,品牌价值合计 4 304.65 亿元;1996 年及以前上市的公司有 22 家,品牌价值合计 4 026.35 亿元。

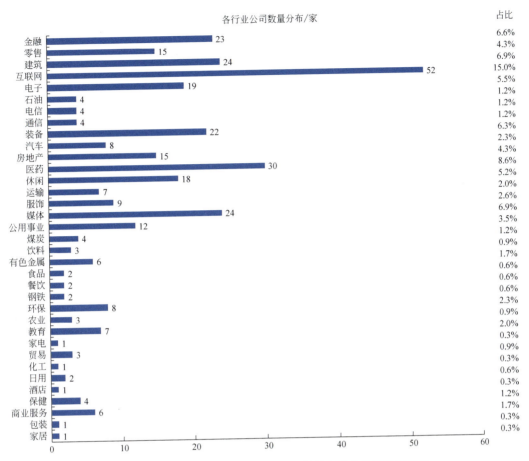

图 4-2　2022 年北京上市公司品牌价值榜所在行业公司数量分布

4.2　广东品牌价值榜

在 2022 年中国上市公司品牌价值总榜的 3 000 家企业中：广东的企业共计 473 家，比 2021 年减少了 8 家；品牌价值总计 56 239.61 亿元，比 2021 年增长了 7.7%。

4.2.1　2022 年广东上市公司品牌价值榜单

序号	证券名称	品牌价值/亿元	增长率/%	行业	上市日期	证券代码
1	腾讯控股	20 731.10	23.5	互联网	2004-06-16	0700.HK
2	中国平安	3 243.10	−2.0	金融	2007-03-01	601318.SH
3	美的集团	2 748.86	19.0	家电	2013-09-18	000333.SZ
4	碧桂园	1 640.00	−1.2	房地产	2007-04-20	2007.HK
5	格力电器	1 633.71	−2.7	家电	1996-11-18	000651.SZ
6	招商银行	1 332.43	19.5	金融	2002-04-09	600036.SH
7	万科 A	1 307.67	−8.3	房地产	1991-01-29	000002.SZ

续表

广东榜单

序号	证券名称	品牌价值/亿元	增长率/%	行业	上市日期	证券代码
8	比亚迪	1 079.00	26.8	汽车	2011-06-30	002594.SZ
9	保利发展	1 053.28	23.7	房地产	2006-07-31	600048.SH
10	华侨城A	878.94	38.6	房地产	1997-09-10	000069.SZ
11	顺丰控股	838.10	15.7	运输	2010-02-05	002352.SZ
12	中集集团	784.01	73.8	装备	1994-04-08	000039.SZ
13	TCL科技	677.54	36.1	通信	2004-01-30	000100.SZ
14	招商蛇口	509.46	48.0	房地产	2015-12-30	001979.SZ
15	中兴通讯	485.33	−11.6	通信	1997-11-18	000063.SZ
16	腾讯音乐	472.38	16.8	休闲	2018-12-12	TME.N
17	广汽集团	465.63	23.4	汽车	2012-03-29	601238.SH
18	平安银行	451.17	6.9	金融	1991-04-03	000001.SZ
19	传音控股	421.31	100.2	通信	2019-09-30	688036.SH
20	海信家电	366.95	36.6	家电	1999-07-13	000921.SZ
21	金地集团	347.96	6.4	房地产	2001-04-12	600383.SH
22	海天味业	339.80	−4.1	食品	2014-02-11	603288.SH
23	南方航空	320.23	−2.1	运输	2003-07-25	600029.SH
24	立讯精密	282.94	25.0	电子	2010-09-15	002475.SZ
25	美的置业	271.15	45.7	房地产	2018-10-11	3990.HK
26	海大集团	258.96	32.7	农业	2009-11-27	002311.SZ
27	唯品会	232.91	−72.5	零售	2012-03-23	VIPS.N
28	白云山	223.27	16.3	医药	2001-02-06	600332.SH
29	中信证券	204.14	10.1	金融	2003-01-06	600030.SH
30	龙光集团	192.74	−42.7	房地产	2013-12-20	3380.HK
31	雅居乐集团	190.03	−41.6	房地产	2005-12-15	3383.HK
32	分众传媒	179.15	55.0	媒体	2004-08-04	002027.SZ
33	国药一致	162.67	−1.5	医药	1993-08-09	000028.SZ
34	兆驰股份	158.96	16.0	日用	2010-06-10	002429.SZ
35	温氏股份	156.09	−43.6	农业	2015-11-02	300498.SZ
36	深康佳A	153.64	−3.5	家电	1992-03-27	000016.SZ
37	华发股份	152.93	23.6	房地产	2004-02-25	600325.SH
38	中集车辆	151.02	8.4	装备	2021-07-08	301039.SZ
39	迈瑞医疗	149.89	34.4	医药	2018-10-16	300760.SZ
40	中国恒大	143.97	−93.5	房地产	2009-11-05	3333.HK
41	华利集团	136.06	新上榜	服饰	2021-04-26	300979.SZ
42	欢聚	133.46	−40.0	休闲	2012-11-21	YY.O
43	海王生物	128.11	5.7	医药	1998-12-18	000078.SZ
44	东鹏饮料	125.75	新上榜	饮料	2021-05-27	605499.SH
45	碧桂园服务	119.55	120.2	房地产	2018-06-19	6098.HK
46	明阳智能	118.72	51.3	装备	2019-01-23	601615.SH
47	欣旺达	116.15	34.6	电子	2011-04-21	300207.SZ
48	虎牙直播	113.73	45.5	休闲	2018-05-11	HUYA.N
49	广发证券	112.96	17.1	金融	1997-06-11	000776.SZ

续表

序号	证券名称	品牌价值/亿元	增长率/%	行业	上市日期	证券代码
50	深圳控股	112.19	57.7	房地产	1997-03-07	0604.HK
51	中集安瑞科	104.07	107.4	装备	2005-10-18	3899.HK
52	招商证券	100.32	13.6	金融	2009-11-17	600999.SH
53	新宝股份	98.98	−3.8	家电	2014-01-21	002705.SZ
54	大参林	96.29	−15.0	零售	2017-07-31	603233.SH
55	美东汽车	95.68	48.1	汽车	2013-12-05	1268.HK
56	欧派家居	94.97	52.8	家居	2017-03-28	603833.SH
57	招商港口	93.95	52.9	运输	1993-05-05	001872.SZ
58	国银租赁	91.69	38.2	金融	2016-07-11	1606.HK
59	神州数码	89.59	−12.0	贸易	1994-05-09	000034.SZ
60	富力地产	89.39	−74.6	房地产	2005-07-14	2777.HK
61	鹏鼎控股	88.98	10.5	电子	2018-09-18	002938.SZ
62	华润电力	87.50	37.1	公用	2003-11-12	0836.HK
63	中国广核	84.72	30.2	公用	2019-08-26	003816.SZ
64	健康元	83.18	2.4	医药	2001-06-08	600380.SH
65	广州农商银行	81.23	−1.8	金融	2017-06-20	1551.HK
66	中国中药	80.82	46.9	医药	1993-04-07	0570.HK
67	德赛电池	79.13	37.0	电子	1995-03-20	000049.SZ
68	珠江啤酒	77.86	−0.1	饮料	2010-08-18	002461.SZ
69	欧菲光	76.58	−20.9	电子	2010-08-03	002456.SZ
70	九毛九	76.52	102.8	餐饮	2020-01-15	9922.HK
71	亿纬锂能	76.36	94.5	电子	2009-10-30	300014.SZ
72	金域医学	75.96	52.4	保健	2017-09-08	603882.SH
73	周大生	75.37	52.9	服饰	2017-04-27	002867.SZ
74	稳健医疗	74.44	−27.3	纺织	2020-09-17	300888.SZ
75	中国联塑	71.26	23.5	建筑	2010-06-23	2128.HK
76	中顺洁柔	69.42	9.5	日用	2010-11-25	002511.SZ
77	雅生活服务	68.37	63.9	房地产	2018-02-09	3319.HK
78	爱施德	67.66	−7.5	贸易	2010-05-28	002416.SZ
79	康哲药业	66.73	66.7	医药	2010-09-28	0867.HK
80	大悦城	64.92	−8.3	房地产	1993-10-08	000031.SZ
81	东莞农商银行	63.68	新上榜	金融	2021-09-29	9889.HK
82	丽珠集团	63.45	11.8	医药	1993-10-28	000513.SZ
83	怡亚通	62.53	−6.8	贸易	2007-11-13	002183.SZ
84	天虹股份	61.58	−37.3	零售	2010-06-01	002419.SZ
85	华润三九	60.65	2.1	医药	2000-03-09	000999.SZ
86	深天马A	60.55	16.7	电子	1995-03-15	000050.SZ
87	国信证券	60.17	−1.4	金融	2014-12-29	002736.SZ
88	木林森	60.11	38.0	电子	2015-02-17	002745.SZ
89	汇川技术	59.25	84.9	装备	2010-09-28	300124.SZ
90	科达制造	59.05	128.2	装备	2002-10-10	600499.SH
91	思摩尔国际	58.81	91.8	家电	2020-07-10	6969.HK

广东榜单

续表

序号	证券名称	品牌价值/亿元	增长率/%	行业	上市日期	证券代码
92	中国长城	58.01	−45.6	电子	1997-06-26	000066.SZ
93	大族激光	56.38	33.3	电子	2004-06-25	002008.SZ
94	领益智造	55.53	28.5	电子	2011-07-15	002600.SZ
95	纳思达	55.13	−8.7	电子	2007-11-13	002180.SZ
96	韶钢松山	54.92	49.2	钢铁	1997-05-08	000717.SZ
97	生益科技	54.82	16.5	电子	1998-10-28	600183.SH
98	视源股份	52.87	13.2	电子	2017-01-19	002841.SZ
99	小鹏汽车-W	49.09	222.9	汽车	2021-07-07	9868.HK
100	省广集团	49.03	−36.2	媒体	2010-05-06	002400.SZ
101	恒大物业	48.72	11.0	房地产	2020-12-02	6666.HK
102	万和电气	48.68	13.1	家电	2011-01-28	002543.SZ
103	中炬高新	48.19	−19.7	食品	1995-01-24	600872.SH
104	汤臣倍健	47.36	20.9	保健	2010-12-15	300146.SZ
105	天誉置业	46.53	43.5	房地产	1993-11-16	0059.HK
106	广电运通	45.67	−4.2	电子	2007-08-13	002152.SZ
107	共进股份	45.47	−2.2	通信	2015-02-25	603118.SH
108	蓝月亮集团	44.80	−6.7	日用	2020-12-16	6993.HK
109	索菲亚	44.68	45.3	家居	2011-04-12	002572.SZ
110	南方传媒	42.35	8.8	媒体	2016-02-15	601900.SH
111	广深铁路	42.31	−15.5	运输	2006-12-22	601333.SH
112	ST奥马	42.20	12.9	家电	2012-04-16	002668.SZ
113	齐心集团	41.35	−10.3	日用	2009-10-21	002301.SZ
114	金发科技	40.57	−8.0	化工	2004-06-23	600143.SH
115	深高速	40.32	60.1	运输	2001-12-25	600548.SH
116	时代中国控股	39.87	−78.3	房地产	2013-12-11	1233.HK
117	迪阿股份	39.57	新上榜	服饰	2021-12-15	301177.SZ
118	深科技	38.52	−10.5	电子	1994-02-02	000021.SZ
119	名创优品	38.33	新上榜	零售	2020-10-15	MNSO.N
120	瀚蓝环境	37.49	23.3	环保	2000-12-25	600323.SH
121	华帝股份	37.39	−1.5	家电	2004-09-01	002035.SZ
122	珠海冠宇	37.13	新上榜	电子	2021-10-15	688772.SH
123	天龙集团	36.68	−25.3	媒体	2010-03-26	300063.SZ
124	中金岭南	36.40	12.8	有色金属	1997-01-23	000060.SZ
125	南山控股	36.39	68.3	房地产	2009-12-03	002314.SZ
126	天健集团	36.37	0.5	建筑	1999-07-21	000090.SZ
127	中国宝安	36.03	51.6	金融	1991-06-25	000009.SZ
128	达安基因	36.02	84.5	医药	2004-08-09	002030.SZ
129	德赛西威	34.90	27.3	互联网	2017-12-26	002920.SZ
130	智度股份	34.76	−26.9	媒体	1996-12-24	000676.SZ
131	理士国际	33.94	124.7	装备	2010-11-16	0842.HK
132	飞亚达	33.83	20.2	服饰	1993-06-03	000026.SZ
133	国光电器	33.65	33.3	日用	2005-05-23	002045.SZ

续表

序号	证券名称	品牌价值/亿元	增长率/%	行业	上市日期	证券代码
134	奈雪的茶	33.41	新上榜	饮料	2021-06-30	2150.HK
135	广州酒家	33.30	−2.6	食品	2017-06-27	603043.SH
136	深南电路	33.19	−11.7	电子	2017-12-13	002916.SZ
137	神州信息	32.89	7.1	互联网	1994-04-08	000555.SZ
138	火岩控股	32.85	60.6	休闲	2016-02-18	1909.HK
139	汇景控股	32.74	39.7	房地产	2020-01-16	9968.HK
140	中国光大水务	32.41	69.3	环保	2019-05-08	1857.HK
141	天禾股份	32.37	15.7	化工	2020-09-03	002999.SZ
142	佛山照明	32.20	3.2	家电	1993-11-23	000541.SZ
143	华润万象生活	31.92	24.6	房地产	2020-12-09	1209.HK
144	云米科技	31.70	23.4	零售	2018-09-25	VIOT.O
145	汇顶科技	31.40	−35.1	电子	2016-10-17	603160.SH
146	东方嘉盛	31.28	−14.7	运输	2017-07-31	002889.SZ
147	裕同科技	31.19	21.1	包装	2016-12-16	002831.SZ
148	富安娜	30.88	27.7	纺织	2009-12-30	002327.SZ
149	招商积余	30.24	−9.1	房地产	1994-09-28	001914.SZ
150	普天科技	29.87	31.4	通信	2011-01-28	002544.SZ
151	保利物业	29.33	16.1	房地产	2019-12-19	6049.HK
152	岭南控股	28.91	−16.6	休闲	1993-11-18	000524.SZ
153	华大基因	28.87	−14.4	医药	2017-07-14	300676.SZ
154	小熊电器	28.49	5.3	家电	2019-08-23	002959.SZ
155	中国科培	28.28	−21.5	教育	2019-01-25	1890.HK
156	信维通信	28.21	−1.9	电子	2010-11-05	300136.SZ
157	海格通信	27.76	−4.1	通信	2010-08-31	002465.SZ
158	歌力思	27.53	29.3	服饰	2015-04-22	603808.SH
159	中船防务	27.45	−19.8	装备	1993-10-28	600685.SH
160	中洲控股	27.02	11.0	房地产	1994-09-21	000042.SZ
161	潮宏基	26.96	45.5	服饰	2010-01-29	002345.SZ
162	世联行	26.83	37.2	房地产	2009-08-28	002285.SZ
163	深信服	26.71	38.6	互联网	2018-05-16	300454.SZ
164	越秀金控	25.85	1.4	金融	2000-07-18	000987.SZ
165	海普瑞	25.54	14.7	医药	2010-05-06	002399.SZ
166	东阳光	25.53	−2.9	有色金属	1993-09-17	600673.SH
167	富途控股	25.47	335.3	金融	2019-03-08	FUTU.O
168	比音勒芬	25.17	38.2	服饰	2016-12-23	002832.SZ
169	飞马国际	25.16	新上榜	运输	2008-01-30	002210.SZ
170	广州港	25.11	14.8	运输	2017-03-29	601228.SH
171	乐信	24.87	40.9	金融	2017-12-21	LX.O
172	合富辉煌	24.84	71.2	房地产	2004-07-15	0733.HK
173	捷佳伟创	24.29	47.0	电子	2018-08-10	300724.SZ
174	深圳能源	24.17	52.2	公用	1993-09-03	000027.SZ
175	格林美	23.83	21.3	有色金属	2010-01-22	002340.SZ

续表

序号	证券名称	品牌价值/亿元	增长率/%	行业	上市日期	证券代码
176	创世纪	23.48	-4.1	装备	2010-05-20	300083.SZ
177	景旺电子	23.37	12.4	电子	2017-01-06	603228.SH
178	佳云科技	23.27	-8.5	媒体	2011-07-12	300242.SZ
179	广州发展	22.90	14.2	公用	1997-07-18	600098.SH
180	粤高速A	22.87	85.3	运输	1998-02-20	000429.SZ
181	志高控股	22.53	-46.6	家电	2009-07-13	0449.HK
182	汇洁股份	22.50	31.3	服饰	2015-06-10	002763.SZ
183	兴发铝业	22.47	12.1	有色金属	2008-03-31	0098.HK
184	海能达	22.45	-3.4	通信	2011-05-27	002583.SZ
185	伊之密	22.34	71.5	装备	2015-01-23	300415.SZ
186	粤电力A	22.19	10.2	公用	1993-11-26	000539.SZ
187	同兴达	22.11	45.5	电子	2017-01-25	002845.SZ
188	长盈精密	22.00	-5.3	电子	2010-09-02	300115.SZ
189	南玻A	21.82	30.4	建筑	1992-02-28	000012.SZ
190	逸仙电商	21.79	-14.2	零售	2020-11-19	YSG.N
191	特发信息	21.73	-7.8	通信	2000-05-11	000070.SZ
192	拓邦股份	21.64	92.4	电子	2007-06-29	002139.SZ
193	海伦司	21.58	新上榜	酒店	2021-09-10	9869.HK
194	人人乐	21.52	-29.2	零售	2010-01-13	002336.SZ
195	广和通	21.37	49.0	通信	2017-04-13	300638.SZ
196	康泰生物	21.19	41.4	医药	2017-02-07	300601.SZ
197	东方精工	21.04	43.9	装备	2011-08-30	002611.SZ
198	三环集团	20.97	19.2	电子	2014-12-03	300408.SZ
199	广百股份	20.83	-45.1	零售	2007-11-22	002187.SZ
200	深圳华强	20.65	4.6	贸易	1997-01-30	000062.SZ
201	京基智农	20.65	72.3	房地产	1994-11-01	000048.SZ
202	立高食品	20.62	新上榜	食品	2021-04-15	300973.SZ
203	劲嘉股份	20.61	7.3	商业服务	2007-12-05	002191.SZ
204	中远海特	20.37	-10.1	运输	2002-04-18	600428.SH
205	弘亚数控	20.37	60.5	装备	2016-12-28	002833.SZ
206	大洋电机	20.26	50.4	装备	2008-06-19	002249.SZ
207	雅士利国际	20.17	87.1	食品	2010-11-01	1230.HK
208	都市丽人	19.97	131.2	服饰	2014-06-26	2298.HK
209	香江控股	19.84	49.5	房地产	1998-06-09	600162.SH
210	彩生活	19.79	16.3	房地产	2014-06-30	1778.HK
211	英唐智控	19.58	-30.4	电子	2010-10-19	300131.SZ
212	信立泰	19.57	-13.8	医药	2009-09-10	002294.SZ
213	尚品宅配	19.47	14.8	家居	2017-03-07	300616.SZ
214	洲明科技	18.66	20.5	电子	2011-06-22	300232.SZ
215	中国奥园	18.48	-92.7	房地产	2007-10-09	3883.HK
216	风华高科	18.41	31.0	电子	1996-11-29	000636.SZ
217	华南职业教育	18.17	新上榜	教育	2021-07-13	6913.HK

续表

序号	证券名称	品牌价值/亿元	增长率/%	行业	上市日期	证券代码
218	奋达科技	17.98	新上榜	日用	2012-06-05	002681.SZ
219	华测检测	17.97	22.2	商业服务	2009-10-30	300012.SZ
220	塔牌集团	17.87	19.5	建筑	2008-05-16	002233.SZ
221	广日股份	17.80	3.2	装备	1996-03-28	600894.SH
222	雷士国际	17.77	−17.2	家电	2010-05-20	2222.HK
223	胜宏科技	17.69	38.4	电子	2015-06-11	300476.SZ
224	三雄极光	17.66	12.3	家电	2017-03-17	300625.SZ
225	丸美股份	17.52	−10.2	日用	2019-07-25	603983.SH
226	沃尔核材	17.29	51.2	电子	2007-04-20	002130.SZ
227	卡宾	17.21	2.1	服饰	2013-10-28	2030.HK
228	金证股份	16.96	−3.3	互联网	2003-12-24	600446.SH
229	欢乐家	16.94	新上榜	饮料	2021-06-02	300997.SZ
230	漫步者	16.79	17.5	日用	2010-02-05	002351.SZ
231	百奥家庭互动	16.67	24.5	休闲	2014-04-10	2100.HK
232	佳都科技	16.65	14.3	互联网	1996-07-16	600728.SH
233	华联控股	16.61	−21.6	房地产	1994-06-17	000036.SZ
234	健帆生物	16.47	10.1	医药	2016-08-02	300529.SZ
235	莱宝高科	16.31	21.4	电子	2007-01-12	002106.SZ
236	佳兆业集团	16.13	−92.0	房地产	2009-12-09	1638.HK
237	深桑达A	15.91	157.6	贸易	1993-10-28	000032.SZ
238	深圳燃气	15.89	40.0	公用	2009-12-25	601139.SH
239	坚朗五金	15.76	49.7	建筑	2016-03-29	002791.SZ
240	拓斯达	15.58	−4.8	装备	2017-02-09	300607.SZ
241	鹏辉能源	15.51	34.6	电子	2015-04-24	300438.SZ
242	普路通	15.46	−21.4	运输	2015-06-29	002769.SZ
243	和而泰	15.36	49.6	电子	2010-05-11	002402.SZ
244	仙乐健康	15.26	−2.3	保健	2019-09-25	300791.SZ
245	凌霄泵业	15.25	35.1	装备	2017-07-11	002884.SZ
246	景业名邦集团	15.22	28.2	房地产	2019-12-05	2231.HK
247	粤水电	15.13	32.9	建筑	2006-08-10	002060.SZ
248	深物业A	15.00	−15.0	房地产	1992-03-30	000011.SZ
249	东风股份	15.00	0.4	商业服务	2012-02-16	601515.SH
250	格力地产	14.89	−52.4	房地产	1999-06-11	600185.SH
251	万孚生物	14.85	−11.9	医药	2015-06-30	300482.SZ
252	珠江钢琴	14.79	7.3	日用	2012-05-30	002678.SZ
253	长城证券	14.79	13.5	金融	2018-10-26	002939.SZ
254	金蝶国际	14.75	31.3	互联网	2001-02-15	0268.HK
255	中国电研	14.74	56.5	装备	2019-11-05	688128.SH
256	超声电子	14.67	−2.3	电子	1997-10-08	000823.SZ
257	广弘控股	14.64	10.1	媒体	1993-11-18	000529.SZ
258	白云机场	14.61	−31.4	运输	2003-04-28	600004.SH
259	ST康美	14.55	−52.2	医药	2001-03-19	600518.SH

续表

序号	证券名称	品牌价值/亿元	增长率/%	行业	上市日期	证券代码
260	汇量科技	14.53	8.3	互联网	2018-12-12	1860.HK
261	朝云集团	14.53	新上榜	日用	2021-03-10	6601.HK
262	万润科技	14.52	33.3	媒体	2012-02-17	002654.SZ
263	顺钠股份	14.48	1.1	装备	1994-01-03	000533.SZ
264	香山股份	14.41	128.0	家电	2017-05-15	002870.SZ
265	南兴股份	14.36	33.0	装备	2015-05-27	002757.SZ
266	好太太	14.31	33.0	日用	2017-12-01	603848.SH
267	粤运交通	14.23	−19.5	运输	2005-10-26	3399.HK
268	粤港湾控股	14.22	67.8	房地产	2013-10-31	1396.HK
269	广东鸿图	14.10	34.2	汽车	2006-12-29	002101.SZ
270	长园集团	14.10	−2.0	装备	2002-12-02	600525.SH
271	新产业	13.86	−17.6	医药	2020-05-12	300832.SZ
272	英维克	13.86	41.9	装备	2016-12-29	002837.SZ
273	凯撒文化	13.82	−20.0	休闲	2010-06-08	002425.SZ
274	顺络电子	13.71	31.9	电子	2007-06-13	002138.SZ
275	星辉娱乐	13.66	−54.2	休闲	2010-01-20	300043.SZ
276	佳禾智能	13.59	18.0	日用	2019-10-18	300793.SZ
277	诺普信	13.57	7.5	化工	2008-02-18	002215.SZ
278	世荣兆业	13.55	11.5	房地产	2004-07-08	002016.SZ
279	天源迪科	13.54	22.5	互联网	2010-01-20	300047.SZ
280	得润电子	13.54	−0.5	电子	2006-07-25	002055.SZ
281	国星光电	13.46	−0.3	电子	2010-07-16	002449.SZ
282	科瑞技术	13.27	6.1	装备	2019-07-26	002957.SZ
283	崇达技术	13.23	4.2	电子	2016-10-12	002815.SZ
284	兴森科技	13.17	2.9	电子	2010-06-18	002436.SZ
285	燕塘乳业	13.17	18.3	食品	2014-12-05	002732.SZ
286	深振业A	13.08	−16.8	房地产	1992-04-27	000006.SZ
287	*ST日海	12.95	−13.2	通信	2009-12-03	002313.SZ
288	嘉士利集团	12.88	7.2	食品	2014-09-25	1285.HK
289	赢合科技	12.85	−24.4	装备	2015-05-14	300457.SZ
290	电声股份	12.80	−11.9	媒体	2019-11-21	300805.SZ
291	康臣药业	12.75	44.3	医药	2013-12-19	1681.HK
292	迅雷	12.67	92.9	休闲	2014-06-24	XNET.O
293	天融信	12.58	−13.4	装备	2008-02-01	002212.SZ
294	研祥智能	12.39	31.7	电子	2003-10-10	2308.HK
295	东江环保	12.37	12.3	环保	2012-04-26	002672.SZ
296	利元亨	12.35	新上榜	装备	2021-07-01	688499.SH
297	奥飞娱乐	12.31	−13.7	日用	2009-09-10	002292.SZ
298	绿色动力	12.10	48.1	环保	2018-06-11	601330.SH
299	科顺股份	12.09	42.4	建筑	2018-01-25	300737.SZ
300	英飞拓	12.08	17.3	电子	2010-12-24	002528.SZ
301	易事特	12.02	−21.6	装备	2014-01-27	300376.SZ

广东榜单

续表

序号	证券名称	品牌价值/亿元	增长率/%	行业	上市日期	证券代码
302	东鹏控股	11.98	1.0	建筑	2020-10-19	003012.SZ
303	金逸影视	11.96	−13.9	休闲	2017-10-16	002905.SZ
304	创美药业	11.82	7.6	医药	2015-12-14	2289.HK
305	卓越商企服务	11.80	24.0	房地产	2020-10-19	6989.HK
306	好莱客	11.69	33.9	家居	2015-02-17	603898.SH
307	光峰科技	11.68	78.5	电子	2019-07-22	688007.SH
308	道通科技	11.64	69.4	电子	2020-02-13	688208.SH
309	华阳集团	11.56	49.8	汽车	2017-10-13	002906.SZ
310	广州浪奇	11.53	−77.6	日用	1993-11-08	000523.SZ
311	科士达	11.47	35.4	装备	2010-12-07	002518.SZ
312	太安堂	11.45	13.9	医药	2010-06-18	002433.SZ
313	奥尼电子	11.28	新上榜	日用	2021-12-28	301189.SZ
314	三和管桩	11.21	新上榜	建筑	2021-02-04	003037.SZ
315	天创时尚	10.79	−33.2	服饰	2016-02-18	603608.SH
316	星期六	10.70	−17.2	服饰	2009-09-03	002291.SZ
317	信邦控股	10.63	90.2	汽车	2017-06-28	1571.HK
318	众业达	10.63	−12.4	贸易	2010-07-06	002441.SZ
319	北控清洁能源集团	10.62	新上榜	公用	2013-07-05	1250.HK
320	东莞控股	10.62	−6.7	运输	1997-06-17	000828.SZ
321	科达利	10.61	54.9	装备	2017-03-02	002850.SZ
322	麦格米特	10.41	19.8	装备	2017-03-06	002851.SZ
323	新媒股份	10.34	5.8	媒体	2019-04-19	300770.SZ
324	金龙羽	10.26	34.7	装备	2017-07-17	002882.SZ
325	海洋王	10.17	63.5	电子	2014-11-04	002724.SZ
326	申菱环境	9.89	新上榜	装备	2021-07-07	301018.SZ
327	中国职业教育	9.86	−62.9	教育	2019-11-25	1756.HK
328	冠豪高新	9.84	107.2	造纸	2003-06-19	600433.SH
329	达实智能	9.72	7.1	互联网	2010-06-03	002421.SZ
330	超盈国际控股	9.70	47.3	纺织	2014-05-23	2111.HK
331	合景悠活	9.68	59.6	房地产	2020-10-30	3913.HK
332	珠江股份	9.55	−14.7	房地产	1993-10-28	600684.SH
333	天威视讯	9.53	−15.3	媒体	2008-05-26	002238.SZ
334	嘉诚国际	9.51	15.2	运输	2017-08-08	603535.SH
335	凯普生物	9.48	74.0	医药	2017-04-12	300639.SZ
336	蒙娜丽莎	9.48	14.8	建筑	2017-12-19	002918.SZ
337	聚飞光电	9.47	−11.8	电子	2012-03-19	300303.SZ
338	康华医疗	9.45	50.3	保健	2016-11-08	3689.HK
339	珠海港	9.43	102.4	运输	1993-03-26	000507.SZ
340	拉芳家化	9.40	9.9	日用	2017-03-13	603630.SH
341	指尖悦动	9.14	34.8	休闲	2018-07-12	6860.HK
342	博杰股份	9.08	−5.8	装备	2020-02-05	002975.SZ
343	世运电路	9.05	2.6	电子	2017-04-26	603920.SH

广东榜单

续表

序号	证券名称	品牌价值/亿元	增长率/%	行业	上市日期	证券代码
344	金新农	9.04	−10.7	农业	2011-02-18	002548.SZ
345	万顺新材	9.04	27.7	包装	2010-02-26	300057.SZ
346	佳士科技	9.01	26.9	装备	2011-03-22	300193.SZ
347	依顿电子	9.00	−18.4	电子	2014-07-01	603328.SH
348	联赢激光	8.97	100.7	装备	2020-06-22	688518.SH
349	深粮控股	8.88	32.7	贸易	1992-10-12	000019.SZ
350	法本信息	8.77	61.0	互联网	2020-12-30	300925.SZ
351	搜于特	8.72	−44.3	贸易	2010-11-17	002503.SZ
352	毅昌科技	8.58	9.2	家电	2010-06-01	002420.SZ
353	金信诺	8.55	−20.0	通信	2011-08-18	300252.SZ
354	天际股份	8.46	新上榜	家电	2015-05-28	002759.SZ
355	智光电气	8.44	36.6	装备	2007-09-19	002169.SZ
356	光弘科技	8.44	−16.1	电子	2017-12-29	300735.SZ
357	侨银股份	8.43	−9.0	环保	2020-01-06	002973.SZ
358	电连技术	8.33	24.0	电子	2017-07-31	300679.SZ
359	天赐材料	8.31	37.8	化工	2014-01-23	002709.SZ
360	奥海科技	8.23	13.6	电子	2020-08-17	002993.SZ
361	深圳机场	8.19	−16.8	运输	1998-04-20	000089.SZ
362	鸿利智汇	8.16	59.3	电子	2011-05-18	300219.SZ
363	全志科技	8.13	43.0	电子	2015-05-15	300458.SZ
364	怡合达	8.11	新上榜	电子	2021-07-23	301029.SZ
365	生益电子	8.02	新上榜	电子	2021-02-25	688183.SH
366	伊戈尔	8.00	新上榜	电子	2017-12-29	002922.SZ
367	文灿股份	7.98	84.3	汽车	2018-04-26	603348.SH
368	新国都	7.96	0.4	电子	2010-10-19	300130.SZ
369	雷赛智能	7.95	31.3	装备	2020-04-08	002979.SZ
370	ST广田	7.95	−38.6	建筑	2010-09-29	002482.SZ
371	广电计量	7.89	68.2	商业服务	2019-11-08	002967.SZ
372	金融壹账通	7.88	−20.7	互联网	2019-12-13	OCFT.N
373	香雪制药	7.83	−24.9	医药	2010-12-15	300147.SZ
374	中奥到家	7.80	14.3	房地产	2015-11-25	1538.HK
375	禾望电气	7.79	34.2	装备	2017-07-28	603063.SH
376	洪兴股份	7.78	新上榜	服饰	2021-07-23	001209.SZ
377	博敏电子	7.73	22.3	电子	2015-12-09	603936.SH
378	宜通世纪	7.70	0.7	电信	2012-04-25	300310.SZ
379	理邦仪器	7.68	−25.7	医药	2011-04-21	300206.SZ
380	太平洋网络	7.65	0.0	媒体	2007-12-18	0543.HK
381	时代邻里	7.62	25.5	房地产	2019-12-19	9928.HK
382	第一创业	7.62	−2.4	金融	2016-05-11	002797.SZ
383	远光软件	7.61	17.7	互联网	2006-08-23	002063.SZ
384	一品红	7.58	19.0	医药	2017-11-16	300723.SZ
385	协创数据	7.55	26.3	电子	2020-07-27	300857.SZ

广东榜单

续表

序号	证券名称	品牌价值/亿元	增长率/%	行业	上市日期	证券代码
386	华铁股份	7.49	45.4	装备	2000-06-01	000976.SZ
387	星湖科技	7.49	33.4	食品	1994-08-18	600866.SH
388	美盈森	7.44	0.9	包装	2009-11-03	002303.SZ
389	众生药业	7.39	−39.9	医药	2009-12-11	002317.SZ
390	欧陆通	7.39	19.4	电子	2020-08-24	300870.SZ
391	科思科技	7.33	21.6	通信	2020-10-22	688788.SH
392	海目星	7.27	新上榜	电子	2020-09-09	688559.SH
393	九联科技	7.25	新上榜	电子	2021-03-23	688609.SH
394	国联水产	7.19	1.0	农业	2010-07-08	300094.SZ
395	越秀服务	7.19	新上榜	房地产	2021-06-28	6626.HK
396	通宇通讯	7.17	−23.9	通信	2016-03-28	002792.SZ
397	东旭蓝天	7.17	28.2	公用	1994-08-08	000040.SZ
398	小崧股份	7.16	23.5	家电	2014-01-29	002723.SZ
399	明微电子	7.15	新上榜	电子	2020-12-18	688699.SH
400	芭田股份	7.13	12.9	化工	2007-09-19	002170.SZ
401	深深房A	7.12	−29.0	房地产	1993-09-15	000029.SZ
402	广东宏大	7.12	−6.8	化工	2012-06-12	002683.SZ
403	朗科科技	7.07	14.6	电子	2010-01-08	300042.SZ
404	全通教育	7.02	−17.7	教育	2014-01-21	300359.SZ
405	世纪联合控股	7.02	17.4	汽车	2019-10-18	1959.HK
406	白云电器	7.01	43.3	装备	2016-03-22	603861.SH
407	皮阿诺	6.97	42.9	家居	2017-03-10	002853.SZ
408	小赢科技	6.97	新上榜	金融	2018-09-19	XYF.N
409	卓翼科技	6.95	−16.1	电子	2010-03-16	002369.SZ
410	*ST 亚联	6.94	−24.9	互联网	2009-12-09	002316.SZ
411	富满微	6.92	新上榜	电子	2017-07-05	300671.SZ
412	昌红科技	6.90	3.5	装备	2010-12-22	300151.SZ
413	中智药业	6.87	29.0	医药	2015-07-13	3737.HK
414	华立科技	6.83	新上榜	休闲	2021-06-17	301011.SZ
415	佛燃能源	6.83	新上榜	公用	2017-11-22	002911.SZ
416	赛意信息	6.80	48.1	互联网	2017-08-03	300687.SZ
417	美格智能	6.71	45.9	通信	2017-06-22	002881.SZ
418	金溢科技	6.64	−36.8	电子	2017-05-15	002869.SZ
419	ST 联建	6.62	−4.3	媒体	2011-10-12	300269.SZ
420	快意电梯	6.59	新上榜	装备	2017-03-24	002774.SZ
421	华阳国际	6.59	59.1	商业服务	2019-02-26	002949.SZ
422	中信海直	6.55	17.1	运输	2000-07-31	000099.SZ
423	星徽股份	6.53	1.4	装备	2015-06-10	300464.SZ
424	尚荣医疗	6.52	−24.8	医药	2011-02-25	002551.SZ
425	锐明技术	6.50	27.2	电子	2019-12-17	002970.SZ
426	名臣健康	6.47	49.0	日用	2017-12-18	002919.SZ
427	亿胜生物科技	6.43	56.1	医药	2001-06-27	1061.HK

续表

序号	证券名称	品牌价值/亿元	增长率/%	行业	上市日期	证券代码
428	中京电子	6.42	24.4	电子	2011-05-06	002579.SZ
429	安奈儿	6.40	－9.6	服饰	2017-06-01	002875.SZ
430	博雅互动	6.38	0.5	休闲	2013-11-12	0434.HK
431	中国白银集团	6.34	－17.7	有色金属	2012-12-28	0815.HK
432	中新赛克	6.26	－21.9	通信	2017-11-21	002912.SZ
433	科陆电子	6.16	新上榜	装备	2007-03-06	002121.SZ
434	金马游乐	6.15	1.8	休闲	2018-12-28	300756.SZ
435	海印股份	6.15	－36.6	房地产	1998-10-28	000861.SZ
436	盛讯达	6.15	新上榜	休闲	2016-06-24	300518.SZ
437	酷派集团	6.11	－56.1	通信	2004-12-09	2369.HK
438	宝新能源	6.07	16.7	公用	1997-01-28	000690.SZ
439	长亮科技	6.01	31.4	互联网	2012-08-17	300348.SZ
440	飞荣达	5.98	－17.2	电子	2017-01-26	300602.SZ
441	英威腾	5.97	43.2	装备	2010-01-13	002334.SZ
442	超讯通信	5.96	4.1	电信	2016-07-28	603322.SH
443	新宙邦	5.92	32.1	化工	2010-01-08	300037.SZ
444	固生堂	5.82	新上榜	保健	2021-12-10	2273.HK
445	捷顺科技	5.80	15.6	电子	2011-08-15	002609.SZ
446	溢多利	5.80	－19.2	医药	2014-01-28	300381.SZ
447	巨涛海洋石油服务	5.79	新上榜	石油	2006-09-21	3303.HK
448	中装建设	5.76	－14.2	建筑	2016-11-29	002822.SZ
449	三利谱	5.75	新上榜	电子	2017-05-25	002876.SZ
450	东瑞股份	5.74	新上榜	农业	2021-04-28	001201.SZ
451	正业国际	5.71	30.6	包装	2011-06-03	3363.HK
452	方大集团	5.67	－12.4	建筑	1996-04-15	000055.SZ
453	惠程科技	5.67	－60.5	休闲	2007-09-19	002168.SZ
454	岭南股份	5.64	－23.6	建筑	2014-02-19	002717.SZ
455	花样年控股	5.64	－93.4	房地产	2009-11-25	1777.HK
456	洋葱	5.63	新上榜	零售	2021-05-07	OG.N
457	兆威机电	5.57	21.7	装备	2020-12-04	003021.SZ
458	深赛格	5.56	－5.0	房地产	1996-12-26	000058.SZ
459	信濠光电	5.56	新上榜	电子	2021-08-27	301051.SZ
460	伟业控股	5.55	新上榜	房地产	2016-04-06	1570.HK
461	振邦智能	5.54	新上榜	电子	2020-12-28	003028.SZ
462	海南发展	5.52	－21.2	建筑	2007-08-23	002163.SZ
463	先健科技	5.52	31.6	医药	2011-11-10	1302.HK
464	雄韬股份	5.51	－10.0	装备	2014-12-03	002733.SZ
465	华夏文化科技	5.49	－13.5	休闲	2015-03-12	1566.HK
466	博士眼镜	5.49	17.8	零售	2017-03-15	300622.SZ
467	信隆健康	5.46	28.7	日用	2007-01-12	002105.SZ
468	巨轮智能	5.45	1.6	装备	2004-08-16	002031.SZ
469	骏亚科技	5.43	新上榜	电子	2017-09-12	603386.SH

广东榜单

续表

序号	证券名称	品牌价值/亿元	增长率/%	行业	上市日期	证券代码
470	润都股份	5.38	23.2	医药	2018-01-05	002923.SZ
471	*ST 宜康	5.35	−10.1	保健	2000-08-07	000150.SZ
472	捷荣技术	5.32	7.0	电子	2017-03-21	002855.SZ
473	冰川网络	5.32	−45.2	休闲	2016-08-18	300533.SZ

4.2.2 2022 年广东上市公司品牌价值榜分析

【区域集中度】 在 2022 年广东上市公司品牌价值榜中：排在前 10 位的公司品牌价值合计 35 648.09 亿元，占广东榜单总计品牌价值的 63.5%；排在前 30 位的公司品牌价值合计 43 794.07 亿元，占广东榜单总计品牌价值的 77.9%；排在前 100 位的公司品牌价值合计 50 246.62 亿元，占广东榜单总计品牌价值的 89.3%。

【所在行业】 在 2022 年广东上市公司品牌价值榜中，473 家公司来自 36 个行业。其中，互联网和房地产两个行业共计包括 66 家公司，品牌价值合计 28 753.84 亿元，占广东榜单总计品牌价值的 51.1%，处于主导地位。其他行业的情况见图 4-3 和图 4-4。

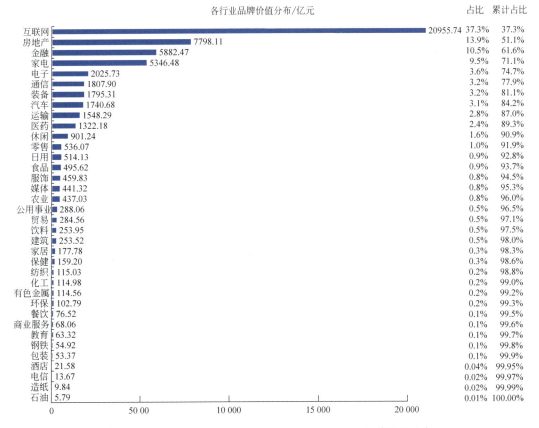

图 4-3 2022 年广东上市公司品牌价值榜所在行业品牌价值分布

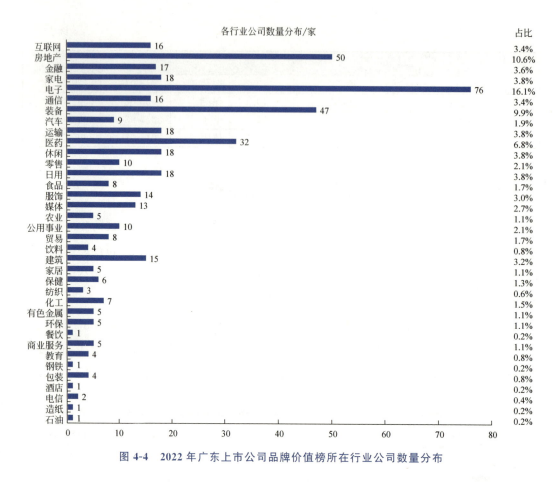

图 4-4 2022 年广东上市公司品牌价值榜所在行业公司数量分布

【上市板块】 在 2022 年广东上市公司品牌价值榜中：在港交所上市的中资股公司有 82 家，品牌价值合计 25 503.25 亿元，占广东榜单总计品牌价值的 45.3%，排在第一位；在深交所主板上市的公司有 221 家，品牌价值合计 17 764.62 亿元，占广东榜单总计品牌价值的 31.6%，排在第二位；在上交所主板上市的公司有 63 家，品牌价值合计 9 357.95 亿元，占广东榜单总计品牌价值的 16.6%，排在第三位。此外，在深交所创业板上市的公司有 82 家，品牌价值合计 1 931.18 亿元；在国外上市的中概股公司有 13 家，品牌价值合计 1 127.78 亿元；在上交所科创板上市的公司有 12 家，品牌价值合计 554.83 亿元。

【上市时间】 在 2022 年广东上市公司品牌价值榜中：2002—2006 年上市的公司有 35 家，品牌价值合计 25 635.78 亿元，占广东榜单总计品牌价值的 45.6%，排在第一位；2007—2011 年上市的公司有 117 家，品牌价值合计 10 251.02 亿元，占广东榜单总计品牌价值的 18.2%，排在第二位；2012—2017 年上市的公司有 86 家，品牌价值合计 6 233.08 亿元，占广东榜单总计品牌价值的 11.1%，排在第三位。此外，1996 年及以前上市的公司有 48 家，品牌价值合计 5 771.19 亿元；2017—2021 年上市的公司有 152 家，品牌价值合计 4 981.12 亿元；1997—2001 年上市的公司有 35 家，品牌价值合计 3 367.41 亿元。

4.3 浙江品牌价值榜

在2022年中国上市公司品牌价值总榜的3 000家企业中：浙江的企业共计346家，比2021年增加了9家；品牌价值总计30 373.2亿元，比2021年增长了2.2%。

4.3.1 2022年浙江上市公司品牌价值榜单

序号	证券名称	品牌价值/亿元	增长率/%	行业	上市日期	证券代码
1	阿里巴巴-SW	15 660.47	−11.4	零售	2019-11-26	9988.HK
2	网易-S	2 507.52	−4.9	互联网	2020-06-11	9999.HK
3	农夫山泉	597.17	7.7	饮料	2020-09-08	9633.HK
4	物产中大	489.19	22.0	贸易	1996-06-06	600704.SH
5	海康威视	434.93	50.4	电子	2010-05-28	002415.SZ
6	申洲国际	315.53	24.8	服饰	2005-11-24	2313.HK
7	绿城中国	314.35	28.2	房地产	2006-07-13	3900.HK
8	浙商银行	171.54	14.1	金融	2019-11-26	601916.SH
9	韵达股份	169.16	13.2	运输	2007-03-06	002120.SZ
10	宁波银行	161.96	8.2	金融	2007-07-19	002142.SZ
11	世纪华通	161.50	−3.3	休闲	2011-07-28	002602.SZ
12	舜宇光学科技	161.31	49.3	电子	2007-06-15	2382.HK
13	荣盛石化	156.38	34.6	化工	2010-11-02	002493.SZ
14	传化智联	156.16	88.5	运输	2004-06-29	002010.SZ
15	正泰电器	154.16	60.9	装备	2010-01-21	601877.SH
16	苏泊尔	148.21	−4.3	家电	2004-08-17	002032.SZ
17	华东医药	147.62	37.6	医药	2000-01-27	000963.SZ
18	雅戈尔	136.07	17.7	服饰	1998-11-19	600177.SH
19	公牛集团	135.20	23.7	日用	2020-02-06	603195.SH
20	大华股份	135.13	38.4	电子	2008-05-20	002236.SZ
21	浙商中拓	131.25	48.7	贸易	1999-07-07	000906.SZ
22	海天国际	128.48	48.5	装备	2006-12-22	1882.HK
23	森马服饰	127.94	22.6	服饰	2011-03-11	002563.SZ
24	均胜电子	122.68	−3.7	汽车	1993-12-06	600699.SH
25	完美世界	121.34	−32.3	休闲	2011-10-28	002624.SZ
26	滨江集团	120.36	76.4	房地产	2008-05-29	002244.SZ
27	利欧股份	100.44	16.4	媒体	2007-04-27	002131.SZ
28	太平鸟	100.10	70.5	服饰	2017-01-09	603877.SH
29	老板电器	99.00	19.7	家电	2010-11-23	002508.SZ
30	杭州银行	96.59	21.6	金融	2016-10-27	600926.SH
31	百世集团	91.10	1.0	运输	2017-09-20	BEST.N
32	新和成	85.77	31.1	医药	2004-06-25	002001.SZ
33	杭叉集团	81.99	22.5	装备	2016-12-27	603298.SH
34	天能股份	78.44	新上榜	装备	2021-01-18	688819.SH

续表

序号	证券名称	品牌价值/亿元	增长率/%	行业	上市日期	证券代码
35	东方日升	78.14	2.5	装备	2010-09-02	300118.SZ
36	浙江建投	75.27	−20.7	建筑	2015-06-10	002761.SZ
37	宁波港	73.04	24.4	运输	2010-09-28	601018.SH
38	申通快递	71.80	−22.3	运输	2010-09-08	002468.SZ
39	联络互动	71.68	新上榜	互联网	2009-08-21	002280.SZ
40	顾家家居	71.28	41.1	家居	2016-10-14	603816.SH
41	巨星科技	70.99	23.5	装备	2010-07-13	002444.SZ
42	超威动力	68.40	32.4	装备	2010-07-07	0951.HK
43	迪安诊断	64.98	26.0	保健	2011-07-19	300244.SZ
44	东方生物	64.65	757.6	医药	2020-02-05	688298.SH
45	浙江沪杭甬	62.00	47.9	运输	1997-05-15	0576.HK
46	德信中国	60.79	16.1	房地产	2019-02-26	2019.HK
47	桐昆股份	60.45	37.1	化工	2011-05-18	601233.SH
48	新湖中宝	59.99	0.3	房地产	1999-06-23	600208.SH
49	运达股份	59.93	145.9	装备	2019-04-26	300772.SZ
50	浙文互联	59.47	5.0	媒体	2004-04-26	600986.SH
51	海亮股份	57.52	−5.2	有色金属	2008-01-16	002203.SZ
52	永安期货	57.47	新上榜	金融	2021-12-23	600927.SH
53	云音乐	56.32	新上榜	休闲	2021-12-02	9899.HK
54	香飘飘	56.09	−6.4	饮料	2017-11-30	603711.SH
55	金田股份	55.07	−14.5	有色金属	2020-04-22	601609.SH
56	杭钢股份	53.24	0.9	钢铁	1998-03-11	600126.SH
57	华友钴业	52.59	45.8	有色金属	2015-01-29	603799.SH
58	新安股份	50.77	140.8	化工	2001-09-06	600596.SH
59	浙版传媒	48.91	新上榜	媒体	2021-07-23	601921.SH
60	晶盛机电	48.18	77.3	装备	2012-05-11	300316.SZ
61	浙能电力	48.03	10.8	公用	2013-12-19	600023.SH
62	宁波华翔	47.21	7.0	汽车	2005-06-03	002048.SZ
63	盛泰集团	46.14	新上榜	服饰	2021-10-27	605138.SH
64	荣安地产	45.68	118.9	房地产	1993-08-06	000517.SZ
65	西子洁能	45.67	82.2	装备	2011-01-10	002534.SZ
66	三花智控	44.49	6.1	家电	2005-06-07	002050.SZ
67	中国巨石	44.10	86.8	建筑	1999-04-22	600176.SH
68	绿城服务	43.82	22.1	房地产	2016-07-12	2869.HK
69	珀莱雅	43.67	37.2	日用	2017-11-15	603605.SH
70	天山铝业	43.58	110.2	有色金属	2010-12-31	002532.SZ
71	杭氧股份	43.30	76.4	装备	2010-06-10	002430.SZ
72	新凤鸣	43.27	58.1	化工	2017-04-18	603225.SH
73	盈峰环境	43.10	22.1	环保	2000-03-30	000967.SZ
74	阳光照明	40.97	−4.8	家电	2000-07-20	600261.SH
75	海正药业	40.00	2.2	医药	2000-07-25	600267.SH
76	京投发展	38.88	77.6	房地产	1993-10-25	600683.SH

续表

序号	证券名称	品牌价值/亿元	增长率/%	行业	上市日期	证券代码
77	春风动力	38.59	62.8	汽车	2017-08-18	603129.SH
78	卧龙电驱	38.28	5.3	装备	2002-06-06	600580.SH
79	得邦照明	38.10	14.4	家电	2017-03-30	603303.SH
80	浙江永强	37.76	3.4	日用	2010-10-21	002489.SZ
81	甬金股份	37.41	43.4	钢铁	2019-12-24	603995.SH
82	普洛药业	37.34	10.2	医药	1997-05-09	000739.SZ
83	华策影视	37.14	6.7	休闲	2010-10-26	300133.SZ
84	江南布衣	37.09	21.7	服饰	2016-10-31	3306.HK
85	振德医疗	36.98	−2.8	医药	2018-04-12	603301.SH
86	华数传媒	36.76	39.0	媒体	2000-09-06	000156.SZ
87	三维通信	36.03	49.8	媒体	2007-02-15	002115.SZ
88	浙江交科	35.91	87.4	建筑	2006-08-16	002061.SZ
89	浙江鼎力	35.27	13.3	装备	2015-03-25	603338.SH
90	福莱特	34.91	65.7	装备	2019-02-15	601865.SH
91	浙农股份	34.89	702.3	贸易	2015-05-27	002758.SZ
92	泰格医药	34.24	57.5	医药	2012-08-17	300347.SZ
93	报喜鸟	33.72	79.1	服饰	2007-08-16	002154.SZ
94	航民股份	33.30	30.7	纺织	2004-08-09	600987.SH
95	浙江医药	33.23	12.9	医药	1999-10-21	600216.SH
96	德业股份	32.92	新上榜	家电	2021-04-20	605117.SH
97	通策医疗	32.49	50.2	保健	1996-10-30	600763.SH
98	恒生电子	32.38	40.7	互联网	2003-12-16	600570.SH
99	杰克股份	31.40	41.2	装备	2017-01-19	603337.SH
100	宝业集团	31.35	−3.4	建筑	2003-06-30	2355.HK
101	华海药业	30.68	0.7	医药	2003-03-04	600521.SH
102	小商品城	30.38	−23.7	房地产	2002-05-09	600415.SH
103	李子园	30.38	新上榜	饮料	2021-02-08	605337.SH
104	三星医疗	30.38	32.3	装备	2011-06-15	601567.SH
105	杭州解百	30.33	−6.7	零售	1994-01-14	600814.SH
106	平治信息	30.19	13.8	休闲	2016-12-13	300571.SZ
107	古越龙山	30.11	−7.9	饮料	1997-05-16	600059.SH
108	会稽山	29.70	15.7	饮料	2014-08-25	601579.SH
109	华峰化学	29.44	157.9	化工	2006-08-23	002064.SZ
110	伟明环保	29.30	55.1	环保	2015-05-28	603568.SH
111	浙江美大	28.54	52.4	家电	2012-05-25	002677.SZ
112	继峰股份	28.47	74.1	汽车	2015-03-02	603997.SH
113	喜临门	28.33	89.7	家居	2012-07-17	603008.SH
114	卫星化学	28.15	146.2	化工	2011-12-28	002648.SZ
115	浙商证券	27.35	17.9	金融	2017-06-26	601878.SH
116	拓普集团	27.33	17.7	汽车	2015-03-19	601689.SH
117	万向钱潮	27.23	12.1	汽车	1994-01-10	000559.SZ
118	浙富控股	27.10	153.4	环保	2008-08-06	002266.SZ

浙江榜单

续表

浙江榜单

序号	证券名称	品牌价值/亿元	增长率/%	行业	上市日期	证券代码
119	浙江东方	26.84	29.0	金融	1997-12-01	600120.SH
120	横店影视	26.50	18.2	休闲	2017-10-12	603103.SH
121	合盛硅业	26.43	128.9	化工	2017-10-30	603260.SH
122	浙江龙盛	26.19	−15.9	化工	2003-08-01	600352.SH
123	众安集团	26.09	189.4	房地产	2007-11-13	0672.HK
124	安正时尚	25.88	23.4	服饰	2017-02-14	603839.SH
125	宋城演艺	25.67	−60.0	休闲	2010-12-09	300144.SZ
126	万丰奥威	24.93	−3.1	汽车	2006-11-28	002085.SZ
127	亿帆医药	24.92	−20.5	医药	2004-07-13	002019.SZ
128	浙数文化	24.90	−16.5	媒体	1993-03-04	600633.SH
129	东方电缆	24.61	82.4	装备	2014-10-15	603606.SH
130	天邦食品	24.49	−14.8	农业	2007-04-03	002124.SZ
131	顺丰同城	24.41	新上榜	运输	2021-12-14	9699.HK
132	罗欣药业	24.16	−8.5	医药	2016-04-15	002793.SZ
133	诺力股份	23.90	25.0	装备	2015-01-28	603611.SH
134	长城科技	23.56	151.5	装备	2018-04-10	603897.SH
135	电魂网络	23.45	0.3	休闲	2016-10-26	603258.SH
136	嘉宏教育	23.44	4.4	教育	2019-06-18	1935.HK
137	华统股份	22.89	7.9	农业	2017-01-10	002840.SZ
138	德昌股份	22.62	新上榜	家电	2021-10-21	605555.SH
139	久祺股份	22.32	新上榜	日用	2021-08-12	300994.SZ
140	盾安环境	22.22	57.2	装备	2004-07-05	002011.SZ
141	龙元建设	21.93	−17.6	建筑	2004-05-24	600491.SH
142	万马股份	21.82	11.4	装备	2009-07-10	002276.SZ
143	士兰微	21.70	106.7	电子	2003-03-11	600460.SH
144	嘉欣丝绸	21.57	8.8	服饰	2010-05-11	002404.SZ
145	钱江摩托	21.53	7.7	汽车	1999-05-14	000913.SZ
146	同花顺	21.39	7.2	互联网	2009-12-25	300033.SZ
147	杭可科技	21.02	71.1	装备	2019-07-22	688006.SH
148	财通证券	20.95	4.6	金融	2017-10-24	601108.SH
149	杉杉股份	20.87	110.6	化工	1996-01-30	600884.SH
150	宁波建工	20.68	−11.6	建筑	2011-08-16	601789.SH
151	中粮包装	20.41	47.2	包装	2009-11-16	0906.HK
152	英特集团	20.32	−32.1	贸易	1996-07-16	000411.SZ
153	百隆东方	19.88	36.9	纺织	2012-06-12	601339.SH
154	奥康国际	19.78	12.5	服饰	2012-04-26	603001.SH
155	物产环能	19.64	新上榜	煤炭	2021-12-16	603071.SH
156	红蜻蜓	19.55	−2.8	服饰	2015-06-29	603116.SH
157	巨化股份	19.29	22.3	化工	1998-06-26	600160.SH
158	天通股份	19.23	43.4	装备	2001-01-18	600330.SH
159	王力安防	19.02	新上榜	日用	2021-02-24	605268.SH
160	ST众泰	18.93	新上榜	汽车	2000-06-16	000980.SZ

续表

序号	证券名称	品牌价值/亿元	增长率/%	行业	上市日期	证券代码
161	咸亨国际	18.92	新上榜	日用	2021-07-20	605056.SH
162	日月股份	18.87	18.6	装备	2016-12-28	603218.SH
163	爱仕达	18.83	0.2	日用	2010-05-11	002403.SZ
164	火星人	18.80	55.7	家电	2020-12-31	300894.SZ
165	富佳股份	18.73	新上榜	家电	2021-11-22	603219.SH
166	三江购物	18.39	−27.3	零售	2011-03-02	601116.SH
167	仙琚制药	18.20	4.7	医药	2010-01-12	002332.SZ
168	恒林股份	18.06	28.3	家居	2017-11-21	603661.SH
169	康恩贝	17.75	−24.2	医药	2004-04-12	600572.SH
170	有道	17.75	−37.9	教育	2019-10-25	DAO.N
171	万里扬	17.62	19.2	汽车	2010-06-18	002434.SZ
172	仙鹤股份	17.19	54.5	造纸	2018-04-20	603733.SH
173	宋都股份	17.09	−2.3	房地产	1997-05-20	600077.SH
174	南都电源	17.06	−1.2	装备	2010-04-21	300068.SZ
175	云集	17.00	−65.1	零售	2019-05-03	YJ.O
176	明牌珠宝	16.76	−9.6	服饰	2011-04-22	002574.SZ
177	银都股份	16.76	42.3	装备	2017-09-11	603277.SH
178	九洲药业	16.62	37.0	医药	2014-10-10	603456.SH
179	豪悦护理	16.51	−31.5	日用	2020-09-11	605009.SH
180	亿晶光电	16.50	−14.4	装备	2003-01-23	600537.SH
181	银轮股份	16.22	6.8	汽车	2007-04-18	002126.SZ
182	宁波东力	16.14	47.0	装备	2007-08-23	002164.SZ
183	江山欧派	16.03	30.3	家居	2017-02-10	603208.SH
184	一鸣食品	15.84	−3.7	食品	2020-12-28	605179.SH
185	华谊兄弟	15.68	−12.3	休闲	2009-10-30	300027.SZ
186	福斯特	15.64	25.8	化工	2014-09-05	603806.SH
187	横店东磁	15.56	−5.9	有色金属	2006-08-02	002056.SZ
188	海天精工	15.56	118.9	装备	2016-11-07	601882.SH
189	中控技术	15.36	40.1	互联网	2020-11-24	688777.SH
190	双环传动	15.29	135.1	装备	2010-09-10	002472.SZ
191	中金环境	15.27	−22.6	装备	2010-12-09	300145.SZ
192	安旭生物	14.78	新上榜	医药	2021-11-18	688075.SH
193	京新药业	14.73	14.9	医药	2004-07-15	002020.SZ
194	永创智能	14.70	47.8	装备	2015-05-29	603901.SH
195	国邦医药	14.50	新上榜	医药	2021-08-02	605507.SH
196	卧龙地产	14.47	65.7	房地产	1999-04-15	600173.SH
197	南华期货	14.30	21.0	金融	2019-08-30	603093.SH
198	大丰实业	14.16	12.3	装备	2017-04-20	603081.SH
199	中国三江化工	13.86	29.7	化工	2010-09-16	2198.HK
200	奥普家居	13.81	−9.1	日用	2020-01-15	603551.SH
201	思美传媒	13.65	−1.8	媒体	2014-01-23	002712.SZ
202	博拓生物	13.42	新上榜	医药	2021-09-08	688767.SH

浙江榜单

续表

序号	证券名称	品牌价值/亿元	增长率/%	行业	上市日期	证券代码
203	杭电股份	13.36	19.1	装备	2015-02-17	603618.SH
204	日发精机	13.20	37.8	装备	2010-12-10	002520.SZ
205	聚光科技	13.15	33.2	电子	2011-04-15	300203.SZ
206	伟星新材	13.14	35.4	建筑	2010-03-18	002372.SZ
207	海兴电力	13.12	−8.5	电子	2016-11-10	603556.SH
208	永艺股份	13.11	14.8	家居	2015-01-23	603600.SH
209	尖峰集团	13.05	4.3	医药	1993-07-28	600668.SH
210	天宇股份	12.97	−8.9	医药	2017-09-19	300702.SZ
211	景兴纸业	12.96	39.4	造纸	2006-09-15	002067.SZ
212	梦天家居	12.92	新上榜	日用	2021-12-15	603216.SH
213	麒盛科技	12.67	47.5	家居	2019-10-29	603610.SH
214	众合科技	12.66	49.7	装备	1999-06-11	000925.SZ
215	震裕科技	12.55	新上榜	装备	2021-03-18	300953.SZ
216	新柴股份	12.52	新上榜	装备	2021-07-22	301032.SZ
217	永兴材料	12.44	21.1	钢铁	2015-05-15	002756.SZ
218	税友股份	12.43	新上榜	电信	2021-06-30	603171.SH
219	华铁应急	12.41	70.1	商业服务	2015-05-29	603300.SH
220	广博股份	12.37	33.1	媒体	2007-01-10	002103.SZ
221	亚厦股份	12.20	−22.1	建筑	2010-03-23	002375.SZ
222	海翔药业	12.07	−16.4	医药	2006-12-26	002099.SZ
223	瑞丰银行	12.02	新上榜	金融	2021-06-25	601528.SH
224	兔宝宝	11.98	60.4	建筑	2005-05-10	002043.SZ
225	康盛股份	11.92	新上榜	家电	2010-06-01	002418.SZ
226	杭萧钢构	11.86	10.9	建筑	2003-11-10	600477.SH
227	爱柯迪	11.73	19.5	汽车	2017-11-17	600933.SH
228	宏润建设	11.55	−18.7	建筑	2006-08-16	002062.SZ
229	兑吧	11.51	61.6	媒体	2019-05-07	1753.HK
230	贝因美	11.50	−23.9	食品	2011-04-12	002570.SZ
231	东南网架	11.49	1.5	建筑	2007-05-30	002135.SZ
232	锦浪科技	11.45	89.4	装备	2019-03-19	300763.SZ
233	博威合金	11.37	−4.7	有色金属	2011-01-27	601137.SH
234	宁波联合	11.33	−31.9	贸易	1997-04-10	600051.SH
235	浙大网新	11.28	−10.4	互联网	1997-04-18	600797.SH
236	帅丰电器	11.00	43.4	家电	2020-10-19	605336.SH
237	哈尔斯	11.00	11.2	日用	2011-09-09	002615.SZ
238	奥泰生物	10.95	新上榜	医药	2021-03-25	688606.SH
239	乔治白	10.93	42.4	服饰	2012-07-13	002687.SZ
240	水晶光电	10.90	7.2	电子	2008-09-19	002273.SZ
241	公元股份	10.83	1.5	建筑	2011-12-08	002641.SZ
242	大元泵业	10.73	17.7	装备	2017-07-11	603757.SH
243	万邦德	10.68	−54.8	有色金属	2006-11-20	002082.SZ
244	健盛集团	10.46	−11.6	服饰	2015-01-27	603558.SH

续表

序号	证券名称	品牌价值/亿元	增长率/%	行业	上市日期	证券代码
245	东方通信	10.45	−22.0	通信	1996-11-26	600776.SH
246	祖名股份	10.40	新上榜	食品	2021-01-06	003030.SZ
247	旺能环境	10.33	68.6	环保	2004-08-26	002034.SZ
248	浙江震元	10.32	3.9	医药	1997-04-10	000705.SZ
249	久立特材	10.23	16.3	钢铁	2009-12-11	002318.SZ
250	鲍斯股份	10.08	24.0	装备	2015-04-23	300441.SZ
251	亿田智能	10.03	69.5	家电	2020-12-03	300911.SZ
252	伟星股份	9.95	31.8	服饰	2004-06-25	002003.SZ
253	捷昌驱动	9.72	29.4	装备	2018-09-21	603583.SH
254	立昂微	9.70	64.7	电子	2020-09-11	605358.SH
255	贝达药业	9.42	−17.2	医药	2016-11-07	300558.SZ
256	长鹰信质	9.40	24.5	汽车	2012-03-16	002664.SZ
257	华达新材	9.16	−0.3	钢铁	2020-08-05	605158.SH
258	菲达环保	9.11	12.3	环保	2002-07-22	600526.SH
259	可靠股份	9.10	新上榜	日用	2021-06-17	301009.SZ
260	ST美盛	9.10	−23.5	休闲	2012-09-11	002699.SZ
261	巨匠建设	9.09	−0.6	建筑	2016-01-12	1459.HK
262	宁波海运	8.96	−0.4	运输	1997-04-23	600798.SH
263	浙江自然	8.89	新上榜	日用	2021-05-06	605080.SH
264	嘉化能源	8.75	−4.9	化工	2003-06-27	600273.SH
265	腾达建设	8.59	29.4	建筑	2002-12-26	600512.SH
266	康宁医院	8.44	104.2	保健	2015-11-20	2120.HK
267	金洲管道	8.36	7.3	钢铁	2010-07-06	002443.SZ
268	美康生物	8.32	4.1	医药	2015-04-22	300439.SZ
269	晋亿实业	8.31	29.9	装备	2007-01-26	601002.SH
270	宏华数科	8.30	新上榜	装备	2021-07-08	688789.SH
271	轻纺城	8.29	0.3	房地产	1997-02-28	600790.SH
272	赞宇科技	8.25	5.2	化工	2011-11-25	002637.SZ
273	金卡智能	8.25	2.0	电子	2012-08-17	300349.SZ
274	汤姆猫	8.16	35.8	媒体	2015-05-15	300459.SZ
275	容百科技	8.04	新上榜	化工	2019-07-22	688005.SH
276	精功科技	8.00	新上榜	装备	2004-06-25	002006.SZ
277	曼卡龙	8.00	新上榜	服饰	2021-02-10	300945.SZ
278	迪普科技	7.97	53.1	通信	2019-04-12	300768.SZ
279	司太立	7.94	5.5	医药	2016-03-09	603520.SH
280	新澳股份	7.89	55.0	纺织	2014-12-31	603889.SH
281	乐歌股份	7.78	30.9	家居	2017-12-01	300729.SZ
282	东望时代	7.76	−20.5	休闲	1997-04-15	600052.SH

浙江榜单

续表

浙江榜单

序号	证券名称	品牌价值/亿元	增长率/%	行业	上市日期	证券代码
283	航天彩虹	7.74	9.3	装备	2010-04-13	002389.SZ
284	亚太股份	7.69	21.0	汽车	2009-08-28	002284.SZ
285	旭升股份	7.64	23.5	汽车	2017-07-10	603305.SH
286	浙江富润	7.62	−16.2	互联网	1997-06-04	600070.SH
287	宁水集团	7.58	13.8	电子	2019-01-22	603700.SH
288	家联科技	7.56	新上榜	日用	2021-12-09	301193.SZ
289	柯力传感	7.54	41.4	装备	2019-08-06	603662.SH
290	越剑智能	7.48	28.5	装备	2020-04-15	603095.SH
291	兴业合金	7.45	4.2	有色金属	2007-12-27	0505.HK
292	慈文传媒	7.40	−22.5	休闲	2010-01-26	002343.SZ
293	天正电气	7.39	15.9	装备	2020-08-07	605066.SH
294	英洛华	7.34	17.8	有色金属	1997-08-08	000795.SZ
295	意华股份	7.25	23.9	电子	2017-09-07	002897.SZ
296	五洲特纸	7.17	14.9	造纸	2020-11-10	605007.SH
297	露笑科技	7.12	28.9	装备	2011-09-20	002617.SZ
298	华众车载	7.10	新上榜	汽车	2012-01-12	6830.HK
299	创业慧康	7.09	−2.3	互联网	2015-05-14	300451.SZ
300	华正新材	7.07	23.7	电子	2017-01-03	603186.SH
301	海宁皮城	7.06	−15.2	房地产	2010-01-26	002344.SZ
302	兆龙互连	7.04	17.0	通信	2020-12-07	300913.SZ
303	双林股份	7.03	−2.8	汽车	2010-08-06	300100.SZ
304	慈星股份	6.97	28.6	装备	2012-03-29	300307.SZ
305	滨江服务	6.96	54.4	房地产	2019-03-15	3316.HK
306	百大集团	6.88	1.0	零售	1994-08-09	600865.SH
307	创源股份	6.81	0.0	日用	2017-09-19	300703.SZ
308	华康股份	6.81	新上榜	农业	2021-02-09	605077.SH
309	南都物业	6.75	28.5	房地产	2018-02-01	603506.SH
310	嘉楠科技	6.69	新上榜	电子	2019-11-21	CAN.O
311	东睦股份	6.66	−7.5	有色金属	2004-05-11	600114.SH
312	闰土股份	6.61	−17.2	化工	2010-07-06	002440.SZ
313	荣晟环保	6.52	38.4	造纸	2017-01-17	603165.SH
314	亿利达	6.45	38.9	装备	2012-07-03	002686.SZ
315	银江技术	6.44	3.0	互联网	2009-10-30	300020.SZ
316	拱东医疗	6.41	新上榜	医药	2020-09-16	605369.SH
317	永太科技	6.39	32.9	化工	2009-12-22	002326.SZ
318	泰瑞机器	6.26	28.6	装备	2017-10-31	603289.SH
319	牧高笛	6.26	26.2	服饰	2017-03-07	603908.SH
320	森林包装	6.24	30.7	造纸	2020-12-22	605500.SH

续表

序号	证券名称	品牌价值/亿元	增长率/%	行业	上市日期	证券代码
321	杉杉品牌	6.21	新上榜	服饰	2018-06-27	1749.HK
322	今飞凯达	6.20	26.0	汽车	2017-04-18	002863.SZ
323	我武生物	6.14	7.6	医药	2014-01-21	300357.SZ
324	中恒电气	6.13	−4.1	装备	2010-03-05	002364.SZ
325	华媒控股	6.13	−34.0	媒体	1996-08-30	000607.SZ
326	天鸽互动	6.03	11.5	休闲	2014-07-09	1980.HK
327	聚力文化	6.02	新上榜	媒体	2008-06-12	002247.SZ
328	华旺科技	6.01	新上榜	造纸	2020-12-28	605377.SH
329	五洲新春	6.00	新上榜	装备	2016-10-25	603667.SH
330	洁美科技	5.95	26.7	电子	2017-04-07	002859.SZ
331	万事利	5.94	新上榜	服饰	2021-09-22	301066.SZ
332	壹网壹创	5.94	3.9	互联网	2019-09-27	300792.SZ
333	美诺华	5.84	−3.4	医药	2017-04-07	603538.SH
334	乐惠国际	5.81	5.4	装备	2017-11-13	603076.SH
335	大立科技	5.81	14.8	电子	2008-02-18	002214.SZ
336	熊猫乳品	5.68	1.9	食品	2020-10-16	300898.SZ
337	顺网科技	5.66	−28.0	互联网	2010-08-27	300113.SZ
338	晨丰科技	5.65	34.2	电子	2017-11-27	603685.SH
339	联德股份	5.62	新上榜	装备	2021-03-01	605060.SH
340	广宇集团	5.58	−14.7	贸易	2007-04-27	002133.SZ
341	迦南科技	5.51	31.8	装备	2014-12-31	300412.SZ
342	卡森国际	5.51	−16.2	家居	2005-10-20	0496.HK
343	ST海越	5.44	−4.5	石油	2004-02-18	600387.SH
344	海利得	5.43	新上榜	化工	2008-01-23	002206.SZ
345	昂利康	5.36	2.9	医药	2018-10-23	002940.SZ
346	炬华科技	5.34	−10.7	电子	2014-01-21	300360.SZ

4.3.2 2022年浙江上市公司品牌价值榜分析

【区域集中度】 在2022年浙江上市公司品牌价值榜中：排在前10位的公司品牌价值合计20 821.82亿元，占浙江榜单总计品牌价值的68.6%；排在前30位的公司品牌价值合计23 461.73亿元，占浙江榜单总计品牌价值的77.2%；排在前100位的公司品牌价值合计26 957.45亿元，占浙江榜单总计品牌价值的88.8%。

【所在行业】 在2022年浙江上市公司品牌价值榜中，346家公司来自35个行业。其中，零售行业的5家公司主要是互联网零售公司，品牌价值合计15 733.07亿元，占浙江榜单总计品牌价值的51.8%，处于主导地位。其他行业的情况见图4-5和图4-6。

【上市板块】 在2022年浙江上市公司品牌价值榜中：在港交所上市的中资股公司

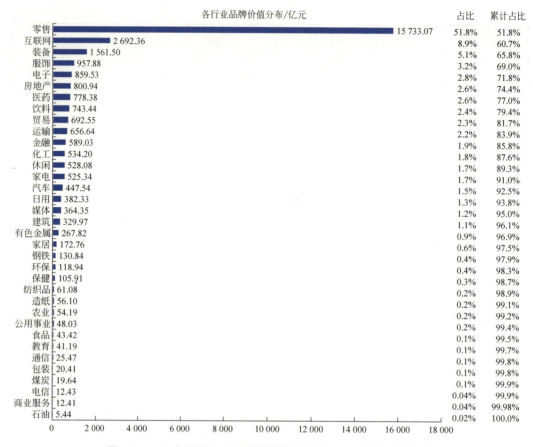

图 4-5　2022 年浙江上市公司品牌价值榜所在行业品牌价值分布

有 28 家，品牌价值合计 20 221.1 亿元，占浙江榜单总计品牌价值的 66.6%，排在第一位；在上交所主板上市的公司有 154 家，品牌价值合计 4 703.82 亿元，占浙江榜单总计品牌价值的 15.5%，排在第二位；在深交所主板上市的公司有 108 家，品牌价值合计 4 352.88 亿元，占浙江榜单总计品牌价值的 14.3%，排在第三位。此外，在深交所创业板上市的公司有 43 家，品牌价值合计 727.9 亿元；在上交所科创板上市的公司有 9 家，品牌价值合计 234.96 亿元；在国外上市的中概股公司有 4 家，品牌价值合计 132.54 亿元。

【上市时间】 在 2022 年浙江上市公司品牌价值榜中：2017—2021 年上市的公司有 116 家，品牌价值合计 21 304.69 亿元，占浙江榜单总计品牌价值的 70.1%，排在第一位；2007—2011 年上市的公司有 84 家，品牌价值合计 3 748.65 亿元，占浙江榜单总计品牌价值的 12.3%，排在第二位；2002—2006 年上市的公司有 42 家，品牌价值合计 1 911.27 亿元，占浙江榜单总计品牌价值的 6.3%，排在第三位。此外，2012—2016 年上市的公司有 59 家，品牌价值合计 1 350.05 亿元；1997—2001 年上市的公司有 31 家，品牌价值合计 1 169.45 亿元；1996 年及以前上市的公司有 14 家，品牌价值合计 889.08 亿元。

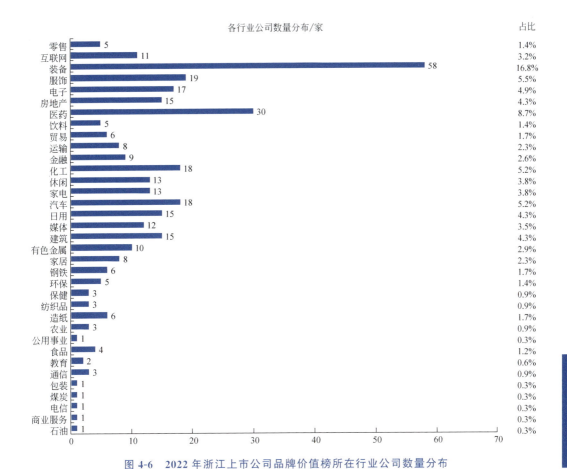

图 4-6 2022 年浙江上市公司品牌价值榜所在行业公司数量分布

4.4 上海品牌价值榜

在 2022 年中国上市公司品牌价值总榜的 3 000 家企业中：上海的企业共计 288 家，比 2021 年减少了 1 家；品牌价值总计 26 378.47 亿元，比 2021 年增长了 9.6%。

4.4.1 2022 年上海上市公司品牌价值榜单

序号	证券名称	品牌价值/亿元	增长率/%	行业	上市日期	证券代码
1	上汽集团	3 997.18	8.6	汽车	1997-11-25	600104.SH
2	国药控股	1 414.07	33.6	医药	2009-09-23	1099.HK
3	拼多多	1 106.86	42.6	零售	2018-07-26	PDD.O
4	金龙鱼	1 085.87	−16.7	食品	2020-10-15	300999.SZ
5	交通银行	828.49	−3.6	金融	2007-05-15	601328.SH
6	中国太保	795.09	8.3	金融	2007-12-25	601601.SH

续表

序号	证券名称	品牌价值/亿元	增长率/%	行业	上市日期	证券代码
7	绿地控股	721.82	−22.0	房地产	1992-03-27	600606.SH
8	上海医药	661.76	23.9	医药	1994-03-24	601607.SH
9	上海电气	635.12	14.2	装备	2008-12-05	601727.SH
10	浦发银行	633.72	−6.5	金融	1999-11-10	600000.SH
11	宝钢股份	618.87	41.8	钢铁	2000-12-12	600019.SH
12	高鑫零售	557.06	−28.7	零售	2011-07-27	6808.HK
13	华域汽车	390.91	7.4	汽车	1996-08-26	600741.SH
14	老凤祥	377.14	3.9	服饰	1992-08-14	600612.SH
15	光明乳业	362.50	−3.8	饮料	2002-08-28	600597.SH
16	豫园股份	298.41	65.9	服饰	1992-09-02	600655.SH
17	旭辉控股集团	259.00	14.5	房地产	2012-11-23	0884.HK
18	上海建工	255.10	6.5	建筑	1998-06-23	600170.SH
19	复星国际	234.38	48.2	金融	2007-07-16	0656.HK
20	百联股份	225.05	−38.0	零售	1994-02-04	600827.SH
21	中通快递-SW	220.63	17.4	运输	2020-09-29	2057.HK
22	中国东航	216.59	1.3	运输	1997-11-05	600115.SH
23	锦江资本	215.50	44.9	酒店	2006-12-15	2006.HK
24	美凯龙	195.26	10.0	零售	2018-01-17	601828.SH
25	上海银行	194.45	5.0	金融	2016-11-16	601229.SH
26	融信中国	188.31	−2.4	房地产	2016-01-13	3301.HK
27	中梁控股	187.62	−0.1	房地产	2019-07-16	2772.HK
28	复星医药	174.72	23.0	医药	1998-08-07	600196.SH
29	蔚来	174.55	165.1	汽车	2018-09-12	NIO.N
30	锦江酒店	174.30	14.9	酒店	1996-10-11	600754.SH
31	正荣地产	162.84	19.3	房地产	2018-01-16	6158.HK
32	环旭电子	160.77	9.7	电子	2012-02-20	601231.SH
33	携程网	157.46	−6.5	零售	2003-12-09	TCOM.O
34	保利置业集团	146.11	11.6	房地产	1973-08-30	0119.HK
35	上海实业控股	145.16	7.4	房地产	1996-05-30	0363.HK
36	中国船舶	144.33	25.2	装备	1998-05-20	600150.SH
37	陆金所控股	143.40	−28.1	金融	2020-10-30	LU.N
38	晨光股份	141.82	39.7	日用	2015-01-27	603899.SH
39	上海机电	139.23	4.1	装备	1994-02-24	600835.SH
40	上港集团	134.21	10.8	运输	2006-10-26	600018.SH
41	电气风电	134.09	新上榜	装备	2021-05-19	688660.SH
42	仁恒置地	133.69	−2.5	房地产	2006-06-22	Z25.SG
43	海通证券	133.33	5.1	金融	1994-02-24	600837.SH
44	东航物流	131.87	新上榜	运输	2021-06-09	601156.SH
45	国泰君安	129.00	2.7	金融	2015-06-26	601211.SH
46	德邦股份	124.95	45.3	运输	2018-01-16	603056.SH

续表

序号	证券名称	品牌价值/亿元	增长率/%	行业	上市日期	证券代码
47	华住	121.40	27.5	酒店	2010-03-26	HTHT.O
48	360数科	117.43	195.7	金融	2018-12-14	QFIN.O
49	复星旅游文化	116.15	8.8	酒店	2018-12-14	1992.HK
50	联华超市	113.80	-25.5	零售	2003-06-27	0980.HK
51	远东宏信	110.34	126.5	金融	2011-03-30	3360.HK
52	中国龙工	109.80	50.7	装备	2005-11-17	3339.HK
53	振华重工	106.95	13.6	装备	2000-12-21	600320.SH
54	中芯国际	102.97	3.0	电子	2020-07-16	688981.SH
55	韦尔股份	101.87	105.9	电子	2017-05-04	603501.SH
56	华贸物流	95.09	69.5	运输	2012-05-29	603128.SH
57	广汇宝信	94.59	-10.1	汽车	2011-12-14	1293.HK
58	叮咚买菜	94.49	新上榜	零售	2021-06-29	DDL.N
59	哔哩哔哩-SW	86.26	-9.6	休闲	2021-03-29	9626.HK
60	陆家嘴	85.07	-6.7	房地产	1993-06-28	600663.SH
61	绿地香港	83.99	11.3	房地产	2006-10-10	0337.HK
62	中国核建	83.43	13.6	建筑	2016-06-06	601611.SH
63	中骏集团控股	80.76	-34.7	房地产	2010-02-05	1966.HK
64	上海梅林	80.07	0.1	农业	1997-07-04	600073.SH
65	世茂股份	76.13	-27.4	房地产	1994-02-04	600823.SH
66	东方明珠	75.77	-25.0	媒体	1993-03-16	600637.SH
67	天虹纺织	74.44	75.3	纺织	2004-12-09	2678.HK
68	爱旭股份	74.27	39.6	装备	1996-08-16	600732.SH
69	中化国际	72.80	36.0	化工	2000-03-01	600500.SH
70	中远海发	72.72	27.8	运输	2007-12-12	601866.SH
71	欧普照明	70.50	18.5	家电	2016-08-19	603515.SH
72	颐海国际	68.48	-4.5	食品	2016-07-13	1579.HK
73	百润股份	68.22	56.5	饮料	2011-03-25	002568.SZ
74	阅文集团	68.03	108.6	媒体	2017-11-08	0772.HK
75	沪农商行	67.89	新上榜	金融	2021-08-19	601825.SH
76	上海家化	65.32	2.0	日用	2001-03-15	600315.SH
77	大全新能源	64.49	191.2	电子	2010-10-07	DQ.N
78	海立股份	63.00	37.9	装备	1992-11-16	600619.SH
79	上海钢联	61.03	-38.3	贸易	2011-06-08	300226.SZ
80	隧道股份	60.99	8.5	建筑	1994-01-28	600820.SH
81	上海石化	57.50	18.6	石油	1993-11-08	600688.SH
82	东方证券	54.32	33.5	金融	2015-03-23	600958.SH
83	光明地产	54.25	17.1	房地产	1996-06-06	600708.SH
84	宝信软件	53.98	41.3	互联网	1994-03-11	600845.SH
85	动力新科	53.52	167.0	装备	1994-03-11	600841.SH
86	ATLAS	52.05	新上榜	运输	2005-08-09	ATCO.N
87	春秋航空	50.60	10.2	运输	2015-01-21	601021.SH
88	国药现代	49.30	-5.7	医药	2004-06-16	600420.SH

续表

上海榜单

序号	证券名称	品牌价值/亿元	增长率/%	行业	上市日期	证券代码
89	姚记科技	49.25	7.2	休闲	2011-08-05	002605.SZ
90	信也科技	47.65	191.6	金融	2017-11-10	FINV.N
91	吉祥航空	46.66	29.2	运输	2015-05-27	603885.SH
92	1药网	46.41	68.7	零售	2018-09-12	YI.O
93	福然德	46.11	47.0	运输	2020-09-24	605050.SH
94	飞科电器	45.91	8.4	家电	2016-04-18	603868.SH
95	中谷物流	45.48	20.7	运输	2020-09-25	603565.SH
96	景瑞控股	45.46	16.2	房地产	2013-10-31	1862.HK
97	光大证券	44.72	-12.8	金融	2009-08-18	601788.SH
98	移远通信	44.07	104.0	通信	2019-07-16	603236.SH
99	上坤地产	42.55	-40.5	房地产	2020-11-17	6900.HK
100	华虹半导体	41.94	22.0	电子	2014-10-15	1347.HK
101	招商轮船	40.19	-37.7	运输	2006-12-01	601872.SH
102	中华企业	37.55	-11.8	房地产	1993-09-24	600675.SH
103	东方财富	37.01	110.1	金融	2010-03-19	300059.SZ
104	华谊集团	36.67	32.6	化工	1992-12-04	600623.SH
105	润达医疗	35.24	37.2	医药	2015-05-27	603108.SH
106	丽人丽妆	35.00	7.9	零售	2020-09-29	605136.SH
107	中远海能	34.87	-50.9	运输	2002-05-23	600026.SH
108	国投资本	34.85	80.8	金融	1997-05-19	600061.SH
109	地素时尚	34.58	25.6	服饰	2018-06-22	603587.SH
110	起帆电缆	33.41	70.2	装备	2020-07-31	605222.SH
111	格科微	33.05	新上榜	电子	2021-08-18	688728.SH
112	密尔克卫	33.04	67.2	运输	2018-07-13	603713.SH
113	众安在线	32.96	60.5	金融	2017-09-28	6060.HK
114	电科数字	31.66	16.9	互联网	1994-03-24	600850.SH
115	海昌海洋公园	28.97	234.0	休闲	2014-03-13	2255.HK
116	妙可蓝多	28.54	51.0	食品	1995-12-06	600882.SH
117	美邦服饰	27.13	4.4	服饰	2008-08-28	002269.SZ
118	水星家纺	26.88	36.6	纺织	2017-11-20	603365.SH
119	平安好医生	26.36	54.6	医药	2018-05-04	1833.HK
120	紫江企业	26.22	28.6	包装	1999-08-24	600210.SH
121	上实发展	26.02	-12.2	房地产	1996-09-25	600748.SH
122	宝尊电商-SW	25.85	-11.9	互联网	2020-09-29	9991.HK
123	申能股份	25.50	11.7	公用	1993-04-16	600642.SH
124	东富龙	25.44	53.9	装备	2011-02-01	300171.SZ
125	南侨食品	25.31	新上榜	食品	2021-05-18	605339.SH
126	城投控股	25.12	53.1	房地产	1993-05-18	600649.SH
127	达达集团	24.27	-26.3	零售	2020-06-05	DADA.O
128	大名城	24.26	-46.1	房地产	1997-07-03	600094.SH
129	万国数据-SW	24.06	26.7	互联网	2020-11-02	9698.HK
130	港龙中国地产	24.01	99.5	房地产	2020-07-15	6968.HK

续表

序号	证券名称	品牌价值/亿元	增长率/%	行业	上市日期	证券代码
131	三巽集团	23.83	新上榜	房地产	2021-07-19	6611.HK
132	世茂服务	23.66	58.2	房地产	2020-10-30	0873.HK
133	上海机场	23.64	−42.7	运输	1998-02-18	600009.SH
134	上海电力	23.59	27.5	公用	2003-10-29	600021.SH
135	兴达国际	23.57	34.3	汽车	2006-12-21	1899.HK
136	思源电气	23.45	17.9	装备	2004-08-05	002028.SZ
137	格林酒店	22.97	19.3	酒店	2018-03-27	GHG.N
138	*ST科华	22.62	48.0	医药	2004-07-21	002022.SZ
139	上海环境	22.51	36.6	环保	2017-03-31	601200.SH
140	交运股份	22.29	−11.7	汽车	1993-09-28	600676.SH
141	元祖股份	22.09	12.0	食品	2016-12-28	603886.SH
142	东方创业	22.04	−25.8	贸易	2000-07-12	600278.SH
143	汉钟精机	21.67	55.2	装备	2007-08-17	002158.SZ
144	华建集团	21.63	11.9	商业服务	1993-02-09	600629.SH
145	旭辉永升服务	21.09	89.4	房地产	2018-12-17	1995.HK
146	新城悦服务	21.07	77.4	房地产	2018-11-06	1755.HK
147	风语筑	20.93	75.3	媒体	2017-10-20	603466.SH
148	新国脉	20.52	14.2	媒体	1993-04-07	600640.SH
149	浦东金桥	20.10	−1.0	房地产	1993-03-26	600639.SH
150	申达股份	20.04	−16.2	汽车	1993-01-07	600626.SH
151	上海临港	19.98	−14.2	房地产	1994-03-24	600848.SH
152	润东汽车	19.64	−0.3	汽车	2014-08-12	1365.HK
153	来伊份	18.73	−25.9	零售	2016-10-12	603777.SH
154	龙头股份	18.65	−21.6	纺织	1993-02-09	600630.SH
155	卓然股份	18.50	新上榜	装备	2021-09-06	688121.SH
156	华荣股份	18.32	33.8	装备	2017-05-24	603855.SH
157	东风科技	18.17	13.5	汽车	1997-07-03	600081.SH
158	协鑫集成	17.74	−18.3	电子	2010-11-18	002506.SZ
159	泰胜风能	17.73	13.3	装备	2010-10-19	300129.SZ
160	之江生物	17.39	新上榜	医药	2021-01-18	688317.SH
161	海通恒信	16.98	7.9	金融	2019-06-03	1905.HK
162	前程无忧	16.90	5.3	商业服务	2004-09-29	JOBS.O
163	晶晨股份	16.77	97.1	电子	2019-08-08	688099.SH
164	万业企业	16.56	−3.5	房地产	1993-04-07	600641.SH
165	大众交通	16.35	−13.9	运输	1992-08-07	600611.SH
166	国网英大	16.34	8.9	装备	2003-10-10	600517.SH
167	飞乐音响	16.08	新上榜	家电	1990-12-19	600651.SH
168	璞泰来	16.05	24.0	有色金属	2017-11-03	603659.SH
169	开山股份	16.03	17.4	装备	2011-08-19	300257.SZ
170	航天机电	15.77	13.8	装备	1998-06-05	600151.SH
171	云赛智联	15.64	−8.7	互联网	1990-12-19	600602.SH
172	同济科技	15.45	1.2	房地产	1994-03-11	600846.SH

上海榜单

续表

序号	证券名称	品牌价值/亿元	增长率/%	行业	上市日期	证券代码
173	凯赛生物	15.35	49.4	医药	2020-08-12	688065.SH
174	澜起科技	15.31	2.0	电子	2019-07-22	688008.SH
175	建桥教育	15.21	−5.4	教育	2020-01-16	1525.HK
176	＊ST方科	15.19	−11.6	电子	1990-12-19	600601.SH
177	外服控股	15.01	−4.7	运输	1993-06-14	600662.SH
178	国新文化	14.97	−4.1	教育	1993-03-16	600636.SH
179	上工申贝	14.96	−5.5	装备	1994-03-11	600843.SH
180	岱美股份	14.80	−5.4	汽车	2017-07-28	603730.SH
181	行动教育	14.74	新上榜	教育	2021-04-21	605098.SH
182	创力集团	14.74	24.2	装备	2015-03-20	603012.SH
183	趣头条	14.56	32.8	媒体	2018-09-14	QTT.O
184	金安国纪	14.52	69.1	电子	2011-11-25	002636.SZ
185	外高桥	14.49	−41.6	贸易	1993-05-04	600648.SH
186	上海莱士	14.42	−17.0	医药	2008-06-23	002252.SZ
187	灿谷	14.06	111.8	互联网	2018-07-26	CANG.N
188	张江高科	13.91	23.8	房地产	1996-04-22	600895.SH
189	祥生控股集团	13.82	−92.4	房地产	2020-11-18	2599.HK
190	恒盛地产	13.70	124.6	房地产	2009-10-02	0845.HK
191	上海贝岭	13.64	168.2	电子	1998-09-24	600171.SH
192	爱建集团	13.55	11.8	金融	1993-04-26	600643.SH
193	网宿科技	13.46	−33.2	互联网	2009-10-30	300017.SZ
194	宝钢包装	13.41	14.2	包装	2015-06-11	601968.SH
195	康德莱	13.31	16.2	医药	2016-11-21	603987.SH
196	中微公司	13.29	79.3	电子	2019-07-22	688012.SH
197	光大嘉宝	13.29	−24.4	房地产	1992-12-03	600622.SH
198	中国船舶租赁	13.20	12.7	金融	2019-06-17	3877.HK
199	昂立教育	13.12	−40.8	教育	1993-06-14	600661.SH
200	爱婴室	13.08	−5.3	零售	2018-03-30	603214.SH
201	昊海生科	12.95	46.7	医药	2019-10-30	688366.SH
202	巴比食品	11.98	34.9	食品	2020-10-12	605338.SH
203	上海小南国	11.96	−17.8	餐饮	2012-07-04	3666.HK
204	卫宁健康	11.47	9.8	互联网	2011-08-18	300253.SZ
205	科博达	11.43	16.9	汽车	2019-10-15	603786.SH
206	良信股份	11.37	21.8	装备	2014-01-21	002706.SZ
207	康耐特光学	11.14	新上榜	服饰	2021-12-16	2276.HK
208	剑桥科技	11.11	−20.4	通信	2017-11-10	603083.SH
209	诺亚财富	11.03	51.5	金融	2010-11-10	NOAH.N
210	新世界	10.99	−36.0	零售	1993-01-19	600628.SH
211	艾为电子	10.88	新上榜	通信	2021-08-16	688798.SH
212	锦江在线	10.85	4.5	运输	1993-06-07	600650.SH
213	保隆科技	10.74	27.7	汽车	2017-05-19	603197.SH
214	荣泰健康	10.65	29.1	医药	2017-01-11	603579.SH

续表

序号	证券名称	品牌价值/亿元	增长率/%	行业	上市日期	证券代码
215	松芝股份	10.46	21.3	汽车	2010-07-20	002454.SZ
216	新朋股份	10.43	−2.6	汽车	2009-12-30	002328.SZ
217	上海凤凰	10.38	20.4	日用	1993-10-08	600679.SH
218	恒玄科技	10.32	82.4	通信	2020-12-16	688608.SH
219	浦东建设	10.31	11.8	建筑	2004-03-16	600284.SH
220	柏楚电子	10.24	83.9	电子	2019-08-08	688188.SH
221	晶丰明源	10.24	新上榜	电子	2019-10-14	688368.SH
222	龙宇燃油	10.21	−43.1	有色金属	2012-08-17	603003.SH
223	华检医疗	10.17	57.2	医药	2019-07-12	1931.HK
224	开创国际	9.99	27.6	农业	1997-06-19	600097.SH
225	再鼎医药	9.96	新上榜	医药	2017-09-20	ZLAB.O
226	开能健康	9.81	29.6	家电	2011-11-02	300272.SZ
227	三湘印象	9.73	24.5	房地产	1997-09-25	000863.SZ
228	金枫酒业	9.63	−27.6	饮料	1992-09-29	600616.SH
229	中国物流资产	9.56	37.1	房地产	2016-07-15	1589.HK
230	至纯科技	9.25	45.3	电子	2017-01-13	603690.SH
231	鹏欣资源	9.16	85.5	贸易	2003-06-26	600490.SH
232	科大智能	9.04	35.1	装备	2011-05-25	300222.SZ
233	新时达	8.96	35.1	装备	2010-12-24	002527.SZ
234	旗天科技	8.96	9.0	零售	2010-03-19	300061.SZ
235	品渥食品	8.96	−18.1	食品	2020-09-24	300892.SZ
236	南亚新材	8.89	89.3	电子	2020-08-18	688519.SH
237	氯碱化工	8.88	29.7	化工	1992-11-13	600618.SH
238	益民集团	8.73	−28.8	零售	1994-02-04	600824.SH
239	中银证券	8.68	−29.5	金融	2020-02-26	601696.SH
240	摩贝	8.65	−55.2	互联网	2019-12-30	MKD.O
241	上海电影	8.61	−16.0	休闲	2016-08-17	601595.SH
242	ST泛微	8.43	48.5	互联网	2017-01-13	603039.SH
243	瑞慈医疗	8.40	61.6	保健	2016-10-06	1526.HK
244	易鑫集团	8.27	60.8	金融	2017-11-16	2858.HK
245	徐家汇	8.24	−32.0	零售	2011-03-03	002561.SZ
246	盛剑环境	8.03	新上榜	装备	2021-04-07	603324.SH
247	万物新生	8.02	新上榜	零售	2021-06-18	RERE.N
248	复旦微电	7.97	44.1	电子	2021-08-04	688385.SH
249	上海沪工	7.89	27.7	装备	2016-06-07	603131.SH
250	万达信息	7.73	22.7	互联网	2011-01-25	300168.SZ
251	畅联股份	7.48	5.7	运输	2017-09-13	603648.SH
252	鸣志电器	7.39	26.0	装备	2017-05-09	603728.SH
253	优趣汇控股	7.32	新上榜	互联网	2021-07-12	2177.HK
254	城地香江	7.24	−8.2	建筑	2016-10-10	603887.SH
255	新黄浦	7.17	42.9	房地产	1993-03-26	600638.SH
256	华峰铝业	7.17	13.4	有色金属	2020-09-07	601702.SH
257	威派格	7.13	42.1	装备	2019-02-22	603956.SH

上海榜单

续表

序号	证券名称	品牌价值/亿元	增长率/%	行业	上市日期	证券代码
258	中视金桥	7.03	25.3	媒体	2008-07-08	0623.HK
259	第一医药	7.02	−29.2	零售	1994-02-24	600833.SH
260	中颖电子	7.01	42.1	电子	2012-06-13	300327.SZ
261	盛美上海	6.99	新上榜	电子	2021-11-18	688082.SH
262	海融科技	6.67	32.0	食品	2020-12-02	300915.SZ
263	君实生物-U	6.62	新上榜	医药	2020-07-15	688180.SH
264	永利股份	6.62	−22.2	装备	2011-06-15	300230.SZ
265	正荣服务	6.60	49.0	房地产	2020-07-10	6958.HK
266	济丰包装	6.52	27.8	包装	2018-12-21	1820.HK
267	汉得信息	6.45	−14.3	互联网	2011-02-01	300170.SZ
268	二三四五	6.33	−52.5	互联网	2007-12-12	002195.SZ
269	聚好商城	6.29	新上榜	零售	2021-03-17	JWEL.O
270	沪硅产业-U	6.25	35.7	电子	2020-04-20	688126.SH
271	嘉银金科	6.15	新上榜	金融	2019-05-10	JFIN.O
272	雪榕生物	6.14	−21.5	农业	2016-05-04	300511.SZ
273	耀皮玻璃	6.13	23.4	建筑	1994-01-28	600819.SH
274	全筑股份	6.08	−18.4	建筑	2015-03-20	603030.SH
275	日播时尚	6.02	2.9	服饰	2017-05-31	603196.SH
276	大生农业金融	5.92	新上榜	化工	2005-07-13	1103.HK
277	海得控制	5.90	42.3	装备	2007-11-16	002184.SZ
278	中远海科	5.87	17.2	互联网	2010-05-06	002401.SZ
279	和辉光电-U	5.80	新上榜	电子	2021-05-28	688538.SH
280	宏力达	5.78	新上榜	装备	2020-10-15	688330.SH
281	中骏商管	5.77	新上榜	房地产	2021-07-02	0606.HK
282	派能科技	5.70	新上榜	装备	2020-12-30	688063.SH
283	鼎捷软件	5.68	7.9	互联网	2014-01-27	300378.SZ
284	乐鑫科技	5.64	新上榜	电子	2019-07-22	688018.SH
285	富瀚微	5.62	新上榜	电子	2017-02-20	300613.SZ
286	美迪西	5.57	新上榜	医药	2019-11-05	688202.SH
287	CAPITALAND CHINA TRUST	5.30	−11.0	金融	2006-12-08	AU8U.SG
288	心脉医疗	5.30	新上榜	医药	2019-07-22	688016.SH

4.4.2 2022年上海上市公司品牌价值榜分析

【区域集中度】 在2022年上海上市公司品牌价值榜中：排在前10位的公司品牌价值合计11 880亿元，占上海榜单总计品牌价值的45%；排在前30位的公司品牌价值合计17 400.35亿元，占上海榜单总计品牌价值的66%；排在前100位的公司品牌价值合计23 522.88亿元，占上海榜单总计品牌价值的89.2%。

【所在行业】 在2022年上海上市公司品牌价值榜中，288家公司来自33个行业。其中，汽车、金融、房地产和零售四个行业共计包括95家公司，品牌价值合计13 991.73亿元，占上海榜单总计品牌价值的53%，处于主导地位。其他行业的情况见图4-7和图4-8。

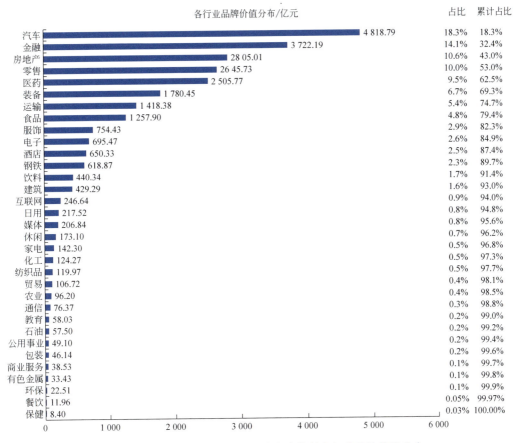

图 4-7　2022 年上海上市公司品牌价值榜所在行业品牌价值分布

【上市板块】 在 2022 年上海上市公司品牌价值榜中：在上交所主板上市的公司有 147 家，品牌价值合计 16 451.64 亿元，占上海榜单总计品牌价值的 62.4％，排在第一位；在港交所上市的中资股公司有 54 家，品牌价值合计 5 333.9 亿元，占上海榜单总计品牌价值的 20.2％，排在第二位；在国外上市的中概股公司有 24 家，品牌价值合计 2 408.04 亿元，占上海榜单总计品牌价值的 9.1％，排在第三位。此外，在深交所创业板上市的公司有 20 家，品牌价值合计 1 356.71 亿元；在上交所科创板上市的公司有 25 家，品牌价值合计 491.87 亿元；在深交所主板上市的公司有 18 家，品牌价值合计 336.31 亿元。

【上市时间】 在 2022 年上海上市公司品牌价值榜中：1997—2001 年上市的公司有 21 家，品牌价值合计 6 563.95 亿元，占上海榜单总计品牌价值的 24.9％，排在第一位；2017—2021 年上市的公司有 107 家，品牌价值合计 5 858.32 亿元，占上海榜单总计品牌价值的 22.2％，排在第二位；2007—2011 年上市的公司有 43 家，品牌价值合计 5 584.9 亿元，占上海榜单总计品牌价值的 21.2％，排在第三位。此外，1996 年及以前上市的公司有 58 家，品牌价值合计 4 710.35 亿元；2012—2016 年上市的公司有 36 家，品牌价值合计 1 942 亿元；2002—2006 年上市的公司有 23 家，品牌价值合计 1 718.95 亿元。

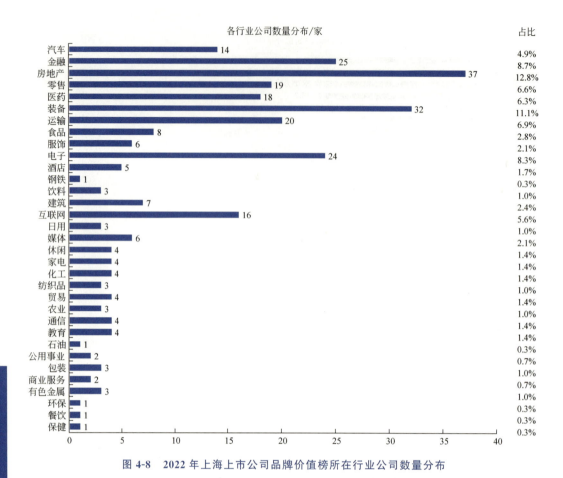

图 4-8 2022 年上海上市公司品牌价值榜所在行业公司数量分布

4.5 香港品牌价值榜

在 2022 年中国上市公司品牌价值总榜的 3 000 家企业中：香港的企业共计 140 家，比 2021 年增加了 3 家；品牌价值总计 17 364.77 亿元，比 2021 年增长了 20.6%。

4.5.1 2022 年香港上市公司品牌价值榜单

序号	证券名称	品牌价值/亿元	增长率/%	行业	上市日期	证券代码
1	中国移动	5 357.94	−1.5	电信	1997-10-23	0941.HK
2	蒙牛乳业	1 375.88	15.3	饮料	2004-06-10	2319.HK
3	华润置地	956.64	30.4	房地产	1996-11-08	1109.HK
4	中国海外发展	908.81	−6.7	房地产	1992-08-20	0688.HK
5	吉利汽车	820.75	47.2	汽车	1973-02-23	0175.HK
6	华润啤酒	616.66	13.5	饮料	1973-11-15	0291.HK
7	中国太平	387.22	17.0	金融	2000-06-29	0966.HK
8	创维集团	334.08	46.1	家电	2000-04-07	0751.HK

续表

序号	证券名称	品牌价值/亿元	增长率/%	行业	上市日期	证券代码
9	TCL 电子	332.65	12.3	家电	1999-11-26	1070.HK
10	中银香港	283.53	5.3	金融	2002-07-25	2388.HK
11	中国海洋石油	272.89	37.4	石油	2001-02-28	0883.HK
12	JS 环球生活	259.21	19.0	家电	2019-12-18	1691.HK
13	东方海外国际	253.50	84.9	运输	1992-07-31	0316.HK
14	越秀地产	245.47	16.5	房地产	1992-12-15	0123.HK
15	光大环境	205.97	40.9	环保	1997-02-28	0257.HK
16	合生创展集团	187.01	41.2	房地产	1998-05-27	0754.HK
17	建发国际集团	174.87	182.9	房地产	2012-12-14	1908.HK
18	协鑫科技	171.12	26.5	装备	2007-11-13	3800.HK
19	中国海外宏洋集团	165.65	12.9	房地产	1984-04-26	0081.HK
20	波司登	159.20	57.5	服饰	2007-10-11	3998.HK
21	天能动力	153.52	23.4	装备	2007-06-11	0819.HK
22	石药集团	150.13	34.4	医药	1994-06-21	1093.HK
23	中国生物制药	142.68	3.8	医药	2000-09-29	1177.HK
24	中国金茂	138.90	−28.2	房地产	2007-08-17	0817.HK
25	网龙	122.07	38.7	休闲	2007-11-02	0777.HK
26	香港置地	116.52	34.9	房地产	1990-10-01	H78.SG
27	昆仑能源	111.11	19.4	公用	1973-03-13	0135.HK
28	中国高速传动	96.95	105.9	装备	2007-07-04	0658.HK
29	华润水泥控股	89.87	10.5	建筑	2009-10-06	1313.HK
30	中教控股	85.71	10.7	教育	2017-12-15	0839.HK
31	中国建筑国际	84.39	2.7	建筑	2005-07-08	3311.HK
32	大悦城地产	78.62	55.4	房地产	1973-03-06	0207.HK
33	耐世特	75.65	59.0	汽车	2013-10-07	1316.HK
34	招商局置地	74.14	5.1	房地产	1997-10-16	0978.HK
35	中银航空租赁	70.73	3.1	运输	2016-06-01	2588.HK
36	五矿资源	69.27	110.8	有色金属	1994-12-15	1208.HK
37	深圳国际	64.23	64.9	运输	1972-09-25	0152.HK
38	合景泰富集团	63.38	−46.9	房地产	2007-07-03	1813.HK
39	五菱汽车	62.60	2.5	汽车	1992-11-23	0305.HK
40	海丰国际	61.00	7.1	运输	2010-10-06	1308.HK
41	信利国际	59.50	55.5	电子	1991-07-29	0732.HK
42	中信国际电讯	57.66	−8.6	电信	2007-04-03	1883.HK
43	信义玻璃	55.18	35.9	化工	2005-02-03	0868.HK
44	华润燃气	52.39	13.8	公用	1994-11-07	1193.HK
45	中国有色矿业	48.86	74.4	有色金属	2012-06-29	1258.HK
46	中国大冶有色金属	47.06	13.1	有色金属	1990-11-21	0661.HK
47	中国电力	43.88	55.9	公用	2004-10-15	2380.HK
48	华南城	41.82	2.3	房地产	2009-09-30	1668.HK
49	联邦制药	41.54	15.1	医药	2007-06-15	3933.HK
50	世茂集团	40.98	−93.6	房地产	2006-07-05	0813.HK
51	上海实业环境	38.88	51.8	环保	2018-03-23	0807.HK
52	珠光控股	38.25	140.5	房地产	1996-12-09	1176.HK
53	上实城市开发	37.42	18.4	房地产	1993-09-10	0563.HK

香港榜单

续表

序号	证券名称	品牌价值/亿元	增长率/%	行业	上市日期	证券代码
54	长虹佳华	34.92	−6.9	贸易	2000-01-24	3991.HK
55	阳光能源	34.89	46.4	装备	2008-03-31	0757.HK
56	远大医药	34.85	12.8	医药	1995-12-19	0512.HK
57	味千(中国)	34.57	−3.5	餐饮	2007-03-30	0538.HK
58	中国淀粉	33.89	99.2	农业	2007-09-27	3838.HK
59	五矿地产	33.36	−14.0	房地产	1991-12-20	0230.HK
60	首创环境	33.09	77.2	环保	2006-07-13	3989.HK
61	天津港发展	32.29	5.3	运输	2006-05-24	3382.HK
62	招商局港口	31.30	20.5	运输	1992-07-15	0144.HK
63	百富环球	30.60	27.2	电子	2010-12-20	0327.HK
64	中海物业	28.82	18.2	房地产	2015-10-23	2669.HK
65	力劲科技	28.13	71.0	装备	2006-10-16	0558.HK
66	香港中旅	28.03	−13.3	休闲	1992-11-11	0308.HK
67	唐宫中国	27.25	20.8	餐饮	2011-04-19	1181.HK
68	北控水务集团	26.46	−1.2	公用	1993-04-19	0371.HK
69	粤海投资	25.34	1.5	公用	1993-01-08	0270.HK
70	中烟香港	25.34	0.6	食品	2019-06-12	6055.HK
71	中国波顿	24.80	93.2	日用	2005-12-09	3318.HK
72	华显光电	22.80	18.4	电子	1997-06-18	0334.HK
73	联泰控股	22.76	−16.1	服饰	2004-07-15	0311.HK
74	京信通信	21.67	−26.0	通信	2003-07-15	2342.HK
75	石四药集团	21.19	15.6	医药	2005-12-20	2005.HK
76	中远海运港口	20.37	15.9	运输	1994-12-19	1199.HK
77	越秀交通基建	19.68	36.7	运输	1997-01-30	1052.HK
78	朗诗地产	19.03	−38.7	房地产	1986-03-24	0106.HK
79	齐合环保	18.71	34.7	有色金属	2010-07-12	0976.HK
80	中国食品	18.16	−19.2	贸易	1988-10-07	0506.HK
81	H&H国际控股	18.07	−1.8	贸易	2010-12-17	1112.HK
82	通达集团	18.04	−7.8	电子	2000-12-22	0698.HK
83	航天控股	17.68	47.2	电子	1981-08-25	0031.HK
84	神州控股	17.11	新上榜	贸易	2001-06-01	0861.HK
85	建溢集团	16.65	92.1	日用	1997-05-01	0638.HK
86	威胜控股	16.64	32.3	电子	2005-12-19	3393.HK
87	京东方精电	16.61	88.1	电子	1991-07-01	0710.HK
88	凤凰卫视	16.08	54.3	媒体	2000-06-30	2008.HK
89	时计宝	15.20	−24.4	服饰	2013-02-05	2033.HK
90	新濠影汇	14.54	−36.7	休闲	2018-10-18	MSC.N
91	国泰君安国际	14.42	73.5	金融	2010-07-08	1788.HK
92	兖煤澳大利亚	14.01	新上榜	煤炭	2018-12-06	3668.HK
93	福田实业	13.80	5.8	纺织	1988-04-20	0420.HK
94	中国黄金国际	13.39	119.2	有色金属	2010-12-01	2099.HK
95	协鑫新能源	13.10	93.9	公用	1992-03-25	0451.HK
96	叶氏化工集团	12.93	32.1	化工	1991-08-22	0408.HK
97	BRILLIANCE CHI	12.89	−19.5	汽车	1999-10-22	1114.HK
98	中广核新能源	12.86	28.6	公用	2014-10-03	1811.HK

续表

序号	证券名称	品牌价值/亿元	增长率/%	行业	上市日期	证券代码
99	中国全通	12.76	22.9	电信	2009-09-16	0633.HK
100	金川国际	12.40	78.0	有色金属	2001-07-09	2362.HK
101	西藏水资源	12.12	−2.0	饮料	2011-06-30	1115.HK
102	大同机械	11.41	新上榜	装备	1988-12-12	0118.HK
103	中国三迪	11.35	104.1	金融	1998-12-01	0910.HK
104	千百度	11.27	138.4	服饰	2011-09-23	1028.HK
105	万达酒店发展	11.01	62.9	酒店	2002-06-04	0169.HK
106	天津发展	10.99	10.2	医药	1997-12-10	0882.HK
107	亿和控股	10.80	87.5	装备	2005-05-11	0838.HK
108	同仁堂国药	10.75	15.9	医药	2013-05-07	3613.HK
109	冠城钟表珠宝	10.63	−18.2	服饰	1991-12-10	0256.HK
110	安莉芳控股	10.42	−7.7	服饰	2006-12-18	1388.HK
111	亚太卫星	10.01	−15.0	电信	1996-12-18	1045.HK
112	交银国际	9.86	87.3	金融	2017-05-19	3329.HK
113	粤海置地	9.84	33.8	房地产	1997-08-08	0124.HK
114	宝新金融	9.83	25.2	贸易	2010-12-15	1282.HK
115	中油燃气	9.65	73.5	公用	1993-05-28	0603.HK
116	华鼎控股	9.47	−1.6	服饰	2005-12-15	3398.HK
117	华宝国际	9.35	−12.2	化工	1992-01-22	0336.HK
118	延长石油国际	9.24	45.7	石油	2001-04-19	0346.HK
119	中远海运国际	9.24	−1.2	运输	1992-02-11	0517.HK
120	中国光大绿色环保	9.10	48.9	公用	2017-05-08	1257.HK
121	中国恒天立信国际	8.71	12.3	装备	1990-10-12	0641.HK
122	G.A.控股	8.31	29.7	汽车	2002-06-17	8126.HK
123	CEC INT'L HOLD	8.04	−29.8	零售	1999-11-15	0759.HK
124	庄臣控股	7.97	43.4	商业服务	2019-10-16	1955.HK
125	东瑞制药	7.86	42.0	医药	2003-07-11	2348.HK
126	浪潮国际	7.67	26.1	互联网	2004-04-29	0596.HK
127	丰盛控股	7.62	新上榜	公用	2002-12-18	0607.HK
128	大成生化科技	7.61	−23.9	农业	2001-03-16	0809.HK
129	中国有赞	7.50	62.8	互联网	2000-04-14	8083.HK
130	非凡中国	7.47	新上榜	休闲	2000-04-06	8032.HK
131	宝新置地	7.46	14.0	贸易	2004-04-30	0299.HK
132	盛诺集团	7.19	新上榜	家居	2014-07-10	1418.HK
133	水发兴业能源	7.03	68.3	建筑	2009-01-13	0750.HK
134	中国建筑兴业	7.00	48.7	建筑	2010-03-30	0830.HK
135	同方泰德	6.57	53.3	商业服务	2011-10-27	1206.HK
136	中国光大控股	6.10	新上榜	金融	1973-02-26	0165.HK
137	招商局中国基金	6.03	新上榜	金融	1993-07-22	0133.HK
138	华侨城(亚洲)	5.85	−41.4	房地产	2005-11-02	3366.HK
139	晨讯科技	5.64	−27.6	通信	2005-06-30	2000.HK
140	久融控股	5.41	新上榜	家电	2004-07-15	2358.HK

香港榜单

4.5.2 2022年香港上市公司品牌价值榜分析

【区域集中度】 在2022年香港上市公司品牌价值榜中：排在前10位的公司品牌价值合计11 374.17亿元，占香港榜单总计品牌价值的65.5%；排在前20位的公司品牌价值合计13 469.05亿元，占香港榜单总计品牌价值的77.6%；排在前50位的公司品牌价值合计15 869.37亿元，占香港榜单总计品牌价值的91.4%。

【所在行业】 在2022年香港上市公司品牌价值榜中，140家公司来自33个行业。其中，电信和房地产两个行业共计包括24家公司，品牌价值合计8 803.73亿元，占香港榜单总计品牌价值的50.7%，处于主导地位。其他行业的情况见图4-9和图4-10。

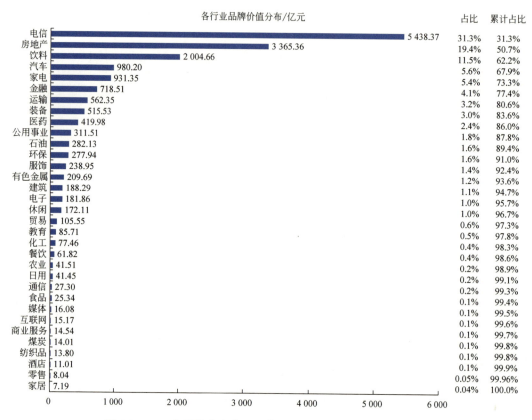

图4-9 2022年香港上市公司品牌价值榜所在行业品牌价值分布

【上市板块】 在2022年香港上市公司品牌价值榜中：在港交所上市的中资股公司有138家，品牌价值合计17 233.71亿元，占香港榜单总计品牌价值的99.2%。其余2家公司是在国外上市的中概股公司，品牌价值合计131.06亿元。

【上市时间】 在2022年香港上市公司品牌价值榜中：1997—2001年上市的公司有26家，品牌价值合计7 537.19亿元，占香港榜单总计品牌价值的43.4%，排在第一位；1996年及以前上市的公司有42家，品牌价值合计5 246.71亿元，占香港榜单总计品牌价值的30.2%，排在第二位；2002—2006年上市的公司有26家，品牌价值合计2 181.92亿

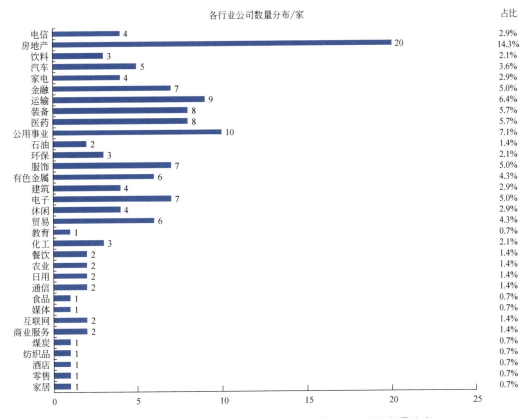

图 4-10　2022 年香港上市公司品牌价值榜所在行业公司数量分布

元,占香港榜单总计品牌价值的 12.6%,排在第三位。此外,2007—2011 年上市的公司有 28 家,品牌价值合计 1 489.41 亿元;2017—2021 年上市的公司有 9 家,品牌价值合计 464.62 亿元;2012—2016 年上市的公司有 9 家,品牌价值合计 444.92 亿元。

4.6　江苏品牌价值榜

在 2022 年中国上市公司品牌价值总榜的 3 000 家企业中:江苏的企业共计 277 家,比 2021 年增加了 7 家;品牌价值总计 10 714.37 亿元,比 2021 年增长了 16.3%。

4.6.1　2022 年江苏上市公司品牌价值榜单

序号	证券名称	品牌价值/亿元	增长率/%	行业	上市日期	证券代码
1	洋河股份	843.21	15.5	饮料	2009-11-06	002304.SZ
2	ST 易购	795.09	−36.2	零售	2004-07-21	002024.SZ
3	新城控股	521.69	53.5	房地产	2015-12-04	601155.SH
4	徐工机械	451.33	62.5	装备	1996-08-28	000425.SZ
5	天合光能	223.58	76.6	装备	2020-06-10	688599.SH
6	今世缘	199.92	13.4	饮料	2014-07-03	603369.SH

续表

江苏榜单

序号	证券名称	品牌价值/亿元	增长率/%	行业	上市日期	证券代码
7	海澜之家	191.90	18.7	服饰	2000-12-28	600398.SH
8	中天科技	188.68	−8.2	通信	2002-10-24	600522.SH
9	江苏银行	188.18	20.6	金融	2016-08-02	600919.SH
10	亨通光电	175.01	10.4	通信	2003-08-22	600487.SH
11	冠捷科技	169.28	新上榜	电子	1997-05-20	000727.SZ
12	恒瑞医药	158.66	0.7	医药	2000-10-18	600276.SH
13	国电南瑞	156.23	87.7	装备	2003-10-16	600406.SH
14	阿特斯太阳能	154.94	11.1	装备	2006-11-09	CSIQ.O
15	南京银行	150.11	15.9	金融	2007-07-19	601009.SH
16	扬子江	147.16	11.6	装备	2007-04-18	BS6.SG
17	丘钛科技	142.56	29.3	日用	2014-12-02	1478.HK
18	雅迪控股	133.14	62.9	汽车	2016-05-19	1585.HK
19	药明康德	125.01	50.7	医药	2018-05-08	603259.SH
20	苏美达	123.21	18.7	贸易	1996-07-01	600710.SH
21	南京医药	120.86	17.2	医药	1996-07-01	600713.SH
22	恒立液压	114.36	81.8	装备	2011-10-28	601100.SH
23	中南建设	113.40	−35.1	房地产	2000-03-01	000961.SZ
24	华泰证券	110.47	−2.1	金融	2010-02-26	601688.SH
25	南钢股份	102.68	44.0	钢铁	2000-09-19	600282.SH
26	长电科技	101.83	1.6	电子	2003-06-03	600584.SH
27	科沃斯	101.18	157.2	家电	2018-05-28	603486.SH
28	弘阳地产	90.26	13.4	房地产	2018-07-12	1996.HK
29	宝胜股份	87.60	24.7	装备	2004-08-02	600973.SH
30	佳源国际控股	83.99	18.4	房地产	2016-03-08	2768.HK
31	凤凰传媒	79.74	9.5	媒体	2011-11-30	601928.SH
32	远大控股	79.72	14.3	贸易	1996-11-28	000626.SZ
33	大明国际	68.01	58.8	钢铁	2010-12-01	1090.HK
34	东山精密	67.47	5.3	电子	2010-04-09	002384.SZ
35	莱克电气	66.22	43.5	家电	2015-05-13	603355.SH
36	天顺风能	62.96	48.0	装备	2010-12-31	002531.SZ
37	先导智能	60.05	52.7	装备	2015-05-18	300450.SZ
38	扬农化工	58.78	31.2	化工	2002-04-25	600486.SH
39	上机数控	55.99	235.9	装备	2018-12-28	603185.SH
40	中材科技	55.99	45.3	建筑	2006-11-20	002080.SZ
41	南京新百	53.24	−22.4	零售	1993-10-18	600682.SH
42	罗莱生活	50.73	36.4	纺织	2009-09-10	002293.SZ
43	威孚高科	50.51	14.5	汽车	1998-09-24	000581.SZ
44	南极电商	50.27	−6.7	零售	2007-04-18	002127.SZ
45	宁沪高速	50.02	8.4	运输	2001-01-16	600377.SH
46	江苏国泰	48.23	−11.6	贸易	2006-12-08	002091.SZ
47	美年健康	43.23	40.0	保健	2005-05-18	002044.SZ
48	海力风电	40.61	新上榜	装备	2021-11-24	301155.SZ
49	锦泓集团	39.90	244.2	服饰	2014-12-03	603518.SH

续表

序号	证券名称	品牌价值/亿元	增长率/%	行业	上市日期	证券代码
50	中国天楹	39.40	45.1	环保	1994-04-08	000035.SZ
51	孩子王	39.31	新上榜	零售	2021-10-14	301078.SZ
52	江南集团	39.26	41.9	装备	2012-04-20	1366.HK
53	友谊时光	39.02	1.8	休闲	2019-10-08	6820.HK
54	通富微电	38.37	−0.8	电子	2007-08-16	002156.SZ
55	华润微	37.34	69.2	电子	2020-02-27	688396.SH
56	中材国际	37.31	28.5	建筑	2005-04-12	600970.SH
57	苏垦农发	36.51	19.3	农业	2017-05-15	601952.SH
58	大东方	36.49	20.7	汽车	2002-06-25	600327.SH
59	汇鸿集团	35.46	−15.9	贸易	2004-06-30	600981.SH
60	江苏有线	34.49	−13.8	媒体	2015-04-28	600959.SH
61	金螳螂	34.47	−9.3	建筑	2006-11-20	002081.SZ
62	银城国际控股	34.01	1.8	房地产	2019-03-06	1902.HK
63	东方盛虹	33.86	47.0	化工	2000-05-29	000301.SZ
64	黑牡丹	33.35	−15.3	房地产	2002-06-18	600510.SH
65	鱼跃医疗	33.06	−2.8	医药	2008-04-18	002223.SZ
66	华昌化工	32.87	106.8	化工	2008-09-25	002274.SZ
67	维维股份	32.46	−4.8	食品	2000-06-30	600300.SH
68	星宇股份	31.88	33.6	汽车	2011-02-01	601799.SH
69	卓胜微	31.31	123.6	电子	2019-06-18	300782.SZ
70	苏州高新	30.89	42.6	房地产	1996-08-15	600736.SH
71	大亚圣象	30.43	16.8	家居	1999-06-30	000910.SZ
72	永安行	29.80	32.8	日用	2017-08-17	603776.SH
73	华光环能	29.44	56.9	装备	2003-07-21	600475.SH
74	苏州银行	28.81	8.0	金融	2019-08-02	002966.SZ
75	中来股份	27.82	24.3	装备	2014-09-12	300393.SZ
76	雨润食品	27.45	−26.2	农业	2005-10-03	1068.HK
77	华宏科技	27.43	95.4	装备	2011-12-20	002645.SZ
78	沙钢股份	27.10	−11.3	钢铁	2006-10-25	002075.SZ
79	宝通科技	26.55	−2.8	休闲	2009-12-25	300031.SZ
80	迈为股份	26.43	99.8	装备	2018-11-09	300751.SZ
81	江山股份	26.16	43.7	化工	2001-01-10	600389.SH
82	南京高科	26.00	−5.5	房地产	1997-05-06	600064.SH
83	今创集团	25.37	13.9	装备	2018-02-27	603680.SH
84	东华能源	25.22	10.0	石油	2008-03-06	002221.SZ
85	健友股份	24.61	30.0	医药	2017-07-19	603707.SH
86	太极实业	24.47	3.9	建筑	1993-07-28	600667.SH
87	康力电梯	23.72	−6.0	装备	2010-03-12	002367.SZ
88	梦百合	23.49	12.8	家居	2016-10-13	603313.SH
89	文峰股份	23.48	−30.6	零售	2011-06-03	601010.SH
90	先声药业	23.28	4.6	医药	2020-10-27	2096.HK
91	沪电股份	22.53	0.9	电子	2010-08-18	002463.SZ

江苏榜单

续表

序号	证券名称	品牌价值/亿元	增长率/%	行业	上市日期	证券代码
92	常熟银行	22.20	2.4	金融	2016-09-30	601128.SH
93	恒顺醋业	22.14	−12.1	食品	2001-02-06	600305.SH
94	ST中利	21.99	3.9	装备	2009-11-27	002309.SZ
95	国茂股份	21.89	60.8	装备	2019-06-14	603915.SH
96	日出东方	21.61	−1.5	家电	2012-05-21	603366.SH
97	亚普股份	21.53	28.4	汽车	2018-05-09	603013.SH
98	新日股份	21.41	−3.3	汽车	2017-04-27	603787.SH
99	立华股份	21.15	−3.1	农业	2019-02-18	300761.SZ
100	绿景中国地产	21.00	−53.7	房地产	2005-12-02	0095.HK
101	华设集团	20.73	23.5	商业服务	2014-10-13	603018.SH
102	佳禾食品	20.72	新上榜	食品	2021-04-30	605300.SH
103	天奇股份	20.72	52.7	装备	2004-06-29	002009.SZ
104	蔚蓝锂芯	20.45	5.1	运输	2008-06-05	002245.SZ
105	中央商场	20.30	新上榜	零售	2000-09-26	600280.SH
106	中新集团	20.23	−14.8	房地产	2019-12-20	601512.SH
107	双良节能	19.93	57.4	装备	2003-04-22	600481.SH
108	鼎胜新材	19.88	37.4	有色金属	2018-04-18	603876.SH
109	爱康科技	19.76	17.2	装备	2011-08-15	002610.SZ
110	恩华药业	19.55	18.5	医药	2008-07-23	002262.SZ
111	红豆股份	19.41	−5.4	服饰	2001-01-08	600400.SH
112	东吴证券	19.41	−2.8	金融	2011-12-12	601555.SH
113	博众精工	19.30	新上榜	装备	2021-05-12	688097.SH
114	胜利精密	19.16	新上榜	电子	2010-06-08	002426.SZ
115	南京熊猫	19.08	−10.3	通信	1996-11-18	600775.SH
116	俊知集团	18.76	−12.0	通信	2012-03-19	1300.HK
117	顺风清洁能源	18.54	−5.3	装备	2011-07-13	1165.HK
118	诺唯赞	18.12	新上榜	医药	2021-11-15	688105.SH
119	三房巷	17.95	87.0	纺织	2003-03-06	600370.SH
120	长江健康	17.93	34.6	医药	2010-06-18	002435.SZ
121	江苏租赁	17.57	25.9	金融	2018-03-01	600901.SH
122	飞力达	17.21	34.2	运输	2011-07-06	300240.SZ
123	江苏国信	16.75	−2.3	公用	2011-08-10	002608.SZ
124	天沃科技	16.47	47.0	建筑	2011-03-10	002564.SZ
125	传智教育	16.32	新上榜	教育	2021-01-12	003032.SZ
126	硕世生物	16.19	91.0	医药	2019-12-05	688399.SH
127	航天晨光	16.02	18.5	装备	2001-06-15	600501.SH
128	澳洋健康	15.68	22.4	保健	2007-09-21	002172.SZ
129	朗新科技	15.59	115.3	互联网	2017-08-01	300682.SZ
130	扬杰科技	15.51	47.0	电子	2014-01-23	300373.SZ
131	无锡银行	15.26	20.5	金融	2016-09-23	600908.SH
132	苏交科	15.13	−16.2	商业服务	2012-01-10	300284.SZ
133	新泉股份	14.99	34.4	汽车	2017-03-17	603179.SH

续表

序号	证券名称	品牌价值/亿元	增长率/%	行业	上市日期	证券代码
134	匠心家居	14.86	新上榜	日用	2021-09-13	301061.SZ
135	江苏阳光	14.74	−7.3	纺织	1999-09-27	600220.SH
136	利民股份	14.58	1.7	化工	2015-01-27	002734.SZ
137	金陵饭店	14.50	17.8	酒店	2007-04-06	601007.SH
138	视觉中国	14.50	−5.7	休闲	1997-01-21	000681.SZ
139	林洋能源	14.24	22.3	装备	2011-08-08	601222.SH
140	永鼎股份	14.23	−17.0	通信	1997-09-29	600105.SH
141	康缘药业	14.17	−12.2	医药	2002-09-18	600557.SH
142	华达科技	14.13	31.5	汽车	2017-01-25	603358.SH
143	国电南自	13.92	14.2	装备	1999-11-18	600268.SH
144	龙腾光电	13.91	13.3	电子	2020-08-17	688055.SH
145	润邦股份	13.77	8.0	装备	2010-09-29	002483.SZ
146	亿嘉和	13.35	78.1	装备	2018-06-12	603666.SH
147	赛腾股份	13.31	46.1	装备	2017-12-25	603283.SH
148	紫金银行	12.99	3.7	金融	2019-01-03	601860.SH
149	奥特维	12.83	新上榜	装备	2020-05-21	688516.SH
150	中科微至	12.63	新上榜	装备	2021-10-26	688211.SH
151	模塑科技	12.56	−19.7	汽车	1997-02-28	000700.SZ
152	新点软件	12.43	新上榜	互联网	2021-11-17	688232.SH
153	同力日升	11.96	新上榜	装备	2021-03-22	605286.SH
154	长青股份	11.95	−1.1	化工	2010-04-16	002391.SZ
155	中超控股	11.95	8.0	装备	2010-09-10	002471.SZ
156	天工国际	11.80	−3.9	钢铁	2007-07-26	0826.HK
157	中航高科	11.77	9.5	装备	1994-05-20	600862.SH
158	紫天科技	11.65	86.7	媒体	2011-12-29	300280.SZ
159	天华超净	11.56	103.2	电子	2014-07-31	300390.SZ
160	怡球资源	11.46	31.6	有色金属	2012-04-23	601388.SH
161	灿勤科技	11.39	新上榜	通信	2021-11-16	688182.SH
162	ST红太阳	11.26	7.7	化工	1993-10-28	000525.SZ
163	莱绅通灵	11.23	6.3	服饰	2016-11-23	603900.SH
164	ST宏图	11.14	新上榜	零售	1998-04-20	600122.SH
165	联发股份	11.08	−3.7	纺织	2010-04-23	002394.SZ
166	苏农银行	11.03	13.5	金融	2016-11-29	603323.SH
167	亚威股份	10.99	24.4	装备	2011-03-03	002559.SZ
168	江海股份	10.92	50.3	电子	2010-09-29	002484.SZ
169	华软科技	10.87	99.7	互联网	2010-07-20	002453.SZ
170	华瑞服装	10.87	16.7	服饰	2008-07-16	EVK.O
171	创元科技	10.82	2.8	环保	1994-01-06	000551.SZ
172	苏常柴A	10.74	5.0	装备	1994-07-01	000570.SZ
173	张家港行	10.63	20.7	金融	2017-01-24	002839.SZ
174	纽威股份	10.63	7.4	装备	2014-01-17	603699.SH
175	协鑫能科	10.59	49.8	公用	2004-07-08	002015.SZ

江苏榜单

续表

序号	证券名称	品牌价值/亿元	增长率/%	行业	上市日期	证券代码
176	云海金属	10.35	−0.4	有色金属	2007-11-13	002182.SZ
177	八方股份	10.27	83.2	装备	2019-11-11	603489.SH
178	南微医学	9.96	63.3	医药	2019-07-22	688029.SH
179	维尔利	9.75	27.3	环保	2011-03-16	300190.SZ
180	恒润股份	9.64	48.6	装备	2017-05-05	603985.SH
181	上声电子	9.62	新上榜	日用	2021-04-19	688533.SH
182	招商南油	9.52	−42.9	运输	2019-01-08	601975.SH
183	春秋电子	9.49	21.0	电子	2017-12-12	603890.SH
184	通鼎互联	9.47	−31.9	通信	2010-10-21	002491.SZ
185	栖霞建设	9.42	−5.3	房地产	2002-03-28	600533.SH
186	金斯瑞生物科技	9.42	98.7	医药	2015-12-30	1548.HK
187	四方科技	9.35	30.0	装备	2016-05-19	603339.SH
188	江阴银行	9.28	11.3	金融	2016-09-02	002807.SZ
189	戎美股份	9.24	新上榜	服饰	2021-10-28	301088.SZ
190	幸福蓝海	9.08	22.1	休闲	2016-08-08	300528.SZ
191	航发控制	9.07	22.1	装备	1997-06-26	000738.SZ
192	固德威	9.05	94.7	电子	2020-09-04	688390.SH
193	金陵药业	9.05	−12.2	医药	1999-11-18	000919.SZ
194	苏州固锝	9.00	14.8	电子	2006-11-16	002079.SZ
195	天目湖	8.95	−1.1	休闲	2017-09-27	603136.SH
196	法兰泰克	8.92	34.7	装备	2017-01-25	603966.SH
197	南京公用	8.88	−48.5	公用	1996-08-06	000421.SZ
198	中国鹏飞集团	8.86	12.3	装备	2019-11-15	3348.HK
199	苏利股份	8.79	2.7	化工	2016-12-14	603585.SH
200	亨鑫科技	8.76	3.0	通信	2010-12-23	1085.HK
201	润和软件	8.76	75.9	互联网	2012-07-18	300339.SZ
202	海晨股份	8.60	25.8	运输	2020-08-24	300873.SZ
203	华兴源创	8.59	9.3	电子	2019-07-22	688001.SH
204	基蛋生物	8.55	24.0	医药	2017-07-17	603387.SH
205	中信博	8.47	46.9	装备	2020-08-28	688408.SH
206	南京证券	8.41	−9.9	金融	2018-06-13	601990.SH
207	捷捷微电	8.34	27.8	电子	2017-03-14	300623.SZ
208	华润材料	8.20	新上榜	化工	2021-10-26	301090.SZ
209	海陆重工	8.19	新上榜	装备	2008-06-25	002255.SZ
210	苏州科达	8.18	19.7	电子	2016-12-01	603660.SH
211	吴通控股	8.17	−1.0	互联网	2012-02-29	300292.SZ
212	江苏雷利	8.15	30.9	装备	2017-06-02	300660.SZ
213	苏试试验	8.10	30.8	装备	2015-01-22	300416.SZ
214	智慧农业	8.08	18.7	装备	1997-08-18	000816.SZ
215	金迪克	8.04	新上榜	医药	2021-08-02	688670.SH
216	快克股份	7.98	41.5	装备	2016-11-08	603203.SH
217	星雅集团	7.93	−54.6	休闲	2004-02-20	S85.SG

续表

序号	证券名称	品牌价值/亿元	增长率/%	行业	上市日期	证券代码
218	药石科技	7.89	82.6	医药	2017-11-10	300725.SZ
219	国盛智科	7.86	64.4	装备	2020-06-30	688558.SH
220	鹏鹞环保	7.82	33.3	环保	2018-01-05	300664.SZ
221	晶方科技	7.77	42.3	电子	2014-02-10	603005.SH
222	埃斯顿	7.75	66.4	装备	2015-03-20	002747.SZ
223	富瑞特装	7.75	35.7	装备	2011-06-08	300228.SZ
224	我乐家居	7.67	24.7	家居	2017-06-16	603326.SH
225	常熟汽饰	7.64	14.3	汽车	2017-01-05	603035.SH
226	通用股份	7.49	2.3	汽车	2016-09-19	601500.SH
227	斯莱克	7.49	26.3	装备	2014-01-29	300382.SZ
228	科森科技	7.45	12.9	电子	2017-02-09	603626.SH
229	长龄液压	7.44	新上榜	装备	2021-03-22	605389.SH
230	双星新材	7.36	53.1	化工	2011-06-02	002585.SZ
231	中旗股份	7.30	5.4	化工	2016-12-20	300575.SZ
232	倍加洁	7.23	7.2	日用	2018-03-02	603059.SH
233	奥特佳	7.22	−36.9	汽车	2008-05-22	002239.SZ
234	味知香	7.19	新上榜	食品	2021-04-27	605089.SH
235	五洋停车	7.10	−0.9	装备	2015-02-17	300420.SZ
236	中衡设计	7.07	12.6	商业服务	2014-12-31	603017.SH
237	天准科技	6.99	新上榜	装备	2019-07-22	688003.SH
238	中粮工科	6.96	新上榜	商业服务	2021-09-09	301058.SZ
239	鸿达兴业	6.87	−11.1	化工	2004-06-25	002002.SZ
240	易德龙	6.82	41.1	电子	2017-06-22	603380.SH
241	亚太科技	6.72	4.4	有色金属	2011-01-18	002540.SZ
242	新洁能	6.64	新上榜	电子	2020-09-28	605111.SH
243	中环海陆	6.62	新上榜	装备	2021-08-03	301040.SZ
244	纽威数控	6.60	新上榜	装备	2021-09-17	688697.SH
245	哈工智能	6.56	15.4	装备	1995-11-28	000584.SZ
246	康尼机电	6.42	8.3	装备	2014-08-01	603111.SH
247	亚星客车	6.39	−39.5	汽车	1999-08-31	600213.SH
248	光明沃得	6.32	39.7	装备	2006-04-27	B49.SG
249	科德教育	6.25	−66.3	教育	2011-03-22	300192.SZ
250	安洁科技	6.17	6.7	电子	2011-11-25	002635.SZ
251	华东重机	6.15	−38.6	贸易	2012-06-12	002685.SZ
252	振江股份	6.15	48.6	装备	2017-11-06	603507.SH
253	金通灵	6.15	−12.5	装备	2010-06-25	300091.SZ
254	寒锐钴业	6.12	新上榜	有色金属	2017-03-06	300618.SZ
255	中南文化	6.09	新上榜	休闲	2010-07-13	002445.SZ
256	*ST海伦	6.07	4.9	装备	2011-04-07	300201.SZ
257	启迪设计	6.01	新上榜	商业服务	2016-02-04	300500.SZ
258	旷达科技	5.95	10.4	汽车	2010-12-07	002516.SZ
259	江苏神通	5.89	新上榜	装备	2010-06-23	002438.SZ

江苏榜单

续表

序号	证券名称	品牌价值/亿元	增长率/%	行业	上市日期	证券代码
260	千红制药	5.76	-17.1	医药	2011-02-18	002550.SZ
261	东方电热	5.75	12.5	家电	2011-05-18	300217.SZ
262	哈森股份	5.73	-1.9	服饰	2016-06-29	603958.SH
263	国联证券	5.68	-20.5	金融	2020-07-31	601456.SH
264	联环药业	5.65	-4.2	医药	2003-03-19	600513.SH
265	中辰股份	5.64	新上榜	装备	2021-01-22	300933.SZ
266	物产金轮	5.63	35.1	装备	2014-01-28	002722.SZ
267	思瑞浦	5.62	新上榜	电子	2020-09-21	688536.SH
268	丰山集团	5.57	5.3	化工	2018-09-17	603810.SH
269	银河电子	5.49	-6.4	通信	2010-12-07	002519.SZ
270	信捷电气	5.47	17.6	装备	2016-12-21	603416.SH
271	焦点科技	5.46	-0.5	互联网	2009-12-09	002315.SZ
272	德尔未来	5.44	-6.8	家居	2011-11-11	002631.SZ
273	春兴精工	5.37	-50.4	电子	2011-02-18	002547.SZ
274	风范股份	5.37	-3.5	装备	2011-01-18	601700.SH
275	吉鑫科技	5.36	26.5	装备	2011-05-06	601218.SH
276	东威科技	5.34	新上榜	装备	2021-06-15	688700.SH
277	常宝股份	5.32	-26.9	钢铁	2010-09-21	002478.SZ

4.6.2 2022年江苏上市公司品牌价值榜分析

【区域集中度】在2022年江苏上市公司品牌价值榜中：排在前10位的公司品牌价值合计3 778.58亿元，占江苏榜单总计品牌价值的35.3%；排在前30位的公司品牌价值合计6 265.49亿元，占江苏榜单总计品牌价值的58.5%；排在前100位的公司品牌价值合计8 832.83亿元，占江苏榜单总计品牌价值的82.4%。

【所在行业】在2022年江苏上市公司品牌价值榜中，277家公司来自32个行业。其中，装备、饮料、零售、房地产和电子五个行业共计包括118家公司，品牌价值合计5 979.43亿元，占江苏榜单总计品牌价值的55.8%，处于主导地位。其他行业的情况见图4-11和图4-12。

【上市板块】在2022年江苏上市公司品牌价值榜中：在上交所主板上市的公司有114家，品牌价值合计4 729.86亿元，占江苏榜单总计品牌价值的44.1%，排在第一位；在深交所主板上市的公司有80家，品牌价值合计3 853.23亿元，占江苏榜单总计品牌价值的36%，排在第二位；在港交所上市的中资股公司有17家，品牌价值合计778.13亿元，占江苏榜单总计品牌价值的7.3%，排在第三位。此外，在深交所创业板上市的公司有40家，品牌价值合计562.07亿元；在上交所科创板上市的公司有21家，品牌价值合计463.86亿元；在国外上市的中概股公司有5家，品牌价值合计327.22亿元。

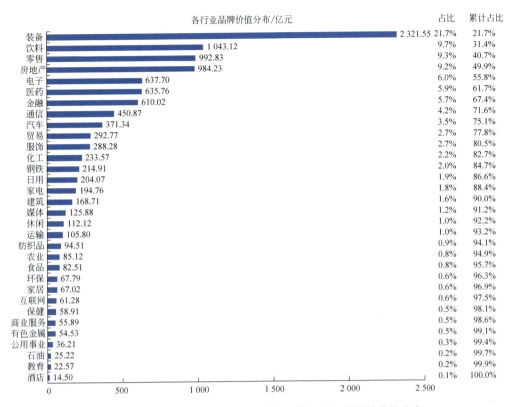

图 4-11 2022 年江苏上市公司品牌价值榜所在行业品牌价值分布

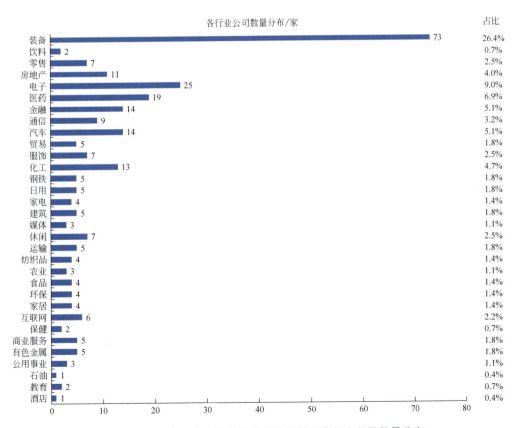

图 4-12 2022 年江苏上市公司品牌价值榜所在行业公司数量分布

【上市时间】 在2022年江苏上市公司品牌价值榜中:2007—2011年上市的公司有70家,品牌价值合计2 564.53亿元,占江苏榜单总计品牌价值的23.9%,排在第一位;2002—2006年上市的公司有31家,品牌价值合计2 276.24亿元,占江苏榜单总计品牌价值的21.2%,排在第二位;2012—2016年上市的公司有49家,品牌价值合计1 934.89亿元,占江苏榜单总计品牌价值的18.1%,排在第三位。此外,2017—2021年上市的公司有86家,品牌价值合计1 759.58亿元;1997—2001年上市的公司有26家,品牌价值合计1 176.91亿元;1996年及以前上市的公司有15家,品牌价值合计1 002.22亿元。

4.7 山东品牌价值榜

在2022年中国上市公司品牌价值总榜的3 000家企业中:山东的企业共计161家,比2021年增加了3家;品牌价值总计9 044.75亿元,比2021年增长了20.9%。

4.7.1 2022年山东上市公司品牌价值榜单

序号	证券名称	品牌价值/亿元	增长率/%	行业	上市日期	证券代码
1	海尔智家	1 797.79	25.6	家电	1993-11-19	600690.SH
2	中国重汽	680.33	41.7	汽车	2007-11-28	3808.HK
3	潍柴动力	615.00	17.5	汽车	2007-04-30	000338.SZ
4	青岛啤酒	522.98	11.9	饮料	1993-08-27	600600.SH
5	浪潮信息	327.78	20.2	电子	2000-06-08	000977.SZ
6	海信视像	281.25	18.7	家电	1997-04-22	600060.SH
7	中国宏桥	244.20	18.8	有色金属	2011-03-24	1378.HK
8	歌尔股份	198.37	30.9	电子	2008-05-22	002241.SZ
9	万华化学	188.93	70.3	化工	2001-01-05	600309.SH
10	瑞茂通	177.27	10.5	运输	1998-07-03	600180.SH
11	山东钢铁	121.81	27.8	钢铁	2004-06-29	600022.SH
12	兖矿能源	117.94	13.2	煤炭	1998-07-01	600188.SH
13	英科医疗	101.17	81.5	医药	2017-07-21	300677.SZ
14	晨鸣纸业	98.84	73.7	造纸	2000-11-20	000488.SZ
15	张裕A	92.99	−5.7	饮料	2000-10-26	000869.SZ
16	九阳股份	81.90	−4.3	家电	2008-05-28	002242.SZ
17	中航沈飞	77.04	109.1	装备	1996-10-11	600760.SH
18	太阳纸业	76.74	39.4	造纸	2006-11-16	002078.SZ
19	瑞康医药	76.28	−1.0	医药	2011-06-10	002589.SZ
20	华电国际	73.22	14.9	公用	2005-02-03	600027.SH
21	家家悦	73.19	−41.6	零售	2016-12-13	603708.SH
22	步长制药	72.25	−3.2	医药	2016-11-18	603858.SH
23	威高股份	69.62	1.8	医药	2004-02-27	1066.HK
24	华鲁恒升	68.94	87.9	化工	2002-06-20	600426.SH

续表

序号	证券名称	品牌价值/亿元	增长率/%	行业	上市日期	证券代码
25	玲珑轮胎	66.75	23.0	汽车	2016-07-06	601966.SH
26	龙大美食	64.83	20.2	农业	2014-06-26	002726.SZ
27	山东出版	64.68	25.4	媒体	2017-11-22	601019.SH
28	赛轮轮胎	57.03	37.1	汽车	2011-06-30	601058.SH
29	青岛港	54.70	27.1	运输	2019-01-21	601298.SH
30	齐翔腾达	54.42	98.5	化工	2010-05-18	002408.SZ
31	澳柯玛	53.80	6.4	家电	2000-12-29	600336.SH
32	山东黄金	53.02	−55.9	有色金属	2003-08-28	600547.SH
33	山东高速	52.82	7.2	运输	2002-03-18	600350.SH
34	利群股份	49.47	−19.1	零售	2017-04-12	601366.SH
35	海程邦达	48.39	新上榜	运输	2021-05-26	603836.SH
36	南山铝业	46.63	17.3	有色金属	1999-12-23	600219.SH
37	山东路桥	45.71	66.1	建筑	1997-06-09	000498.SZ
38	山水水泥	43.71	36.8	建筑	2008-07-04	0691.HK
39	魏桥纺织	43.16	31.5	纺织	2003-09-24	2698.HK
40	鲁商发展	41.32	5.5	房地产	2000-01-13	600223.SH
41	博汇纸业	41.28	41.7	造纸	2004-06-08	600966.SH
42	蓝帆医疗	39.71	72.6	医药	2010-04-02	002382.SZ
43	新华医疗	39.01	15.3	医药	2002-09-27	600587.SH
44	银座股份	37.91	−35.5	零售	1994-05-06	600858.SH
45	西王食品	37.07	9.7	食品	1996-11-26	000639.SZ
46	华泰股份	35.58	33.8	造纸	2000-09-28	600308.SH
47	山推股份	34.43	28.6	装备	1997-01-22	000680.SZ
48	绿叶制药	33.14	18.8	医药	2014-07-09	2186.HK
49	孚日股份	32.66	−11.1	纺织	2006-11-24	002083.SZ
50	恒邦股份	32.48	−27.6	有色金属	2008-05-20	002237.SZ
51	中创物流	32.34	45.3	运输	2019-04-29	603967.SH
52	克劳斯	31.33	23.4	装备	2002-08-09	600579.SH
53	恒通股份	30.31	53.7	运输	2015-06-30	603223.SH
54	润丰股份	30.10	新上榜	化工	2021-07-28	301035.SZ
55	鲁西化工	29.38	88.9	化工	1998-08-07	000830.SZ
56	青岛银行	28.57	−8.0	金融	2019-01-16	002948.SZ
57	冰轮环境	27.94	27.2	装备	1998-05-28	000811.SZ
58	青农商行	27.07	18.2	金融	2019-03-26	002958.SZ
59	艾迪精密	25.75	39.8	装备	2017-01-20	603638.SH
60	三角轮胎	25.37	4.7	汽车	2016-09-09	601163.SH
61	齐鲁银行	25.01	新上榜	金融	2021-06-18	601665.SH
62	漱玉平民	24.82	新上榜	零售	2021-07-05	301017.SZ
63	中泰证券	24.73	−21.7	金融	2020-06-03	600918.SH
64	ST金正	23.94	新上榜	化工	2010-09-08	002470.SZ
65	阳光纸业	23.38	93.6	包装	2007-12-12	2002.HK
66	华熙生物	23.28	58.5	医药	2019-11-06	688363.SH

山东榜单

续表

序号	证券名称	品牌价值/亿元	增长率/%	行业	上市日期	证券代码
67	仙坛股份	22.66	−25.5	食品	2015-02-16	002746.SZ
68	新华制药	21.70	4.6	医药	1997-08-06	000756.SZ
69	东阿阿胶	21.54	−4.5	医药	1996-07-29	000423.SZ
70	东岳集团	21.30	46.3	化工	2007-12-10	0189.HK
71	威海银行	20.73	−18.1	金融	2020-10-12	9677.HK
72	每日优鲜	20.58	新上榜	零售	2021-06-25	MF.O
73	豪迈科技	20.45	9.3	装备	2011-06-28	002595.SZ
74	天能重工	20.38	18.2	装备	2016-11-25	300569.SZ
75	浦林成山	20.22	22.5	汽车	2018-10-09	1809.HK
76	威海广泰	19.85	33.1	装备	2007-01-26	002111.SZ
77	西王特钢	19.74	40.7	钢铁	2012-02-23	1266.HK
78	史丹利	19.55	−0.5	化工	2011-06-10	002588.SZ
79	双塔食品	19.46	−6.7	食品	2010-09-21	002481.SZ
80	景津装备	18.96	64.5	环保	2019-07-29	603279.SH
81	中宠股份	18.75	18.3	食品	2017-08-21	002891.SZ
82	汉缆股份	18.68	−1.2	装备	2010-11-09	002498.SZ
83	青岛金王	18.56	5.9	日用	2006-12-15	002094.SZ
84	中际旭创	18.14	30.7	装备	2012-04-10	300308.SZ
85	森麒麟	17.55	21.1	汽车	2020-09-11	002984.SZ
86	中通客车	17.41	−41.1	汽车	2000-01-13	000957.SZ
87	山东药玻	17.33	−4.8	医药	2002-06-03	600529.SH
88	杰瑞股份	16.87	36.7	石油	2010-02-05	002353.SZ
89	辰欣药业	16.68	20.0	医药	2017-09-29	603367.SH
90	软控股份	16.64	75.1	装备	2006-10-18	002073.SZ
91	海容冷链	16.44	27.3	装备	2018-11-29	603187.SH
92	天润工业	16.33	38.2	汽车	2009-08-21	002283.SZ
93	海利尔	16.27	32.1	化工	2017-01-12	603639.SH
94	东诚药业	16.09	6.6	医药	2012-05-25	002675.SZ
95	阜丰集团	15.93	−8.3	化工	2007-02-08	0546.HK
96	百洋医药	15.92	新上榜	医药	2021-06-30	301015.SZ
97	春雪食品	15.15	新上榜	食品	2021-10-13	605567.SH
98	日照港	15.11	8.3	运输	2006-10-17	600017.SH
99	得利斯	15.10	−1.6	食品	2010-01-06	002330.SZ
100	城市传媒	14.84	−0.5	媒体	2000-03-09	600229.SH
101	凤祥股份	14.78	−7.6	农业	2020-07-16	9977.HK
102	特锐德	14.69	−1.2	装备	2009-10-30	300001.SZ
103	潍柴重机	14.68	28.3	装备	1998-04-02	000880.SZ
104	睿创微纳	14.38	53.7	电子	2019-07-22	688002.SH
105	鲁抗医药	14.07	7.1	医药	1997-02-26	600789.SH
106	金晶科技	13.81	91.9	建筑	2002-08-15	600586.SH
107	海尔生物	12.95	85.6	医药	2019-10-25	688139.SH
108	齐鲁高速	12.93	118.2	运输	2018-07-19	1576.HK

续表

序号	证券名称	品牌价值/亿元	增长率/%	行业	上市日期	证券代码
109	鲁泰A	12.84	−18.2	纺织	2000-12-25	000726.SZ
110	新北洋	12.67	9.4	电子	2010-03-23	002376.SZ
111	新能泰山	12.35	100.1	房地产	1997-05-09	000720.SZ
112	通裕重工	12.03	−19.4	装备	2011-03-08	300185.SZ
113	招金矿业	11.64	−38.9	有色金属	2006-12-08	1818.HK
114	华特达因	11.62	5.1	医药	1999-06-09	000915.SZ
115	新华锦	11.37	7.2	服饰	1996-07-26	600735.SH
116	滨化股份	11.25	50.3	化工	2010-02-23	601678.SH
117	威高骨科	10.92	新上榜	医药	2021-06-30	688161.SH
118	渤海汽车	10.84	42.7	汽车	2004-04-07	600960.SH
119	海联金汇	10.83	28.4	汽车	2011-01-10	002537.SZ
120	索通发展	10.72	47.8	有色金属	2017-07-18	603612.SH
121	南山智尚	10.48	−25.3	纺织	2020-12-22	300918.SZ
122	山东矿机	10.18	25.8	装备	2010-12-17	002526.SZ
123	东方电子	9.96	29.2	装备	1997-01-21	000682.SZ
124	益生股份	9.96	−10.9	农业	2010-08-10	002458.SZ
125	维远股份	9.22	新上榜	化工	2021-09-15	600955.SH
126	山东章鼓	9.14	75.7	装备	2011-07-07	002598.SZ
127	联泓新科	9.12	47.9	化工	2020-12-08	003022.SZ
128	鼎信通讯	8.73	−20.6	通信	2016-10-11	603421.SH
129	圣泉集团	8.67	新上榜	化工	2021-08-10	605589.SH
130	惠发食品	8.36	−2.5	食品	2017-06-13	603536.SH
131	石大胜华	7.89	41.9	化工	2015-05-29	603026.SH
132	高测股份	7.86	新上榜	装备	2020-08-07	688556.SH
133	*ST雪发	7.81	−12.6	服饰	2010-10-15	002485.SZ
134	山东威达	7.59	49.8	装备	2004-07-27	002026.SZ
135	金能科技	7.52	21.2	煤炭	2017-05-11	603113.SH
136	昇辉科技	7.51	19.7	装备	2015-02-17	300423.SZ
137	金城医药	7.50	−35.0	医药	2011-06-22	300233.SZ
138	华仁药业	7.16	新上榜	医药	2010-08-25	300110.SZ
139	先达股份	7.15	1.9	化工	2017-05-11	603086.SH
140	齐峰新材	7.05	18.0	造纸	2010-12-10	002521.SZ
141	民和股份	7.01	−25.3	农业	2008-05-16	002234.SZ
142	东方铁塔	6.97	−25.2	建筑	2011-02-11	002545.SZ
143	金雷股份	6.85	28.2	装备	2015-04-22	300443.SZ
144	联创股份	6.82	新上榜	媒体	2012-08-01	300343.SZ
145	保龄宝	6.75	−15.5	农业	2009-08-28	002286.SZ
146	青岛双星	6.72	−14.6	汽车	1996-04-30	000599.SZ
147	鲁阳节能	6.62	新上榜	建筑	2006-11-30	002088.SZ
148	国恩股份	6.58	−9.9	化工	2015-06-30	002768.SZ
149	威龙股份	6.49	−8.5	饮料	2016-05-16	603779.SH
150	华明装备	6.27	33.7	装备	2008-09-05	002270.SZ

山东榜单

续表

序号	证券名称	品牌价值/亿元	增长率/%	行业	上市日期	证券代码
151	百龙创园	6.24	新上榜	食品	2021-04-21	605016.SH
152	渤海轮渡	6.21	−32.7	运输	2012-09-06	603167.SH
153	华纺股份	6.16	−8.6	纺织	2001-09-03	600448.SH
154	鸥玛软件	6.02	新上榜	教育	2021-11-19	301185.SZ
155	英派斯	6.01	27.7	日用	2017-09-15	002899.SZ
156	山东墨龙	5.90	新上榜	石油	2010-10-21	002490.SZ
157	中农联合	5.56	新上榜	化工	2021-04-06	003042.SZ
158	山东海化	5.51	新上榜	化工	1998-07-03	000822.SZ
159	好当家	5.39	−1.5	农业	2004-04-05	600467.SH
160	东岳硅材	5.35	新上榜	化工	2020-03-12	300821.SZ
161	科兴制药	5.33	−8.2	医药	2020-12-14	688136.SH

4.7.2　2022年山东上市公司品牌价值榜分析

【区域集中度】 在2022年山东上市公司品牌价值榜中：排在前10位的公司品牌价值合计5 033.92亿元，占山东榜单总计品牌价值的55.7%；排在前20位的公司品牌价值合计5 951.85亿元，占山东榜单总计品牌价值的65.8%；排在前50位的公司品牌价值合计7 439.55亿元，占山东榜单总计品牌价值的82.3%。

【所在行业】 在2022年山东上市公司品牌价值榜中，161家公司来自28个行业。其中，家电、汽车、医药和饮料四个行业共计包括40家公司，品牌价值合计5 014.86亿元，占山东榜单总计品牌价值的55.4%，处于主导地位。其他行业的情况见图4-13和图4-14。

【上市板块】 在2022年山东上市公司品牌价值榜中：在上交所主板上市的公司有60家，品牌价值合计4 800.72亿元，占山东榜单总计品牌价值的53.1%，排在第一位；在深交所主板上市的公司有63家，品牌价值合计2 578.98亿元，占山东榜单总计品牌价值的28.5%，排在第二位；在港交所上市的中资股公司有15家，品牌价值合计1 274.81亿元，占山东榜单总计品牌价值的14.1%，排在第三位。此外，在深交所创业板上市的公司有16家，品牌价值合计294.93亿元；在上交所科创板上市的公司有6家，品牌价值合计74.72亿元；在国外上市的中概股公司有1家，品牌价值20.58亿元。

【上市时间】 在2022年山东上市公司品牌价值榜中：1996年及以前上市的公司有8家，品牌价值合计2 512.43亿元，占山东榜单总计品牌价值的27.8%，排在第一位；2007—2011年上市的公司有40家，品牌价值合计2 507.43亿元，占山东榜单总计品牌价值的27.7%，排在第二位；1997—2001年上市的公司有26家，品牌价值合计1 740.92亿元，占山东榜单总计品牌价值的19.2%，排在第三位。此外，2017—2021年上市的公司有45家，品牌价值合计936.93亿元；2002—2006年上市的公司有22家，品牌价值合计827.13亿元；2012—2016年上市的公司有20家，品牌价值合计519.92亿元。

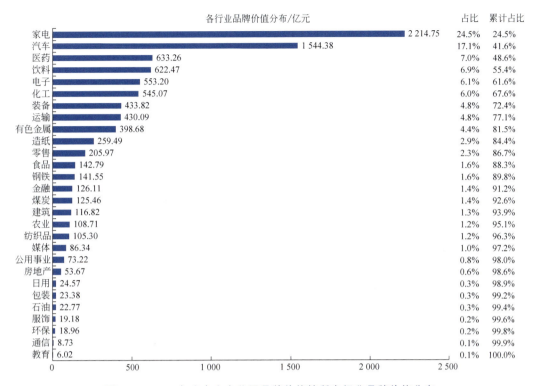

图 4-13 2022 年山东上市公司品牌价值榜所在行业品牌价值分布

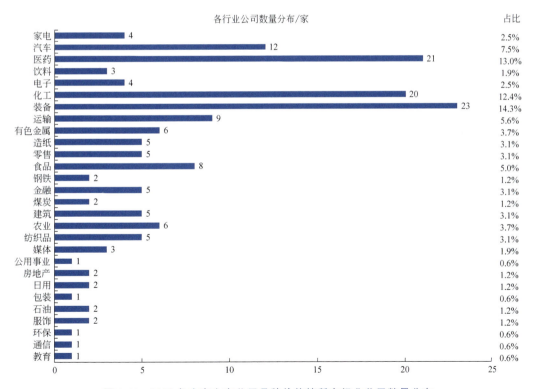

图 4-14 2022 年山东上市公司品牌价值榜所在行业公司数量分布

4.8 福建品牌价值榜

在 2022 年中国上市公司品牌价值总榜的 3 000 家企业中：福建的企业共计 101 家，比 2021 年增加了 2 家；品牌价值总计 6 260.73 亿元，比 2021 年增长了 9.8%。

4.8.1 2022 年福建上市公司品牌价值榜单

序号	证券名称	品牌价值/亿元	增长率/%	行业	上市日期	证券代码
1	兴业银行	777.56	5.2	金融	2007-02-05	601166.SH
2	安踏体育	584.95	52.4	服饰	2007-07-10	2020.HK
3	建发股份	507.47	29.6	贸易	1998-06-16	600153.SH
4	厦门象屿	383.87	1.1	贸易	1997-06-04	600057.SH
5	永辉超市	359.55	-30.4	零售	2010-12-15	601933.SH
6	厦门国贸	342.21	19.1	贸易	1996-10-03	600755.SH
7	紫金矿业	308.80	17.6	有色金属	2008-04-25	601899.SH
8	宁德时代	287.06	87.9	装备	2018-06-11	300750.SZ
9	恒安国际	231.93	-6.3	日用	1998-12-08	1044.HK
10	吉比特	111.25	6.4	休闲	2017-01-04	603444.SH
11	阳光城	104.92	-38.6	房地产	1996-12-18	000671.SZ
12	福耀玻璃	100.19	29.4	汽车	1993-06-10	600660.SH
13	三钢闽光	93.15	12.9	钢铁	2007-01-26	002110.SZ
14	特步国际	91.03	59.9	服饰	2008-06-03	1368.HK
15	安井食品	77.94	30.0	食品	2017-02-22	603345.SH
16	361 度	66.74	56.7	服饰	2009-06-30	1361.HK
17	福日电子	65.54	19.3	通信	1999-05-14	600203.SH
18	金龙汽车	64.96	5.0	汽车	1993-11-08	600686.SH
19	片仔癀	63.98	48.5	医药	2003-06-16	600436.SH
20	厦门信达	63.68	10.1	贸易	1997-02-26	000701.SZ
21	ST 龙净	57.37	12.4	装备	2000-12-29	600388.SH
22	圣农发展	57.26	2.7	农业	2009-10-21	002299.SZ
23	星网锐捷	56.20	6.4	通信	2010-06-23	002396.SZ
24	兴业证券	55.48	21.2	金融	2010-10-13	601377.SH
25	盈趣科技	53.21	55.3	日用	2018-01-15	002925.SZ
26	盛屯矿业	50.94	17.6	贸易	1996-05-31	600711.SH
27	鹭燕医药	45.40	21.1	医药	2016-02-18	002788.SZ
28	游族网络	40.14	-44.8	休闲	2007-09-25	002174.SZ
29	亿联网络	38.74	7.6	通信	2017-03-17	300628.SZ
30	厦门钨业	38.64	43.7	有色金属	2002-11-07	600549.SH
31	大唐集团控股	37.15	67.3	房地产	2020-12-11	2117.HK
32	立达信	36.86	新上榜	家电	2021-07-20	605365.SH
33	新大陆	36.68	10.2	电子	2000-08-07	000997.SZ

续表

序号	证券名称	品牌价值/亿元	增长率/%	行业	上市日期	证券代码
34	中国利郎	34.01	20.6	服饰	2009-09-25	1234.HK
35	金达威	33.32	−5.1	保健	2011-10-28	002626.SZ
36	厦门港务	30.98	10.3	贸易	2005-12-19	3378.HK
37	恺英网络	30.72	20.4	休闲	2010-12-07	002517.SZ
38	九牧王	29.93	15.6	服饰	2011-05-30	601566.SH
39	厦门港务	29.39	24.5	运输	1999-04-29	000905.SZ
40	傲农生物	28.77	23.3	农业	2017-09-26	603363.SH
41	冠城大通	28.51	25.8	房地产	1997-05-08	600067.SH
42	合力泰	26.55	−36.7	电子	2008-02-20	002217.SZ
43	七匹狼	25.98	23.2	服饰	2004-08-06	002029.SZ
44	奥佳华	25.55	49.1	医药	2011-09-09	002614.SZ
45	百宏实业	23.80	16.0	纺织	2011-05-18	2299.HK
46	合兴包装	22.81	31.4	包装	2008-05-08	002228.SZ
47	新华都	21.23	−2.5	零售	2008-07-31	002264.SZ
48	欣贺股份	20.66	23.9	服饰	2020-10-26	003016.SZ
49	福龙马	20.09	11.2	环保	2015-01-26	603686.SH
50	东百集团	19.56	−12.7	零售	1993-11-22	600693.SH
51	太阳电缆	18.84	37.5	装备	2009-10-21	002300.SZ
52	火炬电子	18.31	64.9	电子	2015-01-26	603678.SH
53	厦门银行	18.01	2.0	金融	2020-10-27	601187.SH
54	吉宏股份	17.31	9.6	包装	2016-07-12	002803.SZ
55	科华数据	16.71	46.4	装备	2010-01-13	002335.SZ
56	建霖家居	15.77	6.6	家居	2020-07-30	603408.SH
57	舒华体育	14.88	22.6	日用	2020-12-15	605299.SH
58	法拉电子	13.70	43.5	电子	2002-12-10	600563.SH
59	福能股份	13.57	65.2	公用	2004-05-31	600483.SH
60	福建高速	13.33	14.5	运输	2001-02-09	600033.SH
61	航天发展	13.25	3.3	装备	1993-11-30	000547.SZ
62	大博医疗	12.78	5.0	医药	2017-09-22	002901.SZ
63	青瓷游戏	12.65	新上榜	互联网	2021-12-16	6633.HK
64	瑞芯微	12.65	89.7	电子	2020-02-07	603893.SH
65	金牌厨柜	12.27	60.7	家居	2017-05-12	603180.SH
66	天马科技	12.18	41.2	农业	2017-01-17	603668.SH
67	鼎丰集团控股	12.16	137.4	金融	2013-12-09	6878.HK
68	ST冠福	12.07	49.4	贸易	2006-12-29	002102.SZ
69	锐信控股	12.02	−13.1	电子	2006-12-21	1399.HK
70	趣店	11.26	−34.5	金融	2017-10-18	QD.N
71	家乡互动	11.25	31.2	互联网	2019-07-04	3798.HK
72	三棵树	10.93	36.4	化工	2016-06-03	603737.SH
73	ST泰禾	10.12	−67.7	房地产	1997-07-04	000732.SZ
74	松霖科技	9.88	28.7	家居	2019-08-26	603992.SH
75	美亚柏科	9.57	35.4	互联网	2011-03-16	300188.SZ

福建榜单

续表

序号	证券名称	品牌价值/亿元	增长率/%	行业	上市日期	证券代码
76	厦工股份	9.38	新上榜	装备	1994-01-28	600815.SH
77	漳州发展	8.98	4.9	汽车	1997-06-26	000753.SZ
78	厦钨新能	8.89	新上榜	化工	2021-08-05	688778.SH
79	海欣食品	8.74	−0.2	食品	2012-10-11	002702.SZ
80	中国武夷	8.38	73.6	建筑	1997-07-15	000797.SZ
81	惠泉啤酒	8.37	−1.3	饮料	2003-02-26	600573.SH
82	龙洲股份	8.21	22.8	运输	2012-06-12	002682.SZ
83	南威软件	7.88	82.5	互联网	2014-12-30	603636.SH
84	ST 爱迪尔	7.82	5.1	服饰	2015-01-22	002740.SZ
85	圣元环保	7.67	47.0	环保	2020-08-24	300867.SZ
86	中闽百汇	7.66	−6.8	零售	2011-01-20	5SR.SG
87	贵人鸟	6.90	新上榜	服饰	2014-01-24	603555.SH
88	美图公司	6.73	新上榜	互联网	2016-12-15	1357.HK
89	禹洲集团	6.54	−95.1	房地产	2009-11-02	1628.HK
90	三木集团	6.47	−10.3	贸易	1996-11-21	000632.SZ
91	青山纸业	6.45	38.0	造纸	1997-07-03	600103.SH
92	东亚机械	6.35	新上榜	装备	2021-07-20	301028.SZ
93	茶花股份	6.29	0.9	日用	2017-02-13	603615.SH
94	福建水泥	6.02	35.9	建筑	1994-01-03	600802.SH
95	雪人股份	5.80	18.4	装备	2011-12-05	002639.SZ
96	华懋科技	5.72	26.8	汽车	2014-09-26	603306.SH
97	弘信电子	5.64	0.7	电子	2017-05-23	300657.SZ
98	厦门空港	5.49	−10.5	运输	1996-05-31	600897.SH
99	建发物业	5.45	新上榜	房地产	2020-12-31	2156.HK
100	昇兴股份	5.39	新上榜	包装	2015-04-22	002752.SZ
101	达华智能	5.33	−13.3	电子	2010-12-03	002512.SZ

4.8.2 2022 年福建上市公司品牌价值榜分析

【区域集中度】 在 2022 年福建上市公司品牌价值榜中：排在前 10 位的公司品牌价值合计 3 894.64 亿元，占福建榜单总计品牌价值的 62.2%；排在前 20 位的公司品牌价值合计 4 686.76 亿元，占福建榜单总计品牌价值的 74.9%；排在前 30 位的公司品牌价值合计 5 180.13 亿元，占福建榜单总计品牌价值的 82.7%。

【所在行业】 在 2022 年福建上市公司品牌价值榜中，101 家公司来自 29 个行业。其中，贸易、金融和服饰三个行业共计包括 22 家公司，品牌价值合计 3 140.17 亿元，占福建榜单总计品牌价值的 50.2%，处于主导地位。其他行业的情况见图 4-15 和图 4-16。

【上市板块】 在 2022 年福建上市公司品牌价值榜中：在上交所主板上市的公司有 43 家，品牌价值合计 3 757.44 亿元，占福建榜单总计品牌价值的 60%，排在第一位；在港交所上市的中资股公司有 15 家，品牌价值合计 1 167.4 亿元，占福建榜单总计品牌价值的

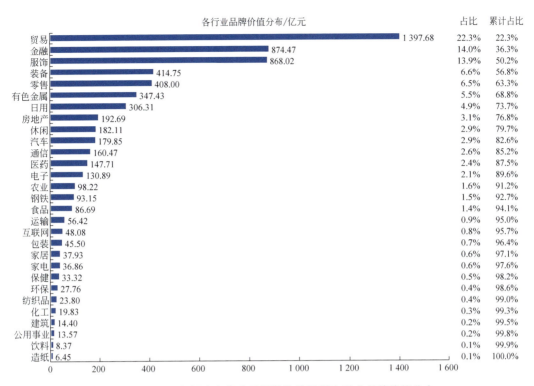

图 4-15　2022 年福建上市公司品牌价值榜所在行业品牌价值分布

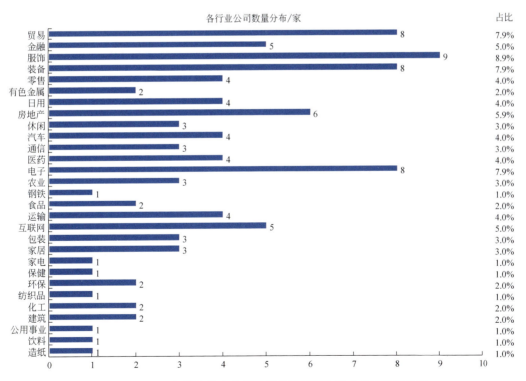

图 4-16　2022 年福建上市公司品牌价值榜所在行业公司数量分布

18.6%,排在第二位;在深交所主板上市的公司有 34 家,品牌价值合计 953.06 亿元,占福建榜单总计品牌价值的 15.2%,排在第三位。此外,在深交所创业板上市的公司有 6 家,品牌价值合计 355.02 亿元;在国外上市的中概股公司有 2 家,品牌价值合计 18.91 亿元;在上交所科创板上市的公司有 1 家,品牌价值 8.89 亿元。

【上市时间】 在 2022 年福建上市公司品牌价值榜中:2007—2011 年上市的公司有 27 家,品牌价值合计 2 809.24 亿元,占福建榜单总计品牌价值的 44.9%,排在第一位;1997—2001 年上市的公司有 14 家,品牌价值合计 1 451.68 亿元,占福建榜单总计品牌价值的 23.2%,排在第二位;2017—2021 年上市的公司有 26 家,品牌价值合计 875.53 亿元,占福建榜单总计品牌价值的 14%,排在第三位。此外,1996 年及以前上市的公司有 11 家,品牌价值合计 723.39 亿元;2002—2006 年上市的公司有 9 家,品牌价值合计 219.29 亿元;2012—2016 年上市的公司有 14 家,品牌价值合计 181.6 亿元。

4.9 四川品牌价值榜

在 2022 年中国上市公司品牌价值总榜的 3 000 家企业中:四川的企业共计 72 家,比 2021 年增加了 2 家;品牌价值总计 6 047.07 亿元,比 2021 年增长了 13.9%。

4.9.1 2022 年四川上市公司品牌价值榜单

序号	证券名称	品牌价值/亿元	增长率/%	行业	上市日期	证券代码
1	五粮液	2 367.55	13.1	饮料	1998-04-27	000858.SZ
2	泸州老窖	720.47	33.9	饮料	1994-05-09	000568.SZ
3	四川长虹	551.02	11.1	家电	1994-03-11	600839.SH
4	通威股份	342.10	56.1	农业	2004-03-02	600438.SH
5	新希望	308.80	−13.5	农业	1998-03-11	000876.SZ
6	东方电气	217.24	37.4	装备	1995-10-10	600875.SH
7	水井坊	147.40	67.8	饮料	1996-12-06	600779.SH
8	舍得酒业	114.83	97.1	饮料	1996-05-24	600702.SH
9	四川路桥	106.13	67.6	建筑	2003-03-25	600039.SH
10	新乳业	90.55	16.1	饮料	2019-01-25	002946.SZ
11	成都银行	67.93	35.8	金融	2018-01-31	601838.SH
12	新华文轩	57.17	14.4	媒体	2016-08-08	601811.SH
13	创维数字	56.13	−0.6	家电	1998-06-02	000810.SZ
14	科伦药业	55.58	13.6	医药	2010-06-03	002422.SZ
15	茂业商业	54.05	−6.7	零售	1994-02-24	600828.SH
16	云图控股	49.34	68.9	化工	2011-01-18	002539.SZ
17	红旗连锁	42.26	−32.4	零售	2012-09-05	002697.SZ
18	国机重装	32.25	−5.8	装备	2020-06-08	601399.SH
19	利尔化学	28.60	60.1	化工	2008-07-08	002258.SZ
20	蓝光发展	26.69	−79.1	房地产	2001-02-12	600466.SH

续表

序号	证券名称	品牌价值/亿元	增长率/%	行业	上市日期	证券代码
21	希望教育	24.12	−57.6	教育	2018-08-03	1765.HK
22	天原股份	23.27	15.5	贸易	2010-04-09	002386.SZ
23	四川成渝	22.85	20.8	运输	2009-07-27	601107.SH
24	广汇物流	22.52	62.2	房地产	1992-01-13	600603.SH
25	ST鹏博士	20.50	−23.0	电信	1994-01-03	600804.SH
26	迈克生物	19.78	−3.3	医药	2015-05-28	300463.SZ
27	四川九洲	19.64	−6.8	日用	1998-05-06	000801.SZ
28	国金证券	19.08	−16.6	金融	1997-08-07	600109.SH
29	千禾味业	18.30	−12.9	食品	2016-03-07	603027.SH
30	攀钢钒钛	17.66	32.2	有色金属	1996-11-15	000629.SZ
31	天味食品	17.33	−33.8	食品	2019-04-16	603317.SH
32	汇宇制药-W	16.75	新上榜	医药	2021-10-26	688553.SH
33	泸天化	16.24	37.2	化工	1999-06-03	000912.SZ
34	华西证券	16.18	0.3	金融	2018-02-05	002926.SZ
35	盛和资源	15.62	90.6	有色金属	2003-05-29	600392.SH
36	药易购	15.25	新上榜	零售	2021-01-27	300937.SZ
37	新易盛	14.58	9.2	通信	2016-03-03	300502.SZ
38	卫士通	14.34	80.5	电子	2008-08-11	002268.SZ
39	中国金属利用	14.34	新上榜	有色金属	2014-02-21	1636.HK
40	富森美	13.97	13.2	房地产	2016-11-09	002818.SZ
41	四川美丰	13.71	86.3	化工	1997-06-17	000731.SZ
42	极米科技	13.26	新上榜	电子	2021-03-03	688696.SH
43	和邦生物	10.49	87.1	化工	2012-07-31	603077.SH
44	成都高速	10.02	106.5	运输	2019-01-15	1785.HK
45	峨眉山A	10.01	−17.0	休闲	1997-10-21	000888.SZ
46	天邑股份	9.59	7.7	通信	2018-03-30	300504.SZ
47	彩虹集团	9.53	12.8	家电	2020-12-11	003023.SZ
48	川投能源	9.42	9.6	公用	1993-09-24	600674.SH
49	天齐锂业	9.24	−4.8	有色金属	2010-08-31	002466.SZ
50	康弘药业	9.02	−50.0	医药	2015-06-26	002773.SZ
51	吉峰科技	8.84	−43.5	零售	2009-10-30	300022.SZ
52	泸州银行	8.82	−0.8	金融	2018-12-17	1983.HK
53	利君股份	8.74	44.1	装备	2012-01-06	002651.SZ
54	人瑞人才	8.01	33.3	商业服务	2019-12-13	6919.HK
55	巨星农牧	7.27	新上榜	农业	2017-12-18	603477.SH
56	昊华科技	6.92	新上榜	化工	2001-01-11	600378.SH
57	帝欧家居	6.74	13.9	建筑	2016-05-25	002798.SZ
58	兴蓉环境	6.57	22.7	公用	1996-05-29	000598.SZ
59	川能动力	6.49	57.0	公用	2000-09-26	000155.SZ
60	川发龙蟒	6.38	新上榜	化工	2009-12-03	002312.SZ
61	贝瑞基因	6.36	−20.3	医药	1997-04-22	000710.SZ
62	安宁股份	6.27	11.5	有色金属	2020-04-17	002978.SZ
63	川润股份	6.11	48.7	装备	2008-09-19	002272.SZ

四川榜单

续表

序号	证券名称	品牌价值/亿元	增长率/%	行业	上市日期	证券代码
64	雅化集团	5.95	新上榜	化工	2010-11-09	002497.SZ
65	富临精工	5.88	新上榜	汽车	2015-03-19	300432.SZ
66	浩物股份	5.86	新上榜	汽车	1997-06-27	000757.SZ
67	航发科技	5.76	19.0	装备	2001-12-12	600391.SH
68	新晨动力	5.70	10.7	汽车	2013-03-13	1148.HK
69	国光股份	5.54	−3.4	化工	2015-03-20	002749.SZ
70	康华生物	5.50	−14.7	医药	2020-06-16	300841.SZ
71	创意信息	5.32	16.9	互联网	2014-01-27	300366.SZ
72	豪能股份	5.31	新上榜	汽车	2017-11-28	603809.SH

4.9.2　2022年四川上市公司品牌价值榜分析

【区域集中度】　在2022年四川上市公司品牌价值榜中：排在前10位的公司品牌价值合计4966.1亿元，占四川榜单总计品牌价值的82.1%；排在前20位的公司品牌价值合计5436.11亿元，占四川榜单总计品牌价值的89.9%；排在前30位的公司品牌价值合计5643.83亿元，占四川榜单总计品牌价值的93.3%。

【所在行业】　在2022年四川上市公司品牌价值榜中，72家公司来自25个行业。其中，饮料行业共计包括5家公司，品牌价值合计3440.8亿元，占四川榜单总计品牌价值的56.9%，处于主导地位。其他行业的情况见图4-17和图4-18。

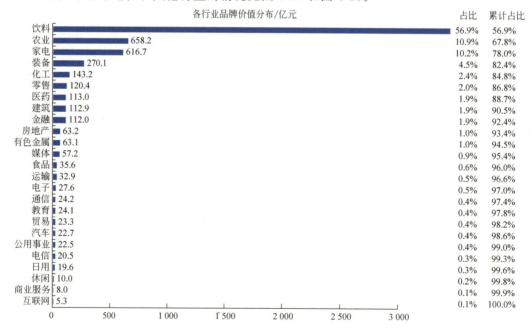

图4-17　2022年四川上市公司品牌价值榜所在行业品牌价值分布

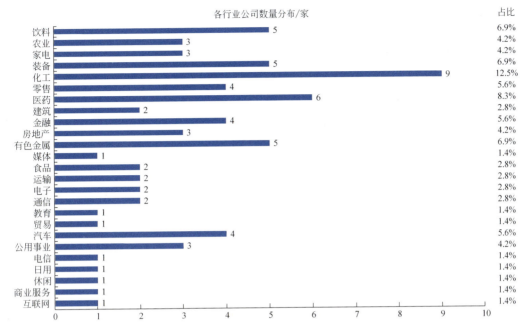

图 4-18　2022 年四川上市公司品牌价值榜所在行业公司数量分布

【上市板块】　在 2022 年四川上市公司品牌价值榜中：在深交所主板上市的公司有 32 家，品牌价值合计 3 963.13 亿元，占四川榜单总计品牌价值的 65.5％，排在第一位；在上交所主板上市的公司有 24 家，品牌价值合计 1 898.19 亿元，占四川榜单总计品牌价值的 31.4％，排在第二位。此外，在深交所创业板上市的公司有 8 家，品牌价值合计 84.73 亿元；在港交所上市的中资股公司有 6 家，品牌价值合计 71.01 亿元；在上交所科创板上市的公司有 2 家，品牌价值合计 30.01 亿元。

【上市时间】　在 2022 年四川上市公司品牌价值榜中：1997—2001 年上市的公司有 14 家，品牌价值合计 2 869.26 亿元，占四川榜单总计品牌价值的 47.4％，排在第一位；1996 年及以前上市的公司有 11 家，品牌价值合计 1 881.69 亿元，占四川榜单总计品牌价值的 31.1％，排在第二位；2002—2006 年上市的公司有 3 家，品牌价值合计 463.86 亿元，占四川榜单总计品牌价值的 7.7％，排在第三位。此外，2017—2021 年上市的公司有 18 家，品牌价值合计 363.93 亿元；2012—2016 年上市的公司有 15 家，品牌价值合计 237.83 亿元；2007—2011 年上市的公司有 11 家，品牌价值合计 230.51 亿元。

4.10　贵州品牌价值榜

在 2022 年中国上市公司品牌价值总榜的 3 000 家企业中：贵州的企业共计 20 家，与 2021 年相同；品牌价值总计 5 790.86 亿元，比 2021 年增长了 12.6％。

4.10.1 2022 年贵州上市公司品牌价值榜单

序号	证券名称	品牌价值/亿元	增长率/%	行业	上市日期	证券代码
1	贵州茅台	5 445.13	13.1	饮料	2001-08-27	600519.SH
2	贵阳银行	56.75	6.5	金融	2016-08-16	601997.SH
3	贵州银行	44.92	3.3	金融	2019-12-30	6199.HK
4	中天金融	23.66	−44.1	房地产	1994-02-02	000540.SZ
5	高鸿股份	21.98	−1.7	互联网	1998-06-09	000851.SZ
6	华夏航空	20.49	24.0	运输	2018-03-02	002928.SZ
7	信邦制药	20.23	34.0	医药	2010-04-16	002390.SZ
8	中航重机	19.85	45.5	装备	1996-11-06	600765.SH
9	振华科技	19.19	11.8	电子	1997-07-03	000733.SZ
10	贵州轮胎	19.11	40.3	汽车	1996-03-08	000589.SZ
11	航天电器	14.97	22.3	电子	2004-07-26	002025.SZ
12	勘设股份	12.72	60.8	商业服务	2017-08-09	603458.SH
13	益佰制药	12.06	15.8	医药	2004-03-23	600594.SH
14	中伟股份	11.77	101.1	化工	2020-12-23	300919.SZ
15	贵广网络	11.62	−39.1	媒体	2016-12-26	600996.SH
16	贵州百灵	10.95	−7.9	医药	2010-06-03	002424.SZ
17	贵航股份	6.91	−9.4	汽车	2001-12-27	600523.SH
18	盘江股份	6.48	7.9	煤炭	2001-05-31	600395.SH
19	振华新材	6.35	新上榜	装备	2021-09-14	688707.SH
20	圣济堂	5.73	10.7	化工	2000-02-21	600227.SH

4.10.2 2022 年贵州上市公司品牌价值榜分析

【区域集中度】 在 2022 年贵州上市公司品牌价值榜中：排在第 1 位的公司品牌价值 5 445.13 亿元，占贵州榜单总计品牌价值的 94%；排在前 3 位的公司品牌价值合计 5 546.79 亿元，占贵州榜单总计品牌价值的 95.8%；排在前 5 位的公司品牌价值合计 5 592.43 亿元，占贵州榜单总计品牌价值的 96.6%。

【所在行业】 在 2022 年贵州上市公司品牌价值榜中，20 家公司来自 13 个行业。其中，饮料行业有 1 家公司，品牌价值 5 445.13 亿元，占贵州榜单总计品牌价值的 94%，处于主导地位。其他行业的情况见图 4-19 和图 4-20。

【上市板块】 在 2022 年贵州上市公司品牌价值榜中，在上交所主板上市的公司有 9 家，品牌价值合计 5 577.25 亿元，占贵州榜单总计品牌价值的 96.3%，排在第一位。此外，在深交所主板上市的公司有 8 家，品牌价值合计 150.57 亿元；在港交所上市的中资股公司有 1 家，品牌价值 44.92 亿元；在深交所创业板和在上交所科创板上市的公司各

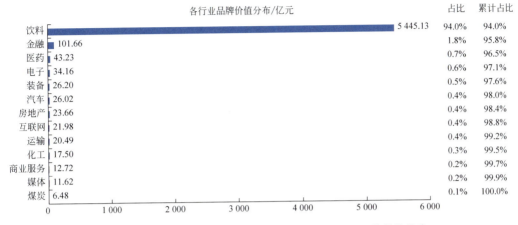

图 4-19　2022 年贵州上市公司品牌价值榜所在行业品牌价值分布

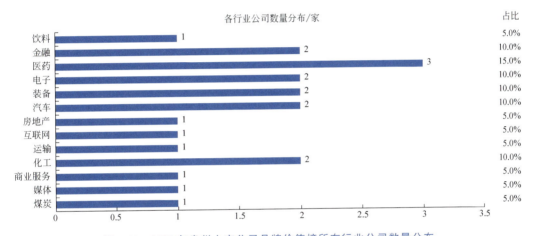

图 4-20　2022 年贵州上市公司品牌价值榜所在行业公司数量分布

有 1 家,品牌价值分别为 11.77 亿元和 6.35 亿元。

【上市时间】　在 2022 年贵州上市公司品牌价值榜中:1997—2001 年上市的公司有 6 家,品牌价值合计 5 505.41 亿元,占贵州榜单总计品牌价值的 95.1%,排在第一位。此外,2017—2021 年上市的公司有 5 家,品牌价值合计 96.24 亿元;2012—2016 年上市的公司有 2 家,品牌价值合计 68.37 亿元;1996 年及以前上市的公司有 3 家,品牌价值 62.62 亿元;2007—2011 年上市的公司有 2 家,品牌价值合计 31.17 亿元;2002—2006 年上市的公司有 2 家,品牌价值合计 27.03 亿元。

4.11　安徽品牌价值榜

在 2022 年中国上市公司品牌价值总榜的 3 000 家企业中:安徽的企业共计 89 家,比 2021 年增加了 4 家;品牌价值总计 3 817.96 亿元,比 2021 年增长了 2.8%。

4.11.1　2022年安徽上市公司品牌价值榜单

序号	证券名称	品牌价值/亿元	增长率/%	行业	上市日期	证券代码
1	海螺水泥	439.77	13.7	建筑	2002-02-07	600585.SH
2	古井贡酒	296.82	5.7	饮料	1996-09-27	000596.SZ
3	三七互娱	236.51	-17.6	休闲	2011-03-02	002555.SZ
4	江淮汽车	228.59	-10.0	汽车	2001-08-24	600418.SH
5	信义光能	171.85	54.1	装备	2013-12-12	0968.HK
6	马钢股份	165.95	41.6	钢铁	1994-01-06	600808.SH
7	口子窖	165.02	17.5	饮料	2015-06-29	603589.SH
8	迎驾贡酒	138.25	27.9	饮料	2015-05-28	603198.SH
9	铜陵有色	126.75	1.4	有色金属	1996-11-20	000630.SZ
10	徽商银行	98.43	-40.6	金融	2013-11-12	3698.HK
11	长虹美菱	95.86	6.7	家电	1993-10-18	000521.SZ
12	安徽合力	79.90	20.5	装备	1996-10-09	600761.SH
13	阳光电源	77.69	69.2	装备	2011-11-02	300274.SZ
14	山鹰国际	68.34	50.0	造纸	2001-12-18	600567.SH
15	安徽建工	62.91	28.9	建筑	2003-04-15	600502.SH
16	科大讯飞	60.80	95.6	互联网	2008-05-12	002230.SZ
17	皖新传媒	52.67	11.8	媒体	2010-01-18	601801.SH
18	洽洽食品	50.94	-14.8	食品	2011-03-02	002557.SZ
19	精达股份	48.93	87.6	装备	2002-09-11	600577.SH
20	三只松鼠	46.66	-17.4	食品	2019-07-12	300783.SZ
21	合肥百货	38.51	-31.8	零售	1996-08-12	000417.SZ
22	海螺创业	38.13	39.3	环保	2013-12-19	0586.HK
23	同庆楼	37.25	18.7	餐饮	2020-07-16	605108.SH
24	中鼎股份	36.94	43.3	汽车	1998-12-03	000887.SZ
25	汉马科技	34.72	6.7	装备	2003-04-01	600375.SH
26	时代出版	32.92	3.3	媒体	2002-09-05	600551.SH
27	惠而浦	32.34	-8.7	家电	2004-07-27	600983.SH
28	ZEPP HEALTH	32.18	新上榜	电子	2018-02-08	ZEPP.N
29	淮北矿业	30.60	37.3	煤炭	2004-04-28	600985.SH
30	楚江新材	29.40	9.7	有色金属	2007-09-21	002171.SZ
31	华孚时尚	27.35	4.5	纺织	2005-04-27	002042.SZ
32	广信股份	27.03	63.0	化工	2015-05-13	603599.SH
33	鸿路钢构	23.89	25.2	建筑	2011-01-18	002541.SZ
34	现代牧业	23.14	41.0	农业	2010-11-26	1117.HK
35	黄山旅游	22.09	-13.5	休闲	1997-05-06	600054.SH
36	志邦家居	20.66	62.4	家居	2017-06-30	603801.SH
37	全柴动力	20.66	13.2	装备	1998-12-03	600218.SH
38	国轩高科	20.11	-2.7	装备	2006-10-18	002074.SZ
39	长信科技	20.08	-22.7	电子	2010-05-26	300088.SZ
40	中国东方教育	19.92	-76.1	教育	2019-06-12	0667.HK

安徽榜单

续表

序号	证券名称	品牌价值/亿元	增长率/%	行业	上市日期	证券代码
41	皖通高速	18.80	40.9	运输	2003-01-07	600012.SH
42	美亚光电	18.62	9.8	装备	2012-07-31	002690.SZ
43	辉隆股份	18.58	-15.3	贸易	2011-03-02	002556.SZ
44	司尔特	17.74	90.4	化工	2011-01-18	002538.SZ
45	六国化工	17.41	新上榜	化工	2004-03-05	600470.SH
46	淮河能源	16.79	18.3	贸易	2003-03-28	600575.SH
47	中国新华教育	16.37	0.5	教育	2018-03-26	2779.HK
48	中粮科技	15.73	54.7	化工	1999-07-12	000930.SZ
49	精工钢构	14.24	4.4	建筑	2002-06-05	600496.SH
50	凯盛科技	13.95	28.8	电子	2002-11-08	600552.SH
51	安凯客车	13.12	21.6	汽车	1997-07-25	000868.SZ
52	国元证券	13.04	-15.0	金融	1997-06-16	000728.SZ
53	开润股份	12.96	-2.3	服饰	2016-12-21	300577.SZ
54	合肥城建	12.96	-15.5	房地产	2008-01-28	002208.SZ
55	伯特利	12.92	29.5	汽车	2018-04-27	603596.SH
56	节能国祯	12.84	32.8	环保	2014-08-01	300388.SZ
57	中公教育	12.38	-94.7	教育	2011-08-10	002607.SZ
58	华安证券	12.08	-6.4	金融	2016-12-06	600909.SH
59	玉禾田	12.00	-20.5	环保	2020-01-23	300815.SZ
60	ST 德豪	11.95	-13.8	家电	2004-06-25	002005.SZ
61	金种子酒	11.65	17.9	饮料	1998-08-12	600199.SH
62	欧普康视	11.21	46.9	医药	2017-01-17	300595.SZ
63	丰原药业	11.14	0.9	医药	2000-09-20	000153.SZ
64	巨一科技	10.98	新上榜	装备	2021-11-10	688162.SH
65	新集能源	10.36	27.7	煤炭	2007-12-19	601918.SH
66	安孚科技	10.25	-27.8	零售	2016-08-22	603031.SH
67	中电兴发	10.25	-2.8	互联网	2009-09-29	002298.SZ
68	皖能电力	10.18	3.7	公用	1993-12-20	000543.SZ
69	洁雅股份	9.64	新上榜	日用	2021-12-03	301108.SZ
70	设计总院	9.39	30.3	商业服务	2017-08-01	603357.SH
71	安科生物	9.23	31.2	医药	2009-10-30	300009.SZ
72	皖维高新	8.94	42.7	化工	1997-05-28	600063.SH
73	立方制药	8.46	30.5	医药	2020-12-15	003020.SZ
74	四创电子	8.36	59.5	装备	2004-05-10	600990.SH
75	*ST 新光	8.17	新上榜	房地产	2007-08-08	002147.SZ
76	丰乐种业	8.07	26.9	农业	1997-04-22	000713.SZ
77	东华科技	7.97	85.7	建筑	2007-07-12	002140.SZ
78	九华旅游	7.90	2.9	休闲	2015-03-26	603199.SH
79	金禾实业	7.56	15.5	化工	2011-07-07	002597.SZ
80	华茂股份	7.49	11.9	纺织	1998-10-07	000850.SZ
81	永新股份	6.84	1.2	包装	2004-07-08	002014.SZ
82	荃银高科	6.76	39.7	农业	2010-05-26	300087.SZ
83	华塑股份	6.52	新上榜	化工	2021-11-26	600935.SH
84	大富科技	6.48	-23.9	通信	2010-10-26	300134.SZ

安徽榜单

续表

序号	证券名称	品牌价值/亿元	增长率/%	行业	上市日期	证券代码
85	应流股份	6.22	18.9	装备	2014-01-22	603308.SH
86	常青股份	6.13	15.6	汽车	2017-03-24	603768.SH
87	恒源煤电	5.65	29.1	煤炭	2004-08-17	600971.SH
88	香农芯创	5.59	新上榜	家电	2015-06-10	300475.SZ
89	众源新材	5.52	16.3	有色金属	2017-09-07	603527.SH

4.11.2　2022年安徽上市公司品牌价值榜分析

【区域集中度】　在2022年安徽上市公司品牌价值榜中：排在前10位的公司品牌价值合计2 067.95亿元，占安徽榜单总计品牌价值的54.2%；排在前20位的公司品牌价值合计2 712.66亿元，占安徽榜单总计品牌价值的71.1%；排在前30位的公司品牌价值合计3 055.65亿元，占安徽榜单总计品牌价值的80%。

【所在行业】　在2022年安徽上市公司品牌价值榜中，89家公司来自33个行业。其中，饮料、建筑、装备和汽车四个行业共计包括25家公司，品牌价值合计1 956.25亿元，占安徽榜单总计品牌价值的51.2%，处于主导地位。其他行业的情况见图4-21和图4-22。

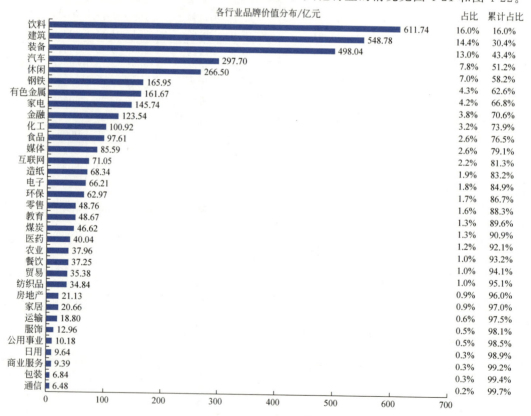

图4-21　2022年安徽上市公司品牌价值榜所在行业品牌价值分布

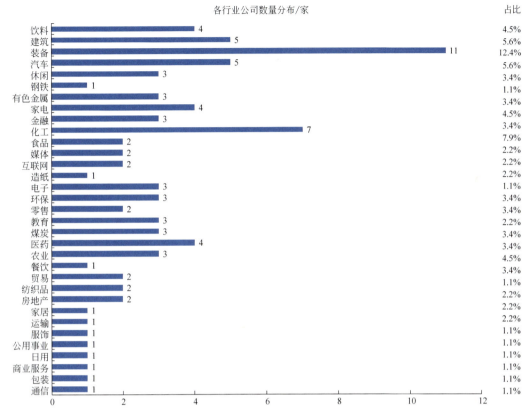

图 4-22　2022 年安徽上市公司品牌价值榜所在行业公司数量分布

【上市板块】　在 2022 年安徽上市公司品牌价值榜中：在上交所主板上市的公司有 38 家，品牌价值合计 1 911.69 亿元，占安徽榜单总计品牌价值的 50.1%，排在第一位；在深交所主板上市的公司有 31 家，品牌价值合计 1 264.13 亿元，占安徽榜单总计品牌价值的 33.1%，排在第二位；在港交所上市的中资股公司有 6 家，品牌价值合计 367.84 亿元，占安徽榜单总计品牌价值的 9.6%，排在第三位。此外，在深交所创业板上市的公司有 12 家，品牌价值合计 231.15 亿元；在国外上市的中概股公司和在上交所科创板上市的公司各有 1 家，品牌价值分别为 32.18 亿元和 10.98 亿元。

【上市时间】　在 2022 年安徽上市公司品牌价值榜中：2002—2006 年上市的公司有 18 家，品牌价值合计 843.65 亿元，占安徽榜单总计品牌价值的 22.1%，排在第一位；1996 年及以前上市的公司有 7 家，品牌价值合计 813.98 亿元，占安徽榜单总计品牌价值的 21.3%，排在第二位；2012—2016 年上市的公司有 14 家，品牌价值合计 725.16 亿元，占安徽榜单总计品牌价值的 19%，排在第三位。此外，2007—2011 年上市的公司有 21 家，品牌价值合计 703.56 亿元；1997—2001 年上市的公司有 13 家，品牌价值合计 465.78 亿元；2017—2021 年上市的公司有 16 家，品牌价值合计 265.83 亿元。

4.12 湖北品牌价值榜

在2022年中国上市公司品牌价值总榜的3 000家企业中：湖北的企业共计74家，比2021年减少了1家；品牌价值总计3 300.88亿元，比2021年增长了2.7%。

4.12.1 2022年湖北上市公司品牌价值榜单

序号	证券名称	品牌价值/亿元	增长率/%	行业	上市日期	证券代码
1	东风集团股份	551.13	13.6	汽车	2005-12-07	0489.HK
2	九州通	367.88	16.2	医药	2010-11-02	600998.SH
3	闻泰科技	216.00	−13.1	通信	1996-08-28	600745.SH
4	中信特钢	130.29	39.1	钢铁	1997-03-26	000708.SZ
5	烽火通信	105.29	−8.6	通信	2001-08-23	600498.SH
6	安琪酵母	98.98	9.6	食品	2000-08-18	600298.SH
7	人福医药	92.70	3.5	医药	1997-06-06	600079.SH
8	安道麦A	81.08	63.3	化工	1993-12-03	000553.SZ
9	东风汽车	80.14	1.8	汽车	1999-07-27	600006.SH
10	斗鱼	77.09	−8.8	休闲	2019-07-17	DOYU.O
11	居然之家	77.07	−8.4	零售	1997-07-11	000785.SZ
12	华新水泥	77.03	11.7	建筑	1994-01-03	600801.SH
13	三安光电	74.38	20.2	电子	1996-05-28	600703.SH
14	武商集团	68.22	−34.0	零售	1992-11-20	000501.SZ
15	中百集团	54.36	−32.5	零售	1997-05-19	000759.SZ
16	天茂集团	52.50	5.2	金融	1996-11-12	000627.SZ
17	新洋丰	52.11	34.3	化工	1999-04-08	000902.SZ
18	长飞光纤	51.64	9.5	通信	2018-07-20	601869.SH
19	卓尔智联	44.84	76.3	贸易	2011-07-13	2098.HK
20	良品铺子	44.00	−20.5	食品	2020-02-24	603719.SH
21	湖北宜化	40.69	68.9	化工	1996-08-15	000422.SZ
22	长江传媒	40.00	−15.1	媒体	1996-10-03	600757.SH
23	济川药业	36.20	24.4	医药	2001-08-22	600566.SH
24	中航机电	35.43	33.8	装备	2004-07-05	002013.SZ
25	宏发股份	34.73	18.9	装备	1996-02-05	600885.SH
26	周黑鸭	33.87	7.7	食品	2016-11-11	1458.HK
27	骆驼股份	33.04	45.6	汽车	2011-06-02	601311.SH
28	航天电子	31.10	32.9	装备	1995-11-15	600879.SH
29	福星股份	29.73	19.5	房地产	1999-06-18	000926.SZ
30	光迅科技	29.09	−4.5	通信	2009-08-21	002281.SZ
31	华工科技	28.85	32.6	电子	2000-06-08	000988.SZ
32	东贝集团	27.62	新上榜	装备	2020-12-25	601956.SH
33	*ST凯乐	27.53	−57.5	通信	2000-07-06	600260.SH
34	均瑶健康	24.69	−9.5	饮料	2020-08-18	605388.SH
35	兴发集团	24.62	37.0	化工	1999-06-16	600141.SH

续表

序号	证券名称	品牌价值/亿元	增长率/%	行业	上市日期	证券代码
36	长江证券	21.35	-10.7	金融	1997-07-31	000783.SZ
37	湖北能源	19.10	32.2	公用	1998-05-19	000883.SZ
38	高德红外	18.80	47.4	电子	2010-07-16	002414.SZ
39	启迪环境	15.61	-39.0	环保	1998-02-25	000826.SZ
40	帝尔激光	15.52	124.8	装备	2019-05-17	300776.SZ
41	中电光谷	15.02	30.2	房地产	2014-03-28	0798.HK
42	马应龙	14.86	25.8	医药	2004-05-17	600993.SH
43	锐科激光	14.78	83.9	电子	2018-06-25	300747.SZ
44	京山轻机	14.61	87.3	装备	1998-06-26	000821.SZ
45	楚天高速	14.54	22.1	运输	2004-03-10	600035.SH
46	奥美医疗	14.32	-7.3	医药	2019-03-11	002950.SZ
47	健民集团	13.89	63.7	医药	2004-04-19	600976.SH
48	东湖高新	13.80	16.0	建筑	1998-02-12	600133.SH
49	三峡新材	13.64	34.4	建筑	2000-09-19	600293.SH
50	金鹰重工	12.58	新上榜	装备	2021-08-18	301048.SZ
51	明德生物	12.37	195.2	医药	2018-07-10	002932.SZ
52	东阳光药	11.54	-61.5	医药	2015-12-29	1558.HK
53	国创高新	10.98	38.9	房地产	2010-03-23	002377.SZ
54	奥园美谷	10.65	48.2	房地产	1996-10-16	000615.SZ
55	精测电子	9.82	30.3	电子	2016-11-22	300567.SZ
56	华强科技	9.75	新上榜	装备	2021-12-06	688151.SH
57	湖北广电	9.24	-28.9	媒体	1996-12-10	000665.SZ
58	华灿光电	8.96	57.8	电子	2012-06-01	300323.SZ
59	中贝通信	8.80	21.7	电信	2018-11-15	603220.SH
60	*ST中安	8.28	9.1	互联网	1990-12-19	600654.SH
61	南国置业	8.15	-12.4	房地产	2009-11-06	002305.SZ
62	天风证券	7.99	-22.5	金融	2018-10-19	601162.SH
63	科前生物	7.58	12.9	医药	2020-09-22	688526.SH
64	塞力医疗	7.45	30.1	医药	2016-10-31	603716.SH
65	武汉凡谷	7.06	-17.2	通信	2007-12-07	002194.SZ
66	长源电力	7.03	57.8	公用	2000-03-16	000966.SZ
67	力源信息	6.69	-29.3	贸易	2011-02-22	300184.SZ
68	石化机械	6.61	27.2	石油	1998-11-26	000852.SZ
69	三峡旅游	6.51	-8.9	运输	2011-11-03	002627.SZ
70	中汽系统	6.26	17.5	汽车	2004-08-24	CAAS.O
71	三特索道	6.14	1.7	休闲	2007-08-17	002159.SZ
72	华昌达	5.95	-9.4	装备	2011-12-16	300278.SZ
73	华中数控	5.38	24.2	装备	2011-01-13	300161.SZ
74	永安药业	5.31	新上榜	医药	2010-03-05	002365.SZ

4.12.2　2022年湖北上市公司品牌价值榜分析

【区域集中度】　在2022年湖北上市公司品牌价值榜中：排在前10位的公司品牌价值合计1 800.59亿元，占湖北榜单总计品牌价值的54.5%；排在前20位的公司品牌价值合计2 396.75亿元,占湖北榜单总计品牌价值的72.6%;排在前30位的公司品牌价值合计2 740.62亿元,占湖北榜单总计品牌价值的83%。

【所在行业】 在2022年湖北上市公司品牌价值榜中,74家公司来自22个行业。其中,汽车、医药和通信三个行业共计包括21家公司,品牌价值合计1 691.29亿元,占湖北榜单总计品牌价值的51.2%,处于主导地位。其他行业的情况见图4-23和图4-24。

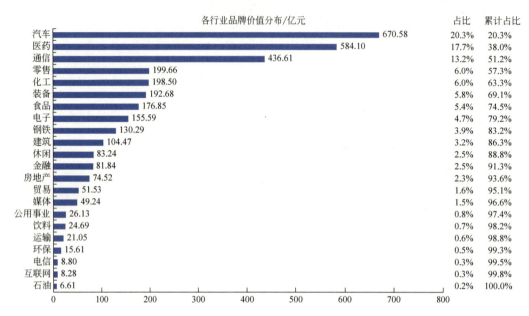

图4-23　2022年湖北上市公司品牌价值榜所在行业品牌价值分布

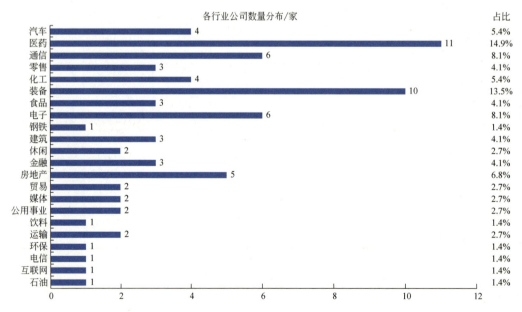

图4-24　2022年湖北上市公司品牌价值榜所在行业公司数量分布

【上市板块】 在2022年湖北上市公司品牌价值榜中：在上交所主板上市的公司有28家，品牌价值合计1 590.82亿元，占湖北榜单总计品牌价值的48.2%，排在第一位；在深交所主板上市的公司有29家，品牌价值合计873.28亿元，占湖北榜单总计品牌价值的26.5%，排在第二位；在港交所上市的中资股公司有5家，品牌价值合计656.4亿元，占湖北榜单总计品牌价值的19.9%，排在第三位。此外，在国外上市的中概股公司有2家，品牌价值合计83.35亿元；在深交所创业板上市的公司有8家，品牌价值合计79.68亿元；在上交所科创板上市的公司有2家，品牌价值合计17.34亿元。

【上市时间】 在2022年湖北上市公司品牌价值榜中：1997—2001年上市的公司有21家，品牌价值合计949.64亿元，占湖北榜单总计品牌价值的28.8%，排在第一位；1996年及以前上市的公司有13家，品牌价值合计743.89亿元，占湖北榜单总计品牌价值的22.5%，排在第二位；2002—2006年上市的公司有6家，品牌价值合计636.11亿元，占湖北榜单总计品牌价值的19.3%，排在第三位。此外，2007—2011年上市的公司有14家，品牌价值合计555.82亿元；2017—2021年上市的公司有14家，品牌价值合计328.74亿元；2012—2016年上市的公司有6家，品牌价值合计86.66亿元。

4.13 天津品牌价值榜

在2022年中国上市公司品牌价值总榜的3 000家企业中：天津的企业共计37家，比2021年减少了3家；品牌价值总计3 106.78亿元，比2021年增长了32.9%。

4.13.1 2022年天津上市公司品牌价值榜单

序号	证券名称	品牌价值/亿元	增长率/%	行业	上市日期	证券代码
1	中远海控	998.31	108.6	运输	2007-06-26	601919.SH
2	三六零	412.68	−5.1	互联网	2012-01-16	601360.SH
3	海航科技	374.49	−2.4	贸易	1996-09-09	600751.SH
4	国机汽车	133.86	15.6	汽车	2001-03-05	600335.SH
5	TCL中环	126.73	71.3	电子	2007-04-20	002129.SZ
6	中国铁物	111.82	新上榜	商业服务	1999-07-27	000927.SZ
7	广宇发展	107.73	70.6	房地产	1993-12-10	000537.SZ
8	爱玛科技	100.89	新上榜	日用	2021-06-15	603529.SH
9	渤海银行	81.28	−36.5	金融	2020-07-16	9668.HK
10	中科曙光	63.88	22.9	电子	2014-11-06	603019.SH
11	友发集团	61.40	−5.7	钢铁	2020-12-04	601686.SH
12	中储股份	57.11	66.7	贸易	1997-01-21	600787.SH
13	天士力	50.27	−16.2	医药	2002-08-23	600535.SH
14	中海油服	47.11	42.6	石油	2007-09-28	601808.SH

续表

序号	证券名称	品牌价值/亿元	增长率/%	行业	上市日期	证券代码
15	天津银行	47.02	-41.2	金融	2016-03-30	1578.HK
16	招商公路	43.13	18.5	运输	2017-12-25	001965.SZ
17	天津港	32.53	1.7	运输	1996-06-14	600717.SH
18	达仁堂	31.99	42.3	医药	2001-06-06	600329.SH
19	凯莱英	24.17	31.9	医药	2016-11-18	002821.SZ
20	红日药业	19.80	-21.4	医药	2009-10-30	300026.SZ
21	泰达股份	18.92	-38.4	贸易	1996-11-28	000652.SZ
22	海油工程	18.48	1.5	石油	2002-02-05	600583.SH
23	中国飞机租赁	18.44	-11.2	运输	2014-07-11	1848.HK
24	康希诺	14.83	新上榜	医药	2020-08-13	688185.SH
25	中材节能	11.65	97.0	环保	2014-07-31	603126.SH
26	天药股份	11.34	16.2	医药	2001-06-18	600488.SH
27	滨海泰达物流	10.61	8.7	运输	2008-04-30	8348.HK
28	瑞普生物	9.78	33.1	医药	2010-09-17	300119.SZ
29	中体产业	9.43	-0.2	休闲	1998-03-27	600158.SH
30	七一二	8.98	-24.7	装备	2018-02-26	603712.SH
31	依依股份	8.92	新上榜	日用	2021-05-18	001206.SZ
32	新经典	8.07	2.0	媒体	2017-04-25	603096.SH
33	天房发展	7.92	-30.1	房地产	2001-09-10	600322.SH
34	津滨发展	6.18	新上榜	房地产	1999-04-22	000897.SZ
35	经纬辉开	6.07	-19.3	电子	2010-09-17	300120.SZ
36	百利电气	5.50	28.9	装备	2001-06-15	600468.SH
37	富通信息	5.48	-17.4	通信	1997-09-29	000836.SZ

4.13.2　2022年天津上市公司品牌价值榜分析

【区域集中度】　在2022年天津上市公司品牌价值榜中：排在前3位的公司品牌价值合计1 785.48元,占天津榜单总计品牌价值的57.5%;排在前5位的公司品牌价值合计2 046.07亿元,占天津榜单总计品牌价值的65.9%;排在前10位的公司品牌价值合计2 511.68亿元,占天津榜单总计品牌价值的80.8%。

【所在行业】　在2022年天津上市公司品牌价值榜中,37家公司来自17个行业。其中,运输和贸易两个行业共计包括8家公司,品牌价值合计1 553.52亿元,占天津榜单总计品牌价值的50%,处于主导地位。其他行业的情况见图4-25和图4-26。

【上市板块】　在2022年天津上市公司品牌价值榜中：在上交所主板上市的公司有20家,品牌价值合计2 445.88亿元,占天津榜单总计品牌价值的78.7%,排在第一位;在深交所主板上市的公司有9家,品牌价值合计453.08亿元,占天津榜单总计品牌价值的14.6%,排在第二位。此外,在港交所上市的中资股公司有4家,品牌价值合计157.35亿元;在深交所创业板上市的公司有3家,品牌价值合计35.65亿元;在上交所科创板上市

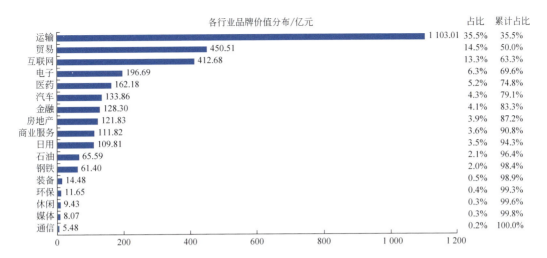

图 4-25　2022 年天津上市公司品牌价值榜所在行业品牌价值分布

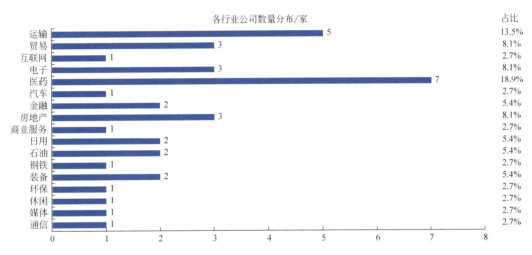

图 4-26　2022 年天津上市公司品牌价值榜所在行业公司数量分布

的公司有 1 家,品牌价值 14.83 亿元。

【上市时间】　在 2022 年天津上市公司品牌价值榜中:2007—2011 年上市的公司有 7 家,品牌价值合计 1 218.41 亿元,占天津榜单总计品牌价值的 39.2%,排在第一位;2012—2016 年上市的公司有 6 家,品牌价值合计 577.84 亿元,占天津榜单总计品牌价值的 18.6%,排在第二位;1996 年及以前上市的公司有 4 家,品牌价值合计 533.66 亿元,占天津榜单总计品牌价值的 17.2%,排在第三位。此外,1997—2001 年上市的公司有 10 家,品牌价值合计 380.63 亿元;2017—2021 年上市的公司有 8 家,品牌价值合计 327.5 亿元;2002—2006 年上市的公司有 2 家,品牌价值合计 68.74 亿元。

4.14　河北品牌价值榜

在 2022 年中国上市公司品牌价值总榜的 3 000 家企业中:河北的企业共计 51 家,比

2021 年增加了 1 家；品牌价值总计 2 777.31 亿元，比 2021 年增长了 1.4%。

4.14.1 2022 年河北上市公司品牌价值榜单

序号	证券名称	品牌价值/亿元	增长率/%	行业	上市日期	证券代码
1	长城汽车	846.55	21.8	汽车	2011-09-28	601633.SH
2	养元饮品	209.76	10.8	饮料	2018-02-12	603156.SH
3	晶澳科技	203.14	32.4	装备	2010-08-10	002459.SZ
4	荣盛发展	160.61	−29.0	房地产	2007-08-08	002146.SZ
5	河钢股份	155.80	9.3	钢铁	1997-04-16	000709.SZ
6	庞大集团	95.13	−11.2	汽车	2011-04-28	601258.SH
7	新奥能源	83.78	39.9	公用	2002-06-03	2688.HK
8	老白干酒	69.81	13.4	饮料	2002-10-29	600559.SH
9	冀东水泥	61.75	22.4	建筑	1996-06-14	000401.SZ
10	新奥股份	61.45	174.0	公用	1994-01-03	600803.SH
11	中国动力	60.09	10.9	装备	2004-07-14	600482.SH
12	新兴铸管	56.93	−8.7	钢铁	1997-06-06	000778.SZ
13	承德露露	54.57	26.9	饮料	1997-11-13	000848.SZ
14	河北建设	51.09	−25.5	建筑	2017-12-15	1727.HK
15	中红医疗	39.55	新上榜	医药	2021-04-27	300981.SZ
16	凌云股份	37.34	22.1	汽车	2003-08-15	600480.SH
17	以岭药业	36.51	−12.4	医药	2011-07-28	002603.SZ
18	立中集团	35.75	77.7	汽车	2015-03-19	300428.SZ
19	华北制药	34.74	−7.5	医药	1994-01-14	600812.SH
20	唐山港	30.25	3.4	运输	2010-07-05	601000.SH
21	紫光国微	27.79	61.9	电子	2005-06-06	002049.SZ
22	三友化工	25.81	43.1	化工	2003-06-18	600409.SH
23	常山北明	24.98	−4.4	互联网	2000-07-24	000158.SZ
24	华夏幸福	21.63	−93.4	房地产	2003-12-30	600340.SH
25	新天绿能	19.12	63.9	公用	2020-06-29	600956.SH
26	秦港股份	18.10	10.4	运输	2017-08-16	601326.SH
27	冀中能源	17.46	35.0	煤炭	1999-09-09	000937.SZ
28	青鸟消防	15.69	42.5	电子	2019-08-09	002960.SZ
29	神威药业	14.99	47.0	医药	2004-12-02	2877.HK
30	东旭光电	14.81	−15.1	电子	1996-09-25	000413.SZ
31	晨光生物	14.73	19.6	农业	2010-11-05	300138.SZ
32	惠达卫浴	14.67	9.0	家居	2017-04-05	603385.SH
33	开滦股份	14.14	14.7	煤炭	2004-06-02	600997.SH
34	河钢资源	13.26	48.6	有色金属	1999-07-14	000923.SZ
35	天山发展控股	11.56	−35.0	房地产	2010-07-15	2118.HK
36	东光化工	9.75	35.5	化工	2017-07-11	1702.HK
37	华通线缆	9.45	新上榜	装备	2021-05-11	605196.SH
38	常山药业	9.12	20.4	医药	2011-08-19	300255.SZ

续表

序号	证券名称	品牌价值/亿元	增长率/%	行业	上市日期	证券代码
39	中国天保集团	9.05	9.2	建筑	2019-11-11	1427.HK
40	建投能源	8.74	−11.1	公用	1996-06-06	000600.SZ
41	电投产融	8.48	5.8	公用	1999-12-23	000958.SZ
42	冀东装备	8.31	6.1	装备	1998-08-13	000856.SZ
43	财达证券	8.19	新上榜	金融	2021-05-07	600906.SH
44	ST中嘉	8.18	−7.6	电信	1997-12-18	000889.SZ
45	保变电气	7.57	−5.8	装备	2001-02-28	600550.SH
46	达力普控股	6.94	59.7	石油	2019-11-08	1921.HK
47	荣万家	6.46	新上榜	房地产	2021-01-15	2146.HK
48	新诺威	6.30	−1.0	医药	2019-03-22	300765.SZ
49	乐凯胶片	6.23	5.4	化工	1998-01-22	600135.SH
50	21世纪教育	5.83	8.3	教育	2018-05-29	1598.HK
51	先河环保	5.38	17.6	电子	2010-11-05	300137.SZ

4.14.2　2022年河北上市公司品牌价值榜分析

【区域集中度】　在2022年河北上市公司品牌价值榜中：排在前5位的公司品牌价值合计1 575.87亿元，占河北榜单总计品牌价值的56.7%；排在前10位的公司品牌价值合计1 947.78亿元，占河北榜单总计品牌价值的70.1%；排在前20位的公司品牌价值合计2 384.6亿元，占河北榜单总计品牌价值的85.9%。

【所在行业】　在2022年河北上市公司品牌价值榜中，51家公司来自20个行业。其中，汽车、饮料和装备三个行业共计包括12家公司，品牌价值合计1 637.46亿元，占河北榜单总计品牌价值的59%，处于主导地位。其他行业的情况见图4-27和图4-28。

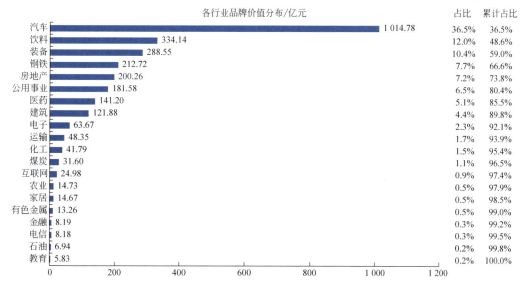

图4-27　2022年河北上市公司品牌价值榜所在行业品牌价值分布

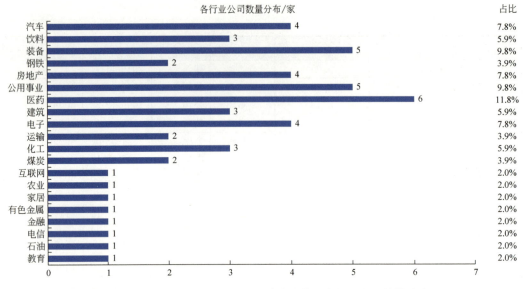

图 4-28　2022 年河北上市公司品牌价值榜所在行业公司数量分布

【上市板块】　在 2022 年河北上市公司品牌价值榜中：在上交所主板上市的公司有 19 家，品牌价值合计 1 590.03 亿元，占河北榜单总计品牌价值的 57.3%，排在第一位；在深交所主板上市的公司有 17 家，品牌价值合计 877.01 亿元，占河北榜单总计品牌价值的 31.6%，排在第二位。此外，在港交所上市的中资股公司有 9 家，品牌价值合计 199.44 亿元；在深交所创业板上市的公司有 6 家，品牌价值合计 110.83 亿元。

【上市时间】　在 2022 年河北上市公司品牌价值榜中：2007—2011 年上市的公司有 10 家，品牌价值合计 1 412.98 亿元，占河北榜单总计品牌价值的 50.9%，排在第一位；2017—2021 年上市的公司有 15 家，品牌价值合计 429.94 亿元，占河北榜单总计品牌价值的 15.5%，排在第二位；1997—2001 年上市的公司有 11 家，品牌价值合计 361.78 亿元，占河北榜单总计品牌价值的 13%，排在第三位。此外，2002—2006 年上市的公司有 9 家，品牌价值合计 355.38 亿元；1996 年及以前上市的公司有 5 家，品牌价值合计 181.48 亿元；2012—2016 年上市的公司有 1 家，品牌价值 35.75 亿元。

4.15　河南品牌价值榜

在 2022 年中国上市公司品牌价值总榜的 3 000 家企业中：河南的企业共计 65 家，比 2021 年增加了 2 家；品牌价值总计 2 553.58 亿元，比 2021 年增长了 6.1%。

4.15.1　2022 年河南上市公司品牌价值榜单

序号	证券名称	品牌价值/亿元	增长率/%	行业	上市日期	证券代码
1	双汇发展	472.48	−24.2	食品	1998-12-10	000895.SZ
2	牧原股份	409.16	41.9	农业	2014-01-28	002714.SZ

续表

序号	证券名称	品牌价值/亿元	增长率/%	行业	上市日期	证券代码
3	洛阳钼业	199.64	87.0	有色金属	2012-10-09	603993.SH
4	郑煤机	151.13	62.2	装备	2010-08-03	601717.SH
5	宇通客车	138.57	−12.9	汽车	1997-05-08	600066.SH
6	中国心连心化肥	68.04	105.5	化工	2009-12-08	1866.HK
7	中原银行	62.15	17.2	金融	2017-07-19	1216.HK
8	安阳钢铁	55.89	65.6	钢铁	2001-08-20	600569.SH
9	中原传媒	51.25	9.2	媒体	1997-03-31	000719.SZ
10	三全食品	49.31	−24.8	食品	2008-02-20	002216.SZ
11	郑州银行	43.86	4.9	金融	2018-09-19	002936.SZ
12	中航光电	42.09	38.9	电子	2007-11-01	002179.SZ
13	一拖股份	37.28	2.3	装备	2012-08-08	601038.SH
14	神火股份	36.73	45.6	有色金属	1999-08-31	000933.SZ
15	华兰生物	35.28	−5.1	医药	2004-06-25	002007.SZ
16	宇华教育	33.26	−56.8	教育	2017-02-28	6169.HK
17	明泰铝业	32.13	27.9	有色金属	2011-09-19	601677.SH
18	中信重工	30.85	37.0	装备	2012-07-06	601608.SH
19	许继电气	30.78	9.9	装备	1997-04-18	000400.SZ
20	好想你	30.35	−46.7	食品	2011-05-20	002582.SZ
21	龙佰集团	30.27	26.7	化工	2011-07-15	002601.SZ
22	中国春来	30.06	42.5	教育	2018-09-13	1969.HK
23	中国天瑞水泥	29.40	18.7	建筑	2011-12-23	1252.HK
24	豫光金铅	25.15	−4.2	有色金属	2002-07-30	600531.SH
25	平高电气	23.21	−3.0	装备	2001-02-21	600312.SH
26	建业地产	21.48	−78.0	房地产	2008-06-06	0832.HK
27	安图生物	19.88	−7.5	医药	2016-09-01	603658.SH
28	平煤股份	19.59	28.6	煤炭	2006-11-23	601666.SH
29	中原高速	16.74	−14.6	运输	2003-08-08	600020.SH
30	宇通重工	12.97	新上榜	装备	1994-01-28	600817.SH
31	隆华科技	12.91	31.7	装备	2011-09-16	300263.SZ
32	城发环境	12.87	96.3	运输	1999-03-19	000885.SZ
33	恒达集团控股	12.35	63.8	房地产	2018-11-12	3616.HK
34	易成新能	12.33	10.8	装备	2010-06-25	300080.SZ
35	中原建业	12.32	新上榜	房地产	2021-05-31	9982.HK
36	瑞贝卡	12.30	7.5	日用	2003-07-10	600439.SH
37	建业新生活	12.29	16.1	房地产	2020-05-15	9983.HK
38	羚锐制药	12.20	14.1	医药	2000-10-18	600285.SH
39	新野纺织	11.95	−1.0	纺织	2006-11-30	002087.SZ
40	中孚实业	11.61	新上榜	有色金属	2002-06-26	600595.SH
41	风神股份	11.47	−16.3	汽车	2003-10-21	600469.SH
42	神马股份	11.25	8.1	化工	1994-01-06	600810.SH
43	莲花健康	11.08	−1.8	食品	1998-08-25	600186.SH
44	中粮资本	10.92	新上榜	金融	2010-06-03	002423.SZ

河南榜单

续表

序号	证券名称	品牌价值/亿元	增长率/%	行业	上市日期	证券代码
45	新强联	9.77	120.4	装备	2020-07-13	300850.SZ
46	千味央厨	9.55	新上榜	食品	2021-09-06	001215.SZ
47	ST华英	8.42	－6.2	农业	2009-12-16	002321.SZ
48	飞龙股份	8.00	35.7	汽车	2011-01-11	002536.SZ
49	天伦燃气	7.90	28.4	公用	2010-11-10	1600.HK
50	汉威科技	7.83	20.9	电子	2009-10-30	300007.SZ
51	中光学	7.46	31.5	电子	2007-12-03	002189.SZ
52	新天科技	7.07	19.6	电子	2011-08-31	300259.SZ
53	设研院	6.87	53.9	商业服务	2017-12-12	300732.SZ
54	洛阳玻璃	6.80	新上榜	建筑	1995-10-31	600876.SH
55	金马能源	6.71	5.9	煤炭	2017-10-10	6885.HK
56	焦作万方	6.65	－12.6	有色金属	1996-09-26	000612.SZ
57	远东传动	6.64	10.7	汽车	2010-05-18	002406.SZ
58	仲景食品	6.31	－5.9	食品	2020-11-23	300908.SZ
59	豫能控股	6.15	13.8	公用	1998-01-22	001896.SZ
60	中原内配	6.14	33.8	汽车	2010-07-16	002448.SZ
61	新乡化纤	5.96	新上榜	化工	1999-10-21	000949.SZ
62	多氟多	5.76	新上榜	化工	2010-05-18	002407.SZ
63	*ST辅仁	5.65	新上榜	医药	1996-12-18	600781.SH
64	濮耐股份	5.63	21.2	建筑	2008-04-25	002225.SZ
65	中原证券	5.47	－11.6	金融	2017-01-03	601375.SH

4.15.2　2022年河南上市公司品牌价值榜分析

【区域集中度】　在2022年河南上市公司品牌价值榜中：排在前5位的公司品牌价值合计1 370.99亿元，占河南榜单总计品牌价值的53.7%；排在前10位的公司品牌价值合计1 657.62亿元，占河南榜单总计品牌价值的64.9%；排在前20位的公司品牌价值合计2 010.23亿元，占河南榜单总计品牌价值的78.7%。

【所在行业】　在2022年河南上市公司品牌价值榜中，65家公司来自20个行业。其中，食品、农业和装备三个行业共计包括17家公司，品牌价值合计1 317.9亿元，占河南榜单总计品牌价值的51.6%，处于主导地位。其他行业的情况见图4-29和图4-30。

【上市板块】　在2022年河南上市公司品牌价值榜中：在深交所主板上市的公司有25家，品牌价值合计1 343.65亿元，占河南榜单总计品牌价值的52.6%，排在第一位；在上交所主板上市的公司有22家，品牌价值合计850.88亿元，占河南榜单总计品牌价值的33.3%，排在第二位。此外，在港交所上市的中资股公司有11家，品牌价值合计295.96亿元；在深交所创业板上市的公司有7家，品牌价值合计63.1亿元。

【上市时间】　在2022年河南上市公司品牌价值榜中：1997—2001年上市的公司有12家，品牌价值合计857.16亿元，占河南榜单总计品牌价值的33.6%，排在第一位；

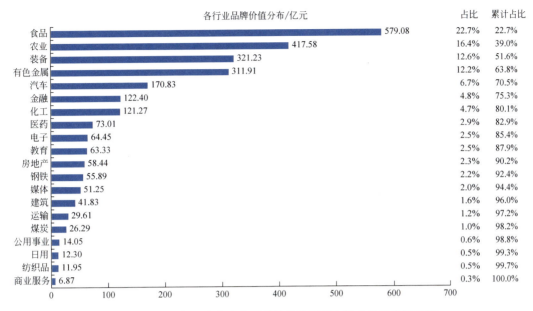

图 4-29 2022 年河南上市公司品牌价值榜所在行业品牌价值分布

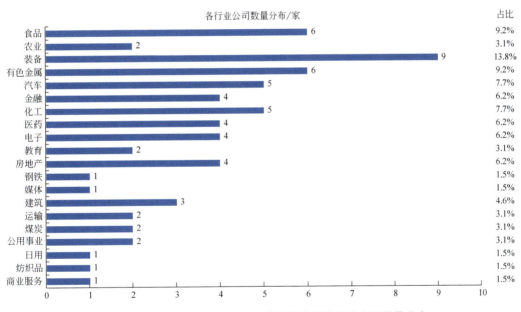

图 4-30 2022 年河南上市公司品牌价值榜所在行业公司数量分布

2012—2016 年上市的公司有 5 家,品牌价值合计 696.82 亿元,占河南榜单总计品牌价值的 27.3%,排在第二位;2007—2011 年上市的公司有 22 家,品牌价值合计 561.22 亿元,占河南榜单总计品牌价值的 22%,排在第三位。此外,2017—2021 年上市的公司有 13 家,品牌价值合计 250.97 亿元;2002—2006 年上市的公司有 8 家,品牌价值合计 144.1 亿元;1996 年及以前上市的公司有 5 家,品牌价值合计 43.32 亿元。

4.16 湖南品牌价值榜

在 2022 年中国上市公司品牌价值总榜的 3 000 家企业中，湖南的企业共计 67 家，比 2021 年减少了 2 家；品牌价值总计 2 480.65 亿元，比 2021 年增长了 19.7%。

4.16.1 2022 年湖南上市公司品牌价值榜单

序号	证券名称	品牌价值/亿元	增长率/%	行业	上市日期	证券代码
1	中联重科	423.28	56.2	装备	2000-10-12	000157.SZ
2	华菱钢铁	235.33	57.2	钢铁	1999-08-03	000932.SZ
3	蓝思科技	115.74	12.3	电子	2015-03-18	300433.SZ
4	益丰药房	86.81	−9.3	零售	2015-02-17	603939.SH
5	酒鬼酒	86.75	74.7	饮料	1997-07-18	000799.SZ
6	老百姓	81.91	−15.2	零售	2015-04-23	603883.SH
7	爱尔眼科	79.18	23.8	医药	2009-10-30	300015.SZ
8	绝味食品	68.42	7.6	食品	2017-03-17	603517.SH
9	长沙银行	67.50	20.3	金融	2018-09-26	601577.SH
10	芒果超媒	67.47	11.3	媒体	2015-01-21	300413.SZ
11	中南传媒	66.88	−2.2	媒体	2010-10-28	601098.SH
12	步步高	66.54	−37.0	零售	2008-06-19	002251.SZ
13	山河智能	57.78	57.8	装备	2006-12-22	002097.SZ
14	时代电气	56.84	34.1	装备	2021-09-07	688187.SH
15	铁建重工	54.74	新上榜	装备	2021-06-22	688425.SH
16	唐人神	45.40	−3.9	农业	2011-03-25	002567.SZ
17	旗滨集团	34.45	64.1	建筑	2011-08-12	601636.SH
18	安克创新	31.39	9.0	电子	2020-08-24	300866.SZ
19	中圣集团	31.21	53.9	装备	2005-03-16	5GD.SG
20	圣湘生物	30.21	−0.2	医药	2020-08-28	688289.SH
21	现代投资	28.39	2.8	运输	1999-01-28	000900.SZ
22	佳沃食品	28.39	359.9	农业	2011-09-27	300268.SZ
23	道道全	27.34	−20.5	食品	2017-03-10	002852.SZ
24	水羊股份	26.63	67.9	日用	2018-02-08	300740.SZ
25	五矿资本	26.55	−34.2	金融	2001-01-15	600390.SH
26	湘电股份	25.86	新上榜	装备	2002-07-18	600416.SH
27	电广传媒	23.59	−25.3	媒体	1999-03-25	000917.SZ
28	克明食品	23.46	−24.3	食品	2012-03-16	002661.SZ
29	岳阳林纸	23.09	97.3	造纸	2004-05-25	600963.SH
30	金杯电工	22.32	74.7	装备	2010-12-31	002533.SZ
31	友阿股份	22.21	−46.3	零售	2009-07-17	002277.SZ
32	楚天科技	20.36	140.9	装备	2014-01-21	300358.SZ
33	方正证券	19.67	−23.9	金融	2011-08-10	601901.SH

续表

序号	证券名称	品牌价值/亿元	增长率/%	行业	上市日期	证券代码
34	湖南黄金	18.23	-6.8	有色金属	2007-08-16	002155.SZ
35	盐津铺子	17.78	2.0	食品	2017-02-08	002847.SZ
36	中兵红箭	16.51	33.6	装备	1993-10-08	000519.SZ
37	雪天盐业	16.20	56.3	食品	2018-03-26	600929.SH
38	株冶集团	16.04	-7.0	有色金属	2004-08-30	600961.SH
39	千金药业	15.52	18.8	医药	2004-03-12	600479.SH
40	拓维信息	15.37	-17.6	教育	2008-07-23	002261.SZ
41	隆平高科	15.04	60.0	农业	2000-12-11	000998.SZ
42	通程控股	14.94	-30.2	零售	1996-08-16	000419.SZ
43	九芝堂	14.62	-6.7	医药	2000-06-28	000989.SZ
44	加加食品	14.34	-18.1	食品	2012-01-06	002650.SZ
45	鹏都农牧	14.12	-8.3	贸易	2010-11-18	002505.SZ
46	梦洁股份	13.77	-5.9	纺织	2010-04-29	002397.SZ
47	金健米业	12.17	7.2	农业	1998-05-06	600127.SH
48	威胜信息	12.08	27.6	通信	2020-01-21	688100.SH
49	可孚医疗	10.78	新上榜	医药	2021-10-25	301087.SZ
50	时代新材	10.72	2.0	化工	2002-12-19	600458.SH
51	艾华集团	10.31	24.0	电子	2015-05-15	603989.SH
52	奥士康	10.26	34.3	电子	2017-12-01	002913.SZ
53	ST开元	10.15	8.3	教育	2012-07-26	300338.SZ
54	宏达电子	9.76	110.9	电子	2017-11-21	300726.SZ
55	三诺生物	9.19	-6.3	医药	2012-03-19	300298.SZ
56	科力远	7.93	新上榜	日用	2003-09-18	600478.SH
57	华银电力	7.51	70.6	公用	1996-09-05	600744.SH
58	劲仔食品	7.39	-4.5	食品	2020-09-14	003000.SZ
59	尔康制药	7.18	-36.5	医药	2011-09-27	300267.SZ
60	新五丰	6.52	-14.7	农业	2004-06-09	600975.SH
61	天桥起重	6.37	1.5	装备	2010-12-10	002523.SZ
62	华天酒店	6.01	-10.6	酒店	1996-08-08	000428.SZ
63	国科微	5.99	新上榜	电子	2017-07-12	300672.SZ
64	长远锂科	5.86	新上榜	有色金属	2021-08-11	688779.SH
65	九典制药	5.59	新上榜	医药	2017-10-10	300705.SZ
66	华菱线缆	5.42	新上榜	装备	2021-06-24	001208.SZ
67	湘佳股份	5.30	-30.7	农业	2020-04-24	002982.SZ

4.16.2　2022年湖南上市公司品牌价值榜分析

【区域集中度】　在2022年湖南上市公司品牌价值榜中：排在前5位的公司品牌价值合计947.91亿元，占湖南榜单总计品牌价值的38.2%；排在前10位的公司品牌价值合计1312.39亿元，占湖南榜单总计品牌价值的52.9%；排在前20位的公司品牌价值合计1787.83亿元，占湖南榜单总计品牌价值的72.1%。

【所在行业】 在2022年湖南上市公司品牌价值榜中,67家公司来自22个行业。其中,装备、零售、钢铁和电子四个行业共计包括23家公司,品牌价值合计1 411.87亿元,占湖南榜单总计品牌价值的56.9%,处于主导地位。其他行业的情况见图4-31和图4-32。

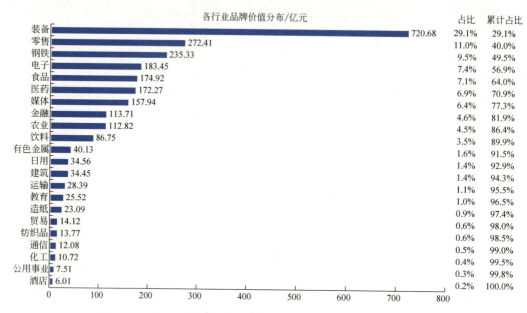

图4-31 2022年湖南上市公司品牌价值榜所在行业品牌价值分布

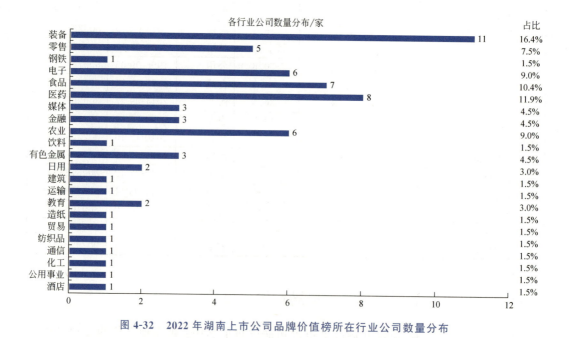

图4-32 2022年湖南上市公司品牌价值榜所在行业公司数量分布

【上市板块】 在2022年湖南上市公司品牌价值榜中:在深交所主板上市的公司有28家,品牌价值合计1 257.85亿元,占湖南榜单总计品牌价值的50.7%,排在第一位;在上交所主板上市的公司有19家,品牌价值合计604.06亿元,占湖南榜单总计品牌价值的

24.4%,排在第二位。此外,在深交所创业板上市的公司有 14 家,品牌价值合计 427.8 亿元;在上交所科创板上市的公司有 5 家,品牌价值合计 159.73 亿元;在国外上市的中概股公司有 1 家,品牌价值 31.21 亿元。

【上市时间】 在 2022 年湖南上市公司品牌价值榜中:1997—2001 年上市的公司有 9 家,品牌价值合计 865.72 亿元,占湖南榜单总计品牌价值的 34.9%,排在第一位;2017—2021 年上市的公司有 20 家,品牌价值合计 475.49 亿元,占湖南榜单总计品牌价值的 19.2%,排在第二位;2007—2011 年上市的公司有 15 家,品牌价值合计 460.07 亿元,占湖南榜单总计品牌价值的 18.5%,排在第三位。此外,2012—2016 年上市的公司有 10 家,品牌价值合计 439.73 亿元;2002—2006 年上市的公司有 9 家,品牌价值合计 194.68 亿元;1996 年及以前上市的公司有 4 家,品牌价值合计 44.97 亿元。

4.17 重庆品牌价值榜

在 2022 年中国上市公司品牌价值总榜的 3 000 家企业中:重庆的企业共计 42 家,与 2021 年相同;品牌价值总计 2 284.15 亿元,比 2021 年增长了 10.1%。

4.17.1 2022 年重庆上市公司品牌价值榜单

序号	证券名称	品牌价值/亿元	增长率/%	行业	上市日期	证券代码
1	长安汽车	479.70	−4.7	汽车	1997-06-10	000625.SZ
2	重庆啤酒	195.31	122.1	饮料	1997-10-30	600132.SH
3	金科股份	164.55	−27.0	房地产	1996-11-28	000656.SZ
4	智飞生物	153.09	79.7	医药	2010-09-28	300122.SZ
5	重庆百货	134.48	−29.8	零售	1996-07-02	600729.SH
6	重药控股	131.42	99.4	医药	1999-09-16	000950.SZ
7	小康股份	106.02	40.9	汽车	2016-06-15	601127.SH
8	渝农商行	98.72	−5.0	金融	2019-10-29	601077.SH
9	隆鑫通用	68.95	20.2	汽车	2012-08-10	603766.SH
10	迪马股份	62.62	39.3	房地产	2002-07-23	600565.SH
11	重庆钢铁	52.57	110.4	钢铁	2007-02-28	601005.SH
12	巨人网络	51.56	−10.5	休闲	2011-03-02	002558.SZ
13	重庆建工	49.62	−7.2	建筑	2017-02-21	600939.SH
14	华邦健康	48.52	21.3	化工	2004-06-25	002004.SZ
15	重庆银行	45.46	−7.1	金融	2021-02-05	601963.SH
16	中交地产	41.67	−13.6	房地产	1997-04-25	000736.SZ
17	太极集团	39.63	11.5	医药	1997-11-18	600129.SH
18	庆铃汽车股份	35.02	18.6	汽车	1994-08-17	1122.HK
19	涪陵榨菜	33.51	3.5	食品	2010-11-23	002507.SZ
20	力帆科技	27.52	新上榜	汽车	2010-11-25	601777.SH

续表

序号	证券名称	品牌价值/亿元	增长率/%	行业	上市日期	证券代码
21	重庆机电	24.96	17.7	装备	2008-06-13	2722.HK
22	三峰环境	23.06	20.1	环保	2020-06-05	601827.SH
23	宗申动力	19.12	9.4	汽车	1997-03-06	001696.SZ
24	财信发展	15.87	66.9	房地产	1997-06-26	000838.SZ
25	中国汽研	15.31	20.7	汽车	2012-06-11	601965.SH
26	川仪股份	14.69	50.6	装备	2014-08-05	603100.SH
27	金科服务	14.25	−70.5	房地产	2020-11-17	9666.HK
28	远达环保	13.78	24.9	环保	2000-11-01	600292.SH
29	有友食品	12.86	6.6	食品	2019-05-08	603697.SH
30	百亚股份	12.25	22.6	日用	2020-09-21	003006.SZ
31	重庆港	11.87	12.8	运输	2000-07-31	600279.SH
32	博腾股份	10.81	10.9	医药	2014-01-29	300363.SZ
33	西南证券	9.90	−21.8	金融	2001-01-09	600369.SH
34	长安民生物流	9.12	15.1	运输	2006-02-23	1292.HK
35	重庆水务	9.00	25.0	公用	2010-03-29	601158.SH
36	顺博合金	8.23	17.0	有色金属	2020-08-28	002996.SZ
37	太阳能	7.69	42.3	公用	1996-02-08	000591.SZ
38	福安药业	7.41	−6.6	医药	2011-03-22	300194.SZ
39	北大医药	6.38	3.6	医药	1997-06-16	000788.SZ
40	新大正	6.19	47.5	房地产	2019-12-03	002968.SZ
41	重庆燃气	5.78	31.4	公用	2014-09-30	600917.SH
42	三羊马	5.65	新上榜	运输	2021-11-30	001317.SZ

4.17.2　2022年重庆上市公司品牌价值榜分析

【区域集中度】　在2022年重庆上市公司品牌价值榜中：排在前3位的公司品牌价值合计839.57亿元，占重庆榜单总计品牌价值的36.8%；排在前5位的公司品牌价值合计1 127.14亿元，占重庆榜单总计品牌价值的49.3%；排在前10位的公司品牌价值合计1 594.88亿元，占重庆榜单总计品牌价值的69.8%。

【所在行业】　在2022年重庆上市公司品牌价值榜中，42家公司来自17个行业。其中，汽车、医药和房地产三个行业共计包括19家公司，品牌价值合计1 405.55亿元，占重庆榜单总计品牌价值的61.5%，处于主导地位。其他行业的情况见图4-33和图4-34。

【上市板块】　在2022年重庆上市公司品牌价值榜中：在深交所主板上市的公司有15家，品牌价值合计1 032.31亿元，占重庆榜单总计品牌价值的45.2%，排在第一位；在上交所主板上市的公司有20家，品牌价值合计997.16亿元，占重庆榜单总计品牌价值的43.7%，排在第二位。此外，在深交所创业板上市的公司有3家，品牌价值合计171.32亿元；在港交所上市的中资股公司有4家，品牌价值合计83.36亿元。

【上市时间】　在2022年重庆上市公司品牌价值榜中：1997—2001年上市的公司有

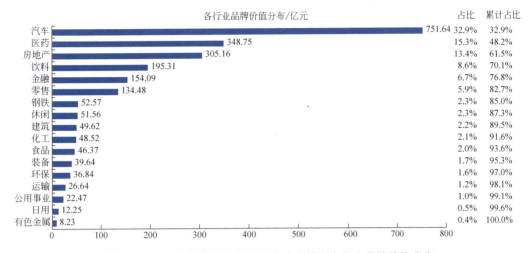

图 4-33 2022 年重庆上市公司品牌价值榜所在行业品牌价值分布

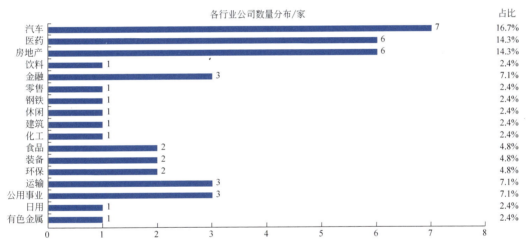

图 4-34 2022 年重庆上市公司品牌价值榜所在行业公司数量分布

11 家,品牌价值合计 964.65 亿元,占重庆榜单总计品牌价值的 42.2%,排在第一位;2007—2011 年上市的公司有 8 家,品牌价值合计 359.61 亿元,占重庆榜单总计品牌价值的 15.7%,排在第二位;1996 年及以前上市的公司有 4 家,品牌价值合计 341.75 亿元,占重庆榜单总计品牌价值的 15%,排在第三位。此外,2017—2021 年上市的公司有 10 家,品牌价值合计 276.3 亿元;2012—2016 年上市的公司有 6 家,品牌价值合计 221.56 亿元;2002—2006 年上市的公司有 3 家,品牌价值合计 120.27 亿元。

4.18 内蒙古品牌价值榜

在 2022 年中国上市公司品牌价值总榜的 3 000 家企业中:内蒙古的企业共计 20 家,比 2021 年减少了 2 家;品牌价值总计 2 236.78 亿元,比 2021 年减少了 29.1%。

4.18.1 2022年内蒙古上市公司品牌价值榜单

序号	证券名称	品牌价值/亿元	增长率/%	行业	上市日期	证券代码
1	伊利股份	1 725.60	11.4	饮料	1996-03-12	600887.SH
2	包钢股份	135.16	68.2	钢铁	2001-03-09	600010.SH
3	鄂尔多斯	67.07	68.4	钢铁	2001-04-26	600295.SH
4	北方稀土	50.38	82.5	有色金属	1997-09-24	600111.SH
5	伊泰煤炭	36.07	33.2	煤炭	2012-07-12	3948.HK
6	电投能源	27.06	6.8	有色金属	2007-04-18	002128.SZ
7	内蒙一机	26.89	14.8	装备	2004-05-18	600967.SH
8	君正集团	25.92	-2.8	化工	2011-02-22	601216.SH
9	中盐化工	16.60	104.9	化工	2000-12-22	600328.SH
10	远兴能源	16.35	105.7	化工	1997-01-31	000683.SZ
11	中国圣牧	16.14	-16.5	农业	2014-07-15	1432.HK
12	内蒙华电	14.22	24.5	公用	1994-05-20	600863.SH
13	亿利洁能	13.98	12.8	化工	2000-07-25	600277.SH
14	生物股份	12.96	-4.7	医药	1999-01-15	600201.SH
15	银泰黄金	12.32	-17.6	有色金属	2000-06-08	000975.SZ
16	内蒙新华	10.11	新上榜	媒体	2021-12-24	603230.SH
17	大中矿业	9.60	新上榜	有色金属	2021-05-10	001203.SZ
18	北方股份	7.32	56.3	装备	2000-06-30	600262.SH
19	金河生物	6.62	-8.1	农业	2012-07-13	002688.SZ
20	赤峰黄金	6.42	-32.1	有色金属	2004-04-14	600988.SH

4.18.2 2022年内蒙古上市公司品牌价值榜分析

【区域集中度】 在2022年内蒙古上市公司品牌价值榜中：排在前3位的公司品牌价值合计1 927.83亿元，占内蒙古榜单总计品牌价值的86.2%；排在前5位的公司品牌价值合计2 014.27亿元，占内蒙古榜单总计品牌价值的90.1%；排在前10位的公司品牌价值合计2 127.09亿元，占内蒙古榜单总计品牌价值的95.1%。

【所在行业】 在2022年内蒙古上市公司品牌价值榜中，20家公司来自10个行业。其中，饮料行业有1家公司，品牌价值1 725.6亿元，占内蒙古榜单总计品牌价值的77.1%，处于主导地位。其他行业的情况见图4-35和图4-36。

【上市板块】 在2022年内蒙古上市公司品牌价值榜中：在上交所主板上市的公司有13家，品牌价值合计2 112.63亿元，占内蒙古榜单总计品牌价值的94.4%，排在第一位。此外，在深交所主板上市的公司有5家，品牌价值合计71.94亿元；在港交所上市的中资股公司有2家，品牌价值合计52.21亿元。

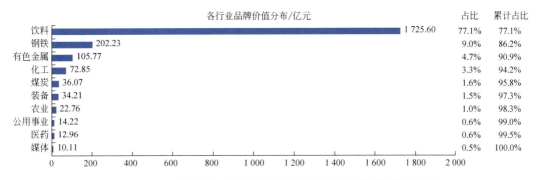

图 4-35 2022 年内蒙古上市公司品牌价值榜所在行业品牌价值分布

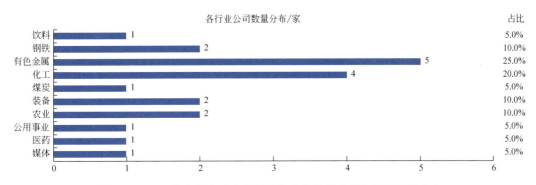

图 4-36 2022 年内蒙古上市公司品牌价值榜所在行业公司数量分布

【上市时间】 在 2022 年内蒙古上市公司品牌价值榜中：1996 年及以前上市的公司有 2 家，品牌价值合计 1 739.82 亿元，占内蒙古榜单总计品牌价值的 77.8%，排在第一位；1997—2001 年上市的公司有 9 家，品牌价值合计 332.13 亿元，占内蒙古榜单总计品牌价值的 14.8%，排在第二位。此外，2012—2016 年上市的公司有 3 家，品牌价值合计 58.83 亿元；2007—2011 年上市的公司有 2 家，品牌价值合计 52.98 亿元；2002—2006 年上市的公司有 2 家，品牌价值合计 33.31 亿元；2017—2021 年上市的公司有 2 家，品牌价值合计 19.71 亿元。

4.19 辽宁品牌价值榜

在 2022 年中国上市公司品牌价值总榜的 3 000 家企业中：辽宁的企业共计 48 家，比 2021 年减少了 3 家；品牌价值总计 2 098.76 元，比 2021 年增长了 14.2%。

4.19.1 2022 年辽宁上市公司品牌价值榜单

序号	证券名称	品牌价值/亿元	增长率/%	行业	上市日期	证券代码
1	广汇汽车	451.91	12.1	汽车	2000-11-16	600297.SH
2	圆通速递	199.75	20.7	运输	2000-06-08	600233.SH

续表

辽宁榜单

序号	证券名称	品牌价值/亿元	增长率/%	行业	上市日期	证券代码
3	鞍钢股份	196.82	67.8	钢铁	1997-12-25	000898.SZ
4	恒力石化	196.67	59.2	化工	2001-08-20	600346.SH
5	国电电力	93.13	41.4	公用	1997-03-18	600795.SH
6	本钢板材	87.48	62.0	钢铁	1998-01-15	000761.SZ
7	禾丰股份	80.68	11.4	农业	2014-08-08	603609.SH
8	大商股份	76.44	−35.4	零售	1993-11-22	600694.SH
9	三一国际	65.93	89.4	装备	2009-11-25	0631.HK
10	桃李面包	55.52	−13.3	食品	2015-12-22	603866.SH
11	盛京银行	43.95	−38.4	金融	2014-12-29	2066.HK
12	凌钢股份	34.06	21.7	钢铁	2000-05-11	600231.SH
13	大连重工	32.26	2.2	装备	2008-01-16	002204.SZ
14	中国忠旺	30.85	−28.6	有色金属	2009-05-08	1333.HK
15	东软教育	29.49	21.1	教育	2020-09-29	9616.HK
16	大金重工	28.98	123.5	装备	2010-10-15	002487.SZ
17	辽宁成大	28.83	−17.8	贸易	1996-08-19	600739.SH
18	华锦股份	23.61	37.1	石油	1997-01-30	000059.SZ
19	东软集团	22.43	−7.1	互联网	1996-06-18	600718.SH
20	东北制药	21.19	7.9	医药	1996-05-23	000597.SZ
21	成大生物	17.80	新上榜	医药	2021-10-28	688739.SH
22	辽港股份	17.60	−7.7	运输	2010-12-06	601880.SH
23	申华控股	17.25	−9.3	汽车	1990-12-19	600653.SH
24	铁龙物流	16.09	−10.6	贸易	1998-05-11	600125.SH
25	出版传媒	15.12	14.5	媒体	2007-12-21	601999.SH
26	金杯汽车	14.89	−2.4	汽车	1992-07-24	600609.SH
27	萃华珠宝	14.29	10.2	服饰	2014-11-04	002731.SZ
28	锦州港	13.59	10.2	运输	1999-06-09	600190.SH
29	天娱数科	13.55	新上榜	休闲	2010-02-09	002354.SZ
30	ST 曙光	12.69	18.6	汽车	2000-12-26	600303.SH
31	锦州银行	11.23	−56.2	金融	2015-12-07	0416.HK
32	抚顺特钢	10.82	−5.1	钢铁	2000-12-29	600399.SH
33	文投控股	10.54	18.4	休闲	1996-07-01	600715.SH
34	金辰股份	10.21	53.9	装备	2017-10-18	603396.SH
35	锌业股份	9.80	4.9	有色金属	1997-06-26	000751.SZ
36	沈阳化工	8.80	−6.7	化工	1997-02-20	000698.SZ
37	机器人	8.77	−38.3	装备	2009-10-30	300024.SZ
38	梦网科技	8.71	−9.6	互联网	2007-03-28	002123.SZ
39	冰山冷热	8.66	−5.6	装备	1993-12-08	000530.SZ
40	中兴商业	8.06	−36.3	零售	1997-05-08	000715.SZ
41	奥克股份	7.74	19.5	化工	2010-05-20	300082.SZ
42	德尔股份	6.94	12.9	汽车	2015-06-12	300473.SZ
43	蓝英装备	6.72	−15.7	装备	2012-03-08	300293.SZ
44	中广核技	5.91	25.0	化工	1998-09-02	000881.SZ

续表

序号	证券名称	品牌价值/亿元	增长率/%	行业	上市日期	证券代码
45	中国罕王	5.89	−8.6	钢铁	2011-09-30	3788.HK
46	联美控股	5.77	−5.6	公用	1999-01-28	600167.SH
47	豪森股份	5.76	−6.1	装备	2020-11-09	688529.SH
48	*ST 沈机	5.59	新上榜	装备	1996-07-18	000410.SZ

4.19.2　2022 年辽宁上市公司品牌价值榜分析

【区域集中度】　在 2022 年辽宁上市公司品牌价值榜中：排在前 5 位的公司品牌价值合计 1138.27 元，占辽宁榜单总计品牌价值的 54.2%；排在前 10 位的公司品牌价值合计 1504.33 亿元，占辽宁榜单总计品牌价值的 71.7%；排在前 20 位的公司品牌价值合计 1799.99 亿元，占辽宁榜单总计品牌价值的 85.8%。

【所在行业】　在 2022 年辽宁上市公司品牌价值榜中，48 家公司来自 19 个行业。其中，汽车、钢铁和运输三个行业共计包括 13 家公司，品牌价值合计 1069.69 亿元，占辽宁榜单总计品牌价值的 51%，处于主导地位。其他行业的情况见图 4-37 和图 4-38。

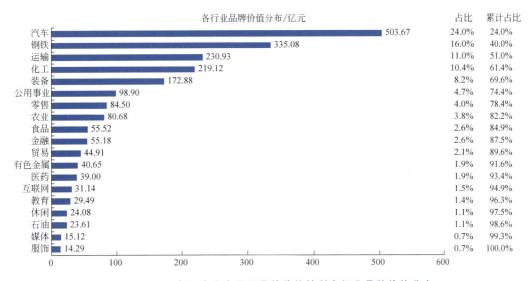

图 4-37　2022 年辽宁上市公司品牌价值榜所在行业品牌价值分布

【上市板块】　在 2022 年辽宁上市公司品牌价值榜中：在上交所主板上市的公司有 21 家，品牌价值合计 1383.97 亿元，占辽宁榜单总计品牌价值的 65.9%，排在第一位；在深交所主板上市的公司有 15 家，品牌价值合计 473.71 亿元，占辽宁榜单总计品牌价值的 22.6%，排在第二位。此外，在港交所上市的中资股公司有 6 家，品牌价值合计 187.34 亿元；在深交所创业板上市的公司有 4 家，品牌价值合计 30.17 亿元；在上交所科创板上市的公司有 2 家，品牌价值合计 23.56 亿元。

【上市时间】　在 2022 年辽宁上市公司品牌价值榜中：1997—2001 年上市的公司有

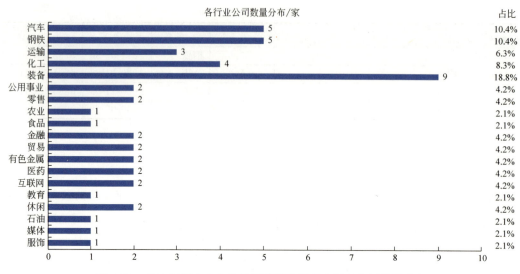

图 4-38　2022 年辽宁上市公司品牌价值榜所在行业公司数量分布

17 家,品牌价值合计 1 374.96 亿元,占辽宁榜单总计品牌价值的 65.5%,排在第一位;2007—2011 年上市的公司有 11 家,品牌价值合计 235.41 亿元,占辽宁榜单总计品牌价值的 11.2%,排在第二位。此外,2012—2016 年上市的公司有 7 家,品牌价值合计 219.33 亿元;1996 年及以前上市的公司有 9 家,品牌价值合计 205.81 亿元;2017—2021 年上市的公司有 4 家,品牌价值合计 63.26 亿元。

4.20　江西品牌价值榜

在 2022 年中国上市公司品牌价值总榜的 3 000 家企业中:江西的企业共计 37 家,比 2021 年增加了 4 家;品牌价值总计 1 585.61 亿元,比 2021 年增长了 14.8%。

4.20.1　2022 年江西上市公司品牌价值榜单

序号	证券名称	品牌价值/亿元	增长率/%	行业	上市日期	证券代码
1	江西铜业	436.57	14.4	有色金属	2002-01-11	600362.SH
2	江铃汽车	146.18	11.3	汽车	1993-12-01	000550.SZ
3	新钢股份	136.79	51.4	钢铁	1996-12-25	600782.SH
4	正邦科技	111.13	−16.1	农业	2007-08-17	002157.SZ
5	晶科能源	97.23	6.8	装备	2010-05-14	JKS.N
6	中文传媒	75.07	−4.0	媒体	2002-03-04	600373.SH
7	天音控股	66.65	29.9	贸易	1997-12-02	000829.SZ
8	长虹华意	47.20	21.1	装备	1996-06-19	000404.SZ

续表

序号	证券名称	品牌价值/亿元	增长率/%	行业	上市日期	证券代码
9	九江银行	45.70	4.8	金融	2018-07-10	6190.HK
10	方大特钢	44.36	31.1	钢铁	2003-09-30	600507.SH
11	江西银行	40.58	−5.5	金融	2018-06-26	1916.HK
12	万年青	27.86	17.9	建筑	1997-09-23	000789.SZ
13	汇森家居	24.47	34.4	家居	2020-12-29	2127.HK
14	仁和药业	22.65	16.6	医药	1996-12-10	000650.SZ
15	赣锋锂业	20.98	29.5	有色金属	2010-08-10	002460.SZ
16	美克家居	19.73	10.6	家居	2000-11-27	600337.SH
17	联创电子	19.53	14.3	电子	2004-09-03	002036.SZ
18	煌上煌	19.52	−5.1	食品	2012-09-05	002695.SZ
19	赣粤高速	15.70	13.3	运输	2000-05-18	600269.SH
20	泰豪科技	15.26	44.0	装备	2002-07-03	600590.SH
21	江中药业	14.59	17.7	医药	1996-09-23	600750.SH
22	联创光电	13.07	8.7	电子	2001-03-29	600363.SH
23	国光连锁	12.37	−28.1	零售	2020-07-28	605188.SH
24	博雅生物	11.56	−10.7	医药	2012-03-08	300294.SZ
25	洪都航空	11.37	26.7	装备	2000-12-15	600316.SH
26	辰林教育	11.32	22.5	教育	2019-12-13	1593.HK
27	甘源食品	9.53	−5.6	食品	2020-07-31	002991.SZ
28	诚志股份	8.80	31.7	化工	2000-07-06	000990.SZ
29	华伍股份	7.86	16.6	装备	2010-07-28	300095.SZ
30	九丰能源	7.66	新上榜	公用	2021-05-25	605090.SH
31	江特电机	7.17	新上榜	装备	2007-10-12	002176.SZ
32	富祥药业	6.76	−21.1	医药	2015-12-22	300497.SZ
33	黑猫股份	6.53	新上榜	化工	2006-09-15	002068.SZ
34	*ST 星星	6.32	−49.2	电子	2011-08-19	300256.SZ
35	洪城环境	6.24	36.1	公用	2004-06-01	600461.SH
36	金达莱	5.91	1.4	环保	2020-11-11	688057.SH
37	江西长运	5.40	−9.9	运输	2002-07-16	600561.SH

4.20.2　2022年江西上市公司品牌价值榜分析

【区域集中度】　在2022年江西上市公司品牌价值榜中：排在前3位的公司品牌价值合计719.54亿元，占江西榜单总计品牌价值的45.4%；排在前5位的公司品牌价值合计927.9亿元，占江西榜单总计品牌价值的58.5%；排在前10位的公司品牌价值合计1 206.88亿元，占江西榜单总计品牌价值的76.1%。

【所在行业】　在2022年江西上市公司品牌价值榜中，37家公司来自20个行业。其中，有色金属、装备和钢铁三个行业共计包括10家公司，品牌价值合计824.78亿元，占江西榜单总计品牌价值的52%，处于主导地位。其他行业的情况见图4-39和图4-40。

【上市板块】　在2022年江西上市公司品牌价值榜中：在上交所主板上市的公司有

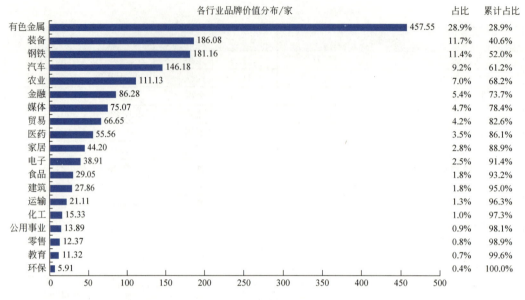

图 4-39　2022 年江西上市公司品牌价值榜所在行业品牌价值分布

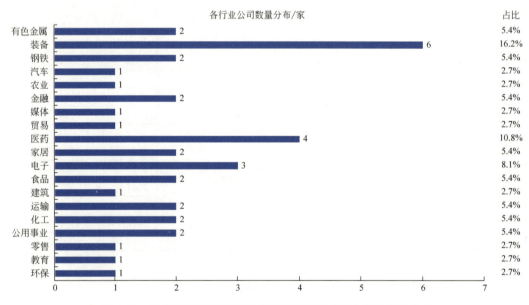

图 4-40　2022 年江西上市公司品牌价值榜所在行业公司数量分布

14家,品牌价值合计814.18亿元,占江西榜单总计品牌价值的51.3%,排在第一位;在深交所主板上市的公司有13家,品牌价值合计513.72亿元,占江西榜单总计品牌价值的32.4%,排在第二位。此外,在港交所上市的中资股公司有4家,品牌价值合计122.08亿元;在国外上市的中概股公司和在上交所科创板上市的公司各有1家,品牌价值分别为97.23亿元和5.91亿元;在深交所创业板上市的公司有4家,品牌价值合计32.5亿元。

【上市时间】在2022年江西上市公司品牌价值榜中:2002—2006年上市的公司有8家,品牌价值合计608.96亿元,占江西榜单总计品牌价值的38.4%,排在第一位;1996

年及以前上市的公司有 5 家,品牌价值合计 367.41 亿元,占江西榜单总计品牌价值的 23.2%,排在第二位;2007—2011 年上市的公司有 6 家,品牌价值合计 250.69 亿元,占江西榜单总计品牌价值的 15.8%,排在第三位。此外,1997—2001 年上市的公司有 7 家,品牌价值 163.17 亿元;2017—2021 年上市的公司有 8 家,品牌价值合计 157.55 亿元;2012—2016 年上市的公司有 3 家,品牌价值合计 37.83 亿元。

4.21 山西品牌价值榜

在 2022 年中国上市公司品牌价值总榜的 3 000 家企业中:山西的企业共计 29 家,比 2021 年增加了 2 家;品牌价值总计 1 543.93 亿元,比 2021 年增长了 26.2%。

4.21.1 2022 年山西上市公司品牌价值榜单

序号	证券名称	品牌价值/亿元	增长率/%	行业	上市日期	证券代码
1	山西汾酒	589.49	62.5	饮料	1994-01-06	600809.SH
2	大秦铁路	353.66	-9.3	运输	2006-08-01	601006.SH
3	太钢不锈	149.97	81.1	钢铁	1998-10-21	000825.SZ
4	*ST 跨境	49.55	-37.4	零售	2011-12-08	002640.SZ
5	阳煤化工	45.35	44.8	化工	1993-11-19	600691.SH
6	太原重工	37.63	37.1	装备	1998-09-04	600169.SH
7	潞安环能	29.64	78.1	煤炭	2006-09-22	601699.SH
8	山西焦煤	29.18	49.4	煤炭	2000-07-26	000983.SZ
9	华阳股份	29.16	43.4	煤炭	2003-08-21	600348.SH
10	兰花科创	24.09	-0.9	煤炭	1998-12-17	600123.SH
11	山煤国际	20.99	-42.4	煤炭	2003-07-31	600546.SH
12	永泰能源	20.35	52.2	公用	1998-05-13	600157.SH
13	晋商银行	18.75	18.2	金融	2019-07-18	2558.HK
14	振东制药	15.22	24.0	医药	2011-01-07	300158.SZ
15	晋控煤业	13.52	54.2	煤炭	2006-06-23	601001.SH
16	安泰集团	12.89	49.5	煤炭	2003-02-12	600408.SH
17	亚宝药业	11.19	24.5	医药	2002-09-26	600351.SH
18	美锦能源	11.02	15.6	煤炭	1997-05-15	000723.SZ
19	中国通才教育	11.01	新上榜	教育	2021-07-16	2175.HK
20	山西证券	9.95	-13.9	金融	2010-11-15	002500.SZ
21	晋控电力	7.58	34.9	公用	1997-06-09	000767.SZ
22	华翔股份	7.48	42.1	装备	2020-09-17	603112.SH
23	东杰智能	7.45	新上榜	装备	2015-06-30	300486.SZ
24	辰兴发展	7.43	38.9	房地产	2015-07-03	2286.HK
25	山西焦化	6.89	新上榜	煤炭	1996-08-08	600740.SH
26	广誉远	6.81	新上榜	医药	1996-11-05	600771.SH
27	派林生物	6.22	24.1	医药	1996-06-28	000403.SZ
28	国新能源	6.05	17.2	公用	1992-10-13	600617.SH
29	首钢资源	5.40	15.1	煤炭	1990-10-02	0639.HK

4.21.2 2022年山西上市公司品牌价值榜分析

【区域集中度】 在2022年山西上市公司品牌价值榜中：排在前3位的公司品牌价值合计1 093.11亿元，占山西榜单总计品牌价值的70.8%；排在前5位的公司品牌价值合计1 188.02亿元，占山西榜单总计品牌价值的76.9%；排在前10位的公司品牌价值合计1 337.73亿元，占山西榜单总计品牌价值的86.6%。

【所在行业】 在2022年山西上市公司品牌价值榜中，29家公司来自12个行业。其中，饮料和运输两个行业共计包括2家公司，品牌价值合计943.14亿元，占山西榜单总计品牌价值的61.1%，处于主导地位。其他行业的情况见图4-41和图4-42。

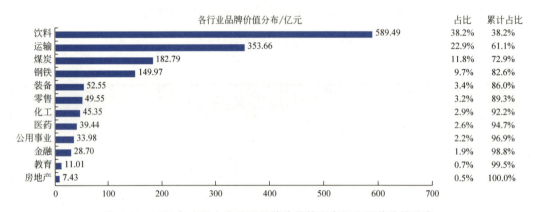

图4-41 2022年山西上市公司品牌价值榜所在行业品牌价值分布

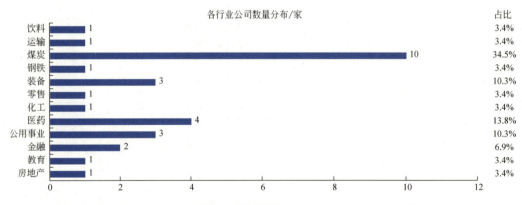

图4-42 2022年山西上市公司品牌价值榜所在行业公司数量分布

【上市板块】 在2022年山西上市公司品牌价值榜中：在上交所主板上市的公司有16家，品牌价值合计1 215.18亿元，占山西榜单总计品牌价值的78.7%，排在第一位；在深交所主板上市的公司有7家，品牌价值合计263.48亿元，占山西榜单总计品牌价值的17.1%，排在第二位。此外，在港交所上市的中资股公司有4家，品牌价值合计42.59亿元；在深交所创业板上市的公司有2家，品牌价值22.67亿元。

【上市时间】 在2022年山西上市公司品牌价值榜中：1996年及以前上市的公司有

7家,品牌价值合计 666.22 亿元,占山西榜单总计品牌价值的 43.2%,排在第一位;2002—2006 年上市的公司有 7 家,品牌价值合计 471.04 亿元,占山西榜单总计品牌价值的 30.5%,排在第二位;1997—2001 年上市的公司有 7 家,品牌价值合计 279.83 亿元,占山西榜单总计品牌价值的 18.1%,排在第三位。此外,2007—2011 年上市的公司有 3 家,品牌价值合计 74.73 亿元;2017—2021 年上市的公司有 3 家,品牌价值合计 37.24 亿元;2012—2016 年上市的公司有 2 家,品牌价值合计 14.87 亿元。

4.22　陕西品牌价值榜

在 2022 年中国上市公司品牌价值总榜的 3 000 家企业中:陕西的企业共计 37 家,与 2021 年相同;品牌价值总计 1 476.14 亿元,比 2021 年增长了 44.8%。

4.22.1　2022 年陕西上市公司品牌价值榜单

序号	证券名称	品牌价值/亿元	增长率/%	行业	上市日期	证券代码
1	隆基绿能	597.14	80.1	装备	2012-04-11	601012.SH
2	陕西煤业	123.56	46.8	煤炭	2014-01-28	601225.SH
3	陕西建工	74.22	987.5	建筑	2000-06-22	600248.SH
4	航发动力	73.43	29.4	装备	1996-04-08	600893.SH
5	中航西飞	71.66	8.5	装备	1997-06-26	000768.SZ
6	陕鼓动力	65.23	77.5	装备	2010-04-28	601369.SH
7	中国航油	58.07	新上榜	石油	2001-12-06	G92.SG
8	彩虹股份	38.93	264.2	电子	1996-05-20	600707.SH
9	中国西电	37.67	−9.8	装备	2010-01-28	601179.SH
10	ST 大集	26.99	−51.0	零售	1994-01-10	000564.SZ
11	秦川机床	23.28	新上榜	装备	1998-09-28	000837.SZ
12	西安银行	23.26	4.2	金融	2019-03-01	600928.SH
13	*ST 必康	19.88	7.4	医药	2010-05-25	002411.SZ
14	国际医学	19.73	15.8	保健	1993-08-09	000516.SZ
15	西部水泥	19.65	40.5	建筑	2010-08-23	2233.HK
16	天地源	19.17	43.8	房地产	1993-07-09	600665.SH
17	北元集团	14.98	0.7	化工	2020-10-20	601568.SH
18	三人行	14.24	9.2	媒体	2020-05-28	605168.SH
19	中再资环	13.14	27.2	环保	1999-12-16	600217.SH
20	广电网络	11.18	−14.2	媒体	1994-02-24	600831.SH
21	西部证券	11.07	−9.4	金融	2012-05-03	002673.SZ
22	金钼股份	10.67	−28.7	有色金属	2008-04-17	601958.SH
23	陕西黑猫	9.84	新上榜	煤炭	2014-11-05	601015.SH
24	曲江文旅	9.78	−15.3	休闲	1996-05-16	600706.SH
25	彩虹新能源	9.18	56.3	装备	2004-12-20	0438.HK

续表

序号	证券名称	品牌价值/亿元	增长率/%	行业	上市日期	证券代码
26	环球印务	8.72	83.6	媒体	2016-06-08	002799.SZ
27	宝钛股份	8.07	6.6	有色金属	2002-04-12	600456.SH
28	海升果汁	7.78	16.2	饮料	2005-11-04	0359.HK
29	航天动力	7.19	1.6	装备	2003-04-08	600343.SH
30	烽火电子	7.01	17.4	通信	1994-05-09	000561.SZ
31	中国绿色农业	6.42	新上榜	化工	2009-03-09	CGA.N
32	建设机械	6.35	−11.4	建筑	2004-07-07	600984.SH
33	西安饮食	6.18	5.9	餐饮	1997-04-30	000721.SZ
34	陕国投A	5.71	−5.9	金融	1994-01-10	000563.SZ
35	美畅股份	5.68	5.1	有色金属	2020-08-24	300861.SZ
36	陕天然气	5.62	0.9	石油	2008-08-13	002267.SZ
37	中航电测	5.47	11.3	电子	2010-08-27	300114.SZ

4.22.2　2022年陕西上市公司品牌价值榜分析

【区域集中度】　在2022年陕西上市公司品牌价值榜中：排在前3位的公司品牌价值合计794.92亿元，占陕西榜单总计品牌价值的53.9%；排在前5位的公司品牌价值合计940.02亿元，占陕西榜单总计品牌价值的63.7%；排在前10位的公司品牌价值合计1 166.91亿元，占陕西榜单总计品牌价值的79.1%。

【所在行业】　在2022年陕西上市公司品牌价值榜中，37家公司来自18个行业。其中，装备行业包括8家公司，品牌价值合计884.78亿元，占陕西榜单总计品牌价值的59.9%，处于主导地位。其他行业的情况见图4-43和图4-44。

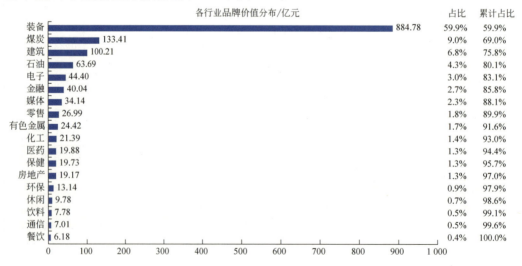

图4-43　2022年陕西上市公司品牌价值榜所在行业品牌价值分布

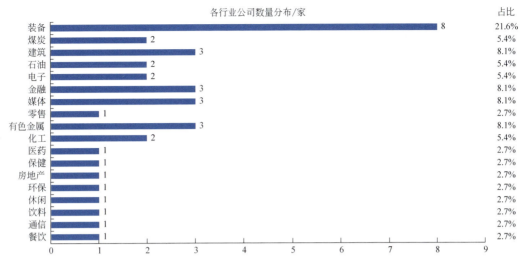

图 4-44　2022 年陕西上市公司品牌价值榜所在行业公司数量分布

【上市板块】　在 2022 年陕西上市公司品牌价值榜中：在上交所主板上市的公司有 19 家,品牌价值合计 1 158.05 亿元,占陕西榜单总计品牌价值的 78.5%,排在第一位；在深交所主板上市的公司有 11 家,品牌价值合计 205.84 亿元,占陕西榜单总计品牌价值的 13.9%,排在第二位。此外,在国外上市的中概股公司有 2 家,品牌价值合计 64.48 亿元；在港交所上市的中资股公司有 3 家,品牌价值合计 36.61 亿元；在深交所创业板上市的公司有 2 家,品牌价值合计 11.16 亿元。

【上市时间】　在 2022 年陕西上市公司品牌价值榜中：2012—2016 年上市的公司有 5 家,品牌价值合计 750.34 亿元,占陕西榜单总计品牌价值的 50.8%,排在第一位；1997—2001 年上市的公司有 6 家,品牌价值合计 246.55 亿元,占陕西榜单总计品牌价值的 16.7%,排在第二位；1996 年及以前上市的公司有 9 家,品牌价值合计 211.93 亿元,占陕西榜单总计品牌价值的 4.4%,排在第三位。此外,2007—2011 年上市的公司有 8 家,品牌价值合计 170.6 亿元；2017—2021 年上市的公司有 4 家,品牌价值合计 58.16 亿元；2002—2006 年上市的公司有 5 家,品牌价值合计 38.56 亿元。

4.23　新疆品牌价值榜

在 2022 年中国上市公司品牌价值总榜的 3 000 家企业中：新疆的企业共计 28 家,比 2021 年减少了 3 家；品牌价值总计 1 449.19 亿元,比 2021 年增长了 32%。

4.23.1　2022 年新疆上市公司品牌价值榜单

序号	证券名称	品牌价值/亿元	增长率/%	行业	上市日期	证券代码
1	金风科技	287.14	44.2	装备	2007-12-26	002202.SZ
2	特变电工	178.36	66.4	装备	1997-06-18	600089.SH

续表

序号	证券名称	品牌价值/亿元	增长率/%	行业	上市日期	证券代码
3	新特能源	121.37	57.2	装备	2015-12-30	1799.HK
4	中泰化学	96.68	49.7	贸易	2006-12-08	002092.SZ
5	申万宏源	80.93	5.1	金融	2015-01-26	000166.SZ
6	中油工程	80.58	21.3	石油	2000-12-25	600339.SH
7	中油资本	73.91	3.9	金融	1996-10-22	000617.SZ
8	大全能源	65.07	新上榜	电子	2021-07-22	688303.SH
9	天山股份	61.64	304.0	建筑	1999-01-07	000877.SZ
10	伊力特	57.75	14.2	饮料	1999-09-16	600197.SH
11	八一钢铁	44.35	94.0	钢铁	2002-08-16	600581.SH
12	天康生物	39.67	12.6	农业	2006-12-26	002100.SZ
13	渤海租赁	33.00	−30.9	金融	1996-07-16	000415.SZ
14	天润乳业	31.10	4.1	饮料	2001-06-28	600419.SH
15	西部建设	25.49	17.9	建筑	2009-11-03	002302.SZ
16	中粮糖业	24.62	−8.2	贸易	1996-07-31	600737.SH
17	卓郎智能	23.98	−20.7	装备	2003-12-03	600545.SH
18	广汇能源	22.64	159.4	石油	2000-05-26	600256.SH
19	冠农股份	15.27	57.1	农业	2003-06-09	600251.SH
20	汇嘉时代	14.64	−15.5	零售	2016-05-06	603101.SH
21	友好集团	12.75	−44.9	零售	1996-12-03	600778.SH
22	*ST拉夏	11.38	新上榜	服饰	2017-09-25	603157.SH
23	北新路桥	10.13	3.5	建筑	2009-11-11	002307.SZ
24	新疆众和	9.42	11.2	有色金属	1996-02-15	600888.SH
25	新疆天业	8.96	36.7	化工	1997-06-17	600075.SH
26	新疆交建	6.67	35.1	建筑	2018-11-28	002941.SZ
27	德展健康	6.09	−34.1	医药	1998-05-19	000813.SZ
28	青松建化	5.61	新上榜	建筑	2003-07-24	600425.SH

4.23.2 2022年新疆上市公司品牌价值榜分析

【区域集中度】 在2022年新疆上市公司品牌价值榜中：排在前3位的公司品牌价值合计586.87亿元，占新疆榜单总计品牌价值的40.5%；排在前5位的公司品牌价值合计764.48亿元，占新疆榜单总计品牌价值的52.8%；排在前10位的公司品牌价值合计1 103.43亿元，占新疆榜单总计品牌价值的76.1%。

【所在行业】 在2022年新疆上市公司品牌价值榜中：28家公司来自14个行业。其中，装备和金融两个行业共计包括7家公司，品牌价值合计798.69亿元，占新疆榜单总计品牌价值的55.1%，处于主导地位。其他行业的情况见图4-45和图4-46。

【上市板块】 在2022年新疆上市公司品牌价值榜中：在深交所主板上市的公司有11家，品牌价值合计721.34亿元，占新疆榜单总计品牌价值的49.8%，排在第一位；在上交所主板上市的公司有15家，品牌价值合计541.41亿元，占新疆榜单总计品牌价值的

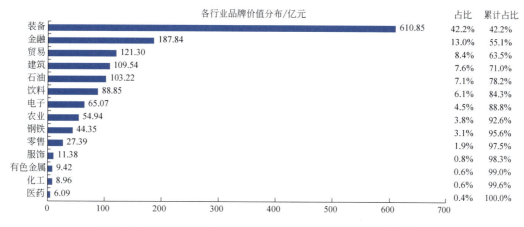

图 4-45　2022 年新疆上市公司品牌价值榜所在行业品牌价值分布

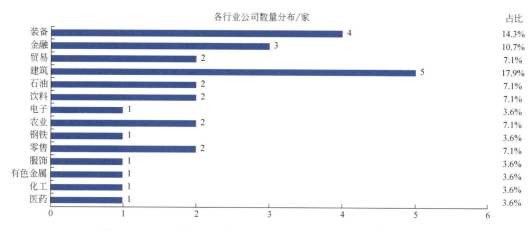

图 4-46　2022 年新疆上市公司品牌价值榜所在行业公司数量分布

37.4%，排在第二位。此外，在港交所上市的中资股公司和在上交所科创板上市的公司各 1 有家，品牌价值分别为 121.37 亿元和 65.07 亿元。

【上市时间】　在 2022 年新疆上市公司品牌价值榜中：1997—2001 年上市的公司有 8 家，品牌价值合计 447.13 亿元，占新疆榜单总计品牌价值的 30.9%，排在第一位；2007—2011 年上市的公司有 3 家，品牌价值合计 322.76 亿元，占新疆榜单总计品牌价值的 22.3%，排在第二位；2002—2006 年上市的公司有 6 家，品牌价值合计 225.55 亿元，占新疆榜单总计品牌价值的 15.6%，排在第三位。此外，2012—2016 年上市的公司有 3 家，品牌价值合计 216.93 亿元；1996 年及以前上市的公司有 5 家，品牌价值合计 153.7 亿元；2017—2021 年上市的公司有 3 家，品牌价值合计 83.11 亿元。

4.24　云南品牌价值榜

在 2022 年中国上市公司品牌价值总榜的 3 000 家企业中：云南的企业共计 28 家，比 2021 年增加了 2 家；品牌价值总计 940.73 亿元，比 2021 年增长了 12.4%。

4.24.1 2022年云南上市公司品牌价值榜单

序号	证券名称	品牌价值/亿元	增长率/%	行业	上市日期	证券代码
1	云南白药	158.53	18.6	医药	1993-12-15	000538.SZ
2	云南铜业	84.55	−15.3	有色金属	1998-06-02	000878.SZ
3	一心堂	76.17	−2.5	零售	2014-07-02	002727.SZ
4	云天化	73.94	23.0	贸易	1997-07-09	600096.SH
5	锡业股份	61.01	13.2	有色金属	2000-02-21	000960.SZ
6	云铝股份	47.56	51.1	有色金属	1998-04-08	000807.SZ
7	贵研铂业	37.98	3.2	有色金属	2003-05-16	600459.SH
8	贝泰妮	36.68	新上榜	日用	2021-03-25	300957.SZ
9	华致酒行	36.58	30.7	零售	2019-01-29	300755.SZ
10	云内动力	36.47	−21.1	装备	1999-04-15	000903.SZ
11	华能水电	31.61	43.4	公用	2017-12-15	600025.SH
12	昆药集团	27.45	2.6	医药	2000-12-06	600422.SH
13	我爱我家	27.21	59.6	房地产	1994-02-02	000560.SZ
14	健之佳	25.55	−5.2	零售	2020-12-01	605266.SH
15	驰宏锌锗	25.49	6.1	有色金属	2004-04-20	600497.SH
16	云南旅游	25.04	28.4	休闲	2006-08-10	002059.SZ
17	沃森生物	20.18	157.6	医药	2010-11-12	300142.SZ
18	红塔证券	16.48	47.9	金融	2019-07-05	601236.SH
19	南天信息	12.49	29.0	互联网	1999-10-14	000948.SZ
20	神农集团	12.39	新上榜	农业	2021-05-28	605296.SH
21	恩捷股份	11.03	96.5	化工	2016-09-14	002812.SZ
22	ST云城	10.63	−51.7	房地产	1999-12-02	600239.SH
23	丽江股份	9.86	−26.7	休闲	2004-08-25	002033.SZ
24	*ST易见	9.07	−69.4	运输	1997-06-26	600093.SH
25	云南水务	7.80	57.2	公用	2015-05-27	6839.HK
26	铁建装备	7.45	−16.5	装备	2015-12-16	1786.HK
27	美好置业	6.12	−54.3	房地产	1996-12-05	000667.SZ
28	云南建投混凝土	5.39	−4.7	建筑	2019-10-31	1847.HK

4.24.2 2022年云南上市公司品牌价值榜分析

【区域集中度】 在2022年云南上市公司品牌价值榜中：排在前3位的公司品牌价值合计319.25亿元，占云南榜单总计品牌价值的33.9%；排在前5位的公司品牌价值合计454.2亿元，占云南榜单总计品牌价值的48.3%；排在前10位的公司品牌价值合计649.46亿元，占云南榜单总计品牌价值的69%。

【所在行业】 在2022年云南上市公司品牌价值榜中，28家公司来自15个行业。其中，有色金属、医药和零售三个行业共计包括11家公司，品牌价值合计601.05亿元，占云南榜单总计品牌价值的63.9%，处于主导地位。其他行业的情况见图4-47和图4-48。

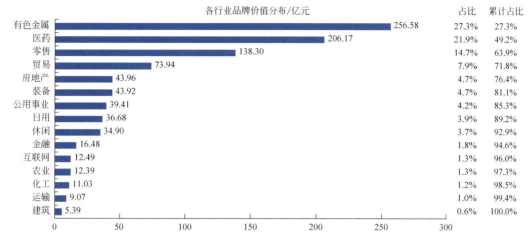

图 4-47　2022 年云南上市公司品牌价值榜所在行业品牌价值分布

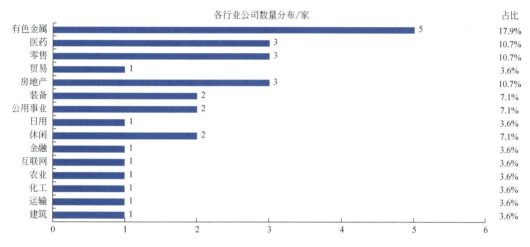

图 4-48　2022 年云南上市公司品牌价值榜所在行业公司数量分布

【上市板块】　在 2022 年云南上市公司品牌价值榜中：在深交所主板上市的公司有 12 家，品牌价值合计 556.03 亿元，占云南榜单总计品牌价值的 59.1%，排在第一位；在上交所主板上市的公司有 10 家，品牌价值合计 270.61 亿元，占云南榜单总计品牌价值的 28.8%，排在第二位。此外，在深交所创业板上市的公司有 3 家，品牌价值合计 93.44 亿元；在港交所上市的中资股公司有 3 家，品牌价值合计 20.65 亿元。

【上市时间】　在 2022 年云南上市公司品牌价值榜中：1997—2001 年上市的公司有 9 家，品牌价值合计 363.17 亿元，占云南榜单总计品牌价值的 38.6%，排在第一位；1996 年及以前上市的公司有 3 家，品牌价值合计 191.86 亿元，占云南榜单总计品牌价值的 20.4%，排在第二位；2017—2021 年上市的公司有 7 家，品牌价值合计 164.7 亿元，占云南榜单总计品牌价值的 17.5%，排在第三位。此外，2012—2016 年上市的公司有 4 家，品牌价值合计 102.45 亿元；2002—2006 年上市的公司有 4 家，品牌价值合计 98.37 亿元；

2007—2011 年上市的公司有 1 家，品牌价值 20.18 亿元。

4.25 吉林品牌价值榜

在 2022 年中国上市公司品牌价值总榜的 3 000 家企业中：吉林的企业共计 22 家，与 2021 年相同；品牌价值总计 735.89 亿元，比 2021 年增长了 14.2%。

4.25.1 2022 年吉林上市公司品牌价值榜单

序号	证券名称	品牌价值/亿元	增长率/%	行业	上市日期	证券代码
1	一汽解放	274.56	27.4	汽车	1997-06-18	000800.SZ
2	长春高新	68.46	4.0	医药	1996-12-18	000661.SZ
3	欧亚集团	58.21	−23.3	零售	1993-12-06	600697.SH
4	一汽富维	49.37	17.4	汽车	1996-08-26	600742.SH
5	富奥股份	29.82	−1.6	汽车	1993-09-29	000030.SZ
6	苏宁环球	29.56	27.4	房地产	1997-04-08	000718.SZ
7	亚泰集团	24.10	35.2	建筑	1995-11-15	600881.SH
8	金圆股份	23.05	53.2	环保	1993-12-15	000546.SZ
9	吉林敖东	22.57	−11.4	医药	1996-10-28	000623.SZ
10	通化东宝	21.13	20.0	医药	1994-08-24	600867.SH
11	中钢国际	20.28	45.5	建筑	1999-03-12	000928.SZ
12	九台农商银行	17.86	−16.1	金融	2017-01-12	6122.HK
13	东北证券	16.16	−10.4	金融	1997-02-27	000686.SZ
14	泉阳泉	14.49	92.2	饮料	1998-10-07	600189.SH
15	英利汽车	12.96	新上榜	汽车	2021-04-15	601279.SH
16	吉视传媒	9.70	−19.6	媒体	2012-02-23	601929.SH
17	吉电股份	8.90	66.2	公用	2002-09-26	000875.SZ
18	顺发恒业	8.82	−3.5	房地产	1996-11-22	000631.SZ
19	致远新能	7.35	新上榜	装备	2021-04-29	300985.SZ
20	华微电子	6.80	5.6	电子	2001-03-16	600360.SH
21	启明信息	6.21	19.8	互联网	2008-05-09	002232.SZ
22	百克生物	5.53	新上榜	医药	2021-06-25	688276.SH

4.25.2 2022 年吉林上市公司品牌价值榜分析

【区域集中度】 在 2022 年吉林上市公司品牌价值榜中：排在前 3 位的公司品牌价值合计 401.22 亿元，占吉林榜单总计品牌价值的 54.5%；排在前 5 位的公司品牌价值合计 480.41 亿元，占吉林榜单总计品牌价值的 65.3%；排在前 10 位的公司品牌价值合计 600.82 亿元，占吉林榜单总计品牌价值的 81.6%。

【所在行业】 在 2022 年吉林上市公司品牌价值榜中，22 家公司来自 13 个行业。其中,汽车和医药两个行业共计包括 8 家公司,品牌价值合计 484.4 亿元,占吉林榜单总计品牌价值的 65.8%,处于主导地位。其他行业的情况见图 4-49 和图 4-50。

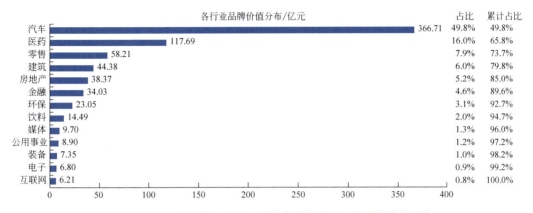

图 4-49　2022 年吉林上市公司品牌价值榜所在行业品牌价值分布

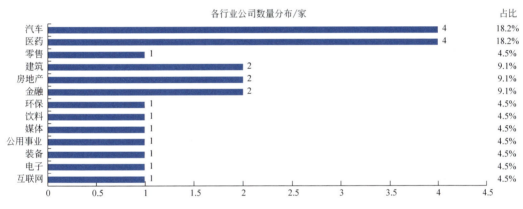

图 4-50　2022 年吉林上市公司品牌价值榜所在行业公司数量分布

【上市板块】　在 2022 年吉林上市公司品牌价值榜中:在深交所主板上市的公司有 11 家,品牌价值合计 508.38 亿元,占吉林榜单总计品牌价值 69.1%,排在第一位;在上交所主板上市的公司有 8 家,品牌价值合计 196.76 亿元,占吉林榜单总计品牌价值的 26.7%,排在第二位。此外,在港交所上市的中资股公司、在深交所创业板上市的公司和在上交所科创板上市的公司各有 1 家,品牌价值分别为 17.86 亿元、7.35 亿元和 5.53 亿元。

【上市时间】　在 2022 年吉林上市公司品牌价值榜中:1997—2001 年上市的公司有 6 家,品牌价值合计 361.85 亿元,占吉林榜单总计品牌价值的 49.2%,排在第一位;1996 年及以前上市的公司有 9 家,品牌价值合计 305.53 亿元,占吉林榜单总计品牌价值的 41.5%,排在第二位。此外,2017—2021 年上市的公司有 4 家,品牌价值合计 43.71 元;2012—2016 年、2002—2006 年和 2007—2011 年上市的公司各有 1 家,品牌价值分别为 9.7 亿元、8.9 亿元和 6.21 亿元。

4.26 广西品牌价值榜

在 2022 年中国上市公司品牌价值总榜的 3 000 家企业中：广西的企业共计 25 家，比 2021 年减少了 3 家；品牌价值总计 734.39 亿元，比 2021 年增长了 15.3%。

4.26.1 2022 年广西上市公司品牌价值榜单

序号	证券名称	品牌价值/亿元	增长率/%	行业	上市日期	证券代码
1	柳工	133.29	53.9	装备	1993-11-18	000528.SZ
2	玉柴国际	107.55	24.3	装备	1994-12-16	CYD.N
3	柳钢股份	103.19	41.3	钢铁	2007-02-27	601003.SH
4	恒逸石化	96.15	26.8	化工	1997-03-28	000703.SZ
5	柳药集团	52.52	6.9	医药	2014-12-04	603368.SH
6	润建股份	23.78	50.9	通信	2018-03-01	002929.SZ
7	黑芝麻	23.09	0.8	食品	1997-04-18	000716.SZ
8	中恒集团	19.17	−8.2	医药	2000-11-30	600252.SH
9	桂东电力	18.30	−32.8	贸易	2001-02-28	600310.SH
10	北部湾港	15.75	11.7	运输	1995-11-02	000582.SZ
11	天下秀	15.58	−19.4	互联网	2001-08-07	600556.SH
12	桂冠电力	14.08	5.9	公用	2000-03-23	600236.SH
13	皇氏集团	12.84	−16.7	食品	2010-01-06	002329.SZ
14	博世科	10.09	21.5	环保	2015-02-17	300422.SZ
15	南宁糖业	9.44	−11.1	农业	1999-05-27	000911.SZ
16	南方锰业	9.29	27.3	有色金属	2010-11-18	1091.HK
17	桂林三金	9.20	−5.6	医药	2009-07-10	002275.SZ
18	西麦食品	9.01	−3.0	食品	2019-06-19	002956.SZ
19	新智认知	8.50	22.4	互联网	2015-03-26	603869.SH
20	国海证券	8.29	−31.6	金融	1997-07-09	000750.SZ
21	广西广电	7.98	−27.3	媒体	2016-08-15	600936.SH
22	神冠控股	7.55	42.0	保健	2009-10-13	0829.HK
23	五洲交通	7.27	18.6	运输	2000-12-21	600368.SH
24	百洋股份	6.81	9.3	农业	2012-09-05	002696.SZ
25	福达股份	5.69	34.9	汽车	2014-11-27	603166.SH

4.26.2 2022 年广西上市公司品牌价值榜分析

【区域集中度】 在 2022 年广西上市公司品牌价值榜中：排在前 3 位的公司品牌价值合计 344.03 亿元，占广西榜单总计品牌价值的 46.8%；排在前 5 位的公司品牌价值合计 492.7 亿元，占广西榜单总计品牌价值的 67.1%；排在前 10 位的公司品牌价值合计 592.79 亿元，占广西榜单总计品牌价值的 80.7%。

【所在行业】 在 2022 年广西上市公司品牌价值榜中,25 家公司来自 17 个行业。其中,装备、化工和医药三个行业共计包括 6 家公司,品牌价值合计 417.87 亿元,占广西榜单总计品牌价值的 56.9%,处于主导地位。其他行业的情况见图 4-51 和图 4-52。

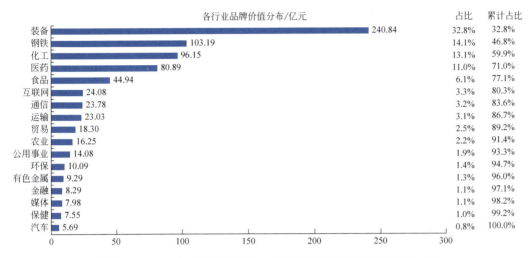

图 4-51　2022 年广西上市公司品牌价值榜所在行业品牌价值分布

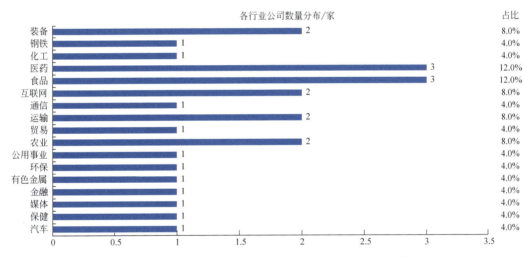

图 4-52　2022 年广西上市公司品牌价值榜所在行业公司数量分布

【上市板块】 在 2022 年广西上市公司品牌价值榜中:在深交所主板上市的公司有 11 家,品牌价值合计 347.64 亿元,占广西榜单总计品牌价值的 47.3%,排在第一位;在上交所主板上市的公司有 10 家,品牌价值合计 252.27 亿元,占广西榜单总计品牌价值的 34.4%,排在第二位;在国外上市的中概股公司有 1 家,品牌价值 107.55 亿元,占广西榜单总计品牌价值的 14.6%,排在第三位。此外,在港交所上市的中资股公司有 2 家,品牌价值合计 16.84 亿元;在深交所创业板上市的公司有 1 家,品牌价值 10.09 亿元。

【上市时间】 在 2022 年广西上市公司品牌价值榜中:1996 年及以前上市的公司有

3家,品牌价值合计 256.59 亿元,占广西榜单总计品牌价值的 34.9%,排在第一位;1997—2001 年上市的公司有 9 家,品牌价值合计 211.36 亿元,占广西榜单总计品牌价值的 28.8%,排在第二位;2007—2011 年上市的公司有 5 家,品牌价值合计 142.06 亿元,占广西榜单总计品牌价值的 19.3%,排在第三位。此外,2012—2016 年上市的公司有 6 家,品牌价值合计 91.59 亿元;2017—2021 年上市的公司有 2 家,品牌价值合计 32.79 亿元。

4.27 黑龙江品牌价值榜

在 2022 年中国上市公司品牌价值总榜的 3 000 家企业中:黑龙江的企业共计 24 家,与 2021 年相同;品牌价值总计 581.03 亿元,比 2021 年增长了 3.8%。

4.27.1 2022 年黑龙江上市公司品牌价值榜单

序号	证券名称	品牌价值/亿元	增长率/%	行业	上市日期	证券代码
1	哈尔滨电气	109.17	−9.3	装备	1994-12-16	1133.HK
2	中国一重	83.70	91.3	装备	2010-02-09	601106.SH
3	中航产融	50.15	−0.6	金融	1996-05-16	600705.SH
4	中直股份	39.94	23.1	装备	2000-12-18	600038.SH
5	哈尔滨银行	31.66	−46.5	金融	2014-03-31	6138.HK
6	哈药股份	28.89	−21.9	医药	1993-06-29	600664.SH
7	人民同泰	26.19	−3.0	医药	1994-02-24	600829.SH
8	北大荒	23.37	−6.2	农业	2002-03-29	600598.SH
9	葵花药业	18.84	24.1	医药	2014-12-30	002737.SZ
10	珍宝岛	18.54	25.8	医药	2015-04-24	603567.SH
11	博实股份	16.03	28.0	装备	2012-09-11	002698.SZ
12	安通控股	15.30	新上榜	运输	1998-11-04	600179.SH
13	东方集团	15.14	−22.4	贸易	1994-01-06	600811.SH
14	航天科技	14.21	−5.1	电子	1999-04-01	000901.SZ
15	龙建股份	14.17	2.0	建筑	1994-04-04	600853.SH
16	龙版传媒	10.77	新上榜	媒体	2021-08-24	605577.SH
17	哈三联	10.34	86.7	医药	2017-09-22	002900.SZ
18	誉衡药业	9.05	−14.7	医药	2010-06-23	002437.SZ
19	原生态牧业	8.46	−13.3	农业	2013-11-26	1431.HK
20	佳电股份	8.08	63.8	装备	1999-06-18	000922.SZ
21	*ST 金洲	7.74	新上榜	服饰	1996-04-25	000587.SZ
22	东安动力	7.71	26.3	汽车	1998-10-14	600178.SH
23	S*ST 佳通	7.30	0.2	汽车	1999-05-07	600182.SH
24	*ST 华源	6.29	15.8	公用	1996-07-01	600726.SH

4.27.2 2022年黑龙江上市公司品牌价值榜分析

【区域集中度】 在2022年黑龙江上市公司品牌价值榜中：排在前3位的公司品牌价值合计243.02亿元，占黑龙江榜单总计品牌价值的41.8%；排在前5位的公司品牌价值合计314.62亿元，占黑龙江榜单总计品牌价值的54.1%；排在前10位的公司品牌价值合计430.45亿元，占黑龙江榜单总计品牌价值的74.1%。

【所在行业】 在2022年黑龙江上市公司品牌价值榜中，24家公司来自12个行业。其中，装备和医药两个行业共计包括11家公司，品牌价值合计368.77亿元，占黑龙江榜单总计品牌价值的65.3%，处于主导地位。其他行业的情况见图4-53和图4-54。

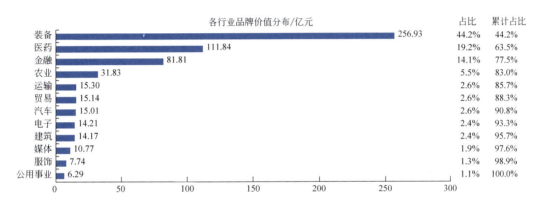

图4-53 2022年黑龙江上市公司品牌价值榜所在行业品牌价值分布

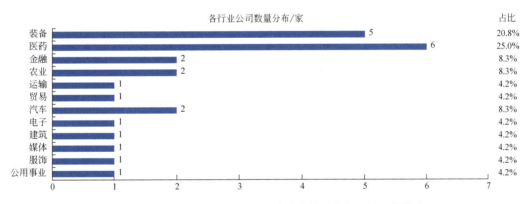

图4-54 2022年黑龙江上市公司品牌价值榜所在行业公司数量分布

【上市板块】 在2022年黑龙江上市公司品牌价值榜中：在上交所主板上市的公司有14家，品牌价值合计347.45亿元，占黑龙江榜单总计品牌价值的59.8%，排在第一位；在港交所上市的中资股公司有3家，品牌价值合计149.3亿元，占黑龙江榜单总计品牌价值的25.7%，排在第二位。此外，在深交所主板上市的公司有7家，品牌价值合计84.28亿元。

【上市时间】 在2022年黑龙江上市公司品牌价值榜中：1996年及以前上市的公司

有 8 家,品牌价值合计 257.74 亿元,占黑龙江榜单总计品牌价值的 44.4％,排在第一位;2012—2016 年上市的公司有 5 家,品牌价值合计 93.53 亿元,占黑龙江榜单总计品牌价值的 16.1％,排在第二位;2007—2011 年上市的公司有 2 家,品牌价值合计 92.74 亿元,占黑龙江榜单总计品牌价值的 16％,排在第三位。此外,1997—2001 年上市的公司有 6 家,品牌价值合计 92.54 亿元;2002—2006 年上市的公司有 1 家,品牌价值 23.37 亿元;2017—2021 年上市的公司有 2 家,品牌价值合计 21.11 亿元。

4.28 海南品牌价值榜

在 2022 年中国上市公司品牌价值总榜的 3 000 家企业中:海南的企业共计 16 家,比 2021 年减少了 1 家;品牌价值总计 441.6 亿元,比 2021 年增长了 18.1％。

4.28.1 2022 年海南上市公司品牌价值榜单

序号	证券名称	品牌价值/亿元	增长率/％	行业	上市日期	证券代码
1	ST 海航	146.98	23.1	运输	1999-11-25	600221.SH
2	中海石油化学	56.86	77.3	化工	2006-09-29	3983.HK
3	京粮控股	54.39	22.8	食品	1992-12-21	000505.SZ
4	海南橡胶	40.52	24.6	农业	2011-01-07	601118.SH
5	ST 凯撒	26.81	－59.6	休闲	1997-07-03	000796.SZ
6	ST 基础	20.86	－43.3	房地产	2002-08-06	600515.SH
7	海马汽车	17.24	－21.0	汽车	1994-08-08	000572.SZ
8	中钨高新	15.09	38.0	有色金属	1996-12-05	000657.SZ
9	广晟有色	11.03	32.5	有色金属	2000-05-25	600259.SH
10	美兰空港	8.99	－11.9	运输	2002-11-18	0357.HK
11	普利制药	8.31	33.1	医药	2017-03-28	300630.SZ
12	华闻集团	7.98	－45.2	媒体	1997-07-29	000793.SZ
13	金盘科技	7.94	新上榜	装备	2021-03-09	688676.SH
14	海蓝控股	7.00	15.8	房地产	2016-07-15	2278.HK
15	罗牛山	5.81	－2.9	农业	1997-06-11	000735.SZ
16	海南海药	5.79	－23.3	医药	1994-05-25	000566.SZ

4.28.2 2022 年海南上市公司品牌价值榜分析

【区域集中度】 在 2022 年海南上市公司品牌价值榜中:排在第 1 位的公司品牌价值 146.98 亿元,占海南榜单总计品牌价值的 33.3％;排在前 3 位的公司品牌价值合计 258.23 亿元,占海南榜单总计品牌价值的 58.5％;排在前 5 位的公司品牌价值合计 325.56 亿元,占海南榜单总计品牌价值的 73.7％。

【所在行业】 在 2022 年海南上市公司品牌价值榜中,16 家公司来自 11 个行业。其中,运输、化工和食品三个行业共计包括 4 家公司,品牌价值合计 267.22 亿元,占海南榜单总计品牌价值的 60.5%,处于主导地位。其他行业的情况见图 4-55 和图 4-56。

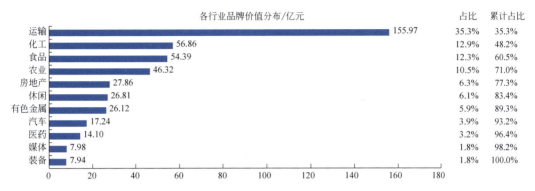

图 4-55　2022 年海南上市公司品牌价值榜所在行业品牌价值分布

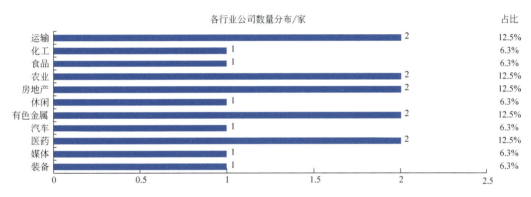

图 4-56　2022 年海南上市公司品牌价值榜所在行业公司数量分布

【上市板块】　在 2022 年海南上市公司品牌价值榜中:在上交所主板上市的公司有 4 家,品牌价值合计 219.4 亿元,占海南榜单总计品牌价值的 49.7%,排在第一位;在深交所主板上市的公司有 7 家,品牌价值合计 133.11 亿元,占海南榜单总计品牌价值的 30.1%,排在第二位;在港交所上市的中资股公司有 3 家,品牌价值合计 72.84 亿元,占海南榜单总计品牌价值的 16.5%,排在第三位。此外,在深交所创业板和在上交所科创板上市的公司各有 1 家,品牌价值分别为 8.31 亿元和 7.94 亿元。

【上市时间】　在 2022 年海南上市公司品牌价值榜中:1997—2001 年上市的公司有 5 家,品牌价值合计 198.62 亿元,占海南榜单总计品牌价值的 45%,排在第一位;1996 年及以前上市的公司有 4 家,品牌价值合计 92.5 亿元,占海南榜单总计品牌价值的 20.9%,排在第二位;2002—2006 年上市的公司有 3 家,品牌价值合计 86.71 亿元,占海南榜单总计品牌价值的 19.6%,排在第三位。此外,2007—2011 年上市的公司有 1 家,品牌价值 40.52 亿元;2017—2021 年上市的公司有 2 家,品牌价值合计 16.25 亿元;2012—2016 年上市的公司有 1 家,品牌价值 7 亿元。

4.29 甘肃品牌价值榜

在 2022 年中国上市公司品牌价值总榜的 3 000 家企业中,甘肃的企业共计 18 家,比 2021 年增加了 1 家;品牌价值总计 391.32 亿元,比 2021 年增长了 11%。

4.29.1 2022 年甘肃上市公司品牌价值榜单

序号	证券名称	品牌价值/亿元	增长率/%	行业	上市日期	证券代码
1	酒钢宏兴	66.89	29.5	钢铁	2000-12-20	600307.SH
2	白银有色	56.86	−25.7	有色金属	2017-02-15	601212.SH
3	金徽酒	47.16	2.5	饮料	2016-03-10	603919.SH
4	华天科技	39.62	0.5	电子	2007-11-20	002185.SZ
5	方大炭素	23.58	15.3	有色金属	2002-08-30	600516.SH
6	上峰水泥	23.19	21.6	建筑	1996-12-18	000672.SZ
7	甘肃银行	19.78	42.8	金融	2018-01-18	2139.HK
8	丽尚国潮	16.03	9.0	零售	1996-08-02	600738.SH
9	祁连山	15.95	−1.4	建筑	1996-07-16	600720.SH
10	恒康医疗	12.68	新上榜	保健	2008-03-06	002219.SZ
11	兰石重装	12.40	29.6	装备	2014-10-09	603169.SH
12	甘咨询	10.79	59.2	商业服务	1997-05-28	000779.SZ
13	国芳集团	10.26	−5.0	零售	2017-09-29	601086.SH
14	*ST 银亿	9.19	新上榜	汽车	2000-06-22	000981.SZ
15	亚盛集团	8.32	6.9	农业	1997-08-18	600108.SH
16	中核钛白	7.40	65.1	化工	2007-08-03	002145.SZ
17	众兴菌业	5.73	19.8	农业	2015-06-26	002772.SZ
18	读者传媒	5.48	12.0	媒体	2015-12-10	603999.SH

4.29.2 2022 年甘肃上市公司品牌价值榜分析

【区域集中度】 在 2022 年甘肃上市公司品牌价值榜中:排在第 1 位的公司品牌价值 66.89 亿元,占甘肃榜单总计品牌价值的 17.1%;排在前 3 位的公司品牌价值合计 170.91 亿元,占甘肃榜单总计品牌价值的 43.7%;排在前 5 位的公司品牌价值合计 234.12 亿元,占甘肃榜单总计品牌价值的 59.8%。

【所在行业】 在 2022 年甘肃上市公司品牌价值榜中,18 家公司来自 14 个行业。其中,有色金属、钢铁、饮料和电子四个行业共计包括 5 家公司,品牌价值合计 234.12 亿元,占甘肃榜单总计品牌价值的 59.8%,处于主导地位。其他行业的情况见图 4-57 和图 4-58。

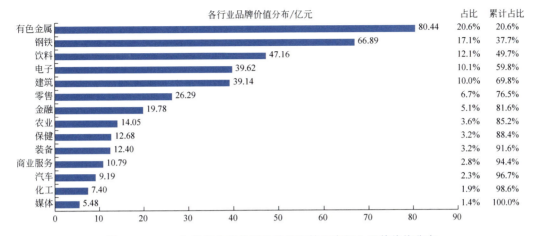

图 4-57　2022 年甘肃上市公司品牌价值榜所在行业品牌价值分布

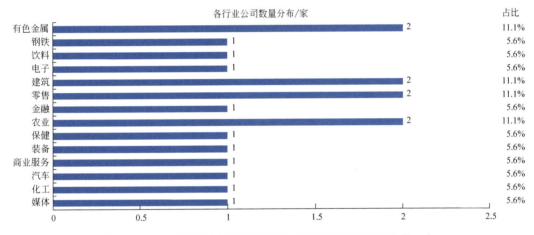

图 4-58　2022 年甘肃上市公司品牌价值榜所在行业公司数量分布

【上市板块】　在 2022 年甘肃上市公司品牌价值榜中：在上交所主板上市的公司有 10 家，品牌价值合计 262.94 亿元，占甘肃榜单总计品牌价值的 67.2%，排在第一位；在深交所主板上市的公司有 7 家，品牌价值 108.6 亿元，占甘肃榜单总计品牌价值的 27.8%，排在第二位。此外，在港交所上市的中资股公司有 1 家，品牌价值 19.78 亿元。

【上市时间】　在 2022 年甘肃上市公司品牌价值榜中：1997—2001 年上市的公司有 4 家，品牌价值合计 95.2 亿元，占甘肃榜单总计品牌价值的 24.3%，排在第一位；2017—2021 年上市的公司有 3 家，品牌价值合计 86.91 亿元，占甘肃榜单总计品牌价值的 22.2%，排在第二位；2012—2016 年上市的公司有 4 家，品牌价值 70.77 亿元，占甘肃榜单总计品牌价值的 18.1%，排在第三位。此外，2007—2011 年上市的公司有 3 家，品牌价值 59.69 亿元；1996 年及以前上市的公司有 3 家，品牌价值合计 55.17 亿元；2002—2006 年上市的公司有 1 家，品牌价值 23.58 亿元。

4.30 西藏品牌价值榜

在2022年中国上市公司品牌价值总榜的3 000家企业中：西藏的企业共计9家，比2021年减少了2家；品牌价值总计214.53亿元，比2021年增长了5.2%。

4.30.1 2022年西藏上市公司品牌价值榜单

序号	证券名称	品牌价值/亿元	增长率/%	行业	上市日期	证券代码
1	梅花生物	106.29	19.7	农业	1995-02-17	600873.SH
2	华宝股份	38.76	−13.8	食品	2018-03-01	300741.SZ
3	海思科	16.51	2.9	医药	2012-01-17	002653.SZ
4	西藏天路	11.58	12.8	建筑	2001-01-16	600326.SH
5	奇正藏药	9.56	11.9	医药	2009-08-28	002287.SZ
6	西藏药业	9.54	14.7	医药	1999-07-21	600211.SH
7	西藏城投	7.91	65.0	房地产	1996-11-08	600773.SH
8	西藏珠峰	7.68	45.4	有色金属	2000-12-27	600338.SH
9	灵康药业	6.69	−8.7	医药	2015-05-28	603669.SH

4.30.2 2022年西藏上市公司品牌价值榜分析

【区域集中度】 在2022年西藏上市公司品牌价值榜中：排在第1位的公司品牌价值106.29亿元，占西藏榜单总计品牌价值49.5%；排在前2位公司的品牌价值合计145.06亿元，占西藏榜单总计品牌价值的67.6%；排在前3位公司品牌的价值合计161.57亿元，占西藏榜单总计品牌价值的75.3%。

【所在行业】 在2022年西藏上市公司品牌价值榜中，9家公司来自6个行业。其中，农业和医药两个行业共计包括5家公司，品牌价值合计148.59亿元，占西藏榜单总计品牌价值的69.3%，处于主导地位。其他行业的情况见图4-59和图4-60。

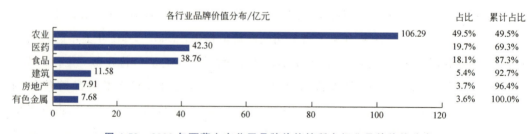

图4-59 2022年西藏上市公司品牌价值榜所在行业品牌价值分布

【上市板块】 在2022年西藏上市公司品牌价值榜中：在上交所主板上市的公司有6家，品牌价值合计149.69亿元，占西藏榜单总计品牌价值的69.8%，排在第一位。此外，

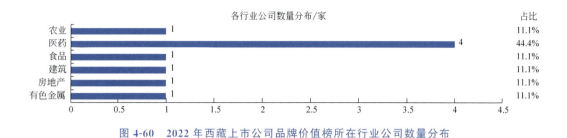

图 4-60　2022 年西藏上市公司品牌价值榜所在行业公司数量分布

在深交所创业板上市的公司有 1 家,品牌价值 38.76 亿元;在深交所主板上市的公司有 2 家,品牌价值合计 26.08 亿元。

【上市时间】　在 2022 年西藏上市公司品牌价值榜中:1996 年及以前上市的公司有 2 家,品牌价值合计 114.2 亿元,占西藏榜单总计品牌价值的 53.2%,排在第一位;2017—2021 年上市的公司有 1 家,品牌价值 38.76 亿元,占西藏榜单总计品牌价值的 18.1%,排在第二位;1997—2001 年上市的公司有 3 家,品牌价值合计 28.8 亿元,占西藏榜单总计品牌价值的 13.4%,排在第三位。此外,2012—2016 年上市的公司有 2 家,品牌价值合计 23.2 亿元;2007—2011 年上市的公司有 1 家,品牌价值 9.56 亿元。

4.31　青海品牌价值榜

在 2022 年中国上市公司品牌价值总榜的 3 000 家企业中:青海的企业共计 6 家,比 2021 年增加了 1 家;品牌价值总计 193.12 亿元,比 2021 年增长了 60.4%。

4.31.1　2022 年青海上市公司品牌价值榜单

序号	证券名称	品牌价值/亿元	增长率/%	行业	上市日期	证券代码
1	盐湖股份	54.39	新上榜	化工	1997-09-04	000792.SZ
2	西部矿业	47.56	−6.6	有色金属	2007-07-12	601168.SH
3	远东股份	42.18	15.9	装备	1995-02-06	600869.SH
4	藏格矿业	24.67	新上榜	化工	1996-06-28	000408.SZ
5	天佑德酒	12.26	−28.4	饮料	2011-12-22	002646.SZ
6	西宁特钢	12.07	14.3	钢铁	1997-10-15	600117.SH

4.31.2　2022 年青海上市公司品牌价值榜分析

【区域集中度】　在 2022 年青海上市公司品牌价值榜中:排在第 1 位的公司的品牌价值 54.39 亿元,占青海榜单总计品牌价值的 28.2%;排在前 2 位的公司品牌价值合计

101.94亿元,占青海榜单总计品牌价值的52.8%。

【所在行业】 在2022年青海上市公司品牌价值榜中,6家公司来自5个不同行业。其中,来自有色金属和化工两个行业共计包括3家公司,品牌价值合计126.62亿元,占青海榜单总计品牌价值的65.6%,处于主导地位。其他行业的情况见图4-61和图4-62。

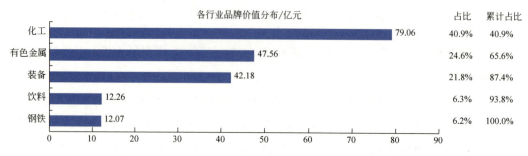

图4-61　2022年青海上市公司品牌价值榜所在行业品牌价值分布

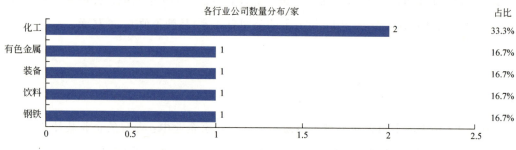

图4-62　2022年青海上市公司品牌价值榜所在行业公司数量分布

【上市板块】 在2022年青海上市公司品牌价值榜中:在上交所主板上市的公司有3家,品牌价值合计101.8亿元,占青海榜单总计品牌价值的52.7%。此外,在深交所主板上市的公司有3家,品牌价值合计91.32亿元。

【上市时间】 在2022年青海上市公司品牌价值榜中:1996年及以前上市的公司有2家,品牌价值合计66.85亿元,占青海榜单总计品牌价值的34.6%,排在第一位;1997—2001年上市的公司有2家,品牌价值合计66.45亿元,占青海榜单总计品牌价值的34.4%,排在第二位。此外,2007—2011年上市的公司有2家,品牌价值合计59.82亿元。

4.32　宁夏品牌价值榜

在2022年中国上市公司品牌价值总榜的3 000家企业中:宁夏的企业共计3家,与2021年相同;品牌价值总计75.39亿元,比2021年减少了3%。

4.32.1 2022年宁夏上市公司品牌价值榜单

序号	证券名称	品牌价值/亿元	增长率/%	行业	上市日期	证券代码
1	宝丰能源	36.49	29.2	化工	2019-05-16	600989.SH
2	新华百货	28.06	−29.1	零售	1997-01-08	600785.SH
3	宁夏建材	10.84	9.9	建筑	2003-08-29	600449.SH

4.32.2 2022年宁夏上市公司品牌价值榜分析

【区域集中度】 在2022年宁夏上市公司品牌价值榜中：排在第1位的公司品牌价值36.49亿元，占宁夏榜单总计品牌价值的48.4%。

【所在行业】 在2022年宁夏上市公司品牌价值榜中：共3家公司来自3个行业。其中，来自化工行业的有1家公司，品牌价值36.49亿元，占宁夏榜单总计品牌价值的48.4%，处于主导地位。其他行业的情况见图4-63和图4-64。

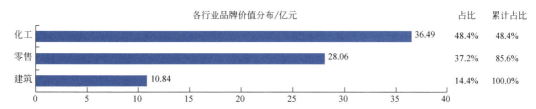

图4-63 2022年宁夏上市公司品牌价值榜所在行业品牌价值分布

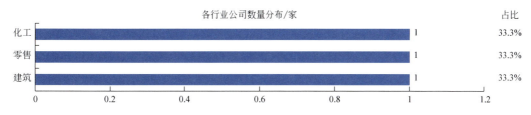

图4-64 2022年宁夏上市公司品牌价值榜所在行业公司数量分布

【上市板块】 在2022年宁夏上市公司品牌价值榜中，3家公司都是在上交所主板上市的，品牌价值合计75.39亿元。

【上市时间】 在2022年宁夏上市公司品牌价值榜中：2017—2021年上市的公司有1家，品牌价值36.49亿元，占宁夏榜单总计品牌价值的48.4%；1997—2001年和2002—2006年上市的公司各有1家，品牌价值分别为28.06亿元和10.84亿元。